Uni Taschenbücher 1736

UTB
FÜR WISSEN
SCHAFT

Eine Arbeitsgemeinschaft der Verlage

Wilhelm Fink Verlag München
Gustav Fischer Verlag Jena und Stuttgart
Francke Verlag Tübingen und Basel
Paul Haupt Verlag Bern · Stuttgart · Wien
Hüthig Verlagsgemeinschaft
Decker & Müller GmbH Heidelberg
Leske Verlag + Budrich GmbH Opladen
J. C. B. Mohr (Paul Siebeck) Tübingen
Quelle & Meyer Heidelberg · Wiesbaden
Ernst Reinhardt Verlag München und Basel
Schäffer-Poeschel Verlag · Stuttgart
Ferdinand Schöningh Verlag Paderborn · München · Wien · Zürich
Eugen Ulmer Verlag Stuttgart
Vandenhoeck & Ruprecht in Göttingen und Zürich

Wirtschafts- und Sozialtexte

herausgegeben von Prof. Dr. Egon Tuchtfeldt, Bern

Bisher sind erschienen

H. Lienhard/F. Steiger/K. Weber
Planspiel Elektrizitätswirtschaft
UTB 374

J. Michael Thomson
Grundlagen der Verkehrspolitik
UTB 754

Prof. Dr. Hans-Rudolf Peters
Grundlagen der Mesoökonomie und Strukturpolitik
UTB 1087

Prof. Dr. Arnim Bechmann
Grundlagen der Planungstheorie und Planungsmethodik
Eine Darstellung mit Beispielen aus dem Arbeitsfeld der Landschaftsplanung
UTB 1088

Dr. Jürgen Pätzold
Stabilisierungspolitik
Grundlagen der nachfrage- und angebotsorientierten Wirtschaftspolitik
UTB 1353

Wilhelm Röpke

Die Lehre von der Wirtschaft

13. Auflage

Verlag Paul Haupt Bern · Stuttgart · Wien

1. Auflage 1937
2. Auflage 1943
3. Auflage 1943
4. Auflage 1946
5. Auflage 1949
6. Auflage 1951
7. Auflage 1954
8. Auflage 1958
9. Auflage 1961
10. Auflage 1965
11. Auflage 1968
12. Auflage 1979
13. Auflage 1994

Die Deutsche Bibliothek – CIP-Einheitsaufnahme

Röpke, Wilhelm:
Die Lehre von der Wirtschaft / Wilhelm Röpke. – 13. Aufl. –
Bern ; Stuttgart ; Wien : Haupt, 1994
(UTB für Wissenschaft : Uni-Taschenbücher ; 1736 :
Wirtschafts- und Sozialtexte)
ISBN 3-8252-1736-1 (UTB)
ISBN 3-258-04750-2 (Haupt)
NE: UTB für Wissenschaft / Uni-Taschenbücher

Printed in Germany

ISBN 3-8252-1736-1 (UTB-Bestellnummer)

Inhaltsverzeichnis

Vorwort zur 1. Auflage

Es ist die bestimmte Hoffnung des Verfassers, daß das vorliegende Buch weder einer Vorrede noch einer Anleitung bedarf, um unmittelbar verstanden zu werden. Ebenso ist er überzeugt, daß es noch weniger eine Rechtfertigung oder gar eine Entschuldigung nötig hat. Er rechnet sogar damit, daß es als ein Versuch zur Befriedigung eines brennend gewordenen Bedürfnisses willkommen geheißen wird.

Das Bedürfnis, das dieses Buch befriedigen soll, ist doppelter Art.

Zum ersten ist es das pädagogische Bedürfnis an einer geschlossenen Darstellung des Wirtschaftsverlaufs, die hohen wissenschaftlichen Anforderungen gerecht wird und zugleich dem Verständnis wie dem Interessenbereich des durchschnittlich gebildeten Menschen der Gegenwart angepaßt ist. Während es im deutschen Sprachgebiet keineswegs an größeren Lehrbüchern der Nationalökonomie für den Fortgeschrittenen mangelt, hat es seit jeher vollkommen an einer Darstellung gefehlt, die elementar gehalten ist und doch den Leser nicht mit gehaltlosen Wissensbrocken abspeist, sondern ihn die Zusammenhänge als ein Ganzes und in einer Weise sehen läßt, die ihm den Anreiz wie die Möglichkeit gibt, weiter vorzudringen. Ob das vorliegende Buch dieses Vakuum ausfüllt, wagt der Verfasser freilich nicht zu entscheiden. Er kann nur versichern, daß sein ganzes und ernstestes Bestreben darauf gerichtet war. Es war seine Absicht, dasjenige Buch zu schreiben, das er sich selbst früher als Student gewünscht hätte und das er selbst immer schmerzlich vermißt hat, so oft er ein Buch dieser Art empfehlen sollte. Dabei hat er sich nicht davon überzeugen können, daß ein solches Buch notwendigerweise mit schlechter Laune und in einem griesgrämigen Stil geschrieben sein müsse, um seine wissenschaftliche und seine pädagogische Aufgabe zu erfüllen.

Das zweite Bedürfnis, das der Verfasser vor Augen hatte, ergibt sich aus der Zeitlage. Es liegt so offenkundig vor aller

Augen, daß es mit nur wenigen Worten gekennzeichnet werden kann. Während Gesellschaft und Wirtschaft der abendländischen Welt seit Jahren in einer schweren Krise liegen, ist auch unser nationalökonomisches Weltbild einer starken Erschütterung ausgesetzt worden. Was gilt eigentlich noch von unseren Lehren? Und welche Dienste kann uns die Wirtschaftswissenschaft heute noch leisten? Man kann diese und ähnliche Fragen verschieden beantworten, aber man kann sie unter keinen Umständen ignorieren. Daraus ergibt sich die immer dringender gewordene Notwendigkeit, vor einem weiteren Leserkreise eine Art von Zwischenbilanz unserer Wissenschaft zu ziehen, das überkommene Gedankenerbe gründlich zu überprüfen und zu den brennenden Fragen der Gegenwart in Beziehung zu setzen. Auch dieser Aufgabe soll das vorliegende Buch dienen.

Zum Nutzen des Lesers ist die Anordnung getroffen, daß an jedes Kapitel Anmerkungen angeschlossen sind, die bestimmte im Haupttext aufgeworfene Fragen über eine elementare Erörterung hinausführen und den Weg zu einem tieferen Studium weisen.

Dem Verlag gebührt an dieser Stelle aufrichtiger Dank für die verständnisvolle Förderung des Buches.

z. Z. Kadiköy (Marmara-Meer), Februar 1937

Wilhelm Röpke

Vorwort zur 13. Auflage

Wilhelm Röpkes «Lehre von der Wirtschaft» – zuletzt im Rahmen der sechsbändigen Ausgabe seines Werkes in zwölfter Auflage erschienen – findet wie bisher ihre Leser. Eine Neuauflage drängt sich daher schon seit längerem auf, um die rege Nachfrage befriedigen zu können. Der große Erfolg des Buches erklärt sich vor allem daraus, daß es dem Anfänger den Zugang zur Volkswirtschaftslehre so weit wie möglich erleichtert, ohne die Schwierigkeiten der Zusammenhänge zu verbergen. Sorgfältig wird angegeben, wie der Leser weiter vordringen kann, wo immer sich Kontroversen ergeben haben und wie der Autor zu ihnen steht. Dies geschieht mit Klarheit und Eleganz der Sprache, ohne humorlose Pedanterie und Langeweile, so daß auch Gegner und Zweifelnde zur Prüfung der Sachverhalte angeregt werden.

Das Buch leistet außerdem einen Dienst, der trotz einer kaum noch überschaubaren Flut an Lehrbüchern oft übersehen wird. Eindringlich wird vor Augen geführt, worin die Problematik einer modernen arbeitsteiligen Gesellschaftswirtschaft überhaupt besteht. In den Mittelpunkt der Darstellung rücken die beherrschenden Grundfragen und die Zusammenhänge zwischen den Teilbereichen, also das, was der Ökonom «Interdependenzen» nennt. Daraus ergibt sich eine Rangordnung der Sachverhalte und damit die Möglichkeit, Einzelfragen an der richtigen Stelle einzuordnen und ihre Beziehung zu anderen Fragen im Netzwerk der Probleme zu erkennen. Bei aller Anerkennung des notwendigen Details ist es also die Synthese, die im Bereich der Volkswirtschaftslehre als Hauptaufgabe angesehen wird. Diese Synthese geht über den Bereich der Wirtschaft hinaus, weil die Verbindung mit Gebieten «Jenseits von Angebot und Nachfrage» nötig ist, wenn auch nur die Probleme innerhalb der Volkswirtschaft ausreichend erfaßt werden sollen. *Röpkes* Argumentation ist leicht zu verstehen, wenn man einen Vergleich mit der Medizin heranzieht, in deren Betrachtungsweise er als Sohn eines Landarztes aufgewachsen ist. Die naturwissenschaftlich geprägte Analyse des Arztes kann unabhängig von Wertungen richtig sein, doch was der Arzt erfahren will, um helfen zu können, wird von der Krankheit des Patienten geprägt. Von ihr kann man nicht sprechen, wenn keine Vorstellung vom gesunden Menschen, also Wertungen, zulässig sein sollen.

Richtige Analysen der Medizin könnten sicherlich auch verwendet werden, um Menschen umzubringen. Die Welt der Konzentrationslager des 20. Jahrhunderts beweist dies zur Genüge. Man kann auch angeben, was alles geschehen muß, um Volkswirtschaften zu ruinieren. *Röpke* nennt hierzu zahlreiche Beispiele, die er zur Warnung anführt. Was eine gesunde Gesellschaft und Wirtschaft bedeuten, bleibt gewiß stärker umstritten als die Vorstellungen vom gesunden Menschen. Insofern hat es die Medizin leichter. Aber die Differenzen bei Ansichten und Interessen in der Gesellschaft sind nicht völlig unüberbrückbar. *Röpke* vertraut trotz aller Enttäuschungen darauf, daß die Menschen bei ruhiger Überlegung und ausreichender Information weit mehr gemeinsame Vorstellungen haben, als unter dem Einfluß kollektiver Hysterien zum Ausdruck kommt. Das gilt vor allem für den Bereich dessen, was die Menschen vermeiden wollen, ablehnen oder als Krise und persönliches Unglück empfinden. In der Tat: Wer hält schon persönliche Unfreiheit, Unsicherheit, Krieg und Gewalt für erfreulich? Gibt es jemanden, der sich im Bereich des Wirtschaftlichen über Massenelend, Wirtschaftskrisen, Währungswirren und ökonomische Gruppenkämpfe freut, wenn er ihnen selbst unterworfen ist? Wer möchte wirklich, wenn ihm Alternativen gezeigt werden, Proletarier sein und bleiben? Bei aller Skepsis und Abkehr vom Optimismus des 18. Jahrhunderts bleibt *Röpke* insoweit ein Aufklärer, der die Möglichkeit der Vernunft nicht ausschließt.

Die Nationalökonomie wird ebenso als Grundlage einer Therapie, nämlich der Wirtschaftspolitik, betrachtet wie die Naturwissenschaft als Hauptgrundlage der medizinischen Behandlung. Ohne Vorstellungen über eine «gesunde» Volkswirtschaft ist dabei nicht auszukommen. Zum Glück sind die Meinungsunterschiede darüber, was man von der Wirtschaft erwartet, im ganzen geringer als allgemeine politische Differenzen. Noch immer gilt die Hauptaufgabe der Wirtschaft, nämlich die Güterknappheit so weit wie möglich zu verringern und die außerordentlich komplex gewordene Aufgabe der Güterversorung zu lösen. Was immer diejenigen sagen mögen, die von einer Gesellschaft im Überfluß träumen, der Kampf gegen den Mangel wird die Aufgabe der Wirtschaft bleiben bis an das Ende aller Tage. *Röpke* ist auch nicht der Meinung, eine zweckmäßige Wirtschaftspolitik müsse von vornherein politische Unvernunft und Irrationalität in ihr Konzept einbauen. Wenn vernünftige Vorschläge nur deshalb nicht gemacht werden, weil man die ihnen entgegenstehende politischen Widerstände für zu groß hält, werden die wirtschaftlichen und gesellschaftlichen Kosten der Unvernunft übersehen. In Wirklichkeit haben auch Gruppen und Verbände keine deterministisch festzulegenden Positionen, sondern erhebliche Verhaltensspielräume und Spannweiten der Einsichtsfähigkeit. Wegen der Unsicherheit der Zukunft wissen sie keineswegs exakt, worin ihr Verbandsinteresse und das ihrer Mitglieder wirklich besteht. Auch liegt der Zeithorizont, unter dem die Gruppen ihren Einfluß geltend machen, keineswegs vollkommen fest. Damit gibt es einen Spielraum für vernünftige Lösungen und für nationalökonomischen Rat. *Wilhelm Röpke* hat seine Aufgabe darin gesehen, den Platz der Volkswirtschaftlehre im Streit der Meinungen zu festigen und blinde Leidenschaften durch Sachlichkeit zu verdrängen, ohne zu vergessen, daß es sich beim Umgang mit volkswirtschaftlichen Sachverhalten um den Einfluß auf menschliche Schicksale handelt. Angesichts der Umwälzungen, die sich in aller Welt vollziehen, vermag seine «Lehre von der Wirtschaft» ein nützlicher Wegweiser durch den Dschungel der Ideologien und Probleme zu sein.

Egon Tuchtfeldt/Hans Willgerodt

Erstes Kapitel
Das Problem

«Ein jeder lebt's,
nicht vielen ist's bekannt.» — *Goethe*

1. Geordnete Anarchie

An der Schwelle jeder wissenschaftlichen Betrachtung der Welt – so haben bereits die alten griechischen Philosophen gelehrt – steht die «Verwunderung». Ehe wir etwas erklären, müssen wir zunächst erkannt haben, daß es etwas gibt, was der Erklärung bedürftig ist, und ehe wir antworten, müssen wir zunächst lernen, Fragen zu stellen. Anstatt die Welt, ihre Erscheinungen und uns selber als etwas Selbstverständliches hinzunehmen, müssen wir erstaunt die Augen aufschlagen und zu dem Bewußtsein erwachen, wie wunderbar und rätselhaft das doch alles ist. Eine solche «Verwunderung» liegt uns um so ferner, je vertrauter und alltäglicher uns eine bestimmte Erscheinung ist. Gibt es aber für jeden von uns etwas Vertrauteres und Alltäglicheres als das Wirtschaftsleben? Gibt es etwas Selbstverständlicheres und Banaleres als die Einkäufe der Hausfrau, den Verkauf eines Kalbes durch den Landwirt, die Entlohnung der Arbeiter am Wochenende, den Verkauf einer Aktie an der Börse? Und doch bedarf es keines tiefen Nachdenkens, damit wir das Erklärungsbedürftige, um nicht zu sagen, Rätselhafte hinter allen diesen Banalitäten entdecken. Sind wir aber erst einmal so weit, so haben wir bereits den ersten Schritt in die Nationalökonomie getan.

Unsere Einbildungsktaft reicht kaum aus, um uns das moderne Wirtschaftsleben in seiner ganzen Mannigfaltigkeit und Verflechtung vor Augen zu stellen. Welch eine Fülle von verschiedenen Tätigkeiten, alle ineinandergreifend und sich gegenseitig voraussetzend, würde sich uns offenbaren, wenn wir in dieser Minute allgegenwärtig sein würden! In Millionen von Fabriken werden Tausende von Industrieerzeugnissen hergestellt; in der einen Zone wird geerntet, in der anderen gesät; tausend Schiffe und Eisenbahnen sind mit ebensoviel verschiedenen Gütern unterwegs; in Australien und Neuseeland werden Schafe geschoren; im Kongo und im Fernen Westen der Vereinigten Staaten wird Kupfer gefördert und in alle Welt versandt, in Japan Seide gesponnen, in Java Tee gepflückt; ein ununterbrochener Strom von Gütern ergießt sich in die Lagerhäuser, in die Fabriken, und aus ihnen ein anderer Strom in feinster Verästelung in Millionen von Läden und aus diesen in noch feinerer Verästelung in Millionen und Abermillionen von Haushaltungen zur Ernährung, Bekleidung und Versorgung eines Millionenheeres von Arbeitern, Angestellten, Beamten, Unternehmern, Landwirten, die durch ihre Arbeit jenen Güterstrom speisen; ein anderer Strom von Gütern, bestehend aus Maschinen, Werkzeugen, Zement und anderen nicht dem unmittelbaren Verbrauch dienenden Produkten, versorgt gleichzeitig Millionen von Produktionsstätten in Stadt und Land mit den Hilfsmitteln, die sie instand setzen, den ersten Strom von Verbrauchsgütern am Fließen zu erhalten; gleichzeitig sehen wir, wie eine Fülle von bezahlten Leistungen verrichtet wird, einen Arzt, der operiert, einen Rechtsanwalt im Plädoyer, einen Nationalökonomen, der sich bemüht, diesen ganzen Prozeß der Wirtschaft einem ihm unbekannten Leserkreise klarzumachen; damit nicht genug, bieten sich unserem Auge noch die verwirrenden Momentbilder des Geld-, Kredit- und Börsenverkehrs, von dem wir ahnen, daß er an der Fortbewegung dieses Wirtschaftsprozesses in einer geheimnisvollen Weise beteiligt ist; und schließlich sehen wir, wie der Staat in allen Stadien des Prozesses in Form von Steuern und Gebühren aller Art kleine Ableitungsröhren angebracht hat, die ihm die Mittel zur Unterhaltung seines Beamtenkörpers, des Heeres, der Schulen und der Gerichte zuführen.

Immer kleiner ist die Zahl der Menschen geworden, die, in völliger Unabhängigkeit von der Außenwelt, alles selbst produzieren, was sie zur Versorgung brauchen. Der Bauer kommt heute diesem Zustand noch am nächsten, aber auch er befriedigt einen Teil seiner Bedürfnisse in zunehmendem Maße durch Verkauf seiner Produkte und durch Einkauf vieler Dinge, die er in seiner Wirtschaft nicht selbst erzeugt. Dieses indirekte Verfahren der Güterbeschaffung und Bedürfnisbefriedigung ist heute für den Rest der Menschheit die Regel geworden. Es beruht auf einem Prinzip, das jedem als das der *Arbeitsteilung* geläufig geworden ist, setzt jedoch eine harmonische Koordinierung aller zersplitterten Teile des Prozesses voraus[1]. Wer aber sorgt in unserer modernen Welt für eine solche Koordinierung? Wie, wenn niemand dafür sorgte?

Man stelle sich einmal das Problem der täglichen Versorgung einer Millionenstadt mit allen Gütern vor, deren ihre Bewohner zur Fristung, Verschönerung und Erheiterung des Lebens bedürfen: soundsoviele Tonnen Mehl, Butter und Fleisch, soundsoviel Kilometer Stoff, soundsoviel Millionen Zigaretten und Zigarren, soundsoviel Ballen Papier, soundsoviel Bücher, Tassen, Schüsseln, Nägel und tausend andere Dinge müssen täglich beschafft werden, ohne daß an der einzelnen Ware Mangel oder Überfluß herrscht. Sie müssen stündlich, täglich, monatlich oder jährlich (je nach dem Charakter der Ware) in Menge und Qualität auf die Nachfrage der Millionenbevölkerung abgestimmt werden. Diese Nachfrage kann nur auf den Besitz von Kaufmitteln (Geld) gestützt werden, aber dieser Besitz von Kaufmitteln setzt wieder voraus, daß die Millionen, die als Konsumenten auftreten, zuvor als «Produzenten» (selbständige und unselbständige) ihrerseits die von ihnen angebotenen Güter und Leistungen in Art und Menge so auf die allgemeine Nachfrage abgestimmt hatten, daß sie sie ohne Verlust verkaufen konnten. Nun umfaßt aber der moderne hochdifferenzierte Wirtschaftsprozeß nicht eine einzelne Stadt, sei sie noch so groß, nicht nur ein ganzes Land, sei es noch so weit, sondern in einer Weise, die später noch besonders zu studieren sein wird, den ganzen Erdball. Der Arbeiter in einer optischen Fabrik produziert für die fernsten Länder, die ihn dafür auf vielfach verschlungenen Wegen mit Kakao, Kaffee, Tabak oder Wolle versorgen; indem er Linsen schleift, produziert er indirekt alle diese Dinge, und zwar in größeren Mengen und mit geringeren Kosten, als wenn er sie im direkten Verfahren produzieren würde. Dieser ungeheuer ausgedehnte und komplizierte Prozeß kann nur vonstatten gehen, wenn alles in jedem Augenblick so sehr aufeinander abgestimmt ist, daß größere Unordnung vermieden wird. Wäre das nicht dcr Fall, so wäre die Versorgung von Millionen mit einem Schlage gefährdet.

Wer aber sorgt für die Abstimmung und damit für den geordneten Ablauf des Prozesses? Niemand. Es gibt keinen Diktator, der, den Blick auf das Ganze gerichtet, die Menschen zu den einzelnen Berufen abkommandiert, der vorschreibt, was und wieviel von jeder Ware produziert und täglich auf den Markt gebracht werden soll. Obwohl sich die Menschen heute in allen diesen Beziehungen von Behörden aller Art mehr dreinreden lassen müssen als noch vor einigen Jahrzehnten, herrscht in der Welt außerhalb Rußlands und vielleicht auch außerhalb einiger westlicher Länder, die die Zwangswirtschaft des Krieges beibehalten oder gar noch ausgebaut haben – der «kapitalistischen» Welt, wie viele sich vage ausdrücken – noch immer der Grundsatz, daß die Menschen in allen wirtschaftlichen Entscheidungen (Produktion, Konsumtion, Sparen, Einkauf, Verkauf) grundsätzlich ihrem eigenen Ermessen folgen. *Einer außerordentlichen Differenziertheit des Wirtschaftsprozesses steht also das Fehlen einer zentralen, bewußten und planmäßigen Leitung dieses ungeheuer komplizierten Getriebes gegenüber*. Unser Wirtschaftssystem ist ein Gebilde von höchster und subtilster Differenziertheit bei grundsätzlicher Anarchie. Und doch kann der verstockteste Pessimist nicht leugnen, daß sich trotzdem alles zu einem geordneten Ganzen fügt. Während politische Anarchie unweigerlich zum Chaos führt, sehen wir zu unserem Erstaunen, daß die wirtschaftliche Anarchie, die unser Wirtschaftssystem kennzeichnet, so weit vom Chaos entfernt ist, daß man fast von einem Kosmos sprechen könnte. Unser Wirtschaftssystem ist anarchisch, aber nicht chaotisch: wer das nicht erstaunlich und erklärungsbedürftig findet, dem ist nicht zu helfen.

Die Ordnung, die unser Wirtschaftssystem beherrscht, muß auch derjenige anerkennen, der weit entfernt davon ist, sie vollknmmen zu finden, ja sogar derjenige, der die Art und den Grad dieser Ordnung radikal mißbilligt und sie durch eine bewußte und zentrale Ordnung ersetzen möchte (Sozialismus). Denn daß tatsächlich eine Ordnung existiert und ihre Dauerhaftigkeit seit Jahrhunderten bewiesen hat, ist eine Tatsache, die einfach anerkannt werden muß, und dieses Anerkenntnis ist mit jeder Art von politischem Glaubensbekenntnis vereinbar. Wir können nicht umhin, das Bestehen einer geordneten Anarchie im Wirtschaftsleben mit Erstaunen zu registrieren und intensiv das Bedürfnis nach einer Erklärung zu empfinden. Ja, wenn wir dem Tatbestand weiteres Nachdenken widmen, muß sich uns sogar der Schluß aufdrängen, daß es vielleicht schwer vorstellbar ist, auf welche Weise ein so ungeheuer komplizierter und differenzierter Prozeß, wie ihn das Wirtschaftsleben der entwikkelten Industrieländer darstellt, überhaupt in allen Einzelheiten durch Kommando von oben wie eine Fabrik oder ein Heer sollte geleitet werden können, ohne daß die schlimmsten Folgen eintreten. Das Bestehen einer Ordnung trotz Anarchie (einer spontanen Ordnung) ist also nicht nur an sich erstaunlich, vielmehr haben wir schon an dieser Stelle den Eindruck, daß die Eigenart unseres Wirtschaftslebens die *spontane Ordnung* einer *kommandierten Ordnung* als grundsätzlich überlegen erscheinen läßt. Die spontane Ordnung wäre nicht eine Ordnung schlecht und recht, bei der wir uns wundern, daß es offenbar schlimmstenfalls auch ohne Kommando von oben geht, sie wäre sogar die praktisch allein mögliche Art der Ordnung, wenn es sich als richtig herausstellt, daß die Struktur der Volkswirtschaft von der Struktur eines Heeres grundverschieden ist. Das schließt nicht aus, daß die spontane Ordnung, gemessen an irgendwelchen Idealen, noch immer herzlich schlecht ist und uns nicht zu kritikloser Bewunderung hinreißen darf.

2. Weitere Rätsel der Wirtschaft

Nachdem wir einmal erkannt haben, daß der Strom der Wirtschaft, in dem wir selbst stehen, voller Geheimnisse und Probleme steckt, ist unser Sinn nunmehr auch für das Rätselvolle aller einzelnen Erscheinungen dieses Prozesses geweckt, und wenn wir erst einmal angefangen haben zu fragen und die Dinge nicht mehr mit der naiven Unbekümmertheit des unphilosophischen Menschen als gegeben hinnehmen, treibt uns unsere intellektuelle Neugierde immer tiefer in das Dickicht der Nationalökonomie hinein. Wie steht es z. B. mit dem Zins? Wenn der Verfasser sich daran erinnert, daß die Erscheinung des Zinses, des nationalökonomischen Königsproblems aller Zeiten, es war, die ihn als Kind als erste unter allen Erscheinungen des Wirtschaftslebens stutzig machte, so möchte er es für wahrscheinlich halten, daß es gerade dieses Problem ist, das sich als erstes dem naiven Verstande aufzudrängen pflegt. Weiter: wieviele gibt es, die das Geld für etwas Selbstverständliches halten, woran man nicht viele Gedanken zu verschwenden braucht? Sie wissen, was das Geld in seiner konkreten Gestalt als Münze oder Note ist, und daß man es haben muß, wenn es einem gut gehen soll, aber damit ist der Fall für sie erledigt. Es bedarf erst einer großen Unordnung im Geldwesen, wie sie die Inflationsländer nach den beiden Weltkriegen erlebt haben, um die Menschen darauf zu bringen, welche unersetzlichen Dienste uns ein gesundes Geldsystem leistet, welche fördernden, aber auch welche zerstörenden Kräfte in den Papierzetteln und Metallscheibchen stecken, die so munter von Hand zu Hand wandern. Dann beginnt es auch dem naiven Verstande zu dämmern, daß es sich verlohnt, über das Geld nachzudenken, und wenn er erst einmal mit diesem Nachdenken begonnen hat, wird er bald innewerden, welche Probleme und Geheimnisse hier schlummern. Dann wird die Einsicht wach, daß das Geld nichts Natürliches und Selbstverständliches, sondern eine menschliche Erfindung und als solche eine historische Erscheinung ist, die erst auf einer bestimmten Stufe der wirtschaftlichen Entwicklung, nämlich auf derjenigen der entfalteten arbeitsteiligen Marktwirtschaft, Sinn und Bedeutung erhält.

Wir können noch einen Schritt weiter gehen, indem wir uns von den großen Zusammenhängen des Wirtschaftslebens, deren problematischer Charakter schließlich nicht schwer zu begreifen ist, abwenden und irgendeinen banalen Einzelfall aufs Geratewohl herausgreifen. Nehmen wir z. B. einen Bleistift und eine Taschenuhr, und unterstellen wir, daß der Bleistift 30 Rappen und die Taschenuhr 100 Franken kostet. Worauf beruht dieser Preisunterschied? Auf diese Frage sind drei Antworten möglich. *Erstens* könnte es sein, daß beide Preise auf einer Zufälligkeit beruhen. Daß bei der Preisbildung der Zufall eine gewisse Rolle spielt, weiß jeder, der einmal an einer Auktion teilgenommen oder in einem orientalischen Basar einen Phantasiepreis gezahlt hat. Es ist sogar zuzugeben, daß sich die Preisbildung auf fast allen nicht vollkommen organisierten Märkten innerhalb einer mehr oder weniger weiten Grenze der Unbestimmtheit zu vollziehen pflegt. Indessen wird niemand im Ernst behaupten wollen, daß die Preisbildung ein bloßes Spiel des launischen Zufalls wäre, und unser Beispiel eignet sich besonders schlecht für eine solche Behauptung, da der Preisunterschied hier viel zu groß und eine Umkehrung des Preisverhältnisses unvorstellbar ist. Unsere Erfahrungen beweisen uns, daß sich tatsächlich die Preise aller Waren zu einem System ordnen, in dem jeder Einzelpreis auf längere Zeit und innerhalb eines nicht allzu weiten Bewegungsspielraums seinen Platz behauptet und ihn nur dann gegen einen anderen vertauscht, wenn ein zureichender Grund dafür vorhanden ist. Eine *zweite* Möglichkeit bestünde darin, daß die Preise zwangsweise von oben festgesetzt worden sind. Obwohl wir von vornherein wissen, daß das in unserem Falle und im ganzen Umkreise unserer Erfahrungen offensichtlich nicht zutrifft, sind jedermann einzelne Beispiele von obrigkeitlich vorgeschriebenen Preisen bekannt. Während des Krieges war das sogar ein durchgebildetes System, das den Zweck verfolgte, eine Preissteigerung lebenswichtiger Güter hintanzuhalten (Höchstpreiswirtschaft). Aber auch in normalen Zeiten gibt es nicht wenige Preistaxen, wie z. B. die Tarife der Autodroschken und vieles andere mehr. Nun sind aber gerade die Erfahrungen der Höchstpreiswirtschaft während des Krieges deshalb besonders lehrreich, weil sie beweisen, welche ungeheuren und schließlich unüberwindlichen Widerstände einer Festsetzung von Preisen erwachsen, die merklich von dem Stande abweichen, der sich ohne den obrigkeitlichen Preisbefehl ergeben hätte. Das mindeste also, was wir sagen können, ist, daß selbst in jenen Sonderfällen, in denen der Preis zwangsweise fixiert wird, die Festsetzung an Faktoren gebunden ist, die jenseits von Zwang und Zufall liegen. Diese Faktoren sind es, die uns schließlich zu der *letzten* und allein befriedigenden Möglichkeit führen: der Preisbildung nach inneren, sozialen Gesetzmäßigkeiten. Sie zu erklären, ist eine der Hauptaufgaben der Nationalökonomie.

3. Der Grenznutzen

Die Beispiele, die uns einen Begriff von den Aufgaben der Nationalökonomie geben sollten, haben unseren Blick von dem engen Ausschnitt unserer eigenen unmittelbaren Erfahrung auf die großen sozialen Zusammenhänge gelenkt, in die sie in geheimnisvoller Weise verwoben ist. Es ist, als hätten wir bis dahin unbekümmert und gedankenlos Wasser für unseren täglichen Bedarf geschöpft, nun aber den Blick erhoben und zu unserem Erstaunen entdeckt, daß wir aus einem Strome geschöpft haben, den wir jetzt in seiner majestätischen Breite in unendliche Fernen hinauf- und hinunterblicken. Indem wir uns der großen sozialen Zusammenhänge bewußt werden, tun wir bereits den ersten Schritt auf dem Wege zum Verständnis des Wirtschaftslebens, aber wir würden in einer falschen und schließlich in die Irre führenden Richtung weiterwandern, wenn wir nicht sogleich eine andere Überlegung anstellen würden, die uns wieder zu uns selbst und zu unserer eigenen individuellen Erfahrung zurückführt. Wir müssen uns nämlich mit aller Entschiedenheit klarmachen, daß der Wirtschaftsprozeß nicht etwas ist, was sich außerhalb von uns als etwas Objektives und Mechanisches vollzieht, sondern ein Prozeß, zu dem wir alle selbst durch die Summe unserer Erwägungen und Entscheidungen beitragen. Im Grunde sind es also Millionen und Abermillionen von subjektiven Vorgängen in der Seele jedes einzelnen, die hintcr den in Preis, Geld, Zins und Konjunktur objektivierten Erscheinungen des Wirtschaftslebens stehen. Es sind die Menschen mit ihren Gefühlen, ihren Urteilen, ihren Sorgen und ihren Hoffnungen, die diese Erscheinungen in letzter Linie bestimmen. Um welchen Punkt aber drehen sich alle diese seelischen Vorgänge? Sobald wir diese Frage beantwortet haben, werden wir auch den Schlüssel zum Verständnis aller objektivierten Vorgänge des Wirtschaftslebens, mit einem Wort der «Markterscheinungen», gefunden haben.

Alle wirtschaftlichen Erwägungen und Akte lassen sich schließlich als ein «Haushalten» charakterisieren, zu dem wir immer dann gezwungen sind, wenn wir über etwas, was uns in irgendeiner Weise wichtig und förderlich erscheint, nicht in unbegrenzter Menge verfügen können. Immer, wenn wir nicht aus dem Vollen schöpfen können, müssen wir planmäßig disponieren, um nicht zu «verschwenden», d. h. unwirtschaftlich zu verfahren. Da wir leider nicht im Schlaraffenlande leben, so gibt es nur sehr wenige Dinge, deren Vorrat wir beim besten Willen nicht erschöpfen können (freie Güter). Dazu gehört unter gewöhnlichen Verhältnissen als allerwichtigstes Gut die atmosphärische Luft. Wenn wir eine Atemübung machen, so dürfen wir so tief Atem holen, wie wir wollen, ohne Völlerei zu treiben. Setzen wir die Übung aber zu lange fort, so bringen uns der Zeitablauf und die wachsende Erschöpfung zum Bewußtsein, daß uns zwei andere Dinge, nämlich die Zeit und die Körperkräfte, keineswegs in unbegrenzter Menge zur Verfügung stehen. Mit diesen beiden Dingen müssen wir haushalten. So wichtig und nützlich uns eine Atemübung erscheint, so können wir sie doch nicht unbegrenzt fortsetzen, ohne weit wichtigere Dinge darüber zu vernachlässigen. Zeit und Körperkräfte sind, weil sie knapp sind, nicht freie, sondern *wirtschaftliche Güter,* die uns zum Wirtschaften zwingen, wenn wir dem Leben und seinen Freuden auch nur den geringsten Wert beilegen. Weil sie die Regel bilden, nicht aber die freien Güter, so ist unser ganzes Leben in jeder Minute eine Summe von Erwägungen und Entscheidungen, deren Ziel es ist, ein relativ befriedigendes Gleichgewicht zwischen unseren unbegrenzten Bedürfnissen und den begrenzten Mitteln zu ihrer Befriedigung herzustellen. Es versteht sich dabei von selbst, daß die Knappheit der wirtschaftlichen Güter nicht mit einer objektiven Seltenheit verwechselt werden darf, sondern das Mißverhältnis zwischen dem Vorrat und unserem subjektiven Bedürfnis widerspiegelt. Faule Eier sind zwar erfreulicherweise selten, aber sie sind keineswegs knapp (Robbins). Wir begehren sie nicht nur nicht, sondern suchen sie mit allen Mitteln loszuwerden; sie haben keinen Wert, sondern nur einen Unwert für uns. Anderseits kann der Wert eines wirtschaftlichen Gutes, dessen objektive Seltenheit an sich nicht groß ist, unter Umständen ins Unendliche hinaufklettern, wenn das Leben von seinem Besitz abhängt. In Shakespeares «Richard III.» bietet der Held sein ganzes Königreich für ein Pferd, das ihm das Leben retten soll. Die Wertskala der Dinge umfaßt also alle Werte von Minus (Unwerte) über Null (freie Güter) und Endlich (wirtschaftliche Güter) bis Unendlich (metaökonomische Güter). Über ihren Platz auf dieser Skala entscheidet immer in letzter Instanz die Stärke unseres subjektiven Begehrs.

Luft ist ein freies Gut, und auch Wasser hat in unserer Wertskala unter gewöhnlichen Umständen einen kaum über Null liegenden Wert, obwohl Luft wie Wasser die wichtigsten Vorbedingungen des physischen Lebens sind. Anderseits nimmt ein Diamant in unserer Wertskala einen sehr hohen Platz ein, obwohl er keineswegs ein lebenswichtiger Gegenstand ist. Dieser Sachverhalt führt uns zu einem weiteren wichtigen Gesichtspunkt, der für das Verständnis der subjektiven Grundlage des Wirtschaftslebens unerläßlich ist. Wir haben mit ihm in unseren bisherigen Erörterungen bereits unausgesprochen operiert, tun aber gut daran, ihn möglichst deutlich hervortreten zu lassen.

Für den Platz irgendeines Gutes auf unserer Wertskala ist zwar der Nutzen entscheidend, aber nicht ein allgemeiner Nutzen, abgeleitet aus dem Grade der Lebensnotwendigkeit des Gutes, sondern der spezifische, konkrete Nutzen einer bestimmten Menge eines Gutes. Je größer nun die uns zur Verfügung stehende Menge eines Gutes ist, um so geringer ist der Lustgewinn, den uns jede Einheit bringt, um so niedriger aber auch der Platz dieses Gutes auf unserer Wertskala. Das ist deshalb der Fall, weil mit zunehmender Sättigung eines Bedürfnisses der Nutzen (Lustgewinn) jeder Dosis abnimmt. Da wir nun im Falle des Verlustes einer Einheit nur auf den jeweils geringsten Nutzen verzichten müssen, so kann der Nutzen keiner Einheit größer sein als dieser geringste Nutzen. Also bestimmt der Nutzen der letzten Dosis, d. h. der geringste Nutzen, den Nutzen jeder anderen Dosis und damit den Nutzen des ganzen Vorrats. Der Platz des Wassers auf unserer Wertskala wird nicht durch den unendlich großen Nutzen eines Glases Wasser bestimmt, das uns vor dem Verdursten retten würde, wenn uns nur dieses eine Glas zur Verfügung stünde, sondern durch den Nutzen der letzten Dosis, die wir zum Baden oder zum Blumenbegießen benutzen. Wir nennen diesen Nutzen der letzten Dosis den *Grenznutzen* und können nunmehr folgende Thesen aufstellen: 1. Der Grenznutzen nimmt mit wachsendem Vorrat, d. h. mit wachsender Möglichkeit der Bedürfnisbefriedigung, ab. 2. Der Grenznutzen bestimmt aber den Nutzen, den wir allen anderen Dosen beilegen. 3. Mit wachsender Menge sinkt also der Platz, den ein Gut auf unserer Wertskala einnimmt, vorausgesetzt, daß sich unser Geschmack (Bedürfnisskala) inzwischen nicht geändert hat. 4. Der Nutzen des gesamten Vorrats (Totalnutzen) wächst zwar mit wachsender Menge, aber in abnehmendem Grade, da der Grenznutzen absolut sinkt. Nimmt jedoch der Grenznutzen in stärkerem Grade ab, als der Vermehrung der Menge entspricht, so kann es eintreten, daß der Totalnutzen sogar absolut sinkt.

Die Fallgeschwindigkeit des Grenznutzens ist nun, wie wir ohne weiteres erkennen, bei den einzelnen Gütern verschieden, und zwar pflegt sie merkwürdigerweise um so größer zu sein, je lebenswichtiger ein Gut ist. Nehmen wir wiederum das Beispiel des Wassers. Jedem von uns ist es nach stundenlanger Wanderung in sommerlicher Hitze schon passiert, daß alle unsere Gedanken schließlich nur noch sehnsüchtig um ein Glas Wasser kreisten. Wir stürzten uns halb verdurstet auf die endlich erreichte Quelle und verschlangen gierig den ersten Becher, aber schon beim zweiten Becher registrierten wir einen jähen Abfall der Befriedigung; schließlich kühlten wir unser Gesicht, füllten unsere Feldflasche, vergaßen Durst und Wasser und streckten uns im Grase aus, die Landschaft betrachtend, an der wir uns «nicht satt sehen können». Da die Fallgeschwindigkeit des Grenznutzens des Wassers außerordentlich groß ist, kann der Totalnutzen des Wassers leicht negativ werden, wie die unglücklichen Opfer der mittelalterlichen Folter, denen man mit Gewalt Wasser einflößte, bezeugt haben würden. Auch die sprichwörtliche Unzufriedenheit des Landwirts mit dem Wetter, dem es bald zu wenig, bald zu viel regnet, ist im Grunde nichts anderes als ein Beweis dafür, daß das Wasser sich ebensosehr durch hohe Dringlichkeit des Bedarfs wie durch eine hohe Fallgeschwindigkeit des Grenznutzens auszeichnet. Wenn wir den Begriff der Fallgeschwindigkeit des Grenznutzens umkehren, so können wir aus einem Grunde, der jetzt ohne weiteres verständlich sein wird, von der *Elastizität des Bedarfs* sprechen und dann den Satz aufstellen: Die Elastizität des Bedarfs an einem Gute verhält sich gewöhnlich umgekehrt wie die Dringlichkeit (Intensität) des Bedarfs. Wir werden später noch sehen, daß sich aus diesem Satz sehr wichtige Preiserscheinungen erklären, so vor allem auf den landwirtschaftlichen Produktenmärkten.

Hier kommt unser Satz, daß bei geringer Elastizität des Bedarfs (großer Fallgeschwindigkeit des Grenznutzens) der Totalnutzen des Vorrats möglicherweise absolut sinkt, in der bekannten Tatsache zum Ausdruck, daß der Gesamtgeldwert der Getreideproduktion eines Jahres bei einer reichlichen Ernte geringer sein kann als bei einer schlechten.

Die Begriffe der «Fallgeschwindigkeit des Grenznutzens» und der «Elastizität des Bedarfs» gewinnen vielleicht noch an Klarheit und Gewicht, wenn wir auf sie einige Erwägungen von sehr praktischer Bedeutung anwenden.

Zunächst folgt aus der verschiedenen Bedarfselastizität für diese oder jene Güter, daß der Verbrauch der Individuen, ohne Rücksicht auf ihre Einkommensunterschiede, um so gleichförmiger zu sein pflegt, je unelastischer das in Frage stehende Bedürfnis ist. Nun wissen wir aber, daß das um so mehr der Fall ist, je lebenswichtiger ein Bedürfnis ist. In der Tat verbrauchen die Reichen kaum mehr Wasser, Salz oder Brot als die Armen. Ein anderes Ergebnis ist dieses: je kleiner das Einkommen ist, um so größer ist derjenige Teil, der für Lebensmittel ausgegeben wird. Diese Tatsache ist zuerst von dem preußischen Statistiker Engel im Jahre 1857 nachgewiesen worden (Engelsches Gesetz); ein anderer Statistiker, Schwabe, hat später den gleichen Nachweis für die Wohnungsausgaben erbracht (Schwabesches Gesetz). Daraus darf man auch schließen, daß Verbrauchssteuern auf lebenswichtige Güter die Ärmeren schwerer als die Reicheren treffen.

Wenn wir jetzt die Ausgaben der Reichen ein wenig näher betrachten, so ergibt sich in der Tat, daß die Vorstellung von den schlemmenden Reichen unzutreffend ist, da ja die Fassungskraft des Magens für alle Menschen mehr oder weniger die gleiche ist. Je größer das Einkommen ist, um so größer ist also der Teil, der für Luxuszwecke ausgegeben wird, d. h. für Güter von einer hohen Bedarfselastizität (oder von einer geringen Fallgeschwindigkeit des Grenznutzens). Aber im Fall der Großeinkommen sind selbst diese Bedürfnisse höherer Ordnung nicht elastisch genug, um das ganze Einkommen zu absorbieren, so daß der Rest fast notwendigerweise gespart wird. Das ist der Grund, warum der Anteil der höheren Einkommensschichten an der Kapitalbildung besonders groß ist. Daraus folgt aber auch, daß man von einer Verteilung der Großeinkommen auf die ärmeren Klassen sehr wenig zu erwarten hat. Da die Reichen für ihre lebenswichtigen Bedürfnisse kaum mehr ausgeben als die Armen, würden diese durch eine solche Teilung nicht viel satter werden, während das, was die Reichen für ihre Luxusbedürfnisse ausgeben, im Gegensatz zu den populären Vorstellungen kaum ins Gewicht fällt, da ja die Reichen im Vergleich zu den Armen sich in einer so verschwindenden Minderheit befinden, daß die Gesamtsumme der Luxusausgaben in einem Lande im Vergleich zu allen übrigen Ausgaben unbedeutend erscheint. Was aber denjenigen Teil des Einkommens der Reichen betrifft, der nicht ausgegeben, sondern gespart wird, so kommt er für eine allgemeine Verteilung nicht in Betracht, da ja in einer Volkswirtschaft das Sparen ganz unentbehrlich ist, wenn ein allgemeiner wirtschaftlicher Verfall vermieden werden soll. Wir dürfen nicht vergessen, daß der Reichtum eines Henry Ford nicht in Geld, sondern in Fabriken bestand, die dank seinen Rücklagen geschaffen wurden, und diese Fabriken würde ein kommunistischer Staat ja auch gebaut haben, falls er dazu imstande wäre. So betrachtet, sind Leute wie Ford nichts anderes als Sozialfunktionäre, die einen Teil der Güterproduktion als Treuhänder der Nation verwalten und, wenn ihre Verwaltung schlecht ist, dafür in unmittelbarer und harter Weise durch die Verluste bestraft werden, die sie erleiden. Das Problem lautet also nicht, ob das Los der Armen erheblich besser sein würde in einer Gesellschaft, in der es keine Reichen gibt. Es besteht vielmehr darin, ob es zweckmäßiger ist, an Stelle der Unternehmer bezahlte Beamte zu ernennen und die Privatunternehmungen in Staatsbetriebe zu verwandeln, und weiter darin, ob die Reichen nicht in unserer Gesellschaft eine wirtschaftliche, politische und soziale Macht darstellen, die als schwer erträglich und sozial ungerecht anzusehen ist.

Wir wollen uns diese Zusammenhänge noch in einer anderen Weise klarzumachen suchen. Wir wollen annehmen, ein armer Straßenkehrer habe das große Los gewonnen, und fragen nun, welchen Gebrauch er von diesem plötzlichen Reichtum machen wird. Wir sehen sofort, daß es die verschiedene Elastizität der Bedürfnisse ist, die ihn dabei entscheidend leiten wird. Zunächst wird er eine Reihe von dringenden Bedürfnissen (Nahrung, Kleidung, Getränke) befriedigen, aber bald stellt sich heraus, daß diese Bedürfnisse nur wenig elastisch sind und nach kurzer Zeit der Sättigungspunkt erreicht ist. Je größer der Lotteriegewinn ist und je wohlhabender der Gewinner bereits vorher war, um so geringfügiger wird unter den Gesamtausgaben der Anteil der unelastischen Bedürfnisse, d. h. der lebenswichtigen, sein. Während wir aber sicher sind, daß alle Menschen immer einen Teil ihres Einkommens für lebenswichtige Bedürfnisse ausgeben, können wir nicht im voraus wissen, wie sie ihr Einkommen auf die höheren Bedürfnisse verteilen werden. Je unelastischer ein Bedürfnis, um so gleichförmiger ist es; je elastischer es ist, um so mehr entscheidet der individuelle Geschmack, und um so eher ist es Schwankungen unterworfen. So hat man ermittelt, daß von 1926 bis 1927 in Kanada, in der Schweiz und in England der für Lebensmittel ausgegebene Anteil des Nationaleinkommens derselbe war (30–31%), während die Prozentsätze der übrigen Ausgaben erheblich voneinander abwichen.

Von unserem Straßenkehrer wenden wir uns einem ganzen Volke zu. Wird die Gesellschaft als Ganzes reicher, so werden sich dieselben Wirkungen wie im Falle des reicher werdenden einzelnen zeigen. Der Anteil der unelastischen Nahrungsausgaben geht zurück, während die Bedürfnisse höherer Ordnung eine immer größere Bedeutung gewinnen. Das heißt, daß die relative Bedeutung der Landwirtschaft zurückgehen wird und innerhalb der Landwirtschaft die relative Bedeutung der Getreideproduktion zugunsten der Produktion von höherwertigen Nahrungsmitteln (Milchprodukten, Fleisch, Eiern, Geflügel, Gemüse und Obst). Anderseits werden die den höheren

Bedürfnissen dienenden Wirtschaftszweige («tertiäre Produktion») mit zunehmendem Wohlstand der Gesellschaft immer bedeutungsvoller werden. Handel, Verkehrswesen, Fremdenverkehr, Kino, Theater, Radio, Bücher, Zeitschriften, Konzerte, Kunstgewerbe und andere Erwerbsarten werden in dem Maße, wie der allgemeine Wohlstand steigt, einen immer größeren Teil des Volkseinkommens in Anspruch nehmen. Anders ausgedrückt: Das Anwachsen des Wohlstandes geht Hand in Hand mit wachsender Bedeutung der Produktion von Butter, Fleisch, Obst und ähnlichen Dingen innerhalb der Landwirtschaft und schließlich mit Verstädterung und Industrialisierung. Das ist die Entwicklung, in der wir uns heute befinden.
Damit haben wir das Prinzip des Grenznutzens (Marginalprinzip) in seinen Grundzügen skizziert. Wenn man es sich einmal klargemacht hat, so erscheint es fast banal, aber, wie die letzten Beispiele bereits gezeigt haben, erweist es sich als ein unentbehrliches Prinzip, wenn man den wirtschaftlichen Erscheinungen auf den Grund gehen will. Tatsächlich hat darauf das ganze Gebäude der modernen nationalökonomischen Theorie errichtet werden können. Diese Leistung vollbracht zu haben, ist das große Verdienst einer Reihe von Theoretikern der letzten fünfundsiebzig Jahre gewesen.[2]

4. Auswahl und Begrenzung als Wesen der Wirtschaft

Das Bild, das wir vom Wesen der Wirtschaft in seiner allgemeinsten Form gewinnen, rundet sich nunmehr zusehends. Von allen Seiten sind wir durch Knappheit – Knappheit der Güter, Knappheit der Zeit, Knappheit der Körperkräfte – eingeengt: wir können kein Loch stopfen, ohne ein anderes aufzureißen. Da wir in einer solchen Welt des Mangels leben, stehen wir vor einer doppelten Aufgabe. Erstens müssen wir eine Auswahl der Bedürfnisse nach dem Grade ihrer Dringlichkeit und Wichtigkeit vornehmen. Da aber der Grenznutzen bei fortgesetzter Befriedigung sinkt, so müssen wir

zweitens die Befriedigung eines Bedürfnisses an irgendeinem Punkte früher oder später abbrechen. Wir müssen also die begrenzten Mittel und die unbegrenzten Bedürfnisse fortgesetzt dadurch aufeinander abstimmen, daß wir eine *Auswahl* und eine *Begrenzung* der *Bedürfnisbefriedigung* vornehmen.
Nach welchem Gesichtspunkt gehen wir dabei vor? Nun, ohne Zweifel lassen wir uns davon leiten, daß das Grenznutzenniveau bei allen Arten der Befriedigung möglichst gleich hoch sein soll. Auch das ist nur die abstrakte Formulierung von etwas sehr Simplem, das wir täglich und stündlich praktizieren, ohne gleich die Formel dafür zu haben. Wir sehen den Vorgang in voller Deutlichkeit bei einem so trivialen Anlaß wie dem des Kofferpackens für eine Reise. Da wir nicht unsere ganze Habe mitnehmen können, überlegen wir uns zunächst, welche Dinge wir am dringendsten brauchen (Auswahl); zugleich aber wägen wir ein Mehr an Hemden gegen ein Weniger an Schuhen, ein Mehr an Büchern gegen ein Weniger an Anzügen so gegeneinander ab, daß alles in einem vernünftigen Verhältnis zueinander steht (Begrenzung). Es klingt ein wenig komisch, aber es ist tatsächlich so, daß der Koffer dann ideal gepackt ist, wenn das Niveau des Grenznutzens für die Anzüge, Hemden, Socken, Taschentücher, Schuhe und Bücher gleich hoch und höher als der Nutzen der zurückgelassenen Gegenstände ist. Wen an diesem Beispiel der Umstand stört, daß Umfang und Zahl der Koffer ja nicht von vornherein feststehen (was in der Tat zu der Komplikation führt, daß auch dies wiederum durch Nutzenvergleiche der verschiedensten Art auf nächsthöheren Stufen bestimmt wird), mag an die Soldaten denken, die ins Feld nur ihren Tornister mitnehmen durften und die Aufgabe der Auswahl und Begrenzung sehr ernst nehmen mußten. Wer sollte aber glauben, daß das ganze Getriebe menschlicher Wirtschaft nur eine endlose Reihe von kompliziertesten Variationen über das einfache Grundthema des Kofferpackens darstellt? Unser ganzes Leben setzt sich aus einer Unsumme von ähnlichen Entscheidungen zusammen, die alle der ständigen Abstimmung von Mitteln und Bedürf-

nissen dienen. Auswahl, Begrenzung, Gleichheit des Grenznutzenniveaus, – immer wieder ist es dasselbe. Nach diesem Gesichtspunkt verwenden wir unser Einkommen, nach ihm betreiben wir unsere Geschäfte, nach ihm organisieren wir die Produktion, nach ihm verteilen wir unsere Zeit auf Arbeit und Muße, ja sogar auf Wachen und Schlafen. Und der Nutzen, auf den wir verzichten, stellt die «Kosten» des Nutzens dar, in dessen Genuß wir uns setzen, in unserer Hauswirtschaft wie im Ganzen der Volkswirtschaft. *Wirtschaften ist nichts anderes als die fortgesetzte Wahl zwischen verschiedenen Möglichkeiten und die Nationalökonomie im Grunde nichts anderes als die Lehre von den Alternativen.* Das ist das ewige Gesetz jeder menschlichen Wirtschaft, wie immer sie organisiert sein mag, der isolierten tauschlosen Wirtschaft wie der heutigen hochentwickelten Marktwirtschaft, die auf Arbeitsteilung und Geldverkehr beruht.

Anmerkungen zum ersten Kapitel

1. (S. 15) Ein Blick auf die Wirtschaftsgeschichte:

Daß die Arbeitsteilung heute einen Grad und Umfang erreicht hat wie nie zuvor in der Geschichte, ist unbestritten. Völlig unabhängige Einzelwirtschaften von der Art Robinsons sind heute kaum noch irgendwo auf der Erde anzutreffen. Es ist aber auch sehr zweifelhaft, ob es eine solche völlig tauschlose Wirtschaft, die man mit einem doppeldeutigen, weil auch auf die geldlose Tauschwirtschaft anwendbaren, Ausdruck als *Naturalwirtschaft* bezeichnet, in irgendeiner Geschichtsperiode in völliger Reinheit und in größerem Umfange gegeben hat. Die Vorstellung, daß z. B. das frühe Mittelalter durch ein Überwiegen der Naturalwirtschaft gekennzeichnet gewesen wäre, hat der modernen historischen Kritik nicht standgehalten. Vgl. *A. Dopsch,* Naturalwirtschaft und Geldwirtschaft in der Weltgeschichte, 1930.

Die Wirtschaftshistoriker haben sich bemüht, in der Wirtschaftsgeschichte den roten Faden eines Prinzips zu finden, das sie als eine «Entwicklung» verstehen läßt. So ist es zur Aufstellung der sogenannten *Wirtschaftsstufentheorien* gekommen, deren früheste von *Friedrich List* (Das nationale System der politischen Ökonomie, 1841, Neuausgabe Basel-Tübingen, 1959) stammt. Ihm sind mit verfeinertem wissenschaftlichem Rüstzeug gefolgt: *Br. Hildebrand* (Die Nationalökonomie der Gegenwart und Zukunft, 1848), der die Entwicklungsstufen der Naturalwirtschaft, der Geldwirtschaft und der Kreditwirtschaft aufgestellt hat, *K. Bücher* (Die Entstehung der Volkswirtschaft, 1893), der die Stufen der individuellen Nahrungssuche, der geschlossenen Hauswirtschaft (tauschlose Einzelwirtschaft), der mittelalterlichen Stadtwirtschaft (vornehmlich gekennzeichnet durch Produktion im Auftrage des Konsumenten, «Kundenproduktion») und schließlich der modernen volkswirtschaftlichen Marktproduktion («Warenproduktion» für einen anonymen und nur durch Zwischenstufen erreichten Abnehmerkreis) unterscheidet, *G. Schmoller* und viele andere. Das Thema beschäftigt noch heute die Wirtschaftshistoriker sehr intensiv. Es hat sich dabei bisher herausgestellt, daß die Vorstellung, die mit der Aufeinanderfolge einzelner Entwicklungsstufen verknüpft wurde, viel zu schematisch war und die Tatsachen mehr oder weniger vergewaltigte. Vor allem war es ein Fehler, daß man sich die Entwicklung – mit einem letzten Rest vom Fortschrittsglauben des 18. Jahrhunderts – zu sehr als eine geradlinige Aufwärtsentwicklung zu höheren Formen vorstellte. Daß das Altertum in der römischen Kaiserzeit eine erstaunliche Höhe der wirtschaftlichen Entwicklung erreicht hat, die uns von einem Kapitalismus und einer Weltwirtschaft des Altertums zu sprechen erlaubt, ist uns durch die neueren Forschungen zur Gewißheit geworden. Man lese darüber in dem prachtvollen Buche *Rostovtzeffs* über die Wirtschafts- und Sozialgeschichte der römischen Kaiserzeit (Gesellschaft und Wirtschaft im Römischen Kaiserreich, 1930) nach. Sehr viel länger hat sich jedoch die (vor allem durch die *Bücher*sche Theorie populär gewordene) Vorstellung erhalten, daß vom Hochmittelalter an die Entwicklung geradlinig von Primitiveren zu höheren Formen bis zur heutigen vollen Entfaltung weltwirtschaftlicher Arbeitsteilung voranschreite. Damit sind zugleich mehr oder weniger romantische und idealisierende Vorstellungen von der idyllischen Art mittelalterlicher Wirtschaft und mittelalterlichen Wirtschaftsdenkens verknüpft, Vorstellungen, die vor allem durch die Schriften *Sombarts* (insbesondere durch sein mehrbändiges Werk über den «Modernen Kapitalismus») Kurswert in weitesten Kreisen erlangt haben. Auch hier zwingen jedoch die neuesten Forschungen zu gründlicher Revision. Wir wissen heute, daß im Mittelalter bereits ein sehr intensiver Wirtschaftsverkehr bestanden hat und daß wir durchaus von einer mittelalterlichen Weltwirtschaft sprechen können, die keineswegs auf gewisse Luxusgüter beschränkt war, und wir wissen ferner, daß die Träger dieses Wirtschaftsverkehrs, wie nicht anders zu erwarten, einen sehr ausgeprägten Erwerbssinn besessen haben. Von besonderer Bedeutung ist es nun, daß dieses System hochentwickelter mittelalterlicher Wirtschaft zu Beginn der Neuzeit zusammengebrochen und im Zeitalter der Herausbildung der National- und Territorialstaaten und des Merkantilismus einer Stufe weniger differenzierter Wirtschaft Platz gemacht hat. So wie die Weltwirtschaft des Altertums ist auch die Weltwirtschaft des Mittelalters zugleich mit dem politischen System, das sie trug, zerbröckelt, was für die Gegenwart nicht ohne drohende Bedeutung ist. Vgl. dazu: *F. Rörig,* Mittelalterliche Weltwirtschaft, Blüte und Ende einer Weltwirtschaftsperiode, 1933. Eine grundsätzliche Kritik der Wirtschaftsstufentheorien und eine überzeugende Analyse des Verhältnisses zwischen Wirtschaftsgeschichte und Wirtschaftstheorie gibt: *W. Eucken,* Die Grundlagen der Nationalökonomie, 8. Aufl. 1965. Vgl. jetzt auch: *Ludwig von Mises,* Theory and History, an Interpretation of Social and Economic Evolution, New Haven 1957.

2. (S. 28) Das Grenznutzenprinzip als Grundlage der modernen Theorie:

Nachdem das Prinzip als solches bereits früher, insbesondere von *Gossen* (1854), klar erkannt worden war, ist es nahezu gleichzeitig und unabhängig von drei Gelehrten systematisch entwickelt und zur Grundlage der modernen Theorie gemacht worden, nämlich von dem Österreicher *Carl Menger* (1871), dem Engländer *W. St. Jevons* (1871) und dem in der Schweiz wirkenden Franzosen *Léon Walras* (1874). Die wichtigsten Etappen auf dem Wege der weiteren Entwicklung sind die folgenden Werke: *Friedrich von Wieser,* Theorie der gesellschaftlichen Wirtschaft, 1914; *E. von Böhm-Bawerk,* Positive Theorie des Kapitals, 1889; *Alfred Marshall,* The Principles of Economics, London 1890 (deutsche Übersetzung 1905); *V. Pareto,* Cours d'économie politique, Lausanne 1896/97; *M. Pantaleoni,* Principii di economia pura, Florenz 1889; *J. B. Clark,* The Distribution of Wealth, New York 1899; *Ph. H. Wicksteed,* The Common Sense of Political Economy, London 1910 (Neuherausgabe durch L. Robbins, 1933); *K. Wicksell,* Vorlesungen über Nationalökonomie auf Grundlage des Marginalprinzips (schwedisch 1901), 1913/22; *G. Cassel,* Theoretische Sozialökonomie, 1918; *L. von Mises,* Nationalökonomie. Theorie des Handelns und Wirtschaftens, Genf 1940. Diese Werke stellen tatsächlich die Hauptsäulen dar, auf denen die ganze moderne Theorie ruht. Trotz aller Verschiedenheiten der Perspektiven und trotz vieler Meinungsverschiedenheiten in Einzelfragen bilden sie in Wahrheit eine Einheit, mit der man sich durch das Studium der Hauptwerke vertraut machen muß, wenn man unsere Wissenschaft meistern will. Gegenüber der noch immer hier und da anzutreffenden Meinung, als ob das Marginalprinzip eigentlich eine *plaisanterie viennoise* wäre und nicht mehr, kann man sich nicht eindringlich genug klarmachen, daß es heute überhaupt kein nationalökonomisches Denken mehr gibt, das sich nicht im Rahmen dieser grundlegenden Konzeption bewegt. Das gilt selbst dann, wenn die Grenznutzentheorie ausdrücklich als unbrauchbar erklärt wird, wofür das genannte Buch des Schweden *Gustav Cassel* ein besonders gutes Beispiel bietet. Im Grunde genommen fußt *Cassel* vollkommen auf *Walras* und seiner Schule, was nicht dadurch widerlegt wird, daß er diesen Ursprung unerwähnt läßt. *Cassel* hat sich dadurch, daß er die schwierige Theorie von *Walras* in eine verständliche Form umgegossen und mit wertvollen Gedanken bereichert hat, ein großes Verdienst erworben und gerade in Deutschland nach dem ersten Weltkriege viel zur Hebung der nationalökonomischen Bildung beigetragen, aber er gehört vollkommen der Gesamtrichtung der modernen Theorie an. Die Feststellung *Pantaleonis* vom Jahre 1897, daß es im Grunde nur zwei Schulen der Nationalökonomie – derjenigen, die sie verstehen, und derjenigen, die sie nicht verstehen – gäbe, ist also, wenn man sie auf die reine Theorie beschränkt, keineswegs eine scherzhafte Übertreibung.

Die Feststellung *Pantaleonis* ist in den letzten Jahrzehnten insofern sogar noch zutreffender geworden, als die ursprünglichen drei Richtungen, die auf die drei gleichzeitigen Entdecker des Marginalprinzips zurückgehen, nämlich die österreichische Schule *(Menger-Wieser)*, die Lausanner Schule *(Walras-Pareto)* und die anglo-amerikanische *(Jevons-Marshall-Clark)*, in einer konvergierenden Richtung sich entwickelt haben. Während die österreichische und die anglo-amerikanische Richtung sich weit weniger widersprechen als ergänzen (insbesondere durch die starke Betonung und eindringliche Untersuchung der objektiv-technischen Kostenfaktoren auf anglo-amerikanischer Seite), tritt der gemeinsame Abstand gegenüber der *Lausanner Schule* stärker hervor. Er zeigt sich vor allem in zwei Punkten: Erstens darin, daß die Lausanner Schule weniger analytisch als synthetisch ist und, ohne sich lange bei den einzelnen und im Individuellen wurzelnden Elementen des Wirtschaftsprozesses aufzuhalten, durch mathematische Formeln eine Lösung für die Bestimmung des *totalen* Gleichgewichts der Volkswirtschaft anstrebt, und zweitens darin, daß die Theorie der Lausanner Schule mehr eine funktionelle (d. h. die wechselseitige Abhängigkeit in der Gleichgewichtslage beschreibende) als eine kausal-genetische (d. h. das ursächliche Ineinandergreifen bis zur Erreichung der Gleichgewichtslage ergründende) Theorie ist. Die Lausanner Schule lehrt eine allgemeine und zweifellos umfassendere Wahrheit. Wenn man sie aber einmal begriffen hat, hilft sie uns in allen Einzelfragen sehr wenig weiter. Man soll diese allgemeinere und umfassendere Wahrheit nicht vergessen und dem Bewußtsein fest einverleiben, aber im übrigen bleibt sie viel zu abstrakt, um uns eine feste Handhabe beim Weiterschreiten bieten zu können – von der abschreckenden, aber keineswegs unerläßlichen mathematischen Form dieser Theorie ganz abgesehen. Der Eindruck, den man gewinnt, kommt daher dem eines mathematischen Wolkenkuckucksheims sehr nahe, bei dem höchsten Respekt vor der hier geleisteten Denkarbeit. Dieser Wirklichkeitsferne entspricht es, daß die Lausanner Theorie einen ausgesprochen statischen Charakter trägt, der sie gerade für die wichtigsten konkreten Probleme, nämlich die aus *Störungen* des Gleichgewichts hervorgehenden, weniger brauchbar macht. Vgl. dazu: *Hans Mayer,* Der Erkenntniswert der funktionellen Preistheorien, Wirtschaftstheorie der Gegenwart (Gedächtnisschrift für Friedrich von Wieser), 2. Bd., 1932 (dieses vierbändige Werk gibt den umfassendsten Überblick über die moderne nationalökonomische Theorie, einen Überblick, der jetzt durch die von der American Economic Association veranlaßte Sammelschrift «A Survey of Contemporary Economics», herausgegeben von *H. S. Ellis,* Philadelphia 1948, und durch den als kritische Übersicht neuester Tendenzen sehr geeigneten Essay von *Murray N. Rothbard* «Toward a Reconstruction of Utility and Welfare Economics», Festschrift für Ludwig von Mises «On Freedom and Free Enterprise», New York 1956, ergänzt werden kann). Aus dem Gesagten geht jedoch schon hervor, daß es sich hier nicht um den Gegensatz von Falschem und Richtigem, sondern um einen Gegensatz in der Aufzäumung und Akzentuierung handelt, und selbst dieser Gegensatz ist im Laufe der Zeit geringer geworden.

Die moderne, auf dem Marginalprinzip beruhende Theorie muß auch auf dem Hintergrunde derjenigen Theorie verstanden werden, die durch sie abgelöst worden ist. Diese Theorie war die sogenannte *klassische,* wie sie von *Adam Smith* (An Inquiry into the Nature and Causes of the Wealth of Nations, 1776), *David Ricardo* (Principles of Political Economy and Taxation, 1817), *Malthus* (Essay on the Principle of Population, 1798) begründet und dann von einer Reihe von Nationalökonomen *(J. B. Say, J. H. von Thünen, Senior, Hermann, J. S. Mill* u. a.) fortgeführt worden war. Einer der letzten Vertreter war *J. E. Cairnes,* dessen Buch «Some Leading Principles of Political Economy» (London 1874) noch heute eine genußreiche Lektüre bietet und dadurch besonders reizvoll ist, daß sein Erscheinen mit der Geburt der modernen Theorie zusammentraf. Daß der Nutzen mit der Wertbestimmung der Güter in irgendeiner Weise zu tun hat, war selbstverständlich den Klassikern nicht verborgen geblieben. Eine Sache, die zu nichts nütze ist, kann natürlich keinen Wert haben, aber bestimmt der Nutzen damit den Wert? Der Fall des Wassers und des Diamanten schien den Klassikern zu beweisen, daß der Nutzen zwar gewiß eine Voraussetzung, aber nicht die Ursache des Güterwertes sei. Da sie den spezifischen Charakter des Nutzens (Grenznutzen) nicht erfaßt hatten, so schlossen sie, daß, sobald eine Sache nur überhaupt einen Nutzen besitzt, ihr Wert (Preis) durch ganz andere Umstände bestimmt würde. Nun waren sie jedoch trotz größten Scharfsinns nicht imstande, diese wertbestimmenden Umstände auf eine einheitliche Formel zu bringen. Sie gelangten vielmehr zu *drei verschiedenen Theorien.* Zunächst unterschieden sie zwei Arten von Gütern, die Seltenheitsgüter, die nicht durch Produktion zu vermehren sind, und die «beliebig produzierbaren» Güter. Die ersteren würden allein durch den Grad ihrer Seltenheit bestimmt, die letzteren jedoch durch ihre Produktionskosten, also durch etwas Objektives. Hierbei unterschieden sie jedoch wieder zwischen einem Normalniveau der Preise (natürlicher Preis) und den jeweiligen Marktpreisen, die um das Normalniveau herumpendeln. Nur das Normalniveau würde durch die Produktionskosten bestimmt, während der Marktpreis durch Angebot und Nachfrage bestimmt würde. Das Nebeneinander von drei verschiedenen Erklärungsprinzipien war schon unbefriedigend genug. Dazu wuchsen die inneren Schwierigkeiten der klassischen Schule immer mehr über den Kopf, je mehr sie den Dingen auf den Grund ging. Bis zu ihrem Ende hat sie mit dem Problem gerungen, worin denn nun eigentlich, volkswirtschaftlich gesehen, die Produktionskosten bestehen, und mit dem damit zusammenhängenden Problem, die einzelnen Kostenelemente auf einen Generalnenner zu bringen (vgl. *A. Amonn,* Ricardo als Begründer der theoretischen Nationalökonomie, 1924). Hinzu kam, daß verschiedene Phänomene (Monopolpreise, Preise verbundener Produkte, Preisbildung im internationalen Handel) sich der Erklärung durch das Produktionskostengesetz schlechthin unzugänglich zeigten. Die Erlösung von diesen Qualen brachte dann die Entdeckung, daß die Klassiker zu hastig über den Begriff des Nutzens hinweggegangen waren und den allgemeinen mit dem spezifischen Nutzen verwechselt hatten. Jetzt wurde die objektiv-technische Kausalerklärung durch die subjektiv-ökonomische der modernen Theorie ersetzt. Es ist zu beachten, daß damit auch die Arbeitswerttheorie, die die theoretische Grundlage des ganzen *Marxismus* bildet, als eine objektivistische Kostentheorie völlig unhaltbar geworden ist. Der eigentlich nationalökonomische Ausgangspunkt des Marxismus hat also heute einen geradezu archaischen Charakter. Um es kurz zu sagen: Ein Anzug ist nicht deshalb achtmal soviel wert wie ein Hut, weil achtmal soviel Arbeit in ihm steckt (das ist immer der Fall, einerlei, wie hoch der Wert von Hut und Anzug), sondern die Gesellschaft ist bereit, achtmal soviel Arbeit auf den Anzug zu verwenden, weil er späterhin, wenn er fertig ist, achtmal soviel wert sein wird wie ein Hut *(Wicksteed)*. Damit geht der ganze Rest an Fundamentaltheorien des Marxismus (Mehrwertlehre, Zusammenbruchslehre) über Bord, was beileibe nicht bedeutet, daß der Sozialismus unsinnig ist, sondern nur, daß man ihn jedenfalls *so* nicht begründen kann. Anderseits wäre es falsch, zu glauben, daß die klassische Theorie eine fruchtlose Verirrung gewesen wäre, die zu nichts geführt hat. Demgegenüber ist zu betonen, daß ohne die klassische auch die moderne Theorie nicht vorzustellen ist. Die Methode ist hier wie dort in ihren Grundlagen dieselbe geblieben, was, wie der ganze «Methodenstreit» gelehrt hat, sich aus der inneren Logik der Dinge ergibt. Auch die Ergebnisse sind im ganzen nicht allzu verschieden, wenn auch die Begründung zum Teil eine ganz andere geworden ist (z. B. hinsichtlich des Gesetzes der Kostengravitation der Konkurrenzpreise); in einigen Punkten hat die klassische Theorie sogar schon den Grundgedanken der modernen Theorie vorweggenommen (so z. B. in der Theorie des Außenhandels). Der Scharfsinn, mit dem die klassische Theorie trotz des falschen Ausgangspunktes zu brauchbaren Ergebnissen gelangt ist, bleibt trotz vieler gequälter Konstruktionen, zu denen sie greifen mußte, auch heute noch bewundernswert. Der für die praktische Anwendung der Theorie bedeutsame Fortschritt besteht vor allem darin, daß in der modernen Theorie das starre Gefüge der klassischen «Naturgesetzlichkeit» so stark aufgelockert ist, daß das Ganze wirklichkeitsnäher, anpassungsfähiger und menschlich umfassender geworden ist. Gereinigt von den vorschnellen wirtschaftspolitischen Folgerungen, zu denen die klassische Theorie neigte (Vulgärliberalismus), ist die moderne Theorie nicht nur dem politischen Streit entzogen, sondern zugleich ein unentbehrliches Instrument in den aktuellen Fragen der Wirtschaftspolitik geworden. Hatte die klassische Theorie einen weltanschaulichen, so hat die moderne Theorie einen instrumentalen Charakter.

Schließlich sind wir noch die Bemerkung schuldig, daß das Grenznutzenprinzip bei näherer Analyse viele Schwierigkeiten bietet, auf die hier nicht weiter eingegangen werden kann, zumal eine zu sehr ausgedehnte Analyse dieser Art selbst dem Gesetz des Grenznutzens unterworfen ist, d. h. zu Resultaten von ständig abnehmendem Interesse führt. Ein großer Teil der Kritik an der Grenznutzentheorie richtet sich, bei Licht betrachtet, vor allem gegen ein solches übermäßig langes und psychologisierendes Verweilen beim Ausgangspunkt. Tatsächlich entsteht dabei leicht derselbe Eindruck einer zwar wahren, aber nicht recht weiterführenden geistigen Architektonik, wie ihn am entgegengesetzten Pol die mathematischen Gleichgewichtskonstruktionen der Lausanner Schule bieten. Immerhin handelt es sich hier um Fragen, die einmal geklärt werden mußten. Einen guten Überblick gibt der Artikel «Grenznutzen» *(Rosenstein-Rodan)* im Handwörterbuch der Staatswissenschaften (4. Aufl.) und *D. H. Robertson,* Utility and All That, London 1952. Sich über diese Klärung zu beklagen, wäre übrigens nicht einsichtsvoller, als wenn man sich über die Existenz von Fußnoten in einem Buche ärgern würde. Wer die Fußnoten entbehren zu können glaubt, mag darüber hinweglesen. Anderseits soll ein Buch nicht bloß aus Fußnoten bestehen. Wenn man sich immer an diese Gesichtspunkte halten würde, würde mancher unfruchtbare Streit um die Grenznutzentheorie vermieden.

Zweites Kapitel
Grundtatsachen der Wirtschaft

«Je ne connais que trois manières d'exister dans la société: il faut être mendiant, voleur ou salarié.» Mirabeau

1. Die sittliche Grundlage (Geschäftsprinzip)

Der Kampf gegen den Mangel (Mitteldefizit) ist die ewige Grundlage menschlicher Wirtschaft; er charakterisiert alle Zeiten, alle Zonen und alle Gesellschaftssysteme. Die Formen dieses Kampfes jedoch weisen eine bunte Mannigfaltigkeit auf. Wir können sie in zwei Hauptgruppen trennen, in die individuellen und in die sozialen Formen. Die *individuelle Form* des Kampfes gegen den Mangel ist die isolierte, tauschlose Wirtschaft Robinsons, von der hier nicht weiter zu reden ist. Wir richten unsere Aufmerksamkeit lediglich auf die *soziale* Form des Kampfes gegen den Mangel und untersuchen seine verschiedenen Möglichkeiten.

Die *soziale Form des Kampfes gegen den Mangel* ist durch die Beziehungen charakterisiert, in die die Menschen dabei treten. Diese können grundsätzlich dreierlei Art sein, wodurch sich uns drei Arten des Kampfes gegen den Mangel ergeben. Die erste Beziehung ist die *ethisch negative* der Gewalt und der List, durch die wir uns die Mittel auf Kosten anderer verschaffen. Die zweite Beziehung ist die *ethisch positive* der altruistischen Hingabe, durch die Mittel ohne Gegenleistung zugewendet werden. Die dritte Beziehung ist nicht so leicht mit wenigen Worten zu kennzeichnen. Sie ist weder auf Egoismus in dem Sinne aufgebaut, daß die eigene Wohlfahrt zum Schaden anderer gefördert wird, noch auf der altruistischen Hingabe in dem Sinne, daß die eigene Wohlfahrt zum Nutzen anderer vernachlässigt wird. Es ist vielmehr eine *ethisch neutrale* Beziehung, in der kraft einer vertraglichen Gegenseitigkeit das Ziel der eigenen Wohlfahrtssteigerung mit dem Mittel fremder Wohlfahrtssteigerung erstrebt wird. Diese Beziehung, die man als die der Solidarität bezeichnen kann, bedeutet, daß die eigene Wohlfahrtssteigerung in einer Weise erfolgt, die die anderen nicht nur nicht schädigt, sondern ihnen als ein Nebenprodukt noch eine Wohlfahrtsförderung einträgt. Um es an einem Beispiel zu erläutern: Entweder kann ich meinen Lebensunterhalt dadurch erwerben, daß ich gefälschte Butter verkaufe (Methode 1), oder ich kann Subjekt oder Objekt karitativer Butterversorgung sein (Methode 2), oder ich kann schließlich nach dem Grundsatz «Ehrenhaftigkeit ist die beste Politik» mir dadurch ein Vermögen erwerben, daß ich durch kulanteste Bedienung, unantastbare Butterqualität, Ausfindigmachen der billigsten Bezugsquellen, einladende Sauberkeit des Ladens und höflichste Zuvorkommenheit einen großen Kundenkreis anlocke (Methode 3). Werden die Menschen auf einer Behörde «abgefertigt», so werden sie hier «bedient». In diesem Falle erwerbe ich die Mittel zur Bedürfnisbefriedigung weder durch Gewalt, Ausbeutung, List oder Übervorteilung noch durch Almosen oder Geschenke, sondern durch eine entsprechende Leistung *(Leistungsprinzip)*. Es ist diese letzte auf Leistung und Gegenleistung aufgebaute Methode, die wir mit dem Ausdruck *«Geschäft»* (business) umschreiben. Sie ist diejenige Methode, die die auf Arbeitsteilung und Austausch gegründete Form des Kampfes gegen den Mangel charakterisiert. Mit ihr haben wir es in der Gegenwart überwiegend zu tun. In dieser Feststellung stecken jedoch einige bedeutungsvolle Fragen, die geklärt werden müssen.

Zunächst haben wir zu beachten, daß die genannten drei Methoden keineswegs streng voneinander geschieden sind, sondern sich weitgehend überschneiden. Während sich zwar die erste und die zweite gegenseitig ausschließen, können sowohl die erste und die dritte wie auch die zweite und die dritte sich miteinander vermischen. «Krieg, Handel und Piraterie, dreieinig sind sie, nicht zu trennen» (Faust, II, 5), und in der Tat ist ja die Geschichte aller Handels- und Kolonialvölker immer zugleich eine Geschichte von Raubzügen, Seeräubereien und ausbeuterischer Unterdrückung gewesen. Sie bietet uns das niederdrückende Schauspiel, daß, sooft der Weg dafür frei liegt, die Menschen die erste Methode bevorzugen, indem sie die Gegenleistung schuldigbleiben, und es scheint, als bedürfe es der strengsten Zähmung durch Religion, Sitte und Recht, um sie auf die gewissenhafte Einhaltung der dritten Methode abzudrängen. Die Methoden, sich um die Gegenleistung ganz oder zum Teil zu drücken, wechseln. Es braucht nicht immer der vorgehaltene Revolver zu sein; auch Privilegien und Monopole aller Art erfüllen denselben Zweck, ja noch weit besser, da sie sich leicht mit entsprechenden Ideologien umkleiden lassen, die sie nicht nur als harmlos, sondern sogar als gemeinnützlich erscheinen lassen. Das moderne Monopolproblem bedeutet mithin auch nichts anderes als eine Verzerrung des Leistungsprinzips durch das Ausbeutungsprinzip und läuft auf die Frage hinaus, mit welchen Mitteln diese Verzerrung wirksam beseitigt werden kann.

Haben wir in allen diesen Fällen eine Vermischung der ersten und der dritten Methode vor uns, so haben wir auf der anderen Seite zu beachten, daß auch die dritte Methode des reinen Geschäfts nicht streng von der zweiten Methode geschieden ist. Insoweit ist sie also ethisch nicht so streng neutral, wie wir soeben vorausgesetzt hatten. Daß es «Geschäfte» gibt, die mehr oder weniger ein Element der Hingabe und des echten Dienstes enthalten, wird uns am Beruf des Arztes besonders klar, und auch vom Gelehrten und Künstler erwarten wir, daß er die Hingabe an die Sache über den Erwerbsgesichtspunkt stellt und seine Tätigkeit nicht nach den Prinzipien eines Gemischtwarenladens betreibt. In diesen Fällen ist der reine Geschäftsgeist durch eine gewisse sittliche Haltung gebändigt, die wir als Berufsethos bezeichnen können und die zumeist in einem ausgeprägten Standesbewußtsein einen starken Rückhalt besitzt. Diese Besonderheit kommt darin zum Ausdruck, daß jedermann Ausdrücke wie «Gewerbe» und «Geschäft» hier als unangebracht und herabsetzend empfindet. Aber auch der reine Geschäftsmann, der sich unbeirrt an das Leistungsprinzip hält, bleibt dabei ethisch nicht völlig neutral, da hinter diesem unbeirrten Festhalten doch tiefe sittliche Voraussetzungen stehen, deren Fehlen schließlich einen Aufbau der Gesellschaft auf dem Geschäftsprinzip gefährden. Es darf also nicht übersehen werden, daß auch die nüchterne und an sich ethisch neutrale Welt des reinen Geschäfts doch aus sittlichen Reserven schöpft, mit denen sie steht und fällt [1].

Das Mischungsverhältnis der drei Methoden macht im Grunde genommen das aus, was wir den *Wirtschaftsgeist* einer Zeit nennen. Die Entwicklung, auf die wir heute zurückblicken, versteht man am besten, wenn man sich klarmacht, daß die Menschen immer zwei Arten von Moral zu unterscheiden pflegen: eine strengere, auf einen engen Kreis beschränkte (Binnenmoral) und eine laxere, für die Fernstehenden berechnete Moral (Außenmoral). Während der Diebstahl innerhalb der eigenen Kompagnie im Felde als Verrat galt, war es nur eine Art von pfiffiger «Beschaffung», wenn die Zeltbahn bei einem fremden Truppenteil gestohlen wurde, von der Bevölkerung des feindlichen Landes ganz zu schweigen. Die Entwicklung der letzten Jahrhunderte kann nun als ein Prozeß gedeutet werden, in dem der *Bereich der Binnenmoral ständig erweitert worden ist bei gleichzeitiger Verdünnung ihres Gehalts.* Im Mittelalter war das Erwerbsstreben im kleinen Kreise der ständischen Korporationen stark gebunden und der Fürsorge im Geiste tiefer Religiosität ein weiter Raum zugewiesen, aber darüber hinaus können wir hemmungslose Ausbeutung und skrupellose Gewalt konstatieren. Im Laufe einer Entwicklung, die einer Verweltlichung des christlichen und einer Wiederbelebung des antiken Moralfonds (Humanität) zu verdanken ist, ist nun zwar das Prinzip der Hingabe stark verdrängt und heute nicht einmal mehr in der Familie intakt geblieben. Es ist aber durch ein Prinzip verdrängt worden, das gleichzeitig das Prinzip der Gewalt und Ausbeutung weitgehend überwunden hat: eben das Geschäftsprinzip [2]. Zwar zahlen heute Kinder zuweilen ihren Eltern Kostgeld, zwar sind Wissenschaft, Kunst und stellenweise sogar die Religion heute weitgehend kommerzialisiert, aber dafür hat dieser selbe – und

nach jener Seite hin sicherlich höchst unerfreuliche – Prozeß auch bewirkt, daß andere Beziehungen von der Stufe der Gewalt auf die Stufe geschäftlicher Solidarität gehoben worden sind.
Die Unterscheidung in die erwähnten drei Methoden leistet uns nun auch den Dienst, eine doppelte Verwirrung aufzuklären, die heute überall anzutreffen ist. Einmal läßt sich nämlich feststellen, daß vielfach Vorgänge der dritten Kategorie der ersten Kategorie zugeschrieben werden. Die Vorstellung, daß das Geschäftsleben im Grunde doch nur auf das schmutzige Plündern fremder Taschen hinauslaufe (vor allem dann, wenn es sich um so unverständliche und abstrakte Geschäfte wie die Börsengeschäfte handelt), ist ebenso unausrottbar wie der Gebrauch einer Phraseologie, die der ersten Kategorie zugeordnet ist. Man spricht von der «Eroberung» von Märkten und von der «imperialistischen Ausbeutung» fremder Länder, ohne zu bemerken, daß man hier zwei ganz verschiedene Kategorien durcheinanderwirft[3]. Auch die Vorstellung, daß der Unternehmer immer seine Arbeiter ausbeute, gehört in diese Reihe. Dem steht nun eine ganz andere und höchst merkwürdige Tendenz gegenüber, die uns eine (mehr bewußte als unbewußte) Vermengung der zweiten und der dritten Kategorie zeigt. Es ist die Tendenz von Geschäftsleuten, ihre Tätigkeit in eine Phraseologie zu kleiden, die uns an Hingabe und echten Dienst glauben läßt, wo es sich doch nur um ein bloßes Geschäft handelt. Sie reden von «Kundendienst», sie «stellen sich zur Verfügung», sie «laden uns ein», als ob ihnen das Wohl des Nächsten so uneigennützig am Herzen liege wie einem St. Franziskus von Assisi, und jeder Laden und jede Werkstatt wird nachgerade zu einem «Atelier», als ob es sich um eine Stätte der reinen und nach höchstem Ausdruck ringenden Kunst handle. Diese Vortäuschung einer höheren Kategorie dient nicht nur in wirkungsvoller Weise der Reklame, sondern zugleich dem aus den demokratischen Instinkten unserer Zeit geborenen Bestreben einer höheren sozialen Einstufung. In den Vereinigten Staaten, in denen diese Tendenz besonders deutlich hervortritt, geht sie oft Hand in Hand mit

einer tieferen sozialen Einstufung aller nicht geschäftsmäßigen Berufe (des Gelehrten, Beamten, Künstlers oder Offiziers), die durch eine gleichzeitige Tendenz zur Kommerzialisierung dieser Berufe erleichtert wird. Das Ergebnis ist eine Perversion der echten Rang- und Wertstufen, die sicherlich ein schweres Gebrechen der amerikanischen Zivilisation ist und auch Europa bedroht.

Wir können diesen überaus wichtigen und auch vom Nationalökonomen sehr ernst zu nehmenden Fragenkomplex nicht verlassen, ohne nachdrücklich darauf hinzuweisen, daß das reine Leistungsprinzip (Geschäftsprinzip) ein sehr empfindliches und gebrechliches Kunstprodukt der Zivilisation ist, das sich nur bei einer bestimmten Konstellation von Voraussetzungen wirklich durchsetzen kann. Diese Konstellation findet, wie wir noch sehen werden, ökonomisch ihren Ausdruck in der freien Konkurrenz, aber diese kann nicht ohne ein Fundament von bestimmten sittlichen Normen funktionieren: einer allgemeinen geschäftlichen Anständigkeit und Loyalität, einer fairen Einhaltung der Spielregeln, einer Werkehre und eines bestimmten Standesstolzes, der es für erniedrigend hält zu betrügen, zu bestechen und die Staatsgewalt für die eigenen egoistischen Zwekke zu mißbrauchen. Es ist die große Frage unserer Zeit, ob dieses Fundament nicht sehr brüchig geworden ist, weil wir von sittlichen Reserven gezehrt haben, ohne für Erneuerung zu sorgen, und ob es möglich ist, neue sittliche Kraftquellen zu erschließen.

2. Was sind Kosten?

Die ewige Spannung zwischen Mitteln und Bedürfnissen (Knappheit), die auch unserem gegenwärtigen auf Arbeitsteilung und Tausch (Geschäftsprinzip) aufgebauten Wirtschaftssystem Sinn und Ziel gibt, folgt, wie wir sahen, aus der Begrenztheit der Mittel und der Unbegrenztheit der Bedürfnisse. Sie nötigt uns, durch Auswahl und Begrenzung der zu befriedigenden Bedürfnisse mit den gegebenen Mitteln den größten Erfolg zu erzielen (wirtschaftliches Prinzip). Gegen diese Feststellung könnte sofort der Einwand erhoben werden, daß sie zwar das Verhalten der Hausfrau kennzeichnet, die ihren Haushalt *(Konsumwirtschaft,* Einkommensverwendung) mit einem bestimmten Haushaltsgeld zu bestreiten hat, daß sie aber weder auf die Einzelwirtschaft als *Erwerbswirtschaft* (Einkommensbeschaffung) noch auf die *Volkswirtschaft* als Ganzes anwendbar ist, da ja hier die Mittel nicht gegeben sind, sondern durch Produktion vermehrt werden.

Eine weitere Überlegung zeigt jedoch, daß die Vermehrung der Mittel durch Produktion an dem Tatbestand, der dem wirtschaftlichen Prinzip zugrunde liegt, nichts zu ändern vermag, sondern die Mittelbegrenzung nur um eine oder mehrere Stufen hinausschiebt. Warum produzieren wir eigentlich nicht so viel Schokolade oder Papier, wie unser Bedürfnis nur irgend zu fassen vermag? Warum wird die Produktion an einem gewissen – in unserem geschäftlichen Wirtschaftssystem durch die Rentabilität bestimmten – Punkte abgebrochen, obwohl noch ein ungesättigter Bedarf an Schokolade oder Papier in gewaltigem Umfange übriggeblieben ist? Ist das nicht eine dumme Einrichtung unseres Wirtschaftssystems, von der uns der Sozialismus erlösen wird? Alles Fragen, auf die wir ernsthaft keine Antwort erwarten, denn es ist klar, daß die Produktion mit «Kosten» verbunden ist. Diese *Kosten* der Produktion aber bedeuten nichts anderes, als daß wir zwar die Knappheit eines bestimmten Konsumgutes durch Produktion mildern können, dabei aber auf die Knappheit gewisser letzter Produktionselemente stoßen, die ihrerseits nicht mehr durch Produktion gemildert werden kann. Wir können schließlich dem ehernen Faktum nicht entrinnen, daß unsere Arbeitskraft und unsere Zeit beschränkt, daß Grundstücke bestimmter Lage und Qualität als gegeben hinzunehmen, daß die Naturschätze nicht unerschöpflich und daß selbst Werkzeuge und Maschinen ihrerseits nicht beliebig zu vermehren sind. Indem wir diese letzten Produktionselemente für die Produktion des einen Gutes verwenden, müssen wir darauf verzichten, irgendein anderes Gut gleichzeitig zu produzieren: die Decke reicht nicht hin und nicht her. Also bleibt uns nichts anderes übrig, als durch Auswahl und Begrenzung der zu produzierenden Güter den bestmöglichen Gebrauch von den Produktionselementen zu machen, so daß das Gesetz, das für einen gegebenen Vorrat an Mitteln gilt, sich nichtwesentlich verändert, wenn wir die Möglichkeit einer Vermehrung des Vorrats durch Produktion in unsere Erwägung einbeziehen. Der Prozeß der Abstimmung von Mitteln und Bedürfnissen (Auswahl und Begrenzung) vollzieht sich jetzt nur auf höherer Staffel: er unterscheidet sich darin von dem einfachen Prozeß bei gegebenem Vorrat, wie sich das Kofferpacken für eine Reise, bei dem Zahl und Umfang der Koffer erst auf höherer Staffel der Nutzenerwägungen entschieden werden, von dem Tornisterpacken des Soldaten unterscheidet, dessen Gepäck von vornherein feststeht. So wie ein Mehr an Gepäckstücken «auf Kosten» anderer Reisefreuden geht, so sind auch die Kosten der Produktion im letzten nichts anderes als ein getreuer Reflex des Nutzens, den die Produktionselemente bei anderer Verwendung abgeworfen hätten, auf den wir aber zugunsten dieser Verwendung verzichten. *Die Kosten der Produktion verdanken Ursprung und Höhe der Konkurrenz der alternativen Verwendungen der Produktionselemente*[4]. Sie sind Nutzentgang an anderer Stelle der Volkswirtschaft.

Dieser Satz ist so wichtig, daß wir ihn uns an einem konkreten Beispiel klarmachen. Wir nehmen an, der Bau einer Brücke werde in Erwägung gezogen, und fragen uns, worum es sich bei dieser Erwägung eigentlich handelt. Im Mittelpunkt stehen die Kosten, die der Techniker für eine Brücke bestimmter Qualität kalkuliert. Sie werden alsdann verglichen einerseits mit der Stärke des Verkehrsbedürfnisses und anderseits mit der Lage der Staatsfinanzen, d. h. mit der Dringlichkeit anderer Staatsausgaben und mit der Höhe des Steuerdrucks und der Möglichkeit seiner Erhöhung. Der Steuerdruck wiederum bringt den individuellen Nutzen zum Ausdruck, auf den die Steuerzahler verzichten müssen, indem sie Kaufmittel an den Staat übertragen. Die Herstellungskosten der Brücke endlich bringen zum Ausdruck, daß es für den zu enteignenden Boden, für die anzustellenden Arbeitskräfte und für das zu verwendende Eisen (mit seinem Produktionsstammbaum) noch andere Verwendungen gibt, die durch ihre Konkurrenz den Preis dieser Produktionselemente bestimmen. Der Vorgang, zu Ende gedacht, enthüllt also vollkommen den Alternativcharakter der Kosten, und schließlich erscheint der Bau der Brücke dann als wirtschaftlich gerechtfertigt, wenn er nach dem wirtschaftlichen Prinzip der volkswirtschaftlich bestmöglichen Verwendung der gegebenen Mittel erfolgt.

An diesem Beispiel des Brückenbaus wird uns zugleich der *Unterschied zwischen wirtschaftlicher und technischer Betrachtungsweise klar*. Die Aufgabe wirtschaftlicher Betrachtungsweise ist es, zu entscheiden, ob die Brücke überhaupt oder ob sie an dieser Stelle gebaut werden soll, eine Entscheidung, bei der wir davon ausgehen, daß die Mittel insgesamt gegeben und nunmehr die Ziele zu finden sind. Aufgabe der Technik hingegen ist es, ein gegebenes Ziel – in unserem Beispiel eine Brücke an einer bestimmten Stelle und in bestimmter Qualität – sowohl überhaupt wie auch mit den geringsten Mitteln zu erreichen (technisches Prinzip). Hier ist im Gegensatz zur Wirtschaft das Ziel gegeben, während die Mittel zu finden sind. Ist die Aufgabe des Brückenbaus technisch gelöst, so bedeutet das noch keineswegs, daß der Bau volkswirtschaftlich gerechtfertigt ist. Das kann vielmehr erst dann entschieden werden, wenn die Kosten in Rechnung gestellt, d. h. die alternativen Verwendungsmöglichkeiten der Mittel gegeneinander abgewogen sind. Die Verwechslung zwischen dem technischen und dem ökonomischen Gesichtspunkt gehört jedoch zu den gewöhnlichsten nationalökonomischen Irrtümern unserer Zeit. Wir treffen sie vor allem dort an, wo solche Irrtümer immer am üppigsten zu gedeihen pflegen, nämlich auf dem Gebiete des auswärtigen Handels. Immer wieder kann man beobachten, daß, wenn es dem technischen Genius gelungen ist, natürliche Nahrungsmittel oder Rohstoffe synthetisch herzustellen, es ohne weiteres für volkswirtschaftlich vorteilhaft gehalten wird, von dieser Erfindung auch dann Gebrauch zu machen, wenn das synthetisch hergestellte Produkt höhere Kosten verursacht als das natürliche und daher erst durch besondere Maßnahmen konkurrenzfähig wird. Die wenigsten vermögen einzusehen, daß mit grundsätzlich demselben Rechte schließlich auch die Baumwollkultur in der Lüneburger Heide verteidigt werden kann, sobald sie durch riesige Treibhäuser oder künstliche Bodenheizung technisch möglich geworden ist. Obwohl die synthetische Rohstoffherstellung zu beachtlichen Erfolgen geführt hat und in bestimmten Fällen eine große Zukunft zu gewinnen verspricht, darf man nicht vergessen, daß sie an die Kosten gebunden ist. Wenn man hin und wieder hören kann, daß die Begrenzung der Produktion durch die Kosten eigentlich nur ein dumme Einrichtung des «Kapitalismus» sei, eine sinnlose Fessel, von der wir uns endlich freimachen müßten, um reich und unabhängig zu werden, so ist mit allem Nachdruck zu betonen, daß das *Kostenproblem nichts anderes als das Problem ist, ob die produktiven Kräfte eines Landes besser in dieser oder in jener Richtung verwandt werden,* und es ist selbstverständlich, daß dies das elementarste Problem ist, vor das jedes wie immer organisierte Wirtschaftssystem sich gestellt sieht.

3. Die möglichen Abstimmungssysteme

Es ist nun klargeworden, daß Auswahl und Begrenzung jede menschliche Wirtschaft charakterisieren. Immer muß ein *Abstimmungsmechanismus* existieren, und wir haben nun auch bereits eine vorläufige Vorstellung von der Art desjenigen Abstimmungsmechanismus gewonnen, der unser gegenwärtiges Wirtschaftssystem kennzeichnet. Seine Funktionsweise wird uns noch klarer werden, wenn wir eine Liste der überhaupt möglichen Abstimmungssysteme aufstellen:

a) *Das Queuesystem,* das man auch das Ellbogensystem oder das System des Schlangestehens nennen könnte. Es ist die einfachste und roheste Form der Abstimmung von Vorrat und

Bedarf, darin bestehend, daß man den Vorrat frei zur Verfügung stellt und es nun den Menschen überläßt, sich darum zu balgen, in größerer oder geringerer Ordnung, mit größerem oder geringerem Gebrauch des Ellbogens. Diese Methode ist so unbefriedigend und so wenig geeignet, dem dringenderen Bedürfnis den Vorrang zu sichern, daß es nur in Ausnahmefällen angewandt zu werden pflegt. Vielleicht kommt diesem oder jenem die Erinnerung an ein populäres Freibier oder an eine Massengesellschaft mit unzureichendem Buffet. Sehr lehrreich ist auch der im Anfang der Sowjetherrschaft gemachte Versuch in Rußland gewesen, Straßenbahnen und andere Verkehrsmittel jedem unentgeltlich zur Verfügung zu stellen, ein Versuch, der begreiflicherweise zu einer solchen Verkehrsüberfüllung führte, daß man zum «kapitalistischen» Abstimmungssystem (Preissystem) zurückkehren mußte. Jedem ist schließlich die Erfahrung vertraut, daß man sich frühzeitig anstellen muß, wenn man Wert darauf legt, irgendeinen verlockenden Straßenumzug zu genießen, aber es ist bekannt, daß sich bei einem allzugroßen Andrang – wie etwa bei dem Trauerzug eines Königs – das Preissystem für bevorzugte Plätze durchzusetzen pflegt. Es ist zu beachten, daß das Queuesystem um so ungeeigneter ist, je größer die Elastizität des Bedürfnisses ist (vgl. S. 24 ff.). Man kann daher eher Wasser in öffentlichen Brunnen kostenlos zur Verfügung stellen als jedem nach russischem Muster die unentgeltliche Benutzung der Straßenbahnen gestatten. Unter diesem Gesichtspunkt würde z. B. auch der Vorschlag, die ärztliche Behandlung unentgeltlich von staatlichen Ärzten vornehmen zu lassen, zu prüfen und, wie wir vor allem auch nach den Erfahrungen des englischen National Health Service glauben, zu verwerfen sein.

b) *Das Rationierungssystem bedeutet* gegenüber dem Queuesystem einen gewissen Fortschritt. Auch hier werden die Güter zwar unentgeltlich zur Verfügung gestellt, jedoch wird die Abstimmung durch planmäßige Verteilung (Rationierung) erreicht. Dies ist derjenige Abstimmungsmechanismus, der ein vollkommen kommunistisches System charakterisieren würde, der aber auch in unserem Wirtschaftssystem hin und wieder anzutreffen ist. Jeder, der im Felde gewesen ist, wird sich daran erinnern, daß nicht nur Brot und Wurst, sondern auch Zigarren, Zigaretten und Tabak nach diesem System verteilt wurden. Nun machte dabei die Verteilung von Brot und Wurst geringe Schwierigkeiten, da das individuelle Bedürfnis daran ziemlich gleichförmig war, hingegen stellte sich bei der Verteilung von Rauchwaren heraus, daß die Ungleichmäßigkeit der individuellen Bedürfnisskalen nach der Verteilung zu einem lebhaften Tauschhandel zu führen pflegte, womit sich in primitiver Form wiederum das Preissystem durchsetzte. Aus diesem Beispiel ist zu ersehen, daß auch im Falle des Rationierungssystems die Schwierigkeiten mit dem Grade der Elastizität des Bedürfnisses wachsen [5].

c) *Das gemischte System* bedeutet eine Milderung des Queue- oder des Rationierungssystems durch Einhebung von Preisen, deren Höhe zwar zur Abstimmung von Vorrat und Bedarf nicht ausreicht, die aber doch als solche bereits eine gewisse Begrenzung der Nachfrage herbeiführen. Es stellt also eine Mischung des Preissystems mit dem einen oder dem anderen der genannten Systeme dar. Wie jeder weiß, war es während des ersten und des zweiten Weltkrieges unter dem Namen der Höchstpreiswirtschaft zu großer Bedeutung gelangt, wobei die Erfahrungen sehr bald dazu nötigten, vom Queue-Preissystem zum Rationierungs-Preissystem überzugehen. Man begann mit der Festsetzung von Höchstpreisen, mußte sich aber bald davon überzeugen, daß man damit den Abstimmungsmechanismus des Preissystems außer Kraft gesetzt hatte. Weil die Preise daran gehindert wurden, so weit zu steigen, bis Angebot und Nachfrage genau aufeinander abgestimmt wurden, mußte ein unbefriedigter Nachfragerest übrigbleiben. Welcher Teil der zur Zahlung des Höchstpreises bereiten Nachfrage unbefriedigt blieb, wurde nunmehr durch das Queuesystem entschieden. Dieser Zustand wurde aber bald so unhaltbar, daß man schließlich für eine Reihe von Waren zum Kartensystem (Rationierung) überging und wegen der Störungen auf der Angebotsseite auch zu Eingriffen in die Produktion schreiten mußte, eine Erfahrung, die man sich überall während des zweiten Weltkrieges zunutze gemacht hat. Damit entfernte man sich immer weiter von den Regulierungsprinzipien unseres Wirtschaftssystems, bis am Ende ein Durcheinander entstand, dem man nach dem ersten Weltkrieg durch Wiederherstellung der «freien Wirtschaft», d. h. des Preissystems, möglichst bald ein Ende machte und aus dem man auch heute nach dem zweiten Weltkriege in fast allen Ländern mit Recht wieder herausstrebt. Am längsten hat sich sowohl nach dem ersten wie nach dem zweiten Weltkrieg noch die Höchstpreiswirtschaft für Wohnungen (Wohnungszwangswirtschaft) gehalten, wo sich die geschilderte Entwicklung vom Queue-Preissystem zum Rationierungs-Preissystem besonders gut verfolgen ließ und auch die schließliche Unhaltbarkeit des dadurch geschaffenen Zustandes für jedermann fühlbar wurde. Daß das gemischte System, selbst in der vollkommeneren Form des Rationierungs-Preissystems, dem Preissystem unendlich unterlegen ist, hat man sogar in Sowjetrußland dadurch zum Ausdruck gebracht, daß man vor einiger Zeit die allmähliche Beseitigung des Kartensystems als einen großen Schritt vorwärts auf dem Wege zu normaleren Verhältnissen gefeiert hat.

Die abnormen Verhältnisse der Krise der Dreißigerjahre und dann des zweiten Weltkrieges haben in vielen Ländern zu neuen Experimenten mit dem gemischten System Anlaß gegeben. So stellt die Devisenzwangswirtschaft nichts anderes als einen besonderen Fall des Rationierungs-Preissystems dar, desgleichen die behördliche Verteilung der eingeführten Rohstoffe, während die Höchstpreiswirtschaft für Lebensmittel sowohl in der Form des Queue-Preissystems wie in der des Rationierungs-Preissystems wiederaufgelebt war. Auch diesmal ist sich jedermann darüber im klaren gewesen, daß das gemischte System nichts Endgültiges sein kann.

Es ist nun wiederum von hohem Interesse, daß auch gegenüber dem gemischten System sich das Preissystem mit der Gewalt einer Naturkraft immer wieder durchzusetzen strebt. Je größer der unbefriedigte Nachfragerest ist, um so mehr spottet schließlich der erfinderische Wille zur Umgehung der Höchstpreise aller Strafen und Gesetze. Schleichhandelspreise, «Koppelgeschäfte» (Zahlung eines höheren Preises auf dem Umwege über andere mitbezogene Waren) und schwarze Märkte gehören nach einer jahrtausendealten Erfahrung zur Höchstpreiswirtschaft wie der Schatten zum Licht. Alle diese Vorgänge, die man als «Schiebung», «Schmuggel» oder dergleichen brandmarkt und bestraft, erscheinen in kühler nationalökonomischer Betrachtung als eine Korrektur des gemischten Systems durch das Preissystem. Sie ist gewiß moralisch alles andere als erbaulich und keineswegs das Werk der wertvollsten Mitglieder der Gesellschaft, aber daraus darf nicht der Schluß gezogen werden, daß sie vom volkswirtschaftlichen Standpunkt aus immer schädlich sein müsse. Das Beispiel der Alkoholprohibition in den Vereinigten Staaten in den Zwanzigerjahren und nach dem zweiten Weltkrieg der Zusammenbruch der Zwangswirtschaft in Deutschland, Oesterreich oder Frankreich beweisen, daß die Aufrechterhaltung einer wirtschaftlichen Reglementierung, gegen die ein großer Teil der Bevölkerung innerlich revoltiert, schließlich im höchsten Maße demoralisierend wirken muß, indem sie die Gesetzesübertretung respektabel macht. Ein Wirtschaftssystem, dessen Weiterfunktionieren am Ende den «bootleggers», Schiebern und Schmugglern verdankt wird, wird zu einem Eiterherd der Korruption, der nach und nach alle Blutbahnen der Gesellschaft vergiftet. Darin liegt eine bittere Lehre gerade für diejenigen, die nicht müde werden, Staatseingriffe aller Art aus moralischer Entrüstung über die «freie Wirtschaft» zu fordern.

Wenn das Rationierungs-(preis-)system oft damit verteidigt wird, daß es sich um «Mangelgüter» handle, die man aus sozialen Gründen nicht der Verteilung durch das reine Preissystem überlassen dürfe, so weiß der Leser dieses Buches bereits, daß es sich hierbei um ein gründliches Mißverständnis handelt. Alle Güter, die nicht «freie Güter» sind, sind ja «Mangelgüter», d. h. solche Güter, die knapp sind und daher in irgendeiner Weise verteilt werden müssen. Versteht man aber unter einer «Mangelware» ein Gut, für das die Nachfrage das Angebot übersteigt, so hat eine solche Feststellung nur Sinn in Bezug auf einen bestimmten Preis, nämlich denjenigen, der durch behördliche Anordnung unter dem sogenannten Gleichgewichtspreis gehalten wird, bei dem Angebot und Nachfrage sich miteinander decken und dessen Funktion es ist, diese Deckung herbeizuführen. Die Frage kann also nur lauten, ob es nicht ungewöhnliche Lagen gibt, in denen der Mangel an lebenswichtigen Gütern so groß wird, daß wir es für zweckmäßiger halten, das Abstimmungssystem durch Rationierung dem Abstimmungssystem durch freie Preise vorzuziehen. In einer belagerten Festung wird man Getreide und Wasser streng rationieren, und die Lage einer modernen Volkswirtschaft während eines Krieges wie des letzten ist der Lage einer belagerten Festung so ähnlich, daß jedermann die Rationierung der wichtigsten Güter hat billigen müssen. Es ist aber bedenklich, diese Vorstellung der «belagerten Festung» in die Friedenszeit mitzuschleppen. Es darf vor allem nicht vergessen werden, daß es sich jetzt nicht bloß um die «gerechte» Verteilung, sondern in immer höherem Grade um die Steigerung der Produktion handelt. Jetzt wird das *Dilemma* des Rationierungssystems deutlich: Während man den Vorrat möglichst gerecht verteilen möchte, läuft man Gefahr, daß dank dieser «gerechten» Verteilung die zu verteilende Menge immer kleiner wird und am Schluß sich nur ein System «verwalteten Elends» oder eines «Armenhaussozialismus» ergibt. Je mehr man sich von den Verhältnissen der «belagerten Festung» entfernt und je mehr es darauf ankommt, die Produktion in Gang zu bringen, um so paradoxer wird eine Politik, die dadurch, daß sie die Preise aus Gründen sozialer Gerechtigkeit zwangsweise möglichst niedrig festsetzt, gerade in dem Maße von ihrer Erzeugung abschreckt, wie sie lebenswichtig sind. Eine solche Politik läuft auf den Zwang hinaus, die knappsten Güter am billigsten zu verkaufen, und wenn dieses System nicht schlechthin alle Güter und Leistungen erfaßt, so bedeutet die Festsetzung eines niedrigen Zwangspreises praktisch eine Prämie auf die Nicht-Produktion dieser Waren. Die Folge ist, daß sich in solchen Ländern die Läden mit den überflüssigsten und wertlosesten Dingen zu füllen pflegen, deren Preisbildung die Obrigkeit gerade aus diesem Grunde freigelassen hat.

Darnach könnte es nun allerdings so scheinen, als ob das gemischte System nur in einem Kapitel über die Pathologie des Wirtschaftslebens Platz fände. Dem ist jedoch nicht so. In größerer Dosis höchst gefährlich, ja tödlich, ist dieses Gift doch in kleineren und unschädlicheren Dosen einer überraschend großen Zahl von normalen Vorgängen des Wirtschaftslebens beigemischt, nämlich überall dort, wo das Preissystem in chemischer Reinheit aus irgendeinem Grunde unzweckmäßig ist. Eisenbahn-, Straßenbahn- und Taxitarife, Theater und Kinopreise und viele andere Preise pflegen starr festgesetzt zu werden, ungeachtet der täglichen Schwankungen der Nachfrage *(institutionelle Preise)*. Sie vermögen daher unter Umständen ihre Abstimmungsfunktion nur sehr unvollkommen zu erfüllen, so daß der Preis leicht zu einem Höchstpreis wird, dessen Wirkung in den Schlangen, die sich bei einer beliebten Aufführung an den Theater- oder Kinokassen bilden, in den überfüllten Straßen- und Eisenbahnen und an der verzweifelten Miene eines Mannes abzulesen ist, der zu Ferienende am Bahnhofsausgang mit seiner Kinderschar und Bergen von Gepäck der letzten verfügbaren Autodroschke nachblickt. Freilich hat auch in diesen Fällen das Preissystem die Tendenz, sich immer wieder durchzusetzen: durch «Aufführungen außer Abonnement», Platzkarten bei der Eisenbahn, Theaterkartenbureaus, Zwischenhandel mit Rennplatzkarten und – Trinkgelder. Und wenn sich die Nachfrageänderungen als dauerhaft erweisen, werden schließlich auch die institutionellen Preise geändert.

d) *Das Preissystem,* dessen Wesen gerade durch die bisher

behandelten Systeme so deutlich geworden ist, daß eine lange Erklärung überflüssig sein dürfte. Es ist, kurz gesagt, dadurch charakterisiert, daß die Abstimmung (Auswahl und Begrenzung) der freien Preisbildung überlassen wird, die durch Anpassung an die jeweilige Marktlage dafür sorgt, daß weder ein unbefriedigter Nachfragerest noch ein unbefriedigter Angebotsrest übrigbleiben (Gleichgewichtspreis). Ist in den bisher genannten Systemen die Kostentragung von der Bedürfnisbefriedigung getrennt, so sind beide jetzt dadurch miteinander verkoppelt, daß im Preise demjenigen, der ein Gut begehrt, die Kosten seiner Beschaffung voll auferlegt werden. Da nun, wie wir sahen, die Kosten die mit dieser Verwendung der Produktivkräfte verbundene Nutzeneinbuße an anderer Stelle der Volkswirtschaft widerspiegeln, so wird durch das Preissystem zugleich über die Produktivkräfte in einer Weise disponiert, die uns den volkswirtschaftlichen Abstimmungsprozeß im ganzen erkennen läßt. Dadurch, daß in den Preisen den Konsumenten die Kostendeckung aufgebürdet wird, wird ihnen auf diesem Wege die Entscheidung darüber zugewälzt, was und wieviel von jeder Ware produziert werden soll, und damit die Entscheidung über die Verwendung der Produktivkräfte der Volkswirtschaft. Dieser Mechanismus arbeitet dann in idealer, aber darum auch in Wirklichkeit nicht anzutreffender Vollkommenheit, wenn er bewirkt, daß keine Partikel an Produktivkraft an einer Stelle verwendet wird, wo sie einen geringeren Nutzen als an irgendeiner anderen Stelle stiftet. Die Bindung der Preise an die Kosten, die vielen heute als sinnlose Marotte des «Kapitalismus» erscheint, erfüllt also eine außerordentlich wichtige Funktion, die im Mittelpunkt jedes wie immer gearteten Wirtschaftssystem steht: nämlich die Funktion, für eine bestmögliche Verteilung der Produktivkräfte der Volkswirtschaft zu sorgen. Dabei muß allerdings sofort die sehr wichtige Einschränkung gemacht werden, daß daraus nicht bereits auf die Unübertrefflichkeit unserer im wesentlichen auf dem Preissystem beruhenden Wirtschaftsordnung geschlossen werden darf. Denn unter dem Preissystem zählen ja nur diejenigen individuellen Bedürfnisse, hinter denen die nötige Kaufkraft steht. Selbst bei einem idealen Funktionieren des Preissystems ist also die volkswirtschaftliche Verwendung der Produktivkräfte die «bestmögliche» nur in bezug auf die bestehende (ungleichmäßige) Einkommensverteilung. Daß diese Einkommensverteilung aber ihrerseits die bestmögliche ist, wird niemand im Ernst behaupten wollen. Sie schließt ja nicht aus, daß eine reiche Katzenliebhaberin Milch an ihre Menagerie verfüttert, die einer armen Mutter für ihre Kinder fehlt, weil sie sie nicht bezahlen kann. Man muß sich also sehr hüten, die Erklärung des Preissystems und seiner Funktionen als eine Verherrlichung aufzufassen und, den Fehler der klassischen Schule wiederholend, daraus voreilige wirtschaftspolitische Schlüsse (Vulgärliberalismus) zu ziehen. Auf der anderen Seite können wir, wenn wir alle Erfahrungen, vor allem auch die in Sowjetrußland gemachten, zu Rate ziehen, dem Schluß nicht ausweichen, daß das Preissystem ungeachtet aller Unvollkommenheiten und ungeachtet des Bereiches, in dem es nicht anwendbar ist, doch die natürlichste und mit Elementargewalt sich immer wieder durchsetzende Lösung des Abstimmungsproblems bietet. Es ist und bleibt die Grundlage jeder hochdifferenzierten, auf weitgestaffelter Arbeitsteilung beruhenden Gesellschaft, und wenn das bolschewistische wie das ihm so ähnliche nationalsozialistische Wirtschaftsexperiment eines beweist, so ist es dieses, daß auch der entschlossenste Wille zum Kollektivismus schließlich vor diesem Abstimmungssystem kapitulieren muß.

e) *Das kollektivwirtschaftliche System.* Um dieses letzte der möglichen Abstimmungssysteme zu verstehen, haben wir zu beachten, daß es eine Gruppe von eigentümlichen Bedürfnissen gibt, auf die keines der bisher genannten Systeme angewandt werden kann. Wir hatten nämlich bisher stillschweigend vorausgesetzt, daß es sich immer um Bedürfnisse handelt, die von jedem einzelnen empfunden und durch einen individuellen Konsumakt befriedigt werden *(Individualbedürfnisse)*. Nun gibt es aber außerdem Bedürfnisse, an denen alle Mitglieder der Gesellschaft «zur gesamten Hand» teilnehmen, ohne daß sich ein individueller Nutzenanteil ausscheiden ließe *(Kollektivbedürfnisse)*. Heer, Polizei, Seuchenschutz und Straßenbeleuchtung bieten sich sofort als Beispiele. Die brennende Straßenlaterne bildet ein unteilbares Gut, das wir nicht einzeln an diejenigen austeilen können, die dafür im Preise der «Portion» die Kosten zu tragen bereit sind, und auch nicht denjenigen vorenthalten können, die, wie Liebespaare oder Einbrecher, sich durch die Beleuchtung nur geniert fühlen. Die Deckung dieser Kollektivbedürfnisse ist Angelegenheit des Staates: er muß das Geschäft der Auswahl und Begrenzung vornehmen und sich die Mittel zur Bestreitung der Kosten in einer Weise beschaffen, die, im Gegensatz zum Preissystem, völlig gelöst ist von der Höhe des individuellen Nutzens und gerechter- und zweckmäßigerweise an die Leistungsfähigkeit der einzelnen anknüpft (Steuern). Alle Fragen, zu denen dieses kollektivwirtschaftliche System der Abstimmung führt, werden von der Finanzwissenschaft behandelt, die sich damit an dieser Stelle dem gesamten System der Nationalökonomie einordnet[6].

Das kollektivwirtschaftliche System findet oft auch dort Anwendung, wo es sich nicht um echte Kollektivbedürfnisse handelt. In diesen Fällen sind zwar die übrigen Abstimmungssysteme anwendbar, jedoch wird es aus irgendeinem Grunde für wünschenswert gehalten, das betreffende Bedürfnis wie ein Kollektivbedürfnis zu behandeln. Das gilt z. B. für Straßen und Brücken, die heute in der Regel dem kollektivwirtschaftlichen System unterworfen werden, obwohl man hier durchaus auch das Preissystem zur Anwendung bringen könnte, wie die Brückengelder und Straßenmauten früherer Zeiten und die Gebühren für die Autostraßen der Gegenwart beweisen. Besonders aus sozialen Gründen werden heute viele Individualbedürfnisse entweder völlig (wie z. B. im Falle des unentgeltlichen Volksschulunterrichts) oder doch zum Teil (wie im Falle des höheren Unterrichts, bei dem der Staat einen größeren oder geringeren Teil der Kosten trägt) nach dem Muster der echten Kollektivbedürfnisse befriedigt. Dabei ist der Fall des höheren Unterrichts insofern sehr instruktiv, als in dem Maße, wie der Staat die Kosten trägt, die Gefahr der Überfüllung der akademischen Berufe entsteht, sofern nicht an die Stelle der plutokratischen Auslese der Studenten ein anderes Auslesesystem (numerus clausus oder, besser, strengste Prüfung der sachlichen Eignung) tritt. Je billiger also die höhere Bildung wird, um so mehr müssen die Prüfungen verschärft werden. Schließlich ist noch zu bemerken, daß der Zustand des vollkommenen «Kommunismus» dann erreicht ist, wenn alle Bedürfnisse als Kollektivbedürfnisse behandelt und daher nach dem kollektivwirtschaftlichen System befriedigt werden. Die ständige Ausdehnung des kollektivwirtschaftlichen Sektors der Volkswirtschaft, die die Entwicklung der letzten hundert Jahre kennzeichnet, ist also als ein Wachsen des «kommunistischen» Elements in unserem Wirtschaftssystem zu kennzeichnen. Die zunehmende Ausdehnung des öffentlichen Sektors (kollektivwirtschaftliches System) auf Kosten des privaten Sektors (Preissystem) hat damit zugleich die Bedeutung, daß ein wachsender Teil des gesamten Wirtschaftsprozesses sich nach gänzlich anderen Gesetzen als denen der Marktwirtschaft vollzieht.

Anmerkungen zum zweiten Kapitel

1. (S. 42) Wirtschaft und Ethik:

Es ist zu bedenken, daß das Geschäftsprinzip natürlich in keiner Weise ausschließt, daß die dadurch gewonnenen Mittel ihrerseits altruistischen Zwecken dienen. Der Begriff «eigene Wohlfahrtssteigerung» muß also so weit gefaßt werden, daß er alle nur denkbaren Ziele, die sich das Individuum setzt, umfaßt, einschließlich der altruistischen. Bekanntlich zeichnen sich gewisse Rassen und Nationen oft ebensosehr durch einen ausgeprägten Geschäftssinn wie durch besonders starke Gebefreudigkeit und Wohltätigkeit aus. Im Grunde hängen sie also weit weniger am Gelde als manche Orientalen, die zwar die europäische Geschäftigkeit verachten, sich aber in geiziger Besitzfreude an ihr Geldvermögen klammern. Daß das Geschäftsprinzip nichts weiter als eine Methode zum Mittelerwerb für alle nur denkbaren Zwecke ist, lehrt auch die Erfahrung, daß selbst echte Wohltätigkeitsanstalten es zweckmäßig finden, beim Gelderwerb rein geschäftliche Grundsätze anzuwenden. *Heinrich Schliemann,* der geniale Wiederentdecker des alten Troja, hatte sich zuvor als Kaufmann ein Vermögen erworben, um die Kosten der Ausgrabungen bestreiten zu können. Vgl. jetzt zu diesen und ähnlichen Fragen die umfassende Studie von *P. Hennipman,* Economisch Motief en Economisch Principe, Amsterdam 1945. Weitere wichtige Literatur: *L. von Wiese,* Ethik in der Schauweise der Wissenschaften vom Menschen und von der Gesellschaft, Bern 1947; *F. H. Knight,* The Ethics of Competition and other Essays, 2. Aufl., New York 1951; *F. H. Knight,* Freedom and Reform, New York 1947. Dem Problem der wirtschaftlichen Ethik widme ich mich selber eingehender in meinem Buch «Jenseits von Angebot und Nachfrage», Eugen Rentsch Verlag (Erlenbach-Zürich, 4. Aufl., 1966).

2. (S. 42) Wirtschaftsgeist und Kapitalismus:

Die Frage der Entstehung des modernen Wirtschaftsgeistes (kapitalistischer Wirtschaftsgeist) hat die Gelehrten seit langem beschäftigt. Dabei hat sich herausgestellt, daß die Zusammenhänge überaus kompliziert und mit einfachen Formeln (wie z. B. den von *Sombart* aufgebrachten) nicht zu meistern sind. Die Frage läßt sich nur im Zusammenhang mit der gesamten europäischen Geistesgeschichte behandeln, wobei die großen Bewegungen der Renaissance, des Humanismus, der Reformation, des Rationalismus und der Aufklärung im Mittelpunkt zu stehen haben. Auf die besondere Bedeutung des

Calvinismus hat vor allem *Max Weber* in seiner berühmten und noch immer diskutierten Arbeit «Die protestantische Ethik und der ‹Geist› des Kapitalismus» (Gesammelte Aufsätze zur Religionssoziologie, 1920, Bd. I) hingewiesen. Vgl. *R. H. Tawney,* Religion and the Rise of Capitalism, London 1926 (deutsche Übersetzung: Bern 1946); *A. Rüstow,* Die Konfession in der Wirtschaftsgeschichte, Revue de la Faculté des Sciences Economiques de l'Université d'Istanbul, 1942, Nr. 3–4, und, umfassender, sein großes Werk «Ortsbestimmung der Gegenwart», 3. Bd., 1957.

3. (S. 43) Imperialismus und «Kapitalismus»:
Die im Text erwähnte Vermengung der beiden Kategorien des Ausbeutungsprinzips und des Geschäftsprinzips kommt sehr klar in der von marxistischer Seite propagierten Theorie zum Ausdruck, daß das auf dem Geschäftsprinzip beruhende Wirtschaftssystem (Kapitalismus) mit naturgesetzlicher Notwendigkeit die Staaten antreibe, ihre politische Herrschaft zum Zwecke wirtschaftlicher Ausbeutung auszudehnen. Demgegenüber ist zu bemerken, daß politische Expansion zum Zwecke wirtschaftlicher Ausbeutung (ökonomischer Imperialismus) so alt ist wie menschliche Geschichte überhaupt, aber gerade dem Prinzip *unseres* Wirtschaftssystems widerspricht. Mit anderen Worten: ökonomischen Imperialismus gibt es heute wie in jeder anderen historischen Epoche und unter jedem anderen Wirtschaftssystem, aber nichts ist falscher, als ihn gerade aus dem Wesen *unseres* Wirtschaftssystems abzuleiten. Die Beweggründe des Imperialismus wurzeln in einer ganz anderen Welt als der des Geschäftsprinzips. Auch die Theorie, die beweisen will, daß der Kapitalismus nicht ohne ständige Erschließung überseeischer Märkte existieren könne, stellt sich bei eingehender Untersuchung als unhaltbar heraus. Vgl. dazu: *J. Schumpeter,* Zur Soziologie der Imperialismen, Arch. f. Sozialwissenschaft, Bd. 46 (1919); *S. Rubinstein,* Herrschaft und Wirtschaft, München 1930; *R. Behrendt,* Wirtschaft und Politik im Kapitalismus, Schmollers Jahrb., 57. Jahrg. (1933); *W. Sulzbach,* Nationales Gemeinschaftsgefühl und wirtschaftliches Interesse, Leipzig 1929; *W. Sulzbach,* National Consciousness, Washington D. C. 1943; *L. Robbins,* The Economic Causes of War, London 1939; *W. Röpke,* Internationale Ordnung – heute, 2. Aufl., 1954.

4. (S. 46) Kosten als anderweitiger Nutzenverzicht:
Die Deutung der Kosten als Nutzeneinbuße («opportunity cost» in

der anglo-amerikanischen Nationalökonomie) gibt eine Antwort auf die Frage, was denn eigentlich an «Realem» hinter den Geldkosten steckt, in deren Gestalt innerhalb der Marktwirtschaft uns die Kosten ja zunächst entgegentreten. Diese Frage hat die Nationalökonomen von Anfang an beschäftigt, ohne daß eine befriedigende und eindeutige Antwort gefunden wurde. Dies gelang erst der modernen, auf dem Grenzprinzip fußenden Theorie, und gerade hier liegt eines ihrer größten und am wenigsten umstrittenen Verdienste. Bis dahin – und selbst *Marshall* hat daran noch festgehalten – hatte man die Kosten im wesentlichen als Ausdruck und Entgelt der mit der Produktion verbundenen Mühen und Opfer gedeutet («pain cost»), eine Auffassung, die dann in der Arbeitswerttheorie von *Karl Marx* ihren reinsten und radikalsten Ausdruck fand. Man geht wohl nicht fehl in der Annahme, daß uns in dieser Kosteninterpretation zugleich die moralische Welt des englischen Bürgertums des 18. und 19. Jahrhunderts entgegentritt, in der alles zu sehr im Lichte von ehrenwerter Mühe und gerechter Vergeltung gesehen wurde. Diese Tendenz und zugleich ihr Fehler traten besonders klar in dem von *W. N. Senior* (1790–1864) gemachten Versuch zutage, die Kapitalkosten (Zins) als eine Belohnung des vom Sparer übernommenen «Entbehrungsopfers» («abstinence») zu deuten und damit zugleich zu rechtfertigen. Wir verstehen, daß dieser Versuch *Ferdinand Lassalle* späterhin zu dem berühmten Spott veranlaßte: «Der Kapitalprofit ist der ‹Entbehrungslohn›! Glückliches Wort, unbezahlbares Wort! Die europäischen Millionäre, Asketen, indische Büßer, Säulenheilige, welche auf einem Bein auf einer Säule stehen, mit weit vorgebogenem Arm und Oberleib und blassen Mienen einen Teller ins Volk streckend, um den Lohn ihrer Entbehrungen einzusammeln! In der Mitte und hoch über alle seine Mitbüßer hinausragend als Hauptbüßer und Entbehrer das Haus Rothschild!» Es ist in der Tat ein unglücklicher Gedanke, da ja dieses «Opfer» des Sparens mit wachsendem Reichtum immer geringer zu werden pflegt, bis bei den Millionären das Sparen fast automatisch erfolgt. Wir werden später noch sehen, daß die Erklärung des Zinses ganz aus dieser Sphäre der «Belohnung» und des «Opfers» herausgehoben werden muß. Es ist für die Entstehung des Zinses ganz gleichgültig, ob das Sparen ein Opfer oder ein Vergnügen ist, so wie es für das Einkommen eines Schriftstellers gleichgültig ist, ob ihm das Schreiben eines Romans Spaß macht oder nicht. Wie das Einkommen des

Schriftstellers davon abhängt, daß er einen guten Roman schreibt und daß gute Romane selten sind, so wird der Zins dadurch verursacht, daß Kapital nützlich und selten, mit einem Worte, daß es knapp ist. In der Höhe dieses Knappheitspreises, den wir als Kapitalkosten in die Gesamtkosten einkalkulieren müssen, spiegelt sich der Nutzen der ausgeschlossenen anderweitigen Kapitalverwendung wider. Was für die Kapitalkosten gilt, gilt aber auch für alle anderen Kosten. In den Kosten, die wir im Preise bezahlen, werden wir also nicht aufgefordert, eine aufgewandte Mühe zu vergelten – die mühevollsten und schmutzigsten Arbeiten werden oft gerade am geringsten bezahlt –, sondern wir werden in den Kosten ermahnt, den Nutzen *unserer* Verwendung knapper Produktivkräfte gegen den Nutzen anderweitiger Verwendung abzuwägen.

Die Interpretation der Kosten als Nutzeneinbuße führt im einzelnen zu vielen Schwierigkeiten, auf die hier nicht näher eingegangen werden kann. Soviel muß aber wenigstens gesagt werden, daß diese Interpretation nur insoweit anwendbar ist, als ein Produktionsmittel nicht nur in einer, sondern in verschiedener Weise verwandt werden kann («Kostenproduktivmittel» im Gegensatz zu «spezifischen Produktivmitteln» in der Terminologie *Wiesers*). Auch sonst wird der Kostenbegriff von den heutigen Nationalökonomen lebhaft diskutiert. Vgl.: *F. von Wieser,* Theorie der gesellschaftlichen Wirtschaft, 2. Aufl., 1924, S. 61 ff.; *O. Morgenstern,* Offene Probleme der Kosten- und Ertragstheorie, Ztschr. f. Nationalökonomie, Bd. II (1931), S. 481–522; *F. H. Knight,* Cost of Production and Price over Long and Short Periods, Journal of Political Economy, Bd. XXIX (1921) (abgedruckt zusammen mit anderen einschlägigen Beiträgen in *Knight* «The Ethics of Competition», 2. Aufl. New York 1951; *G. J. Stigler,* The Theory of Price, 2. Aufl., New York 1952, Neudruck 1964, und schließlich eine ausgedehnte und über mehrere Jahre sich hinziehende Diskussion im «Economic Journal» von 1926 ab (*Sraffa, Pigou, Shove, Robertson, Robbins* u. a.).

5. (S. 50) Das reine Rationierungssystem:

Die interessanten Lehren des reinen Rationierungssystems, wie es sich unter Kriegsverhältnissen entwickelt, mit ihren nationalökonomischen Folgerungen sind eingehend dargestellt von *R. A. Radford,* The Economic Organization of a P. O. W. Camp, Economica, November 1948.

6. (S. 57) Die kollektivwirtschaftliche Methode als Ausgangspunkt der Finanzwissenschaft:

Der Gegensatz zwischen dem Preissystem und dem kollektivwirtschaftlichen System – ein Gegensatz, auf den es ja im wesentlichen allein ankommt – besteht darin, daß die Abstimmung im ersten Falle gleichsam automatisch auf dem Markte erfolgt, im zweiten Fall jedoch durch eine bewußte politische Erwägung. Im Preissystem kommen die Wertskalen der Individuen unmittelbar zum Ausdruck, im kollektivwirtschaftlichen System jedoch nur auf einem sehr weiten und verzerrenden Umwege. Wenn Privatwohnungen mit Perserteppichen geschmückt werden, so werden wir uns damit im allgemeinen als Ausdruck des Verbrauchswillens der betreffenden Individuen abzufinden haben, wenigstens auf der Grundlage der bestehenden Einkommens- und Vermögensverteilung. Hingegen erwecken öffentliche Bureauräume, die mit Perserteppichen ausgelegt sind, in uns sofort das Gefühl, daß das Verschwendung, d. h. ein Fehler im volkswirtschaftlichen Abstimmungsmechanismus ist. Wir haben den meist berechtigten Argwohn, daß hier ein Kollektivbedürfnis auf Kosten eines wichtigeren Individualbedürfnisses, nämlich beim Steuerzahler, befriedigt worden ist. Daß im kollektivwirtschaftlichen System, das heute im Zeitalter außerordentlich aufgeblähter Staatshaushalte große Bedeutung erlangt hat, die Tendenz zu einer solchen Verschwendung liegt, ist wohl kaum zu bestreiten, aber es ist auch nicht zu erkennen, wie eine Staatsverfassung konstruiert werden könnte, die die Befriedigung der Kollektivbedürfnisse in eine harmonische Übereinstimmung mit der Befriedigung der Individualbedürfnisse brächte. Alle diese Fragen führen uns tief in das Aufgabengebiet der Finanzwissenschaft hinein. Vgl. dazu: *W. Röpke,* Finanzwissenschaft, 1929; *M. Cassel,* Die Gemeinwirtschaft, 1925; *H. Dalton,* Einführung in die Finanzwissenschaft, 1926; *K. Wicksell,* Finanztheoretische Untersuchungen, 1896; *G. Colm,* Volkswirtschaftliche Theorie der Staatsausgaben, 1927; *W. Gerloff* u. *F. Neumark,* Handbuch der Finanzwissenschaft, 2. Aufl., I. Bd., 1951; *O. Pfleiderer,* Die Staatswirtschaft und das Sozialprodukt, 1930; *A. Amonn,* Grundsätze der Finanzwissenschaft, I. Bd., Bern 1947; *Ursula K. Hicks,* Public Finance, London 1947; *R. A. Musgrave,* The Theory of Public Finance – A Study in Public Economy, New York 1959, deutsche Übersetzung: Finanztheorie, Tübingen 1966.

Drittes Kapitel

Das Gewebe der Arbeitsteilung

«Because it is my social function to supply the world as well as I can with a certain thing, therefore I dread the world's being so well supplied with it that I shall be able to get little or nothing for supplying more. It is impossible to exaggerate the importance of this consideration, or the penetrating and intimate nature of its bearing on every aspect of the social question.»

Philip H. Wicksteed,
The Common Sense of Political Econoy (1910)

1. Die Bedeutung der Arbeitsteilung

Das, was unser Wirtschaftssystem von einer primitiven Stufe der wirtschaftlichen Entwicklung vor allem anderen unterscheidet, ist die außerordentlich weitgetriebene Spezialisierung der Produktion, die wir als Arbeitsteilung bezeichnen. Das ist ein Punkt, auf den wir immer wieder zurückkommen müssen, um unsere moderne Welt zu verstehen. Er bedeutet, daß die meisten Menschen heute fast ausschließlich damit beschäftigt sind, Dinge herzustellen und Leistungen zu verrichten, die nicht für sie selbst, sondern für andere bestimmt sind, und jeder immer nur dieselben Dinge und dieselben Leistungen. Außer der Landwirtschaft – und selbst diese Ausnahme hat zunehmend an Bedeutung verloren – kann heute nicht einmal ein Bruchteil der arbeitsteilig erzeugten Produkte vom Produzenten in seiner eigenen Konsumwirtschaft verwandt werden. Mag es richtig sein, daß der kleine Bauer zunächst für seinen eigenen Bedarf erzeugt und nur den Überschuß gegen andere Produkte umsetzt, so wäre es doch eine etwas seltsame Vorstellung, daß Herr von *Krupp* zunächst Lokomotiven und Geschütze für den eigenen Hausgebrauch erzeugt habe, um dann den unverwendbaren Rest an andere abzulassen. Tatsächlich kauft selbst der Arbeiter in einer Schuhfabrik seine Schuhe in der Regel im Laden, und das Paar, das er dort kauft, wird er nicht als das Produkt seiner Hände wiedererkennen.

Die Entwicklung der Arbeitsteilung als das Hauptprinzip kulturellen Fortschrittes zu würdigen, ist Sache der Soziologen und Wirtschaftshistoriker. Uns interessiert allein die wirtschaftliche Bedeutung der Arbeitsteilung, die uns am stärksten darin entgegentritt, daß die Arbeitsteilung die *Produktivität der menschlichen Arbeit* gewaltig steigert. Die Gründe hierfür sind folgende:

Erstens erlaubt die Arbeitsteilung die Spezialisierung jedes einzelnen auf diejenige Tätigkeit, die seiner Veranlagung am besten angepaßt ist. *Zweitens* aber hat sie den Vorteil, daß die Produktion jedes Gutes dort konzentriert werden kann, wo die natürlichen Voraussetzungen dafür am geeignetsten sind (räumliche Arbeitsteilung), ein Gesichtspunkt, der vor allem für die internationale Arbeitsteilung von hoher Bedeutung ist. Erst durch die Arbeitsteilung ist es möglich geworden, daß jede Produktion innerhalb der Volkswirtschaft und innerhalb der Weltwirtschaft an den *optimalen Standort* verlegt wird[1]. *Drittens* ist es ohne weiteres klar, daß erst die Spezialisierung die volle Entfaltung der Geschicklichkeit und die Ansammlung von Erfahrungen gestattet, die den Spezialisten vom bloßen Amateur unterscheiden. Damit hängt zusammen, daß nur durch die Arbeitsteilung ein Kapital an Erfahrung, Wissen und Geschicklichkeit über die Generationen hinweg bewahrt und vermehrt werden kann. *Viertens* erspart die Arbeitsteilung den Zeitverlust, der mit dem Übergang von einer Arbeitsart zur anderen verbunden zu sein pflegt. *Fünftens* – und damit berühren wir einen der wichtigsten Punkte – macht erst die Arbeitsteilung die Anwendung von Werkzeugen, Apparaten und Maschinen in weitestem Umfange möglich, da der besondere Aufwand, den die Beschaffung dieser Hilfsmittel verursacht, sich erst dann bezahlt macht, wenn sie hinreichend ausgenutzt werden können. Es lohnt nicht, einen Hammer anzufertigen, um nur einen einzigen Nagel in die Wand zu schlagen, und mancher Bastler hat schon die Drehbank eines Tischlers in Anspruch nehmen müssen, weil die Anschaffung für ihn wegen zu geringer Ausnutzung zu kostspielig sein würde. Wer mit der Landwirtschaft vertraut ist, weiß auch, daß ein Haupthindernis für die Anwendung von landwirtschaftlichen Maschinen darin liegt, daß ihre Ausnutzung wegen der Eigenart der landwirtschaftlichen Produktion mehr oder weniger begrenzt ist. Nun besteht ein wichtiger Zusammenhang darin, daß die Ausnutzung von Maschinen um so begrenzter und daher von einer weitgetriebenen Arbeitsteilung um so abhängiger ist, je spezialisierter sie sind, daß aber anderseits die Ergiebigkeit einer Maschine mit dem Grade der Spezialisierung zu wachsen pflegt. Das Geheimnis des billigen Wagens, mit dem als erster Henry Ford nach dem ersten Weltkrieg hervortrat, liegt bekanntlich darin, daß die Riesenzahl der in der Fordfabrik erzeugten Automobile eine Maschinisierung und Automatisierung des ganzen Produktionsprozesses möglich gemacht hat; alle diese Spezialmaschinen sind außerordentlich kostspielig, aber bei voller Ausnutzung hatten sie den billigsten Wagen der Welt hervorgebracht. Um die volle Ausnutzung zu erreichen, mußte Ford sich allerdings auf die Produktion einer einzigen Type beschränken und diese Type jahraus, jahrein unverändert lassen, bis er sich schließlich genötigt sah, die altmodisch gewordene Type durch eine modernere zu ersetzen und zu diesem Zwecke Hunderte von Millionen für völlig neue Spezialmaschinen auszugeben. Ein gutes Beispiel für diesen Zusammenhang zwischen hoher Spezialisierung der Maschine, höherer Ergiebigkeit und arbeitsteiliger Konzentration der Erzeugung ist auch die Herstellung von Automobilkarosserien mittels Spezialpressen, die so kostspielig sind, daß sie erst bei einer sehr großen Zahl von Aufträgen zu einer Verbilligung führen. Das hat zur Folge gehabt, daß sich eine besondere Karosserieindustrie entwikkelt hat.

Der zuletzt genannte Vorteil der Arbeitsteilung führt uns

noch zu einem anderen außerordentlich wichtigen Gesichtspunkt. Die Produktion mit Hilfe von Werkzeugen und Maschinen aller Art, die erst durch eine weitgetriebene Arbeitsteilung möglich wird, bedeutet ja, daß die Erzeugung der Konsumgüter nicht mehr direkt, sondern auf dem Umwege über die vorherige Erzeugung von Produktionsgütern (Maschinen und deren Vorprodukte, Eisen, Transportanlagen usw.) erfolgt. Je mehr die *Produktion auf Umwegen* erfolgt, mit um so mehr Einsatz von «Kapital», um so «kapitalintensiver», geht sie vonstatten. Damit aber tritt in das Schema der modernen Arbeitsteilung eine neue Komplikation ein. Wir müssen jetzt, zwischen Konsumgütern und Produktionsgütern (Kapitalgütern) unterscheidend, feststellen, daß ein großer Teil der Gesamtproduktion einer Volkswirtschaft der *Kapitalgüterproduktion,* nicht der Konsumgüterproduktion dient, und daß auch die Kapitalgüterproduktion, dem Prinzip der Arbeitsteilung folgend, sich spezialisiert hat. Wir haben uns den ganzen Produktionsprozeß als eine Aufeinanderfolge verschiedener Produktionsstufen vorzustellen, deren unterste die Gewinnung der Rohstoffe, deren mittlere die Herstellung der Produktionsgüter und deren letzte die Erzeugung der Konsumgüter ist. So wie die Produktion auf derselben Produktionsstufe in arbeitsteiliger Spezialisierung *(horizontale Arbeitsteilung)* erfolgt, so haben wir nunmehr auch eine Arbeitsteilung zwischen den verschiedenen Produktionsstufen *(vertikale Arbeitsteilung).* Mit anderen Worten: wir haben nicht nur eine Arbeitsteilung zwischen der Schuhproduktion und der Papierproduktion, sondern auch eine Arbeitsteilung zwischen der Schuhproduktion und der Produktion aller Vorprodukte (Werkzeuge und Maschinen, Leder, Häute und Hilfsstoffe).

2. Die gesellschaftliche Arbeitsteilung und die Rolle des Geldes

Die außerordentlich weitgetriebene Gliederung, die sich aus der Arbeitsteilung – der horizontalen wie der vertikalen – ergibt, führt zu der Frage nach der notwendigen *Koordinierung* der einzelnen Glieder des arbeitsteiligen Prozesses. Hierfür bestehen zwei Möglichkeiten, die zu zwei verschiedenen Formen der Arbeitsteilung führen. Die eine sehen wir innerhalb einer Fabrik verwirklicht: Der ganze Produktionsvorgang wird nach einem bestimmten Plane und nach technischen Gesichtspunkten von der Fabrikleitung in die einzelnen Teilverrichtungen zerlegt, auf die Arbeiter aufgeteilt und von oben her durch ständige Anweisungen der Leitung zusammengefaßt. Wir nennen dies die *betriebliche Arbeitsteilung*. Nun besteht aber eine Arbeitsteilung nicht nur innerhalb dieser Fabrik, sondern auch zwischen ihr und anderen Fabriken, zwischen dem einen und dem anderen Handwerker, zwischen dem Landwirt und dem Arzt. Wir sehen sofort, daß diese Art der Arbeitsteilung von der ersten ganz verschieden ist. Die Glieder sind hier selbständig und keinem Kommando einer Zentralstelle unterworfen, die den gesamten volkswirtschaftlichen Produktionsprozeß zerlegt und koordiniert. Wir sahen schon, daß es vielmehr der Tausch («Markt») ist, der hier die Koordinierung besorgt. Wir sprechen daher in diesem Falle von *gesellschaftlicher Arbeitsteilung*. In unserem gegenwärtigen Wirtschaftssystem bestehen beide Arten der Arbeitsteilung nebeneinander: die betriebliche innerhalb eines Betriebes, die gesellschaftliche zwischen den einzelnen selbständigen Betrieben. Indessen ist es gerade die gesellschaftliche Arbeitsteilung, die unser Wirtschaftssystem von einem vollkommenen sozialistischen Wirtschaftssystem unterscheidet, da in letzterem die betriebliche Arbeitsteilung auf der ganzen Linie an die Stelle der gesellschaftlichen treten würde. Mit dieser Kennzeichnung des Sozialismus tritt zugleich eine der Hauptschwächen eines solchen Wirtschaftssystems hervor. Denn schon heute können wir auf Schritt und Tritt beobachten, daß einzelne Betriebe und Unternehmungen über diejenige Größe hinauswachsen, die noch eine wirksame Kontrolle und Koordinierung von einer Stelle aus erlaubt, und manches Riesenunternehmen ist schon an der Nichtachtung dieser Grenze zugrunde gegangen. Was hätten wir aber erst zu erwarten, wenn die ganze Volks-

wirtschaft in ein Mammutunternehmen verwandelt werden würde!
Der Begriff der gesellschaftlichen Arbeitsteilung umfaßt in der Tat alle wesentlichen Kennzeichen unseres Wirtschaftssystems. Mit ihm ist nicht nur die Selbständigkeit der Produzenten, sondern zugleich die ganze Liste von Rechten und Freiheiten gegeben, die die Selbständigkeit bedingen: das Privateigentum an den Produktionsmitteln, das Erbrecht, die Freiheit des Vertrages und der Berufswahl und vieles andere[2]. Indem wir von gesellschaftlicher Arbeitsteilung reden, haben wir aber auch zugleich gesagt, daß der Tausch das Wirtschaftsleben beherrscht, freilich nicht in der direkten Form des naturalen Tausches von Ware gegen Ware, sondern in der indirekten Form des Tausches von Ware gegen Geld (Verkauf) und von Geld gegen Ware (Kauf). Daß das *Geld* als Vermittler eines intensiven Tauschverkehrs und damit als Grundlage einer weitgetriebenen gesellschaftlichen Arbeitsteilung notwendig ist, wird durch eine kurze Überlegung klar.
Wer jemals als Schüler Briefmarken getauscht hat, weiß, daß ein Tauschverkehr natürlich auch ohne Geld möglich ist. Wer sich daran erinnert, wird aber auch die Schwierigkeiten eines solchen primitiven Tauschverkehrs nicht vergessen haben und sich ins Gedächtnis zurückrufen, daß ein Briefmarkentausch nur stattfinden konnte, wenn jedem der beiden Tauschlustigen gerade die Dublette des anderen fehlte und der Wert der Dubletten ungefähr gleich war. Sobald diese Voraussetzung nicht mehr zutraf, war die Grenze des geldlosen Tauschverkehrs erreicht und ein Geschäft mit dem Briefmarkenhändler unvermeidlich, dessen Existenz sich damit auf die Unvollkommenheit des Naturaltausches gründete. Nehmen wir ein anderes Beispiel, und setzen wir den Fall, daß ein Metzger beim Tischler einige Kilogramm Fleisch gegen einen Stuhl einzutauschen beabsichtigt! Unglücklicherweise – so nehmen wir an – ist nun der Tischler Vegetarier, so daß er keine Verwendung für das Fleisch hat, sondern Brot verlangt. Der Metzger wird also, wenn wir uns in die Zeit vor Erfindung des Geldes

zurückversetzen, versuchen müssen, beim Bäcker Brot gegen Fleisch einzuhandeln. Nehmen wir an, auch dies schlüge fehl, da dem Bäcker nicht Fleisch, sondern ein Paar Schuhe fehlen, so wird unser Metzger sein Glück wiederum beim Schuster versuchen müssen. Lassen wir seinen Leidensweg hier enden, so stellt sich schon in diesem sehr vereinfachten Falle heraus, daß der Metzger genötigt ist, zunächst sein Fleisch gegen ein Paar Schuhe, die Schuhe gegen Brot und dann erst das Brot gegen den gewünschten Stuhl einzutauschen. Er mußte also einen weiten Umweg einschlagen, um zum Ziel zu kommen, und je länger dieser Umweg ist, je länger die Tauschkette wird, um so schwieriger wird dieses Verfahren des geldlosen Tausches, um schließlich ganz unmöglich zu werden. Wer in der Zeit der deutschen Wohnungszwangswirtschaft je einen sogenannten «Wohnungsringtausch» mitgemacht hat, bei dem sich eine Tauschkette von zwangsbewirtschafteten Wohnungen oft über ganz Deutschland spannte und alles davon abhing, daß kein Glied dieser Kette riß und der Mann, der aus Glogau nach Emden ziehen wollte, nicht in letzter Minute eine Blinddarmentzündung bekam, – wer das alles einmal durchgekostet hat. wird einen instinktiven Widerwillen gegen den Ausdruck «Tausch» wohl niemals überwinden und die Erfindung des Geldes preisen, das als ein Zwischentauschgut und Generalnenner aller Werte und Umsätze alle jene Schwierigkeiten des Naturaltausches mit einem Schlage behebt. Es ist nicht der einzige Dienst, den uns das Geld leistet, aber es ist der wichtigste und ursprünglichste. Es wird damit zu einem nicht wegzudenkenden Glied unseres Wirtschaftssystems, zu einem Element, das alle Vorgänge begleitet und zu vielen eigentümlichen Problemen führt, von denen im nächsten Kapitel die Rede sein soll. Inzwischen müssen wir noch etwas weiter über die Rolle des Geldes nachdenken.

Der Verfasser erinnert sich aus seiner Kindheit eines eigentümlichen Vertrages, den sein Vater als Landarzt mit dem Friseur des Dorfes abgeschlossen hatte. Sie waren übereingekommen, sich gegenseitig keine Rechnungen auszustellen, sondern ihre Forderungen gegeneinander aufzurechnen, eine Übereinkunft, die man heute im internationalen Wirtschaftsverkehr als *Clearingabkommen* bezeichnet. Nun führte aber nach einiger Zeit die Kränklichkeit des Friseurs dazu, daß auf Seiten meines Vaters ein Überschuß, eine «Clearingspitze» entstand, die dadurch beseitigt wurde, daß wir Kinder uns weit häufiger die Haare schneiden lassen mußten, als uns lieb war. Die Moral dieser Geschichte liegt auf der Hand: Die Ausschaltung des Geldverkehrs hatte zu einer Störung in der Abstimmung der Bedürfnisse geführt. Sie bedeutete, daß ein Tauschverkehr, der sich als Geldverkehr über viele Zwischenglieder erstreckt hätte, nunmehr auf zwei Glieder reduziert wurde, und dieser «Kurzschluß» des Tauschverkehrs hatte eine Umdisponierung in den Ausgaben zur Folge, die den privaten Mechanismus der Auswahl und Begrenzung der Bedürfnisse in Unordnung brachte. Aus dem «multilateralen Handelsverkehr» – wie man es im internationalen Handelsverkehr nennt – war ein «bilateraler» geworden, mit Wirkungen, die im Kleinen den Wirkungen der heutigen internationalen Clearingsysteme entsprechen[3]. Ein multilateraler Tauschverkehr ohne Geld ist eine technische Unmöglichkeit; ein bilateraler ist zwar möglich, aber in höchstem Maße unwirtschaftlich. Der heutige vielfach verschlungene Tauschverkehr, den das Geld ermöglicht, hat also als multilateraler zugleich den unschätzbaren Vorteil, daß er überhaupt erst ein vernünftiges System der volkswirtschaftlichen und auch der weltwirtschaftlichen Abstimmung gestattet. Weltwirtschaft, wenn wir von ihr als einer echten «internationalen Wirtschaftsintegration» sprechen wollen, setzt den «Multilateralismus» geradezu als eine wesentliche Bedingung voraus. Dieser aber ist davon abhängig, daß der freien internationalen Zirkulation des Geldes der verschiedenen nationalen Währungssysteme (Konvertibilität) nicht durch Aufhebung der Konvertibilität (Devisenzwangswirtschaft) Hindernisse in den Weg gelegt werden.

Der Dienst, den uns das Geld leistet, liegt aber nicht nur darin, daß es einen multilateralen Tauschverkehr ermöglicht.

Als Generalnenner aller Güter ist es auch zugleich eine Maßeinheit, die den Wert alles dessen, was überhaupt einen Markt hat, auf einen objektiven und gemeinsamen Ausdruck bringt. Es macht das Verschiedenartige gleichartig und löst wirklich das sonst unlösbare Problem, Äpfel und Birnen zu addieren. Durch den ständigen Austausch der Güter gegen Geld, der sich auf der Grundlage der gesellschaftlichen Arbeitsteilung vollzieht, bilden sich jene Preise, ohne die wir überhaupt keine vernünftige Rechnung in der Wirtschaft durchführen könnten. Wenn wir die ganze Wirtschaftsgeschichte überschauen und alle Erfahrungen, die irgendwo und irgendwann gemacht worden sind, sichten, so gibt es kaum eine sicherere Schlußfolgerung als die, daß keine auch nur halbwegs entwickelte Wirtschaft jemals anders als durch Geld- und Preisrechnung hat geführt werden können. Alle von Zeit zu Zeit immer wieder auftauchenden Projekte, die Geldrechnung durch irgendeine andere «naturalwirtschaftliche» Rechnung (etwa in Form von Arbeitsstunden und physikalischen Krafteinheiten) zu ersetzen, müssen tatsächlich vom Nationalökonomen so behandelt werden wie die «Lösungen» der Quadratur des Kreises vom Mathematiker oder wie die Konstruktionen eines Perpetuum mobile durch das Patentamt: mit einem achselzuckenden Bedauern über irregeleitete Denkenergie. Wer dagegen aufbegehrt, hat eben nicht verstanden, daß das Wirtschaftliche eine ganz andere Dimension hat als das Physikalisch-Technisch-Physiologische und daß es sich beim Wirtschaften nicht um Volumen, Gewicht oder Pferdestärken, sondern um subjektive Wertschätzungen handelt, die erst durch den mit Hilfe des Geldes sich vollziehenden Tauschverkehr einen objektiven, meßbaren Charakter erhalten. Das ist auch in der Beurteilung der Leistungen des Kommunismus wohl zu beachten. Wenn diese an der Steigerung der Produktion dieses oder jenes Gutes gemessen werden, so ist es laienhaft, aus der Addition solcher Ziffern zu schließen, daß die kommunistische Wirtschaftsordnung sich in ihrer Leistung für die Massenwohlfahrt mit der nichtkommunistischen (Marktwirtschaft) auch nur entfernt vergleichen läßt. Worauf es ankommt, ist nicht die *physische,* sondern die *wirtschaftliche* Produktivität. Diese ist aber nur durch echte Preise – die im kommunistischen System seiner Natur nach ausgeschlossen sind – zu messen, und ihre Steigerung kann nur durch ein System echter Preise (Marktwirtschaft) in der für die freie Welt charakteristischen Weise gefördert werden.

3. Die Voraussetzungen intensiver Arbeitsteilung

Damit das Geld den Dienst leisten kann, eine weitgetriebene gesellschaftliche Arbeitsteilung zu ermöglichen, muß es allerdings eine Reihe von später noch zu erörternden Bedingungen erfüllen, insbesondere einheitlich und wertbeständig sein. Durch ein straff organisiertes und stabiles Währungssystem hat der Staat dafür zu sorgen, daß das Geld allgemeines Vertrauen genießt und die Glieder der Arbeitsteilung zu einer Zahlungsgemeinschaft zusammenschließt. Damit hängt eine andere Voraussetzung einer weitgetriebenen gesellschaftlichen Arbeitsteilung zusammen. Die großen Risiken, die in einer starken wechselseitigen Abhängigkeit der Individuen liegen, können nämlich auf die Dauer nur dann getragen werden, wenn durch eine straffe *Rechtsordnung* und durch einen ungeschriebenen, aber allgemein anerkannten *Kodex sittlicher Mindestnormen* dafür gesorgt wird, daß sich alle Mitglieder der arbeitsteiligen Gesellschaft in einem gegenseitigen Vertrauen und in einer Atmosphäre der Sicherheit geborgen fühlen können. Die Wirtschaftsgeschichte lehrt denn auch auf jeder Seite, daß die Intensität des Wirtschaftsverkehrs immer in dem Maße steigt oder fällt, in dem diese Voraussetzungen erfüllt sind, und auch in ihrer räumlichen Ausdehnung durch den Radius begrenzt zu sein pflegt, innerhalb dessen sie erfüllt sind, d. h. innerhalb dessen monetäre und rechtliche Sicherheit bestehen. Es ist schlechthin das oberste Prinzip, aus dem Aufstieg und Verfall, Expansion und Kontraktion der Wirtschaft verstanden werden müssen.

Eine Arbeitsteilung in erheblichem Umfange kann sich also

immer nur so weit entwickeln, wie die Voraussetzungen eines *Währungssystems,* eines *Rechtssystems* und eines dazugehörigen *Moralsystems* erfüllt sind. Während es nun im Verlaufe der Entwicklung mehrfach gelang, die Erfüllung dieser Voraussetzungen innerhalb des *Staates* auf lange Perioden hin zu sichern, bot eine Intensivierung des *internationalen* Wirtschaftsverkehrs gerade deshalb immer besondere Schwierigkeiten, weil die Schaffung einer internationalen Währungsgemeinschaft und einer internationalen Rechtsgemeinschaft bisher an der unerschütterlichen Souveränität der Einzelstaaten gescheitert ist und wohl auch in aller absehbaren Zukunft scheitern wird. Dies ist der Hauptgrund, warum die Intensität der weltwirtschaftlichen Beziehungen auch im günstigsten Falle immer hinter der Intensität der volkswirtschaftlichen Beziehungen zurückbleiben mußte. Weil es keinen Weltstaat gibt, so fehlt es der Weltwirtschaft an einer einheitlichen Weltrechtsordnung, und weil es keinen Weltstaat gibt, so fehlt es der Weltwirtschaft auch an einem einheitlichen Geldsystem, dessen Existenz eben an eine einheitliche Rechtsordnung gebunden ist.

Das Besondere der Entwicklung der letzten hundert Jahre ist es nun, daß sich die *Weltwirtschaft* trotz dieser Mängel entfalten konnte, weil es gelungen war, für das Fehlende einen brauchbaren Ersatz zu finden. Der Mangel eines einheitlichen Weltwährungssystems wurde durch die von allen führenden Ländern angenommene und gewissenhaft durchgeführte *Goldwährung* in einer Weise ausgeglichen, die die ganze Welt zu einer einheitlichen Zahlungsgemeinschaft machte und jedes Mißtrauen in die Solidität der monetären Grundlage internationalen Güter- und Kapitalverkehrs aus dem Bewußtsein der Menschen vertrieb. Die Verpflichtungen, die die gewissenhafte Durchführung der internationalen Goldwährung allen beteiligten Ländern auferlegte, bildeten gleichzeitig einen Teil jenes Netzes geschriebener und ungeschriebener Normen, durch die nun auch das Fehlen eines einheitlichen internationalen Rechtssystems überbrückt wurde. Die Welt umspannte ein System langfristiger Verträge, dem ein allgemein anerkanntes Völkerrecht und ein hohes Maß an Übereinstimmung in der Rechtsauffassung und in den einzelstaatlichen Rechtsnormen zugrunde lagen, und dieses System war eingebettet in eine Atmosphäre der Loyalität und Fairneß im internationalen Verkehr, in der es als unritterlich, unehrenhaft und rücksichtslos galt, das internationale Rechts- und Moralsystem zu mißachten.

Die *gegenwärtige Weltlage* ist deshalb so ungeheuer lehrreich, weil sie die Bedeutung jener Voraussetzungen, nun, wo sie immer mehr verblassen, so klar hervortreten läßt. Denn die erwähnten Mittel, die Bedingungen des weltwirtschaftlichen Verkehrs in bezug auf Sicherheit, Gleichmäßigkeit, Kontinuität und Fairneß so weit wie irgend möglich den Bedingungen des volkswirtschaftlichen Verkehrs anzupassen und so einen Ersatz für einen Weltstaat zu schaffen, stellen ja Schöpfungen eines Zeitalters dar, von dessen Gesinnung sich die Welt heute weit entfernt hat und in Zukunft noch weiter zu entfernen droht. Alles wird aufgeweicht, alles gerät ins Schwanken: Die Welt droht sich allmählich daran zu gewöhnen, bestehende Verträge und Konventionen des internationalen Anstands leicht zu nehmen, an Währungen herumzuexperimentieren, Auslandsguthaben zu sperren, Zahlungen zu verhindern, Dumping zu betreiben, Privateigentum zu enteignen, Ausfuhr und Einfuhr nach Laune und fast täglich wechselnden Freundschaften und Feindschaften hierhin oder dorthin zu dirigieren, Zölle, Kontingente, Verbote zu handhaben, wie es gerade paßt.

Das Gefährliche dieses Auflösungsprozesses liegt vor allem darin, daß er aus eigener Kraft anschwillt. Auch im internationalen Verkehr hat die «Grenzmoral» immer die Tendenz, die herrschende Moral zu werden, und wenn erst einmal das Beispiel dafür gegeben ist, daß man keine Rücksicht mehr zu nehmen braucht, so ist es natürlich, daß schließlich ein Land nach dem anderen sich fragt, warum es der Düpierte sein soll. Aber nicht nur durch die ansteckende Wirkung des schlechten Beispiels breitet sich die allgemeine Auflösung aus, sondern auch dadurch, daß nunmehr an jedes Land die Frage herantritt, ob es nicht angesichts der monetären und rechtlich-moralischen Unsicherheit des internationalen Verkehrs sein Verhältnis zur Weltwirtschaft revidieren muß. Weil es keinen Weltstaat gibt, so besitzt ja, wir wissen es, die internationale Arbeitsteilung gegenüber der nationalen immer einen mehr oder weniger labilen und prekären Charakter, und wenn ein Land sich eng in das System der internationalen Arbeitsteilung einordnet, so vertraut es damit sein Wirtschaftsleben zum Teil Faktoren an, über die es nur eine sehr begrenzte Herrschaft hat und die daher möglicherweise unangenehme Überraschungen bereiten können. Das kann es nur dann mit ruhigem Gewissen tun, wenn die besonderen Risiken des internationalen Wirtschaftsverkehrs in der geschilderten Weise auf ein Minimum herabgesetzt werden. Das war in den letzten hundert Jahren dank Goldwährung, internationalem Rechtssystem und dazugehöriger Moral der Fall. Nun aber, da sich das gründlich geändert hat und in Zukunft noch gründlicher zu ändern droht, wird mit einem Male sichtbar, daß der ganze internationale Handel mit allen seinen ungeheuren materiellen Vorteilen auf Voraussetzungen beruht, die früher als so selbstverständlich galten, daß man kaum von ihnen sprach, die aber nun, wo sie zu fehlen beginnen, in ihrer ganzen elementaren Bedeutung hervortreten[4].

Man darf annehmen, daß es heute nicht mehr viele gibt, die über den tragischen Charakter der inneren Zersetzung der Grundlagen der weltwirtschaftlichen Arbeitsteilung, die sich vor unseren Augen abspielt, mit oberflächlichen Redensarten hinweggehen. Die letzte Ursache der heutigen Labilität der Weltwirtschaft liegt ja in dieser Aufweichung der elementaren Voraussetzungen einer weitgetriebenen internationalen Arbeitsteilung. Wir kennen heute das wahre Gesicht einer Weltwirtschaft ohne ein verläßliches Geld-, Rechts- und Moralsystem: es ist aufs Haar das, was wir heute vor uns haben. Eine wirkliche Wiederaufrichtung der Weltwirtschaft wird sich daher auch so lange als unmöglich erweisen, als es nicht gelingt, jene Grundlagen wieder tragfähig zu machen. Bis dahin werden wir uns mit den Behelfen und Teillösungen begnügen müssen, die uns bis jetzt immerhin große Dienste geleistet haben.

Indessen ist zu beachten, daß diese Erschütterung der Grundlagen der Weltwirtschaft sich nicht gleichmäßig über den Erdball hin vollzogen hat. *Einerseits* ist sie am größten dort, wo der Kommunismus einen kollektivistischen Sektor gebildet hat, der bereits einen bedeutenden Teil der ehemaligen Weltwirtschaft einnimmt und nicht nur wegen der Unversöhnlichkeit der politisch-moralischen Ideen der kommunistischen Länder und derjenigen der freien Welt, sondern auch wegen der Unvereinbarkeit der hüben und drüben herrschenden Wirtschaftssysteme einen Bereich für sich bildet. Selbst innerhalb der nichtkommunistischen Welt aber verläuft eine scharfe Linie, die die entwickelten Länder von den sogenannten «unentwickelten» Ländern deshalb trennt, weil es den letzteren gegenüber zu einem großen Teile an der für einen normalen Güter- und Kapitalverkehr notwendigen Grundlage des Vertrauens fehlt. Trotz aller Erschütterungen, die in unseren Tagen ein Land wie Belgien nach der Freigabe des Kongo ausgesetzt ist, fahren wir fort, diesem Lande unser Geld zu 4½% zur Verfügung zu stellen, weil es uns nicht in den Sinn kommt, an seiner Vertragstreue zu zweifeln, aber es ist kein Zinssatz mehr denkbar, zu dem heute dem Kongo oder den meisten anderen «unentwickelten» Ländern die Kapitalmärkte der entwickelten Länder offenstünden. Das ist der eigentliche Fond des heute vieldiskutierten Problems der «unentwickelten» Länder[5]. Das ist das eine. *Anderseits* ist heute trotz aller Defekte der Weltwirtschaft damit zu rechnen, daß einander durch Nachbarschaft und politisch-kulturelle Gemeinschaft nahestehende Länder einen Grad der internationalen «Wirtschaftsintegration» erreichen können, der für die Welt als Ganzes kaum noch erhofft werden kann. Das ist die Rechtfertigung und Erklärung der regionalen Zusammenschlüsse, unter denen heute die – leider noch immer der Koordinierung harrenden – europäischen Wirtschaftsvereinigungen (Europäische Wirtschaftsgemeinschaft und Europäische Freihandels-Assoziation) das Feld beherrschen[6]. Der allerwichtigste, aber leider nicht immer gebührend beachtete Punkt ist nun, daß die stürmische Entwicklung der Arbeitsteilung über die Landesgrenzen hinaus in den letzten hundert Jahren mit einer beispiellosen *Bevölkerungsvermehrung* einhergegangen ist. Eine starke Rückbildung der Arbeitsteilung würde also nichts Geringeres bedeuten, als daß dann ungezählte Millionen, die erst dank dieser Entwicklung ins Leben treten konnten, einfach in der Luft hängen würden, da ihnen nunmehr die Bedingungen, unter denen sie geboren wurden, lebten und arbeiteten, unter den Füßen weggezogen würden. Wir sind also hier – diese vielmißbrauchte Wendung ist ausnahmsweise am Platze – an ein ehernes Schicksal gebunden, das uns nicht mehr die Freiheit gibt, eine heroische Selbstbeschränkung zu verherrlichen. Nachdem nun einmal aus hier nicht näher darzulegenden Gründen die ungeheure Bevölkerungsvermehrung des 19. und 20. Jahrhunderts stattgefunden hat, bleibt uns, wenn wir nicht eine entsetzliche Katastrophe heraufbeschwören wollen, nichts anderes übrig, als den Wirtschaftsapparat, der jene Bevölkerungsvermehrung erst ermöglicht hat, aufrechtzuerhalten, so wenig er uns nach dieser oder jener Richtung hin gefallen mag. Wir können nicht die Wirtschaftsgeschichte einfach auf 1800 oder gar auf 1700 zurückdrehen, ohne gleichzeitig die Bevölkerungskapazität der Welt auf den niedrigen Stand von damals zurückzuschrauben, und wir müssen uns darüber klar sein, daß bei diesem Drehen und Schrauben der Lebensfaden von Millionen abreißen würde.

4. Arbeitsteilung und Menschenzahl (Bevölkerungsproblem)

Der Zusammenhang zwischen Arbeitsteilung und *Bevölkerungsbewegung,* auf den wir gestoßen sind, ist so wichtig, daß er eine noch eingehendere Prüfung verdient. Dieser Zusam-

menhang ist nämlich ein wechselseitiger: Nicht nur wirkt eine Intensivierung der Arbeitsteilung durch Steigerung der Produktivität dahin, die Bevölkerungskapazität des von der höhergestaffelten Arbeitsteilung umspannten Gebietes zu steigern, sondern auch das Umgekehrte ist richtig, daß eine Vermehrung der Bevölkerung ihrerseits eine höhere Staffel der Arbeitsteilung erlaubt. Das leuchtet – wie schon *Adam Smith* in einer berühmten Stelle seines Buches über den «Reichtum der Nationen» (I. Buch, 3. Kapitel) ausgeführt hat – ohne weiteres ein, wenn man sich klarmacht, daß der Grad der Arbeitsteilung immer durch die Größe des Marktes, d. h. durch die Zahl der für jede einzelne Ware in Betracht kommenden Umsätze (Käufe), begrenzt ist *(Gesetz der Marktgröße)*, da sich ja eine Spezialisierung erst von einem bestimmten Mindestumfang der Produktion ab lohnt. Einer der wichtigsten Bestimmungsgründe der Marktgröße – freilich nicht der einzige[7] – ist nun die Bevölkerungsmenge. Ist also ein unaufhaltsames Wachsen der Bevölkerung erwünscht?
Es ist nützlich, sich daran zu erinnern, daß das 19. Jahrhundert, das die größte Bevölkerungsvermehrung aller menschlichen Geschichte erlebt hat, mit einer Lehre eingeleitet wurde, die von der Bevölkerungsvermehrung nur Not, Hunger und Elend erwartete, der pessimistischen Bevölkerungslehre von *Robert Malthus* (1766–1834). Seitdem *Malthus* diesen Alarmruf ausstieß, sind nun weit mehr als hundert Jahre vergangen, und in diesem Zeitraum hat sich vieles ereignet, was uns seine Lehre in einem völlig anderen Lichte erscheinen läßt. Die Bevölkerung der Industrieländer hat sich seitdem vervielfacht, und doch hat sich der durchschnittliche Wohlstand außerordentlich gehoben. Die Landwirtschaft der gesamten Welt ist gleichzeitig in einem Maße ausgedehnt worden, daß nicht wenige sich fragen, ob nicht bereits eine Überproduktion vorliegt. Anderseits ist ein Volk nach dem anderen mit den Methoden vertraut geworden, die eine Trennung von Sexualität und Fortpflanzung gestatten, und ebenso mit der Gesinnung, die die Anwendung dieser Methoden zur Gewohnheit macht. Das Er-

gebnis ist das starke Sinken der Geburtenziffer, das nach und nach in allen Ländern festzustellen ist, die die abendländische Zivilisation angenommen haben. Inzwischen aber ist etwas passiert, was die Bevölkerungsziffer der zivilisierten Welt hat steil in die Höhe schießen lassen: die starke Senkung der Sterblichkeit, die den riesigen Fortschritten der Medizin und der Hygiene und dem steigenden Wohlstand zu verdanken ist. Diese Senkung der Sterblichkeit ist in erster Linie den jüngsten Altersklassen zugute gekommen. Während in früheren Jahrhunderten von zehn Kindern vielleicht zwei am Leben blieben, gelang es nunmehr im 19. Jahrhundert, sie alle am Leben zu erhalten. Wenn nun aber die Geburtenziffer nicht sofort der gesunkenen Sterbeziffer, insbesondere der Ziffer der Säuglingssterblichkeit, angepaßt wurde, so war es unausbleiblich, daß die Bevölkerungsziffer steil in die Höhe schoß. Genau das ist im 19. Jahrhundert in der zivilisierten Welt geschehen, und genau das geschieht noch heute vor unseren Augen aufs neue in den Jungländern abendländischer Zivilisation und in den sogenannten «unentwickelten» Ländern. Die ungeheure Bevölkerungsvermehrung des 19. und 20. Jahrhunderts ist mithin nicht durch ein Steigen der Geburtenziffer, sondern durch ein Sinken der Sterbeziffer bei zunächst gleichbleibender hoher Geburtenziffer zu erklären. Es ist eine historische «Phasenüberlagerung» in der Art eingetreten, daß der moderne zivilisatorische Geist zunächst und im Verlaufe kurzer Zeit die Sterblichkeit herabdrückte, während die Geburtenziffer, kraft eines starken traditionalistischen Beharrungsvermögens, noch lange Zeit sich in der alten Bahn weiterbewegte. Das ist auch ganz natürlich, da ja die Sterbeziffer von außen her und durch Kollektivmaßnahmen direkt herabzudrücken ist, während die Geburtenziffer nur auf dem langsamen Umwege über eine Sinnesänderung der Individuen zum Sinken gebracht wird. Drastisch ausgedrückt: durch Chlorung des Leitungswassers kann man zwar sofort und direkt die Sterbeziffer, nicht aber die Geburtenziffer herabdrücken. Daraus folgt, daß das, was sich im 19. Jahrhundert in den Altländern der westlichen Zivilisation ereignet hat, sich wiederholt, sooft ein Land den Anschluß an diese Zivilisation vornimmt: die Sterbeziffer sinkt sofort und beträchtlich, während die Geburtenziffer erst sehr viel später nachfolgt, und die Bevölkerung schießt steil in die Höhe wie die Bohne nach dem Regen. Früher oder später kommt dann in jedem Lande der Augenblick, in dem sich auch die Geburtenziffer «verwestlicht» und der gesunkenen Sterbeziffer anpaßt, womit dann die stürmische Bevölkerungsvermehrung sich verlangsamt und schließlich mehr oder weniger zum Stillstand kommt. Diesem Zustande nähern sich heute bereits die meisten Länder des Westens, die ja die Schrittmacher der ganzen Entwicklung gewesen sind. Wie sehr man sich aber hier, wie überall im Leben der Gesellschaft, vor dem Glauben an eine naturgesetzliche Einförmigkeit hüten muß, beweist das Beispiel der Vereinigten Staaten und Frankreichs, wo es neuerdings zu einem bemerkenswerten Wiederanstieg der Geburtenziffer gekommen ist. Nur machen sich darüber heute die wenigsten Sorge, im Gegensatz zu *Malthus* und seiner Zeit. Im Gegenteil, der Geburtenrückgang ist es, der zumeist als etwas Bedenkliches angesehen wird.

Dieser bemerkenswerte Wandel in der Beurteilung hat verschiedene Ursachen, auf die wir nur kurz eingehen können. Zunächst ist heute die nationale Betrachtung gegenüber der Zeit von *Malthus* stärker in den Vordergrund getreten. Man sorgt sich um eine niedrige Geburtenziffer des eigenen Landes, nicht um die anderer Länder, und zwar deshalb, weil die Geburtenziffer in anderen Ländern höher ist. Ein weiterer Umstand ist, daß man den ungünstigen Begleiterscheinungen und Rückwirkungen des Geburtenrückganges mehr als früher Beachtung zu schenken gelernt hat. Die Motive für eine bewußte Kleinhaltung der Familie sind ja mannigfaltiger Natur und moralisch von recht verschiedenem Werte. Es ist nicht zu leugnen, daß die Miniaturfamilie sehr oft das Ergebnis egoistischer und engherziger Erwägungen ist, deren Ausbreitung die moralische Gesundheit eines Volkes schwä-

chen könnte, von religiösen Bedenken ganz zu schweigen. Es kann also die tragische Situation entstehen, daß der moderne rationalistische Geist, dem wir die Senkung der Sterbeziffer verdanken, schließlich, wenn er sich auf die Geburtenziffer auswirkt, übers Ziel hinausschießt und die moralische Gesundheit eines Volkes untergräbt. Eine Angleichung der Geburtenziffer an die gesunkene Sterbeziffer muß erfolgen, wenn nicht eine soziale und wirtschaftliche Katastrophe eintreten soll. Läßt man aber den Kräften, die diese Angleichung bewirken, d. h. dem rationalistischen Denken, freien Raum, so läuft uns möglicherweise die Geburtenziffer nach unten davon. Schließlich sind ja der Senkung der Sterblichkeit natürliche Grenzen gesetzt, die wir nach unserem heutigen medizinischen Wissen in den führenden Ländern schon nahezu erreicht haben dürften; die Geburtenziffer hingegen kann theorerisch bis auf Null sinken. Es ist also denkbar, daß sich eine «Phasenüberlagerung» in einem umgekehrten Sinne ergeben und damit eine absolute Verminderung der Bevölkerung eintreten könnte.
Ein weiterer Umstand, der zu einer ungünstigen Beurteilung des Geburtenrückganges geführt hat, ist sein *differentieller Charakter*. Die Erfahrungen aller Länder beweisen nämlich, daß der Geburtenrückgang gerade am umgekehrten Ende der sozialen Pyramide, d. h. bei den wohlhabenden und gebildeten Schichten, beginnt und hier bald zum Einkind- oder Keinkindsystem führt, während gerade die Armenquartiere durch Kinderreichtum ausgezeichnet zu sein pflegen und Trunkenbolde und Schwachsinnige oft die meisten Kinder haben. Dieser differentielle Charakter des Geburtenrückganges ist natürlich insofern höchst unerfreulich, als Eltern mit einer besonders wertvollen Erbmasse und mit genügenden Mitteln zur sorgfältigen Erziehung der Kinder sich oft nur ungenügend fortpflanzen. Wir berühren damit einen Punkt, wo sich Fragen der quantitativen Bevölkerungslehre mit solchen der qualitativen Bevölkerungslehre und der Eugenik schneiden. Sie werden gerade heute stark diskutiert, können hier jedoch nicht weiter behandelt werden.

Der Hauptgrund dafür aber, daß der Geburtenrückgang heute mit so ganz anderen Augen angesehen wird als zur Zeit von *Malthus,* ist auf ökonomischem Gebiet zu suchen. Liegt ja doch nun hinter uns die Erfahrung, daß die ungeheure Bevölkerungsvermehrung des 19. Jahrhunderts keineswegs zu einer Verelendung der Massen geführt hat. Nicht nur ist die von *Malthus* prophezeite Katastrophe ausgeblieben, sondern der durchschnittliche Lebensstandard ist sogar trotz der vervielfachten Menschenzahl um ein Mehrfaches gestiegen. Dabei ist allerdings zu beachten, daß die Bevölkerungsvermehrung des 19. Jahrhunderts unter einzigartigen Umständen erfolgt ist, die sich kaum wiederholen werden. Dieselben historischen Kräfte nämlich, die auf dem Umwege über eine Herabdrückung der Sterbeziffer zum Emporschnellen der Wachstumskurve geführt haben – der Geist der Wissenschaft, des Fortschritts, der Lösung von der Tradition –, haben auch zur Industrialisierung, zur Weltwirtschaft und zur Kolonisierung riesiger und reicher Neuländer geführt. England, Deutschland und alle anderen Länder, denen *Malthus* Übervölkerung prophezeit hatte, haben das Problem der Ernährung ihrer vervielfachten Bevölkerung dadurch gelöst, daß sie auf das agrarische Fundament ihrer Volkswirtschaft ein industrielles Stockwerk aufgesetzt haben, während gleichzeitig in den überseeischen Neuländern riesige Nahrungsmittelüberschüsse erzeugt wurden, und zwar zum großen Teil von Leuten, die im Laufe des 19. Jahrhunderts in Massen aus den alten Ländern ausgewandert waren. Das waren aber einzigartige Umstände, die sich so nicht wiederholen werden. Die Welt ist inzwischen in Besitz genommen worden, und der Menschheit steht weder ein zweites Mississippital noch ein zweites Argentinien zur Verfügung. Überall sind außerdem der Masseneinwanderung Schranken gesetzt worden. Diejenigen Länder also, die erst später das Beispiel der alten Industrieländer befolgt haben und nun in die Phase der stürmischen Bevölkerungsvermehrung eingetreten sind, finden, daß das Problem immer schwerer lösbar ist. Das erfahren heute sowohl Japan wie Indien, während Rußland

das Glück hat, sich durch seine riesige räumliche Ausdehnung im 19. Jahrhundert Expansionsraum sozusagen auf Vorrat gesichert zu haben.
Kehren wir nunmehr wiederum zu *Malthus* zurück, so stellt sich folgendes heraus: Die Bevölkerungsvermehrung, die ihn zu seinen düsteren Voraussagen veranlaßte, ist tatsächlich und in beispiellosem Umfange Wirklichkeit geworden. Die von ihm vorausgesagte Katastrophe ist aber keineswegs eingetreten. Später – gegen Ende des 19. und im Laufe des 20. Jahrhunderts – wurde auch die erste Prophezeiung hinfällig, da die Bevölkerungsvermehrung mehr und mehr ins Stocken geriet. Was bleibt also eigentlich von seiner pessimistischen Lehre übrig? Um ihr gerecht zu werden, müssen wir zwei Seiten an ihr unterscheiden: die prognostische und die analytische. Der prognostische Malthusianismus hatte es als ein unabänderliches Naturgesetz bezeichnet, daß die Bevölkerung immer die Tendenz habe, sich bis an die äußerste Grenze zu vermehren. Das ist in der Tat durch die spätere Entwicklung gründlich widerlegt worden. Die Bevölkerungsvermehrung gehorcht nicht einem strengen Naturgesetz, sondern sie ist eine Erscheinung der kulturellen Welt und daher eine außerordentlich komplexe Erscheinung. Damit ist aber keineswegs der *analytische Malthusianismus* widerlegt. Dieser beschäftigt sich lediglich mit der Frage, ob eine Vermehrung der Bevölkerung, wenn sie eintritt, günstig oder ungünstig zu beurteilen ist. Das allein ist die Frage, die für uns heute noch von Interesse ist[8].
Diese Frage ist aber zu unbestimmt, um eindeutig beantwortet zu werden, da man, je nach dem Gesichtspunkt, unter dem man sie betrachtet, zu ganz verschiedenen Resultaten kommen wird. Wer die Wehrhaftigkeit in den Vordergrund stellt, wird eine andere Antwort geben als der Pazifist; wer Millionenstädte für einen Kulturfortschritt hält, eine andere als derjenige, der die Einsamkeit liebt und die Masse für etwas Kulturfeindliches hält. Die letzte Entscheidung ist also von einem bestimmten Werturteil abhängig und befindet sich daher außerhalb der Reichweite unserer Wissenschaft. Der Natio-

nalökonom muß sich mit der beschränkteren, aber außerordentlich wichtigen Aufgabe begnügen, die Bedeutung der Bevölkerungsvermehrung für die *materielle* Wohlfahrt der Individuen zu untersuchen. Aber selbst diese Aufgabe ist so außerordentlich schwierig und verwickelt, daß wir uns mit einem Hinweis auf die wichtigsten Gesichtspunkte begnügen müssen.

Allen skeptischen Beurteilern einer fortgesetzten Bevölkerungsvermehrung hat man von jeher den Einwand entgegengehalten, daß ein Zuwachs an Menschen nicht nur den Verbrauch, sondern auch die Produktion steigert, da ja mit jedem Menschen nicht nur ein Mund, sondern auch ein paar Arme geboren werden. Jeder Mensch schaffe sich also, so meint man, von selbst den notwendigen zusätzlichen Wirtschaftsspielraum, ja er erweitere ihn, da der Bevölkerungszuwachs eine höhere Staffel der Arbeitsteilung erlaubt. Der Bevölkerungszuwachs verursacht mithin nach dieser optimistischen Meinung nicht Wohlstandsminderung, sondern Wohlstandssteigerung. Es ist dies eine außerordentlich weitverbreitete Meinung, aber ist sie begründet?

Daß die Bevölkerungsvermehrung eine höhere Staffel der Arbeitsteilung erlaubt, war ja ein Satz, von dem wir in diesem Abschnitt ausgingen. Indessen reicht er keineswegs für einen Beweis der optimistischen Bevölkerungslehre aus, und das aus drei Gründen. *Erstens,* wir wiesen schon darauf hin, ist die Bevölkerungsvermehrung nicht die einzige Bedingung wachsender Marktgröße. *Zweitens* stößt auch eine fortgesetzte Intensivierung der Arbeitsteilung wegen wachsender Gefahren und Schwierigkeiten, auf die noch zurückzukommen sein wird, auf Grenzen, ganz abgesehen davon, daß sie von Voraussetzungen abhängt, deren Bedeutung uns ja die gegenwärtige Weltlage deutlich vor Augen geführt hat. Eine tragische Verkettung will es, daß gerade die innen- und außenpolitischen Spannungen, die die Bevölkerungsvermehrung verursacht, dazu beitragen, die Voraussetzungen intensiver Arbeitsteilung zu erschüttern, da sie, wie wiederum die geschichtlichen Erfahrungen der volkreichsten Länder lehren, leicht zum Radikalismus in der äußeren wie in der inneren Politik führen. *Es ist leider richtig, daß die Massenzivilisation die Grundlagen der Ordnung und Sicherheit, auf denen die intensive Arbeitsteilung beruht, eher auflockert als befestigt.* Zum allermindesten, das wird jeder zugeben müssen, haben wir nicht die geringste Garantie dafür, daß die Bevölkerungsvermehrung die außerwirtschaftlichen Voraussetzungen intensiver Arbeitsteilung ebenso automatisch erfüllen hilft wie ihre ökonomische Voraussetzung, nämlich die Erweiterung des Marktes. Wer angesichts solcher Überlegungen und angesichts der gegenwärtigen Erfahrungen, an die sie anknüpfen, noch an einer sorglosen Beurteilung fortgesetzter Bevölkerungsvermehrung festhalten kann, ist wegen seines Optimismus zu beneiden. Ein solcher Optimismus wird aber vollends rätselhaft, wenn man einen *dritten* Punkt in Betracht zieht. Die produktivitätssteigernde Wirkung, die die Bevölkerungsvermehrung auf dem Umwege über eine höhere Staffel der Arbeitsteilung ausübt, rivalisiert nämlich mit einer entgegengesetzten, produktivitätsmindernden Wirkung, die sich daraus ergibt, daß sich mit wachsender Bevölkerung das Verhältnis zwischen der Menschenzahl und der Menge der sachlichen Produktionsgrundlagen (Land, Naturschätze, Kapital) mehr und mehr verschlechtert und damit zu relativ sinkenden Produktionserträgen führt. Welche von diesen beiden miteinander rivalisierenden Wirkungen überwiegt, kann nicht im voraus bestimmt werden, aber es ist entscheidend dafür, ob die Bevölkerungsvermehrung wohlfahrtssteigernd oder wohlfahrtsmindernd wirkt.

Wir wollen uns diesen nicht ganz einfachen, aber ungeheuer wichtigen Gedankengang noch einmal klarmachen. Wir gehen davon aus, daß es nicht auf die Gesamtproduktion ankommt – sonst müßten Länder wie China oder Indien mit ihrem märchenhaften Volkseinkommen und Volksvermögen die reichsten und nicht die ärmsten Länder sein. Entscheidend ist vielmehr, wieviel von der Gesamtproduktion durchschnittlich auf den Kopf der Bevölkerung entfällt. Nennen wir diesen Anteil pro Kopf die *Sozialquote* (Gesamtprodukt dividiert durch die Bevölkerungszahl), so können wir die entscheidende Frage wie folgt formulieren: Wie wirkt die Bevölkerungsvermehrung auf die Sozialquote, steigernd oder vermindernd? Die Beantwortung dieser Frage hängt offensichtlich davon ab, ob die der Bevölkerungsvermehrung zu verdankende Steigerung der Gesamtproduktion sich im Verhältnis zur Bevölkerungsvermehrung proportional, überproportional oder unterproportional entwickelt. Im ersten Falle wird, wenn wir alle anderen Bestimmungsgründe der Gesamtproduktion ausschalten (wie z. B. neue Erfindungen oder dergleichen), die Sozialquote trotz steigender Bevölkerung gleichbleiben, im zweiten Falle steigen und im dritten Falle sinken. Die Bevölkerungsvermehrung läßt im ersten Falle die Massenwohlfahrt unbeeinträchtigt, steigert sie im zweiten und senkt sie im dritten Falle. Es leuchtet ein, daß man nicht von vornherein sagen kann, welcher Fall eintreten wird, da grundsätzlich alle drei Fälle möglich sind. Lassen wir den Fall der proportionalen Entwicklung von Bevölkerungsvermehrung und Produktionsvermehrung als unwichtig beiseite, so bleiben der Fall des überproportionalen und der des unterproportionalen Produktionszuwachses. Führt die Bevölkerungsvermehrung zu einem überproportionalen Produktionszuwachs, so liegt *Untervölkerung* vor, weil in diesem Falle eine Bevölkerungsvermehrung unter dem Gesichtspunkt der wirtschaftlichen Massenwohlfahrt erwünscht ist. Führt die Bevölkerungsvermehrung jedoch zu einem unterproportionalen Produktionszuwachs, so liegt *Übervölkerung* vor, da jetzt eine weitere Steigerung der Bevölkerung nicht wünschenswert ist. Auf der Grenze zwischen dem Zustand der Untervölkerung und dem späteren der Übervölkerung liegt das *Optimum der Bevölkerung*. Hat ein Land das Bevölkerungsoptimum erreicht, so steht es vor der *Alternative,* ob es die *Steigerung der Massenwohlfahrt* oder die *Steigerung der Bevölkerung* vorzieht. Das eine schließt jetzt das andere aus. Dieser Punkt muß bei fortgesetzter Bevölkerungsvermehrung früher oder später in jedem Lande erreicht werden, und er muß dann als überschritten gelten, wenn die Sozialquote kleiner ist, als sie bei geringerer Bevölkerungszahl unter sonst gleichbleibenden Umständen sein würde.

Mit alledem dürften nun viele irrige Anschauungen korrigiert sein, so auch die Anschauung, daß immer wieder technische Fortschritte und die Kultivierung neuen Bodens dafür sorgen werden, daß ständig neue Millionen versorgt werden können. Natürlich bestreitet niemand, daß die Möglichkeiten der Produktionssteigerung noch unabsehbar sind. Aber das interessiert uns in diesem Zusammenhange gar nicht. Was uns allein beschäftigt, ist die Frage, ob es den Menschen nicht besser gehen würde, wenn diese Produktionssteigerungen nicht mit einer Bevölkerungsvermehrung einhergehen würden. Warum in aller Welt soll jede Erweiterung des Lebensspielraums, den die Menschen sich durch Erfindungen erkämpfen, immer wieder durch neue Millionen ausgefüllt werden, statt der Wohlfahrtssteigerung der bereits vorhandenen Menschen zugute zu kommen?

Damit hängt es zusammen, daß man aus einer Steigerung der Sozialquote nicht etwa schließen darf, daß jeder Verdacht einer Übervölkerung abzuweisen ist. Schließt doch diese Steigerung keineswegs aus, daß sie möglicherweise ohne eine Vermehrung der Bevölkerung noch größer gewesen wäre. Dies wäre dann der Fall, wenn die Produktionssteigerung, die zur Steigerung der Sozialquote geführt hat, auch ohne eine Bevölkerungsvermehrung eingetreten, also dem technischen und organisatorischen Fortschritt zu verdanken wäre. Eine Steigerung der Massenwohlfahrt schließt also keineswegs aus, daß ein Land trotzdem als übervölkert gelten muß. So spricht die Hebung des Lebensstandards in vielen europäischen Ländern seit Beginn dieses Jahrhunderts keineswegs gegen die Vermutung, daß die Bevölkerung dieser Länder bereits das Optimum überschritten hatte. Das kann man sich noch klarer

machen, wenn man einmal folgende sehr nützliche Erwägung anstellt:
Die starke Steigerung der Massenwohlfahrt während der letzten hundert Jahre darf nicht darüber hinwegtäuschen, daß sie nicht ganz so groß ist, wie man nach der außerordentlichen Steigerung der Produktivität der Wirtschaft hätte erwarten sollen. Es besteht ein gewisses Mißverhältnis, das eine Aufklärung verlangt: ein *Mißverhältnis zwischen «Fortschritt und Armut»,* das vor allem die Sozialisten aller Schattierungen immer wieder beschäftigt und zu dem Schluß verleitet hat, daß die Ursache in Konstruktionsfehlern unseres Wirtschaftssystems gesucht werden müsse. Immer wieder kann man hören, daß in unserem Wirtschaftssystem die «Ökonomie» verdirbt, was die «Technik» erobert, und es kann nicht wundernehmen, daß gerade die Techniker zu einer solchen Auffassung neigen und auf die Nationalökonomen mit einer ähnlichen Entrüstung herabsehen wie die Militärs auf die Diplomaten. Wir können hier nicht die vielen Mißverständnisse untersuchen, die dieser Meinung der Sozialisten und Techniker zugrunde liegen. Es wäre dabei auf viele Punkte hinzuweisen, die gerade dem Techniker einleuchten müßten, so z. B. darauf, daß auch von der Volkswirtschaft ebensowenig ein hundertprozentiger «Nutzeffekt» erwartet werden kann wie von der vollkommensten Kraftmaschine. Eines aber ist sicher: Das Zurückbleiben der Massenwohlfahrt hinter der technischen Produktivitätssteigerung kann nicht daraus erklärt werden, daß den Massen das, was ihnen als Anteil am Produktionsfortschritt gebührt hätte, vorenthalten und in die Taschen weniger Reicher geflossen wäre. Diese – heute von ernsthaften Sozialisten wohl kaum noch vertretene – Meinung wird durch eine einfache Rechnung widerlegt, die uns zeigt, wie wenig sich das Durchschnittseinkommen der Massen heben würde, wenn man eine gleichmäßige Verteilung vornehmen würde, – selbst unter der viel zu günstigen Annahme, daß das Gesamtprodukt darunter nicht leidet. Wie soll man den Widerspruch denn sonst erklären? Es dürfte uns wenig anderes übrigbleiben als der Ge-

danke, daß ein erheblicher Teil der technischen Produktionsfortschritte offenbar nur dazu hat dienen müssen, einer größeren Menschenzahl auf der Erde die Existenz zu ermöglichen, statt sich in eine stärkere Steigerung der Massenwohlfahrt umzusetzen. Es scheint also, als müßten die Enttäuschungen, die der «Kapitalismus» bereitet hat, zu einem großen Teile damit erklärt werden, daß dieses Wirtschaftssystem seine ungeheure wohlstandschaffende Kraft auf zwei Aufgaben hat zersplittern müssen: (1.) das wirtschaftliche Durchschnittslos zu verbessern und (2.) gleichzeitig einer riesenhaft anschwellenden Zahl von Neuankömmlingen einen Halt im Dasein zu geben. Es ist schwer, der Vermutung auszuweichen, daß in den volkreichen Ländern sich nicht erst seit gestern die Alternative «Bevölkerungsvermehrung oder Steigerung der Massenwohlfahrt?» stellt, eine Alternative, die für die Gegenwart natürlich noch in einem verstärkten Maße gilt, am deutlichsten für Länder wie Japan, Indien und Ägypten.

Es würde hier zu weit führen, die Verfeinerungen und Einschränkungen darzulegen, die an dieser *Theorie des Bevölkerungsoptimums* anzubringen sind. Der Hinweis, daß sie in nicht geringer Zahl notwendig sind, muß vielmehr genügen. Um jedes Mißverständnis auszuschließen, ist endlich mit Nachdruck zu wiederholen, daß diese Theorie nur die rein materiellen und individuellen Folgen der Bevölkerungsvermehrung ins Auge faßt[9]. Selbst wenn also ein Land das wirtschaftliche Optimum der Bevölkerung überschritten hat, kann eine weitere Bevölkerungsvermehrung von anderen nichtwirtschaftlichen Gesichtspunkten aus natürlich durchaus als wünschenswert erscheinen. Es ist aber gut, sich in diesem weiteren Rahmen klarzumachen, welche Alternativen denn überhaupt für uns bestehen, und sie gegeneinander abzuwägen.

Es gibt im ganzen drei Möglichkeiten. Die erste ist die Bremsung der Bevölkerungsvermehrung durch eine *Steigerung der Sterberate*. Dieser Weg kommt natürlich als eine Maßnahme bewußter Bevölkerungspolitik nicht in Betracht, obwohl es Leute gibt, die der Meinung sind, daß das ganze moderne

System von Maßnahmen der Hygiene, der Impfung und ärztlichen Betreuung, in dem wir von der Geburt an gehegt und gepflegt werden, auch seine Schattenseiten habe, da es der Auslese der Kräftigsten entgegenwirke, unsere natürliche Widerstandskraft schwäche und uns möglicherweise gegen neue und bisher unbekannte Volksseuchen nur noch anfälliger mache. Daß solche Seuchen im Verein mit einem modernen Atombomben- und Bazillenkrieg der ganzen modernen Massenzivilisation überhaupt ein Ende bereiten könnten, ist möglich, aber daß wir uns bewußt für den Weg einer Wiedererhöhung der Sterberate entscheiden, kann niemandem ernsthaft in den Sinn kommen. Wenn wir also die Bevölkerungsvermehrung bremsen wollen, so bleibt uns nichts anderes übrig, als das Gleichgewicht zwischen Sterberate und Geburtenrate nicht durch Heraufsetzung der Sterberate, sondern durch *Herabsetzung der Geburtenrate* wiederherzustellen, – ein Weg, auf dem wir uns in vielen Ländern bereits befinden. Daß er nicht frei von allerlei Gefahren und Bedenken ist, wurde bereits betont. Zu diesen Bedenken gehört es auch, daß der Geburtenrückgang den Altersaufbau der Bevölkerung zugunsten der höheren Altersklassen verschiebt, was gewiß nicht unter allen Umständen erfreulich ist. Alle diese Bedenken und Gefahren aber erhalten erst ihr richtiges Gewicht, wenn wir uns die Alternativen vergegenwärtigen. Daß eine bewußte Steigerung der Sterberate nicht in Betracht kommen kann, ist, wie wir sahen, selbstverständlich. Dann haben wir nur noch die Wahl zwischen einer Bremsung der Bevölkerungsvermehrung durch Senkung der Geburtenrate und einer Aufrechterhaltung des mangelnden Gleichgewichts zwischen Geburten- und Sterberate, d. h. einer weiteren *ungehemmten Bevölkerungsvermehrung*. Überlegen wir uns genau, was das bedeutet! Es bedeutet, daß wir eine Bevölkerungsvermehrung, die, weil aus einzigartigen Ursachen entspringend, ihrem Tempo und ihrem gigantischen Umfang nach in der ganzen Weltgeschichte ein einzigartiges und einmaliges Phänomen ist, jetzt auf einmal als einen Normalzustand betrachten wollen. Jedermann wird aber einsehen, daß das unmöglich ist und daß früher oder später gebremst und das weltgeschichtlich normale Tempo der Bevölkerungsbewegung wiederhergestellt werden muß. Warum dann nicht lieber früher als später? Dafür spricht mit aller Entschiedenheit der Umstand, daß wir heute für eine weitere Bevölkerungsvermehrung einen doppelten Preis zahlen müssen: in Gestalt einer sehr wahrscheinlichen Minderung der Massenwohlfahrt und in Gestalt einer sicheren Erhöhung der Geschraubtheit und Labilität des Wirtschaftssystems, die sich aus einer immer weiter getriebenen Arbeitsteilung ergeben. Von dem letzten Punkt ist nunmehr noch zu reden.

5. Die Gefahren und Grenzen der Arbeitsteilung

Was die *Nachteile und Gefahren einer zu weit getriebenen Arbeitsteilung* anlangt, so ist jedermann der Gesichtspunkt vertraut, daß ein Übermaß an Arbeitsteilung leicht eine gewisse *Verkümmerung vitalen Menschentums* mit sich bringt. Man kann diesen Gesichtspunkt von verschiedenen Seiten aus betrachten. Der größte Teil unseres Lebens ist der Arbeit gewidmet, und wenn wir uns zu sehr auf eine eng begrenzte Tätigkeit spezialisieren, so besteht die Gefahr, daß wir selbst zu einseitigen Teilmenschen werden, bei denen nicht nur bestimmte Muskeln, sondern auch bestimmte Zonen des Seelenlebens einschrumpfen. Daß der Landbewohner, der aus einem undifferenzierten Milieu kommt, in der Stadt schnell Wurzel zu fassen pflegt, während die Rücksiedlung von Industriearbeitern auf das Land so oft fehlschlägt, weist in diese Richtung. Immer weniger macht der moderne Mensch wirklich selbst: Konserven ersetzen das Selbsteingemachte, Konfektionskleider die eigene Schneiderei der Hausfrau, Grammophon und Radio die Hausmusik, Automobil und Fußballwettspiele die aktive Sportbetätigung, und schließlich bezieht man auch das eigene Denken und die eigene Meinung von denjenigen, die sich auf diesen Fabrikationszweig verlegen. Wenn man der Nachricht glauben soll, daß in einigen Städten der Welt die Nachfrage nach Adoptivkindern das Angebot übersteigt, so gäbe es heute schon Leute, die sich sogar ihre Kinder von anderen erzeugen lassen. Indem die Arbeitsteilung auf immer mehr Gebiete übergreift, führt sie zu einer immer weiteren Mechanisierung, Schablonisierung und Zentralisierung des Lebens und der Gesellschaft, zu immer weiterer Vermassung, Entpersönlichung und Kollektivierung, – mit einem Wort: zu vollendeter Sinnlosigkeit, die unsere Zivilisation vielleicht einmal in einer furchtbaren Massenrebellion explodieren läßt. Gäbe es nicht bereits hoffnungsvolle Gegenströmungen und gäbe es nicht bereits hier und dort den Geburtenrückgang, der uns von dem Hauptmotor dieser Entwicklung befreit, so müßten wir ernstlich fürchten, daß wir uns unaufhaltsam auf jene Zivilisationshölle des Termitenstaates hin bewegen, die uns der englische Dichter *Aldous Huxley* in seinem Zukunftsroman «Brave New World» so erschütternd geschildert hat.

Eine zu weit getriebene Arbeitsteilung bringt aber nicht nur die Gefahr mit sich, daß die Teilarbeit das übrige verkümmern läßt, sondern sie gefährdet auch den menschlichen Gehalt dieser spezialisierten Arbeit selbst, und zwar sowohl durch die Monotonie der Arbeit wie auch dadurch, daß sie nur Teilarbeit ist und für Fremde geleistet wird, mit denen den Arbeitenden in der Regel nicht das geringste persönliche Band mehr verbindet. So besteht die Gefahr einer Verkümmerung der Arbeits- und Berufsfreude. Außerdem ist mit der Tendenz einer Qualitätsverschlechterung zu rechnen, wenn jeder nur für mehr oder weniger anonyme Dritte produziert, und mit einer Verschleierung der Qualität durch um so eifrigere Reklame. Wir sprechen aber in allen diesen Hinsichten nur von «Gefahren» und «Tendenzen», um Übertreibungen entgegenzuwirken. Es ist nicht richtig, daß jede spezialisierte Arbeit monotoner sein müsse als eine unspezialisierte, zumal der Fortschritt der Maschinentechnik zweifellos weitgehend dazu geführt hat, daß gerade die monotonsten Verrichtungen der Maschine übertragen werden. Ebenso falsch ist es, zu glauben, daß nicht auch der hochspezialisierten Arbeit die Freude am Werk, Berufsehre und Standesbewußtsein Sinn und persönlichen Gehalt geben und eine hohe Qualitätsleistung sichern können. Vor allem kann sehr vieles in diesen Richtungen getan werden, z. B. durch eine zweckmäßige Fabrikorganisation, durch Weckung und Förderung des Berufs- und Standesgedankens und anderes mehr. Die meisten dieser Probleme sind übrigens Probleme des industriellen Großbetriebs, so daß alle – in der Regel weit unterschätzten – Tendenzen, die der Ausdehnung der Großbetriebe entgegenwirken, auch die hier skizzierten Gefahren mildern[10].

Viel unmittelbarer, greifbarer und unbestreitbarer als diese moralisch-kulturellen Gefahren übersteigerter Arbeitsteilung sind jedoch die Gefahren, die aus der wechselseitigen Abhängigkeit der durch Arbeitsteilung verbundenen Individuen entstehen. *Je dichter und verzweigter das Gewebe der Arbeitsteilung, um so schwieriger wird die harmonische Koordinierung, und um so weiter pflanzt sich jede Störung des komplizierten Prozesses fort.* Was damit gemeint ist, wird an einem einfachen Beispiel klarwerden.

Nehmen wir an, es würde eine Sammlung zum Bau von Militärflugzeugen veranstaltet, und untersuchen wir, was dabei eigentlich in der Volkswirtschaft vor sich geht! Der Vorgang beginnt damit, daß verschiedeee Personen Geld hergeben, und er endet damit, daß Metall und Holz zu Flugzeugen verarbeitet werden, die in den Besitz des Staates übergehen, für den wir gesammelt haben. Das Problem besteht nun darin, auf welche Weise alle jene Dinge und Leistungen, auf die die Spender verzichten müssen, sich in Flugzeuge verwandeln. Der Fall läge sehr einfach, wenn jene Dinge, auf die die Spender verzichten, unmittelbar zum Bau von Flugzeugen verwandt werden könnten; dann würde sich in der Volkswirtschaft nichts ändern, außer der Person des Käufers. Das ist aber ein Grenzfall, den wir aus unserer Untersuchung ausscheiden können. In der Regel sind es ganz andere Dinge, auf die die

Spender verzichten, und sehr lehrreich war in dieser Hinsicht ein Fall, der sich vor einiger Zeit in der Türkei ereignet hat, wo die Bevölkerung aufgefordert wurde, zum Kurban-Bayram (dem mohammedanischen Frühlingsfest) auf den Festhammel zugunsten der nationalen Flugspende zu verzichten. Es ist klar, daß Hammel nicht unmittelbar zu Flugzeugen verarbeitet werden können, so wenig wie – in christlichen Ländern – Christbaumschmuck oder Ostereier. Jetzt werden sofort die Komplikationen klar, die eine Flugzeugspende verursacht. Angenommen, mein Beitrag veranlaßt mich, den Kauf eines Blumenstraußes zu unterlassen, zu Fuß zu gehen, statt mit einem Taxi zu fahren, und einer Theatervorstellung fernzubleiben, so stellt sich heraus, daß ich durch meine Spende Märkte störe, die auf meine Kaufkraft rechneten. Der Blumenstrauß verdorrt, der Taxichauffeur wartet vergeblich auf mich, der Theaterplatz bleibt leer, und an allen diesen Stellen ist jetzt ein Einnahmeausfall entstanden, der nun seinerseits zu neuen Einnahmeausfällen führt, da ja auch der Blumenverkäufer, der Taxihalter und der Theaterbesitzer auf bestimmte Dinge verzichten müssen, und so fort. In allen diesen Fällen werden also Genußmöglichkeiten vernichtet, ohne anderen zuzuwachsen, und außerdem vervielfacht sich das Opfer, das ich mir selbst auferlege, bis sich schließlich auf kürzerem oder längerem Wege der Produktionsaufbau der Änderung der Kaufkraftströme angepaßt hat. Von einer solchen Störung werden in allererster Linie diejenigen Güter und Leistungen betroffen, die keiner anderen Verwendung mehr zugeführt werden können und daher, wie wir uns ausdrücken, einen *spezifischen* Charakter tragen. Wir können uns das, was hier vorgeht, klarmachen, wenn wir den gesamten volkswirtschaftlichen Produktionsprozeß mit einem Baum vergleichen: vom Rohstoff bis zum Fertigfabrikat bewegt sich die Produktion immer weiter von Produkten mit vielen Alternativverwendungen hin zu spezifischeren Produkten, wie der Saft im Baum aufsteigend bis zu den äußersten Blattspitzen. Die zum Verkauf gestellten Schnittblumen stellen, im wörtlichen wie im übertragenen Sinne, eine solche volkswirtschaftliche «Blattspitze» dar, bei der jede Alternative abgeschnitten ist. Alle diese «Blattspitzen» müssen verdorren, sobald eine Änderung der Kaufkraftströme in der Volkswirtschaft eintritt. An einer vorgelagerten Stelle des Produktionsprozesses muß dann eine der Nachfrageänderung angepaßte Umleitung stattfinden, aber diese Umleitung braucht Zeit und ist mit mehr oder weniger großen Verlusten verbunden.

Das analysierte Problem kann als das allgemeine volkswirtschaftliche *Transferproblem* bezeichnet werden, von dem übrigens jenes vieldiskutierte «Transferproblem», das vielen noch aus der Zeit der deutschen Reparationen bekannt sein wird, nur einen Sonderfall darstellt. Es stellt sich immer dann, wenn, aus welchen Ursachen auch immer, eine *Änderung in den Kaufkraftströmen der Volkswirtschaft* eintritt. Alle jene vielfachen Ursachen einer solchen Änderung (Geschmacks- und Modeänderungen, Änderungen in der Steuer- und Ausgabenpolitik des Staates, Ernteschwankungen, Kriege und Revolutionen, rascheres oder langsameres Ausgeben des Geldes, Wanderungen, Bevölkerungszu- oder -abnahme, Kreditoperationen, Schwankungen im Umfange der Spartätigkeit, Inflation oder Deflation, Wechselfälle des Außenhandels, technische und organisatorische Fortschritte u. a.) können also zu ebenso vielen Quellen von Störungen im Gewebe der gesellschaftlichen Arbeitsteilung werden und sich progressiv verstärken. Je plötzlicher diese Änderungen erfolgen und je größeres Ausmaß sie annehmen, um so ernster wird die Störung sein.

Viele dieser Änderungen sind nun von der Art, daß wir dem *Gemeininteresse* zuwiderhandeln würden, wenn wir uns ihnen widersetzen wollten. Wenn die Konsumenten sich entschließen, weniger für Alkohol und mehr für Sport auszugeben, oder die städtische Bevölkerung ihre Ernährung mehr und mehr von Roggenbrot auf Weizenbrot und mehr und mehr von Brot im allgemeinen auf Gemüse, Obst, Eier, Fleisch und Käse umstellt, so haben wir schwerlich das Recht, solchen

Änderungen der Konsumgewohnheiten im Interesse der davon betroffenen Produzenten von Alkohol, Roggen oder Weizen entgegenzuwirken. Wir würden damit den Eigennutz gegenüber dem Gemeinnutzen verteidigen und den ganz elementaren Gesichtspunkt übersehen, daß wir um der Konsumtion willen produzieren, nicht aber um der Produktion willen konsumieren. Dasselbe ist der Fall, wenn wir einer solchen Änderung in den Kaufkraftströmen und im volkswirtschaftlichen Produktionsaufbau entgegentreten wollten, die durch Erschließung *billigerer Beschaffungsmöglichkeiten* hervorgerufen wird. Diese Verbilligung kann auf zwei Wegen zustande kommen, die in ihrem Wesen und in ihrer Wirkung einander grundsätzlich gleich sind: durch den technischen und organisatorischen Fortschritt oder durch den Außenhandel. Die Erleichterung unseres Kampfes gegen den ewigen Mangel, die uns solche Verbilligungen gewähren, durch irgendwelche Maßnahmen zunichte zu machen, sei es, daß wir Maschinen zerstören, sei es, daß wir die Grenzen sperren, liegt zwar im Interesse der unmittelbar betroffenen Produzenten, aber ebenso läge es im Interesse der Ärzte, wirksamere und billigere Heilmethoden zu unterdrücken, und im Interesse der zeitgenössischen Autoren, Übersetzungen fremder Autoren oder billige Klassikerausgaben zu verbieten.

Handelt es sich in den zuletzt genannten Fällen darum, daß das Interesse einzelner Produzenten einer Milderung des Gütermangels entgegensteht, die im Gesamtinteresse gefordert ist, so ist es von hier nur ein weiterer Schritt zu dem mehr oder weniger verschleierten und mit nationalökonomischen Pseudotheorien verbrämten Versuch, *im egoistischen Produzenteninteresse* eine *Steigerung des Mangels* herbeizuführen oder eine solche Steigerung doch zum mindesten als volkswirtschaftlich vorteilhaft hinzustellen. Wenn jemand sämtliche Fensterscheiben eines Viertels einwirft, so wollen wir gewiß nicht annehmen, daß ihn die Glasindustrie dazu angestiftet hat, aber daß er in ihrem Interesse handelt, ist ebenso unzweifelhaft, wie daß er das Gemeininteresse gröblich verletzt. Einen recht heiteren Beitrag zu demselben Thema steuerte vor vielen Jahren ein ostpreußischer Landwirt bei, als er ernsthaft forderte, die deutsche Gemüseproduktion solle nach Möglichkeit nach Ostpreußen verlegt werden, einmal wegen des dortigen Klimas, das den Bau von Treibhäusern erforderlich machen und dadurch die Eisen-, Glas- und Kohlenindustrie in Nahrung setzen würde, und zum anderen wegen der hohen Kosten des Transports nach den deutschen Verbrauchszentren, die der Eisenbahn und dadurch wieder dem Kohlenbergbau auf die Beine helfen würden – ein Vorschlag, dessen vielversprechende Möglichkeiten offenbar erst dann voll ausgeschöpft werden würden, wenn die Landwirtschaft der Erde nach Möglichkeit um den Nordpol konzentriert wäre. Daß mit diesem Vorschlag die Forderung nach einer entsprechenden Erhöhung der deutschen Gemüsezölle verbunden wurde, versteht sich wohl von selbst. Es handelt sich hierbei wohlgemerkt nicht um einen Fastnachtsscherz, sondern nur um ein besonders krasses Beispiel einer Anschauung, die uns in unzähligen Formen fast täglich entgegentritt und eine der stärksten Unterströmungen der modernen Wirtschaftspolitik aller Staaten bildet. Aus diesem Grunde hat der Verfasser auch ein wenig gezögert, ein solches Beispiel auch nur im Scherz zu erwähnen, – aus Sorge, es könnte ernst genommen und zur Grundlage irgendeiner «Hilfsaktion» gemacht werden. Die Fälle, in denen im vermeintlichen volkswirtschaftlichen, aber im wirklichen privaten Interesse eine Mangelsteigerung begrüßt, gefordert oder durchgeführt wird, sind wahrlich zahlreich genug, um eine solche Sorge als nicht ganz ungerechtfertigt erscheinen zu lassen.

Wir sehen also, daß es im Interesse der einzelnen Produzenten liegt, den Mangel an der von ihnen jeweils produzierten Ware oder Leistung aufrechtzuerhalten und sogar noch zu steigern. Da aber der ganze Sinn menschlicher Wirtschaft in der Milderung des Mangels zu suchen ist, so liegt hier ein unversöhnlicher Widerspruch zwischen dem Gemeinnutz und dem Eigennutz, zwischen dem Gesamtinteresse und dem Einzelinteresse vor. Es ist eine Perversität, die in einer tauschlosen, selbstgenügsamen Wirtschaft als völlig absurd erscheinen würde. Sie ist daher das Produkt einer arbeitsteiligen Wirtschaft, von der wir also sagen können, daß sie an einer *dauernden latenten Disharmonie zwischen den einzelnen Produzenteninteressen und dem Gesamtinteresse krankt.* Wir sagen kaum zu viel, wenn wir diese Disharmonie als einen der schwersten Krebsschäden unserer Zivilisation bezeichnen.

Schlimmer aber noch als die Disharmonie ist die zunehmende Leichtigkeit, mit der sich das partikulare Produzenteninteresse gegenüber dem Gesamtinteresse durchzusetzen pflegt. Ein wichtiger Grund hierfür ist psychologischer Natur. Als Produzent ist nämlich jeder einzelne dank der Arbeitsteilung am möglichst großen Mangel einer bestimmten Ware interessiert, während sich das Interesse, das jeder einzelne als Konsument am möglichst geringen Mangel hat, auf unzählige Waren verteilt, so daß das wirtschaftspolitische Urteil jedes einzelnen in stärkerem Maße durch seine Stellung als Produzent denn durch seine Stellung als Konsument bestimmt wird und das jeweils konzentrierte Produzenteninteresse gegenüber den zersplitterten Konsumenteninteressen leichtes Spiel zu haben pflegt. Obwohl das Interesse aller Konsumenten insgesamt größer und umfassender als das Interesse der betreffenden Produzenten ist, unterliegt es doch deshalb sehr leicht, weil es sich auf eine weit größere Zahl von Personen verteilt. Um so leichter ist es aber auch, den wahren Sachverhalt durch volkswirtschaftliche Pseudotheorien auf den Kopf zu stellen.

Hinzu kommt aber nun noch ein anderer wichtiger Grund, der mit dem soeben genannten eng zusammenhängt. Das Interesse der Gesamtheit wird nämlich in unserer Wirtschaft durch eine Einrichtung wahrgenommen, die in den letzten Jahrzehnten überall gerade deshalb so erfolgreich geschwächt werden konnte, weil es gelungen ist, sie als etwas Egoistisches und Gemeinschaftsfeindliches hinzustellen: den *Wettbewerb.* Das ist deswegen so gut gelungen, weil man es gleichzeitig fertiggebracht hat, diejenige wirtschaftspolitische Anschauung, die in solchen Fällen der Disharmonie den Gemeinnutz gegenüber dem Eigennutz und den gesunden Menschenverstand gegenüber Sophismen verteidigt, als «liberal» dem allgemeinen Abscheu preiszugeben. Dabei ist noch auf den pikanten Nebenumstand hinzuweisen, daß der Kampf gegen diese Anschauung oft mit dem Argument geführt wird, gerade sie operiere naiverweise mit dem Glauben an eine Harmonie der volkswirtschaftlichen Interessen. Die Repräsentanten einer wirklichen und dauernden Disharmonie in der Volkswirtschaft pflegen sich also oft darin zu gefallen, denen, die diese Disharmonie klar erkennen, den Kampf dagegen zu erschweren, indem sie sie als naive Harmoniegläubige lächerlich machen. *Unser Wirtschaftssystem ist aber auf die Dauer überhaupt nur aufrechtzuerhalten, wenn jene Disharmonie durch die ständige Wirksamkeit des Wettbewerbs ausgeglichen wird.* Dabei ist freilich immer zu beachten, daß jede Änderung im Produktionsaufbau der Volkswirtschaft nun einmal Verluste mit sich bringt, die gegen den dauernden Gewinn der Gesamtheit aufgerechnet werden müssen. Daraus ergeben sich wichtige Richtlinien für eine konstruktive Wirtschaftspolitik, deren Aufgabe es ist, die Umstellungsverluste möglichst niedrig zu halten und ihre persönlichen Härten zu mildern, ohne die Umstellung selbst zu hindern.

Die außerordentliche Empfindlichkeit einer auf hochgestaffelter Arbeitsteilung beruhenden Gesellschaft und die Tendenz zur lawinenhaften Fortpflanzung einer Störung, die wir an dem harmlosen Miniaturfall der Flugzeugspende studierten, bringen nun auch die beunruhigende Erscheinung der *Konjunkturen und Krisen* unserem Verständnis näher. Tatsächlich muß man bei dem Studium dieser Erscheinung mit der grundlegenden Erkenntnis beginnen, daß in einem so ungeheuer verwickelten und differenzierten Wirtschaftsorganismus wie dem heutigen ein reibungsloses Hand-in-Hand-Arbeiten nicht erwartet werden kann. Es ist unausbleiblich, daß die einzelnen Glieder des Prozesses bald besser, bald schlechter ineinandergreifen. Wir verstehen schon jetzt und werden, wenn wir die Störungsquellen des modernen Geldsystems und die besonderen Komplikationen der Kapitalgüterproduktion kennengelernt haben, noch besser verstehen, daß die Störungen und Reibungen so groß werden können, daß jene Totalstörung entsteht, die wir als Krise bezeichnen. An Hand unseres Miniaturfalles verstehen wir nun auch, warum trotz vermehrter Armut eine Krise zu der paradoxen Wirkung einer «Überproduktion», zur Arbeitslosigkeit und zu «unausgenutzten Produktionskapazitäten» führt. Weil Produktionsaufbau und Kaufkraftströme sich jetzt nicht mehr entsprechen, so ist auf einmal die Volkswirtschaft voll von verdorrten Schnittblumen, unbeschäftigten Taxichauffeuren, unbesetzten Theaterplätzen und anderen und bedeutenderen «unausgenutzten Kapazitäten»: Überfluß inmitten allgemeiner Armut.

Das Paradoxe dieser Erscheinungen wird uns völlig klar, wenn wir eine undifferenzierte Wirtschaft zum Vergleich heranziehen. Geht es einem Lande selbstgenügsamer Bauern wie dem früheren China schlecht, etwa weil die Übervölkerung dem einzelnen zu wenig Bodenfläche läßt, so ist die selbstverständliche Folge für den Bauern die, daß er mehr arbeitet. Er würde unsere Arbeitslosigkeit nicht verstehen und es für einen guten Witz halten, wenn er von Ländern hört, in denen die Arbeit zur Gnade werden kann, um die man bettelt wie um Brot, und diejenigen, die auch in ihrer freien Zeit noch arbeiten, als «Doppelverdiener» sich den Haß der übrigen zuziehen. Er würde diesen Zustand für grotesk halten, und wir müßten ihm darin zustimmen. Aber wir müßten ihm erwidern, daß die nie auszuschließende Wiederkehr dieses Zustandes der Preis ist, den wir für die außerordentlich höhere Produktivität eines Wirtschaftssystems zahlen müssen, das auf der konsequenten Durchführung des Prinzips der Arbeitsteilung beruht. Die Anfälligkeit des Wirtschaftsprozesses für Gleichgewichtsstörungen wächst mit der Staffel der Arbeitsteilung, aber mit ihr wächst auch die Produktivität der Gesamtwirtschaft. Wenn wir Gleichgewichtsstörungen ganz vermeiden wollen, so müssen wir zu Robinson und zu seinem kümmerlichen Versorgungsstande zurückkehren; wollen wir das aber nicht, so müssen wir eine gewisse Labilität des Wirtschaftssystems in Kauf nehmen. Das ist das Dilemma, in dem wir uns befinden. Die Entscheidung steht uns nun aber nicht mehr frei, seit die der wachsenden Arbeitsteilung und der dadurch erst möglich gewordenen Produktionstechnik zu verdankende Steigerung der Produktivität von einer gewaltigen Bevölkerungsvermehrung der Welt in Anspruch genommen worden ist. Wir können also die erreichte Staffel der Arbeitsteilung nicht mehr herabsetzen, ohne die Existenz von Millionen und Abermillionen und damit die Existenz unserer sozialen Ordnung überhaupt aufs Spiel zu setzen. Das ist eine sehr nüchterne und harte Tatsache, die allen Träumen der Wirtschaftsromantiker und Autarkisten den Garaus macht, die uns aber auch veranlassen sollte, ein zu rasches Tempo der Bevölkerungsvermehrung mit einigem Unbehagen und ein Nachlassen mit einem Gefühl der Erleichterung zu betrachten. Tatsächlich ist die gegenwärtige Unstabilität der Volkswirtschaften aller Länder wohl bereits ein Ausdruck dafür, daß der immer höher geschraubte arbeitsteilige Industrialismus an einer Grenze angelangt ist, zumal – nicht zuletzt wegen der politischen Rückwirkungen der Massenzivilisation – die psychisch-moralischen Grundlagen schon für den bisherigen Umfang der Arbeitsteilung immer unzureichender geworden sind. Die Menschheit hat sich während eines einzigartigen Jahrhunderts offensichtlich zuviel zugemutet. Bei alledem ist jedoch mit starkem Nachdruck zu betonen, daß die Hauptquelle der Schwierigkeiten nicht in der Art des Wirtschaftssystems, sondern eben in der weitgetriebenen Arbeitsteilung liegt. Daran würde aber auch ein sozialistisches Wirtschaftssystem, das ja die bisherige Staffel der Arbeitsteilung beibehalten müßte, nichts ändern. Wir werden in einem späteren Spezialkapitel (8. Kapitel) noch Gelegenheit haben, alle diese Fragen gründlich zu studieren.

Anmerkungen zum dritten Kapitel

1. (S. 65) Der Standort der Produktion:

Die Bestimmungsgründe des optimalen Standorts für jede Produktion werden von einer besonderen Theorie behandelt, der *Standortstheorie*. Vgl. dazu: O. *Engländer,* Artikel «Standort», Handwörterbuch der Staatswissenschaften, 4. Aufl.; *Th. Brinkmann,* Die Ökonomik des landwirtschaftlichen Betriebes, Grundriß der Sozialökonomik, VII. Abt. 1922; *Alfred Weber,* Industrielle Standortslehre, Grundriß der Sozialökonomik, VI. Abt., 1923; *E. A. G. Robinson,* Betriebsgröße und Produktionskosten, Wien 1936, S. 143 ff.; *T. Palander,* Beiträge zur Standortstheorie, Stockholm 1935; *Edgar M. Hoover,* The Location of Economic Activity, New York 1948; *A. Lösch,* Die räumliche Ordnung der Wirtschaft, 2. Aufl., Jena 1944; *Melvin L. Greenhut,* Plant Location in Theory and in Practice: The Economics of Space, Chapel Hill 1956; *W. Isard,* Location und Space-Economy, 3. Aufl., Cambridge (USA) 1962. Unter den wichtigsten Standortsfaktoren, die in verwickelter Weise zusammenwirken oder sich gegenseitig aufheben können, seien genannt: Klima und Bodenqualität, Nähe der Rohstoffquellen, Nähe der Absatzmärkte, Vorhandensein geeigneter und billiger Arbeitskräfte, Nähe ergänzender Produktionen, Transportverhältnisse, politische Verhältnisse, Steuerbegünstigungen u. a. Je nach dem Gewicht des einen oder andern Standortsfaktors wird der optimale Standort mehr in der Nähe der Rohstoffquellen (z. B. für die Konservenindustrie) oder in der Nähe der Absatzmärkte (z. B. für die Getreidemüllerei) oder in der Nähe des geeigneten Arbeiterreservoirs (z. B. für die großstädtische Konfektion) liegen oder einem andern Standortsfaktor unterworfen sein. Handelt es sich um zwei wichtige und an verschiedenen Orten gewonnene Rohstoffe (wie z. B. Eisenerz und Koks bei der Eisenerzeugung), so kommt es wieder auf das verschiedene Gewicht dieser beiden Rohstoffstandorte untereinander an. Von grundlegender Bedeutung ist es, ob es sich im einzelnen Falle um die Lokalisierung von solchen Produktionselementen handelt, die durch Transport an den Produktionsort herangeführt werden können, oder nicht. So wie Mohammed zum Berge kommen muß, so kann man Bergbau nicht gut anders als dort betreiben, wo sich die Mineralien befinden, und

Landwirtschaft dort, wo sich Boden und Klima für eine bestimmte Kultur eignen. Ob man freilich überall, wo diese Mindestvoraussetzungen erfüllt sind, die betreffende Art von Bergbau oder Landwirtschaft betreiben soll, hängt von dem Verhältnis zwischen Abbauwürdigkeit (Bergbau) bzw. Anbauwürdigkeit (Landwirtschaft) einerseits und den Transportkosten zum Absatzmarkt anderseits ab. Beschränken wir uns auf die Landwirtschaft, so können wir sagen, daß die immobilen natürlichen Produktionselemente (Bodenqualität und Klima) und die Kosten des Transports zum Absatzgebiet den optimalen Standort jedes landwirtschaftlichen Produktionszweiges bestimmen. Die größere Nähe des Absatzgebietes wirkt also wie eine Verbesserung der Bodenqualität, woraus sich unter anderem die Gemüsekulturen rund um die Großstädte erklären. Während nun aber die natürlichen Produktionselemente der Landwirtschaft nicht nur immobil, sondern auch so gut wie unveränderlich sind, kann der zweite Faktor, nämlich die Kosten des Transports zum Absatzgebiet, sich relativ rasch ändern, sei es durch Verbilligung des Transports, sei es durch das Verschwinden alter und das Entstehen neuer Absatzgebiete. Dadurch kann also leicht eine starke Verschiebung des optimalen Standorts für die einzelnen Landwirtschaftszweige eintreten. So hatten z. B. die Industrialisierung Deutschlands und die starke Verbilligung des Überseetransports am Ende des 19. Jahrhunderts vereint dahin gewirkt, daß der optimale Standort für Getreide sich relativ von Deutschland entfernte, während der optimale Standort für marktnähere Produkte (Fleisch, Milchprodukte, Gemüse und sonstige Veredelungserzeugnisse) nunmehr sich nach Deutschland verschob. Seit Generationen waren freilich die Anstrengungen der deutschen Handelspolitik darauf gerichtet, den Wirkungen dieser Standortsverschiebung mit großen Opfern entgegenzuarbeiten.

2. (S. 69) Wirtschaftssystem und Rechtsordnung:

Aus dem Text ergibt sich, daß unser durch gesellschaftliche Arbeitsteilung charakterisiertes Wirtschaftssystem auch eine bestimmte Rechtsordnung voraussetzt, nämlich eine Rechtsordnung, die – wie schon der Ausdruck «Bürgerliches Gesetzbuch» besagt – eine «bürgerliche» ist. Die – im wesentlichen «liberalen» – Grundlagen unseres Rechtssystems (absolutes Privateigentum, grundsätzliche Anerkennung des Erbrechts und die lange Liste der rechtlichen Freiheiten, wie Freiheit der Person, Freizügigkeit, Vertragsfreiheit, Freiheit der Berufswahl nebst den verfassungsmäßigen Garantien gegen Staatswillkür) bilden also den unerläßlichen rechtlich-institutionellen Rahmen unseres Wirtschaftssystems. Vgl. *Georges Ripert,* Aspects Juridiques du Capitalisme Moderne, Paris 1946; *F. Böhm,* Wettbewerb und Monopolkampf, 1933, Neudruck 1964; *W. Eucken,* Die Grundlagen der Nationalökonomie, 5. Aufl., 1947; *W. Lippmann,* The Good Society, Boston 1937 (deutsche Übersetzung: Bern 1946); *M. Watkins,* Business and the Law, Journal of Political Economy, April 1934; *A. Egger, Über die* Rechtsethik des schweizerischen Zivilgesetzbuches, 1939; *Cooke,* Legal Rule and Economic Function, Economic Journal, März 1936. Den Problemen des rechtlichen Rahmens der Wirtschaftsordnung widmet besondere Aufmerksamkeit: *Ordo,* Jahrbuch für die Ordnung von Wirtschaft und Gesellschaft, begründet von Walter Eucken und Franz Böhm, herausgegeben von *Franz Böhm, Friedrich A. Lutz, Fritz W. Meyer,* Düsseldorf und München 1948 ff.

3. (S. 71) Multilateraler und bilateraler Handelsverkehr:

Der Vergleich zwischen der multilateralen Natur des volkswirtschaftlichen Wirtschaftsverkehrs und dem internationalen Handel ist nach beiden Richtungen hin aufschlußreich. Ein multilateraler internationaler Handel wickelt sich etwa in folgender Weise ab: Österreich liefert Strickwaren nach England, England Garne nach Deutschland, Deutschland Chemikalien nach den Vereinigten Staaten, die Vereinigten Staaten Weizen nach Brasilien, Brasilien Kaffee an die Türkei und schließlich die Türkei Tabak nach Österreich. Auf diese Weise bezieht Österreich aus der Türkei Tabak, während die Türkei als Gegenwert dafür Kaffee aus Brasilien bezieht, der in Österreich nicht wächst. Das hat aber natürlich zur Folge, daß die Handelsbilanz Österreichs gegenüber dem einen Lande (England) aktiv und gegenüber dem anderen Lande (Türkei) passiv ist. Tatsächlich vollzog sich früher ein beträchtlicher Teil des Welthandels in dieser Form. So war ein kompliziertes Schaltwerk der Weltwirtschaft entstanden, in dem die Rohstoffe liefernden Länder oft andere waren als diejenigen, die die Industrieprodukte abnahmen, und umgekehrt, ein Schaltwerk, in dem die Wirtschaftsbeziehungen der Nationen in kunstvoller Verschlingung ineinandergriffen, hier mit einer passiven, dort mit einer aktiven Handelsbilanz. Man kann ohne Übertreibung sagen, daß erst der multilaterale Handelsverkehr das ganze Getriebe der Weltwirtschaft möglich gemacht hat. Ihm war es zu verdanken, daß die Industriestaaten imstande waren, auf dem industriellen Umwegexport über dritte, vierte und weitere Länder ihre industriellen Rohstoffe ohne die geringste Schwierigkeit – und vor allem auch ohne den Besitz von Kolonien, deren wirtschaftliche Bedeutung in der Tat maßlos überschätzt wurde – zu beschaffen, und daß die Rohstoffstaaten ihre Produkte auf einem einheitlichen Weltmarkt verkaufen, ihre Auslandsschulden bezahlen und ihre Währungen ohne chronische Schwierigkeiten in Ordnung halten konnten.

Darnach kann man die Verheerungen ermessen, die die Verdrängung des multilateralen Handelsverkehrs durch den bilateralen in den letzten Jahrzehnten angerichtet hat (Reziprozitätspolitik durch Präferenzabkommen, durch Verdrängung der Meistbegünstigung und vor allem durch die Ausbreitung der unheilvollen Devisenzwangswirtschaft mit den ihr unweigerlich folgenden Clearingverträgen von der im Text erwähnten Art). Die Folge ist der *Kurzschluß der Weltwirtschaft* gewesen mit allen seinen nunmehr einleuchtenden Wirkungen (Rückgang des Welthandels, Sprengung der Weltwirtschaft in einzelne Blocks, Politisierung des internationalen Wirtschaftsverkehrs, unwirtschaftliche Verschiebung in der Zusammensetzung und in der Richtung der Aus- und Einfuhr, Preissteigerung in den bilateralen, mit ungewollter Ironie oft als «Großraumwirtschaften» bezeichneten Blocks und damit Minderung der Konkurrenzfähigkeit in dem noch freien Sektor der Weltwirtschaft, «Dollarknappheit» und «Krise der Zahlungsbilanzen» u. a.). Die großen Fortschritte in der Gesundung der Weltwirtschaft haben in den letzten Jahren dem Maß entsprochen, in dem der unheilvolle Bilateralismus durch die Wiederherstellung des Multilateralismus überwunden worden ist. Vgl.: The Network of World Trade, Völkerbundsschrift, Genf 1942; *M. S. Gordon,* Barriers to World Trade, New York 1941; *W. Röpke,* International Economic Disintegration, London 1942; *W. Röpke,* Internationale Ordnung – heute, 1954. S. auch die nächste Anmerkung.

4. (S. 76) Weltwirtschaft und internationales Rechtssystem:

Die im Text erörterten Zusammenhänge sind ein weiterer wichtiger Grund dafür, daß es absurd war, in dem noch immer nicht ganz überwundenen Auflösungsprozeß der Weltwirtschaft den Beginn einer neuen Periode der Weltwirtschaft zu erblicken, die durch eine planwirtschaftliche Regelung charakterisiert sein würde. Wir sehen dabei ganz ab von der Katastrophe, die die Reduzierung des multilateralen Wirtschaftsverkehrs auf einen bilateralen – der «Kurzschluß der Weltwirtschaft» – zur Folge gehabt hat, und beschränken uns auf die Feststellung, daß die Auflösung der Grundlagen einer *liberalen* Weltwirtschaft a fortiori ein Hindernis für eine *planwirtschaftliche* Weltwirtschaft ist. Da eine planwirtschaftliche Weltwirtschaft die internationalen Wirtschaftsbeziehungen bis ins kleinste Detail zu regeln hat, ist sie in noch höherem Maße als die liberale Weltwirtschaft auf die Solidität des Weltwährungssystems und des Weltrechtssystems angewiesen. Planwirtschaft bedeutet ja unter allen Umständen, daß es eine Zentralstelle gibt, die alle wirtschaftlichen Vorgänge in letzter Instanz regelt und kontrolliert; sie ist vollendeter «Etatismus». Nun gibt es aber keinen Weltstaat als notwendige Voraussetzung einer Weltplanwirtschaft. Das Absurde besteht folglich darin, daß man von den Möglichkeiten und Aussichten einer planwirtschaftlichen Weltwirtschaft gerade in einem Augenblick spricht, in dem die Substitute eines Weltstaates (Währungssystem, Rechtssystem und korrespondierendes Moralsystem), die die liberale Ära geschaffen hat, zusammenstürzen, und das Absurdeste von allem ist, daß die Ideologie der Planwirtschafter weitgehend mit der destruktiven Ideologie identisch ist, die die Grundlagen jeder wie immer gearteten Weltwirtschaft unterminiert. Noch deutlicher: Man kann jene geistige Welt der Vergangenheit nicht zertrümmern und gleichzeitig hoffen, eine antiliberale Weltwirtschaft aufzubauen, die ohne die rechtlichen und moralischen Grundlagen jener Ära noch weniger funktionieren kann als eine liberale Weltwirtschaft. Wie eine solche «planwirtschaftliche» Weltwirtschaft in Wahrheit aussieht, wissen wir heute ebenso genau, wie wir das wahre Gesicht einer Weltwirtschaft ohne Goldwährung und ohne verläßliches Rechts- und Moralsystem kennen: es ist eben das, was wir noch immer Mühe haben zu überwinden. Vgl.: *W. Röpke,* International Economic Disintegration, London

1942; *W. Röpke,* Internationale Ordnung – heute, 1954; *W. Röpke,* Economic Order and International Law, Academy of International Law, Leiden 1955.

5. (S. 77) Das Problem der «unentwickelten» Länder:

Vgl. meinen Beitrag «Die unentwickelten Länder als wirtschaftliches, soziales und gesellschaftliches Problem» im Sammelband «Entwicklungsländer – Wahn und Wirklichkeit», herausgegeben von *A. Hunold, 1961.*

6. (S. 78) Internationale Wirtschaftsintegration:

Vgl. *W. Röpke,* Internationale Ordnung – heute, 1954; *W. Röpke,* Integration und Desintegration der internationalen Wirtschaft, Erhard-Festschrift «Wirtschaftsfragen der freien Welt», Frankfurt a. M. 1957, S. 493 ff.

7. (S. 79) Das Gesetz der Marktgröße:

Das *Smithsche* Gesetz der Marktgröße kann leicht zu schweren Mißverständnissen Anlaß geben. Man darf dabei nämlich in erster Linie weder an die räumliche Ausdehnung des Marktes noch an die umfaßte Personenzahl denken, vielmehr kommt es auf die Gesamtkaufkraft an, die sich auf dem Markte betätigt. Man darf also nicht Quadratkilometer und Menschen mit Franken, Mark und Dollars verwechseln. Gerade die letzteren aber sind entscheidend. *Weil Kaufkraft konkret von einzelnen Personen ausgeübt wird, darf man also nicht meinen, daß die Gesamtsumme der Kaufkraft von der Zahl der Personen abhängig ist.* Diesen logischen Schnitzer begehen aber alle diejenigen, die glauben, daß die Absatzmöglichkeiten durch die Bevölkerungszahl begrenzt seien. Es gibt zwar Bedürfnisse sehr unelastischer Art, bei denen die Gesamtnachfrage mehr oder weniger von der Zahl der Menschen abhängig ist, so vor allem das Bedürfnis an Getreide. In allen anderen Fällen aber kann eine bestimmte Nachfragesumme ebensogut auf viele (ärmere) wie auf wenige (reichere) Menschen entfallen. Die Zahl der abzusetzenden Weihnachtsbäume ist im großen und ganzen durch die Zahl der Familien bestimmt, aber Wert und Zahl der Geschenke, die unter den Weihnachtsbäumen liegen, variieren von Familie zu Familie nach der Höhe des Einkommens. Wir schließen daraus, daß eine Intensivierung der Arbeitsteilung ebensogut durch steigende Kaufkraft der bisherigen Bevölkerung wie durch eine Vermehrung der Bevölkerung ermöglicht werden kann. Vgl. dazu: *W. Röpke,* Die säkulare Bedeutung der Weltkrisis, Weltwirtschaftliches Archiv, 37. Bd., 1933; *Allyn A. Young,* Increasing Returns and Economic Progress, Economic Journal, 38. Bd., 1928; *W. Röpke,* Crises and Cycles, London 1936, S. 4 ff.

8. (S. 84) Das quantitative Bevölkerungsproblem:

Die Untersuchung der Frage, welche ökonomische Bedeutung die Zahl der Bevölkerung hat (quantitatives Bevölkerungsproblem), befindet sich noch immer in einem recht unbefriedigenden Zustande, da es eine Frage ist, die sich einer exakten Erfassung leicht entzieht. Das hat aber leider zur Folge gehabt, daß es ein Tummelfeld für Gefühlsausbrüche aller Art geworden ist, die eine große Verwirrung angerichtet haben. An Literatur kommt in Betracht: *H. Wright,* Bevölkerung, 1924; W. Rappard, De l'optimum de population, Zeitschrift für schweizerische Statistik und Volkswirtschaft, 63. Jahrgang, 1927; *L. Robbins,* The Optimum Theory of Population, in «London Essays in Economics in Honour of Edwin Cannan», London 1927; *H. Dalton,* The Theory of Population, Economica, März 1928; *J. J. Spengler,* Population Theory, in: A Survey of Contemporary Economics, II, 1952; *S. S. Cohn,* Die Theorie des Bevölkerungsoptimums, 1934 (eine vom Verfasser veranlaßte Marburger Dissertation mit weiterer reichlicher Bibliographie); *E. F. Penrose,* Population Theories and their Application, Stanford University, 1934; *D. Villey,* Leçons de démographie, Paris 1957.

9. (S. 90) Die wirtschaftlichen Folgen einer stockenden Bevölkerungsvermehrung:

Der landläufige Pessimismus, mit dem das mögliche Stocken der Bevölkerungsvermehrung betrachtet wird, beruht gewiß zum großen Teil auf mangelhaftem Durchdenken der Zusammenhänge. Es ist aber zu beachten, daß durch die Stockung eine Strukturverschiebung in der Volkswirtschaft entsteht, die für einzelne Produktionszweige mit Verlusten und schmerzhaften Umstellungen verbunden ist. Vor allem können diejenigen, die für einen unelastischen Bedarf produzieren, nicht mehr mit einer weiteren Marktausdehnung rechnen. Davon wird vor allem die Getreideproduktion betroffen, während die landwirtschaftliche Veredelungsproduktion

(Fleisch, Milchprodukte usw.) sehr wahrscheinlich von der Entwicklung eher profitieren dürfte. Im übrigen verweise ich auf mein Buch «Jenseits von Angebot und Nachfrage», 4. Aufl. 1966, (2. Kap.).

10. (S. 94) Das Problem des Großbetriebs:

Der industrielle Großbetrieb mit seinen Proletarierheeren, seinen Fabrikvierteln, seiner Unpersönlichkeit und seiner Hierarchie ist zweifellos eines der ernstesten Probleme unseres Wirtschaftssystems. Um so wichtiger ist es, auf drei Punkte aufmerksam zu machen: 1. Der Großbetrieb ist keineswegs die unter allen Umständen überlegene Betriebsform, so wenig wie der Wolkenkratzer eine unter allen Umständen überlegene Bauweise (vgl. hierzu: *W. Röpke,* Maß und Mitte, Erlenbach 1950, S. 176–200; *S. R. Dennison,* The Problem of Bigness, The Cambridge Journal, November 1947). 2. Das Problem des Großbetriebs würde durch den Sozialismus nicht zum Verschwinden gebracht, sondern sicherlich noch verschärft werden, da dann die letzten Reste von Selbständigkeit, Spontaneität und Natürlichkeit durch die Mammutwirtschaft des Staates zermalmt würden. Es ist anzunehmen, daß im sozialistischen Staate, wo sich der Arbeiter nur noch einem einzigen Arbeitsherrn gegenübersehen würde, Abhängigkeit und Unfreiheit noch weit größer sein würden als heute. 3. Die Aufgabe, den Großbetrieb menschlich erträglicher zu machen, ist nicht hoffnungslos. Es kann sehr vieles getan werden, um im Arbeiter das Mitarbeiterbewußtsein zu wecken und die Arbeit mit einem neuen Sinn zu erfüllen. Vgl. dazu: *W. Hellpach,* Gruppenfabrikation, 1922; *E. Rosenstock,* Werkstattaussiedlung, 1922; O. *Veit,* Die Tragik des technischen Zeitalters, 1935; *W. Röpke,* Zur Renaissance des Berufsgedankens, Soziale Praxis, XXXI. Jahrgang, 1922; *G. Briefs,* The Proletariat, New York 1937; *W. Röpke,* Die Gesellschaftskrisis der Gegenwart, 5. Aufl., 1948; *W. Röpke,* Civitas humana, 3. Aufl., 1949. Es ist in diesem Zusammenhange interessant, daß die japanische Industrie – dank dem Elektromotor, der nebst Explosionsmotor die Vorteile des Großbetriebs weitgehend vermindert hat – sehr stark auf dem Kleinbetrieb aufgebaut ist *(K. Akamatsu* u. *Y. Koide,* Industrial and Labour Conditions in Japan, Nagoya 1934).

Viertes Kapitel
Geld und Kredit

«Schon die Tatsache, daß heute der Kredit die eigentliche und normale Wertausdrucksform ist, hat eine außerordentliche Labilität aller Volkswirtschaften, die dem modernen Wirtschaftsleben angehören, zur Folge gehabt: sie erscheinen jetzt gleichsam auf des Messers Schneide gestellt, sie können sich nur halten, wenn das überaus feine Zünglein an der Waage des nationalen Kredits zu ihren Ungunsten nicht allzusehr ausschlägt. Das System ist sozusagen bis auf die geringste Kraft, die es eben noch trägt, raffiniert auskalkuliert –: und darum überaus empfindlich.» Karl Lamprecht

1. Was ist Geld?

Daß das Geld ein notwendiges Hilfsmittel eines auf Tausch und hochgestaffelter Arbeitsteilung beruhenden Wirtschaftssystems ist, haben wir bereits festgestellt. Daher ist auch jede Beschreibung des modernen Wirtschaftsprozesses ohne ein besonderes Kapitel über das Geld unvollständig, und zwar in einem solchen Grade, daß man die Wirkungsweise unseres Wirtschaftssystems überhaupt nicht verstehen kann, wenn man nicht die Eigentümlichkeiten begriffen hat, die das Geld mit sich bringt. In dieser Erkenntnis liegt gerade einer der bedeutendsten Fortschritte, die in neuester Zeit in der Nationalökonomie zu bemerken sind[1]. Man kann sogar noch einen Schritt weitergehen und sagen, daß man wohl auch die Geschichte der Völker und Kulturen nicht ganz verstehen kann, wenn man der sehr aktiven Rolle keine Beachtung schenkt, die das Geld im Auf und Ab der Geschichte und in der Formung des Lebensstils der einzelnen Epochen gespielt hat[2].

Niemand weiß mit Gewißheit, wie das Geld zum erstenmal in der Menschheitsgeschichte entstanden ist. Wahrscheinlich ist es nicht in dem Sinne erfunden worden wie die elektrische Glühbirne oder die Schreibmaschine; vielmehr werden die Menschen eines Tages vor ungezählten Jahrtausenden entdeckt haben, daß es da war. Nur das eine können wir sagen: Um wirklich Geld zu sein, mußte das Geld, vor Jahrtausenden wie heute, die wesentliche Voraussetzung allgemeiner Absatz und Annahmefähigkeit erfüllen. Wir verstehen daher, daß das erste Geld aus irgendeiner besonders begehrten Ware bestand, aus der man sich im Notfalle selbst *real* befriedigen konnte. Bald sind es Eisenstäbe, bald Tuch- oder Lederstreifen, bald Schmuckgegenstände, besonders häufig aber tritt uns die Verwendung von Vieh als Geld entgegen, die heute noch durch versteinerte Sprachreste – so durch das lateinische Wort «pecunia» oder durch das englische Wort «fee» – hindurchschimmert. Schließlich eroberten sich die Edelmetalle aus mannigfachen und naheliegenden Gründen den Vorrang, und damit beginnt die der Erforschung zugängliche Geschichte des Geld- und Münzwesens.

Die Umwälzung des Tauschverkehrs, die die Erfindung des Geldes mit sich bringt, ist uns bereits bekannt. Der Tausch wird nunmehr in zwei getrennte Akte zerlegt, in den Akt des «Verkaufs» der eigenen Ware gegen Empfang einer Geldsumme und in den Akt des «Kaufs» der fremden Ware gegen Hingabe der empfangenen Summe, und jeder dieser beiden Akte stellt sich seinerseits als ein Tausch dar, als ein Tausch von Ware gegen Geld und als ein Tausch von Geld gegen Ware. Statt des ursprünglichen Tausches von Ware gegen Ware haben wir nunmehr die Aufeinanderfolge: Ware–Geld–Ware. Gleichzeitig tritt dabei eine Differenzierung der beteiligten Personen ein. Im Endergebnis werden natürlich auch in der Geldwirtschaft Waren gegen Waren getauscht, nur mit dem Unterschiede gegenüber der Natural-Tauschwirtschaft, daß dieses Ergebnis jetzt indirekt auf dem Umwege über verschiedene Personen und über das allgemeine Tauschmittel erreicht wird.

Wenn wir als Gut jeden Gegenstand oder jede Leistung bezeichnen, die wir als wertvoll schätzen, so ist auch das Geld ein

solches Gut und damit ein Gegenstand, der Wert besitzt. Indessen ist es ein Gut von ganz besonderer Art. Jedes andere Gut schätzen wir, weil es in irgendeiner Weise geeignet ist, ein Bedürfnis endgültig zu befriedigen; indem es schließlich im Akte der Bedürfnisbefriedigung seine ökonomische Seele aushaucht, erfüllt es seinen Daseinszweck. Mit einem Worte: jedes andere Gut dient der realen Befriedigung. Die Schokolade durchläuft vom Rohstoff bis zum Fertigprodukt viele Stadien und geht fast ebensooft von einer Hand in die andere über, aber schließlich ist es ihre unrühmliche Bestimmung, gegessen zu werden. Nicht so das Geld. Sind die der realen Befriedigung dienenden Waren ihrem Wesen und ihrer Bestimmung nach sterblich, so ist das Geld seinem Wesen und seiner Bestimmung nach unsterblich, weil es nicht der realen, sondern der zirkulatorischen Befriedigung dient, d. h. weil wir das Geld nicht dadurch nutzen, daß wir es essen, sondern dadurch, daß wir es ausgeben und damit unversehrt in andere Hände zirkulieren lassen. Das bedeutet nicht, daß das Geld, solange es überhaupt noch irgendwelchen stofflichen Charakter hat, nicht auch der realen Befriedigung dienen könnte. Münzen kann man sammeln, einschmelzen oder an die Uhrkette hängen, und sogar Papierscheine können, wenn man sich diese Extravaganz erlauben will, zum Tapezieren verwendet werden. Aber damit hat das Geld sofort aufgehört, Geld zu sein; es ist zur bloßen Ware geworden und damit in die gemischte Gesellschaft von Schokoladetafeln, Semmeln und Grammophonplatten herabgesunken. Es gehört also zum Begriff des Geldes, daß es zirkuliert, und zwar in entgegengesetzter Richtung zur (begrenzten) Zirkulation der Waren. Während die Waren fortgesetzt aus diesem Strome heraustreten, um verbraucht zu werden, kennzeichnet es das Wesen des Geldes, daß es als Geld dauernd in der Zirkulation verharrt.
Das Geld erfüllt also seine Bestimmung dadurch, daß es uns dazu legitimiert, aus dem ungeheuren Warenmagazin der Volkswirtschaft jeweils diejenigen Waren herauszuholen, nach denen uns der Sinn steht, und wir erwerben diese Legitima-

tion auch in der Regel dadurch, daß wir unsrerseits zu diesem Warenmagazin beisteuern. Man hat das Geld daher auch mit einem Eintrittsbillett zum «Sozialprodukt» (d. h. zu dem jeweils vorhandenen Fonds an Gütern und Leistungen) vergleichen oder es geradezu als eine «Anweisung auf das Sozialprodukt» bezeichnen können. Man kann zu solchen Vergleichen seine Zuflucht nehmen, sofern man nicht vergißt, daß das Geld weder eine qualitative noch eine quantitative Bestimmung des Warenanspruchs und auch keinerlei Rechtsanspruch gegenüber dem Warenmagazin (der Gesamtheit der Warenbesitzer) enthält. Die Bestimmung des Ob, Was und Wieviel bleibt vollkommen dem Markte und der Preisbildung überlassen, so daß sich der «Anspruch» zu einer bloßen «Möglichkeit» verdünnt. Rein juristisch ist das Geld nur als «definitives Schuldentilgungsmittel» (allgemeines Zahlungsmittel) zu kennzeichnen, sofern das Gesetz das Geld mit der Eigenschaft ausstattet, daß es dem zur Zahlung Verpflichteten (Schuldner) gegenüber dem zur Entgegennahme der Zahlung Berechtigten (Gläubiger) den Anspruch auf schuldbefreiende Annahme gewährt[3].

Bedienen wir uns aber mit diesen Vorbehalten jenes Vergleichs mit einem Gutschein, so erkennen wir sofort, daß als Geld sehr wohl etwas denkbar ist, was keinerlei Möglichkeit realer Befriedigung im Hintergrunde hat, also stoffwertlos ist. Dieser Mangel braucht, da es ja nur auf die «Massengewohnheit der Annahme» *(Fr. v. Wieser)* ankommt, die Funktion des Geldes als allgemeinen Tauschmittels nicht zu beeinträchtigen. Der Mangel einer im Hintergrunde stehenden realen Befriedigungsmöglichkeit braucht die Möglichkeit zirkulatorischer Befriedigung nicht zu stören, und wenn wir das Geld darnach schätzen, was wir uns durchschnittlich für die Geldeinheit kaufen können, so besitzt das stoffwertlose Geld ebenso einen «Wert» wie das stoffwertvolle Geld. Dieser Wert des Geldes spiegelt den Wert der Güter wider, die wir uns mit der Geldeinheit kaufen können: er ist nicht abgeleitet von dem Wert des Geldstoffes, sondern entspringt aus der Funktion des Geldes, zu zirkulieren und gegen Waren eingetauscht zu werden. Er ist *Funktionswert,* nicht Stoffwert. Die altehrwürdige Behauptung, daß es zum Wesen des Geldes gehöre, in einem wertvollen Stück Edelmetall verkörpert zu sein (Metallismus), ist damit widerlegt. Die Frage, was als Geld zirkuliert, wird schließlich durch das allgemeine Vertrauen in die Möglichkeit leichter Weiterbegebung des Geldes entschieden. Diesem Vertrauen kann auf zweierlei Weise nachgeholfen werden, durch die Ausstattung des Geldes mit stofflichem Eigenwert (Münzen) oder mit der Eigenschaft des gesetzlichen Zahlungsmittels (uneinlösliches Papiergeld mit Zwangskurs). Dabei bedarf es in der Regel eines gewissen Erziehungsprozesses, um dem stoffwertlosen und uneinlöslichen Papiergelde bei der Bevölkerung Eingang zu verschaffen. In den östlichen Provinzen der Türkei war es z. B. bis vor kurzem in der Regel immer noch nicht möglich, die Bauern zur Annahme des (damals stabilen) türkischen Staatspapiergeldes zu bewegen, und der Verfasser ließ sich einst von einem Offizier berichten, daß es ihm bei einer Inspektionsreise erst durch Prügel gelungen wäre, einen Fuhrknecht in Papierscheinen statt in Gold zu entlohnen (zweifellos eine drastische Illustration des Begriffes «Zwangskurs»!). Bei uns anderen sind diese Prügel durch den Krieg ersetzt worden, der uns an den alltäglichen Gebrauch des Papiergeldes so sehr gewöhnt hat, daß wir die Einlösbarkeit in Gold kaum noch vermissen, ja uns kaum noch vorstellen können, daß unsere Väter mit ihren Noten Goldmünzen so leicht und ohne Aufgeld wie Briefmarken erwerben konnten. Diese Erfahrung hat uns gelehrt, daß die Bindung des Geldes an einen wertvollen Stoff in der Tat nicht zu seinem Wesen gehört, eine Feststellung, die nicht ausschließt, daß eine solche Bindung möglicherweise sehr zweckmäßig ist. Auch Theaterkarten brauchen nicht begriffsnotwendig aus Marzipan zu sein, es sei denn, man müßte die Befürchtung haben, daß die Theaterdirektion mehr Karten ausgibt, als Sitzplätze da sind, in welchem Falle man sich dann gegebenenfalls an die Theaterkarte halten könnte.

Im Falle des uneinlöslichen Papiergeldes tritt uns besonders klar die Eigenschaft des Geldes als eines bloßen, wenn auch unentbehrlichen, Hilfsmittels des Wirtschaftsverkehrs, als einer Art von Spielmarke, entgegen. Es ist volkswirtschaftlich nur ein Durchgangsposten, der in der Endrechnung verschwindet, und kein Bestandteil des Volksreichtums. Ein Volk wird nicht reicher oder ärmer, wenn sein Geldvorrat zu- oder abnimmt, sondern nur dann, wenn der Vorrat an Gütern, über den es verfügt, größer oder kleiner wird. Steigt oder fällt aber der Geldvorrat eines Landes bei gleichbleibender Gütermenge, so hat das zur Folge, daß die auf die Geldeinheit entfallende Gütermenge im ersten Falle (Inflation) kleiner, im zweiten Falle (Deflation) größer wird. Wenn beim Brande eines Hauses Geldscheine verbrennen, so entspricht dem privatwirtschaftlichen Verlust keineswegs ein volkswirtschaftlicher, sofern wir den geringfügigen Wert des Notenpapiers und die Druckkosten vernachlässigen. Der Betrag, um den der einzelne in diesem Falle ärmer geworden ist, wird der Gesamtheit der andern in der Weise zuwachsen, daß die Kaufkraft aller übrigen Geldzeichen um einen entsprechenden Bruchteil anwächst, – eine Deflation im Miniaturformat. Wenn wir in dieser Richtung weiter nachdenken, so kommen wir zu dem Schluß, daß, was auch immer wir mit unserem Gelde beginnen, unser Verhalten einen Einfluß auf die gesamte Volkswirtschaft ausübt. Geben wir es aus, so entscheidet die Art, wie wir es ausgeben, zu einem entsprechenden Bruchteile über die Art der Güterproduktion. Geben wir es aber nicht aus, so können wir es entweder zur Bank tragen und dadurch anderen die Möglichkeit geben, sich Rohstoffe oder Maschinen zu kaufen, oder es zu Hause aufstapeln. Tun wir indessen das letztere, so wächst die Kaufkraft des inaktiv gewordenen Geldes der Gesamtheit der anderen Mitglieder der Zahlungsgemeinschaft zu. Was wir auch anstellen mögen, niemals können wir der Verantwortung, die uns der Geldbesitz auferlegt, entrinnen.

Das Geld gehört zu jenen Gegenständen, deren Wesen nur durch ihre *Funktionen* erklärt werden kann. So ist das Wesen des Geldes durch seine Funktion charakterisiert, *allgemeines Tauschmittel* zu sein. In dieser Rolle ist es von allergrößter Bedeutung, was der breiten Masse erst dann zum vollen Bewußtsein kommt, wenn das Geld, wie in der Zeit der großen Inflationen, einmal nicht mehr richtig «funktioniert». Es ist so unentbehrlich für die moderne Wirtschaft, daß, wenn das vom Staate geschaffene Geld einmal versagt, der Verkehr aus sich selbst heraus die für die Bewältigung der Umsätze notwendigen Rechenmarken schafft, sei es, daß er sich wie während der Inflation nach dem ersten Weltkrieg fremder stabiler Zahlungsmittel (Dollar- oder Guldennoten) bedient, oder sei es gar, daß er, wie nach dem zweiten Weltkrieg in den vom Kriege verheerten europäischen Ländern, ein so seltsames Zahlungsmittel wie Zigaretten schafft. Erst das Geld ermöglicht die Befriedigung der ungeheuer differenzierten Wünsche der Konsumenten und die Aufrechterhaltung einer außerordentlich differenzierten Produktion. Erst das Geld erlaubt eine durch und durch rationelle Wirtschaftsrechnung, indem es Aufwand und Ertrag, Nutzen und Kosten exakt miteinander vergleichbar macht und, wie wir früher schon sahen, alle Wirtschaftsgrößen auf einen Generalnenner bringt. «Geld allein ist das absolut Gute: weil es nicht bloß *einem* Bedürfnis in concreto begegnet, sondern *dem* Bedürfnis überhaupt, in abstracto» (Schopenhauer, Aphorismen zur Lebensweisheit, III); es ist, wie Dostojewskij es ausgedrückt hat, «geprägte Freiheit». Erst das Geld hat schließlich die Grundlage für den modernen Kreditverkehr geschaffen, ohne den die heutige Wirtschaft nicht gedacht werden kann. Und immer kann es diese mannigfachen Dienste verrichten, weil es das allgemeine Tauschmittel ist, und auch dann nur, wenn es die Voraussetzungen eines «gesunden» Geldes erfüllt.

Betrachtet man diese mannigfachen Dienste näher, die das Geld in seiner Eigenschaft als allgemeines Tauschmittel leistet, so verdient zunächst noch einmal besondere Hervorhebung die bereits genannte Eigenschaft des Geldes, alle Gegenstände des Tauschverkehrs untereinander dadurch vergleichbar zu machen, daß es ihren Wert als ein Vielfaches der gemeinsamen Geldeinheit auszudrücken erlaubt. Diesen Tatbestand meint man, wenn man sagt, das Geld habe die Funktion des *allgemeinen Wertmaßstabes.* Man kann aber diese Funktion des Geldes seiner Funktion als eines allgemeinen Tauschmittels nicht als gleichberechtigt und gleich wichtig zur Seite stellen. Vielmehr steht es so, daß das Geld, weil es in seinen konkreten Stücken allgemeines Tauschmittel ist, dahin führt, daß der Tauschwert der Güter, die einen Markt haben, in Einheiten des Geldes ausgedrückt werden kann. Geld als allgemeines Tauschmittel sind die einzelnen Frankenstücke, Noten oder Schecks, mit denen ich einkaufe, Wertmaßstab ist indessen der Franken als abstrakte Recheneinheit.

In engstem Zusammenhang mit der Tauschmittelfunktion des Geldes steht ferner seine Eigenschaft, *allgemeines Zahlungsmittel* zu sein. Nicht jeder Geldzahlung liegt ein Tauschgeschäft zugrunde, vielmehr bietet die Zahlung von Steuern, Strafen und Schadensersatzsummen, die Präsentierung von Geldgeschenken und vieles andere Beispiele dafür, daß Geld auch als Mittel einseitiger Wertübertragungen fungiert. Aber auch dazu ist es nur imstande, weil es allgemeines Tauschmittel ist.

Eine weitere Folge der Tauschmittelfunktion des Geldes ist seine Funktion als *Vermittler des Kapitalverkehrs,* d. h. seine Eigenschaft, Schuldverhältnisse auf Grund von Darlehensgeschäften zu begründen und den Umsatz von Kapitalbesitztiteln zu ermöglichen.

Schließlich stempelt die Tauschmittelfunktion das Geld zu einem geeigneten *Mittel der Kapitalaufbewahrung und des Kapitaltransports.* Oder wie man sich auch ausgedrückt hat: das Geld wird zum Wertträger durch Zeit und Raum (v. Mises). Freilich ist das Geld heute – von Notzeiten abgesehen – als Kapitalaufbewahrungsmittel bedeutungslos geworden, da jedermann das, was er wirklich als Vermögen und nicht als bloßen Betriebsfonds oder als reine Kassenreserve ansieht, in Anlagen zu investieren pflegt, die einen Ertrag abwerfen, oder

einer Bank zur Aufbewahrung und Verwaltung überläßt. In größerem Umfang hat sich die Bedeutung des Geldes als Kapitaltransportmittel erhalten.
Im allgemeinen werden alle diese Funktionen in einem bestimmten Lande zu einem bestimmten Zeitpunkt von ein und demselben Geldsystem versehen; ja, es kann als Maßstab einer gesunden Währung angesehen werden, wenn dies der Fall ist. Indessen kommt es vor, daß eine Differenzierung in dem Sinne eintritt, daß sich verschiedene Geldarten in die Geldfunktionen teilen. Ein solcher *Prozeß der Funktionsteilung* konnte sehr gut während der deutschen Inflation nach dem ersten Weltkriege beobachtet werden. Je stärker nämlich die Mark sich entwertete, um so mehr Funktionen mußte sie abtreten. Den Anfang machte die Funktion der Mark als Mittel der Kapitalaufbewahrung und des Kapitaltransports, sodann die Funktion der Mark als Vermittler des Kapitalverkehrs; nur ein ungewöhnlicher Mangel an wirtschaftlicher Einsicht konnte jemanden im Jahre 1923, auf dem Höhepunkt der deutschen Inflation, dazu verleiten, Markbeträge zu horten oder Markanleihen zu kaufen. Nicht viel später mußte die Mark auch ihre Funktion als Wertmaßstab abtreten, da man mehr und mehr dazu überging, die Goldrechnung zugrunde zu legen und mit «Index» und «Multiplikator» zu arbeiten; selbst der Staat sah sich schließlich gezwungen, seine Steuern in «Goldmark» zu erheben. So wurde die Mark mehr und mehr auf die bloße Tausch- und Zahlungsmittelfunktion beschränkt, und selbst aus dieser letzten Stellung drohte sie verdrängt zu werden, als schließlich im November 1923 die Stabilisierung gelang.

2. Vom Ochsengeld zur Banknote

Betrachten wir eine Sammlung alter Münzen, so werden uns einige wichtige Merkmale eines gesunden Geldes vor Augen geführt, von dem wir soeben gesprochen haben. Zunächst fällt uns schon für ein einzelnes Land die große Zahl von Münzen und Münzsystemen auf, die früher zur selben Zeit nebeneinander kursiert zu haben scheinen. Welch ein Durcheinander von Batzen, Talern, Gulden, Gutengroschen, Mark, Dukaten oder Louisdor! Wir schließen daraus mit Recht, daß unseren Altvorderen das Leben mit der dauernden Umrechnerei recht sauer gemacht worden sein muß, und wir begreifen danach ohne Umstände, daß die Überwindung dieses Zustandes durch die Vereinheitlichung des Geldsystems eines Landes zu den obersten Zielen der Währungspolitik gehören muß, sobald der Wirtschaftsverkehr einen bestimmten Umfang überschreitet. *Einheit* innerhalb des Geldsystems ergibt sich damit als eines der wichtigsten Postulate gesunden Geldes: alle Geldeinheiten, deren sich der Wirtschaftsverkehr bedient, sollen zu einem möglichst festen und unverrückbaren Verhältnis gegeneinander ausgetauscht werden können. So alt aber auch die Erfindung der Münze ist, so hat es doch jahrtausendelanger Experimente bedurft, um die Einheit des Geldsystems selbst innerhalb eines Landes zu einer Selbstverständlichkeit werden zu lassen und damit dem Durcheinander der Rechnung und – was weit unangenehmer war – der Preise ein Ende zu machen. Tatsächlich ist diese Einheit des nationalen Geldsystems erst eine Errungenschaft der letzten Generationen gewesen. In jener Zeit des ausgehenden 19. und frühen 20. Jahrhunderts war es dank der weltweiten Goldwährung auch gelungen, die *internationale Einheit* des Geldes in einer Vollkommenheit zu erreichen, die der nationalen praktisch gleichkam und alle Länder zu einem wirklichen Weltwährungssystem vereinigte. Die Preisgabe der Goldwährung in unserer Zeit bedeutet also hinsichtlich dieses Postulats der Einheit des Geldes so lange einen beklagenswerten Rückschritt, als kein anderes internationales Währungssystem gefunden worden ist. Eine besondere und durchaus unglückliche Phase des jahrhundertelangen Ringens um die Einheit des nationalen Geldes bilden die Versuche, die beiden Edelmetalle Gold und Silber in gleichem Range zu einem Währungssystem zu verschmelzen (Bimetallismus)[4].

Die Münzsammlung, vor der wir stehen, verrät uns aber auch etwas anderes, was vielleicht noch wichtiger ist. Sie zeigt uns nämlich eine große Zahl von Silbermünzen mit einem verräterischen rötlichen Schimmer, von dem wir auf einen starken Zusatz an Kupfer schließen. Es bedarf keiner großen Phantasie, damit in uns die Erinnerung an die Münzverschlechterungen vergangener Jahrhunderte wach wird, die mit einer entsprechenden Entwertung des Geldes einhergingen, und so sehen wir denn, daß die Inflationen unserer Zeit ihre historischen Vorläufer gehabt haben. Wir erkennen, wie wichtig das andere Postulat eines gesunden Geldes, nämlich seine *Wertstabilität,* ist und wie mühevoll es im Laufe der Geldgeschichte immer wieder hat erkämpft werden müssen. Auch hier ist es im Laufe des neunzehnten Jahrhunderts endlich durch die Goldwährung gelungen, festen Boden zu gewinnen, und auch hier ist es unserer eigenen argen Zeit der Weltkriege und Revolutionen vorbehalten geblieben, das Errungene wieder preiszugeben und die Stabilität des Geldwertes aufs neue zu einem ungeheuer ernsten Problem zu machen.

Eines aber ist es, was uns unsere Münzsammlung nicht verrät, was wir aber dafür aus unserer eigenen schmerzlichen Erfahrung um so besser wissen. Mochten die Menschen, deren Münzen wir betrachten, noch so sehr mit dem Durcheinander der Sorten oder mit der Unterwertigkeit der Münzen zu kämpfen haben und sich Einheit und Stabilität des Geldes ersehnen, so war ihnen doch etwas anderes in der Regel selbstverständlich: die *Freiheit* des Geldes im Austausch gegen Waren oder andere Geldarten. Wohl kam es auch in früheren Jahrhunderten einmal vor, daß ein skrupelloser Herrscher modernen Formats wie König Philipp der Schöne von Frankreich gegen Ende des 13. Jahrhunderts im Kampfe gegen den Papst ein Verbot der Ausfuhr von Geld und Kreditbriefen erließ und damit das einführte, was wir heute Devisenzwangswirtschaft nennen, aber man hat nichts davon vernommen, daß ein Erasmus, Luther oder Goethe Schwierigkeiten in der Geldeinwechslung gehabt hätten, als sie nach Italien reisten. Beschränkungen in der Freiheit des Austausches des Geldes gegen ausländisches Geld sind in der Tat erst eine Erfindung unserer eigenen Zeit, und wir haben wenig Grund, darauf stolz zu sein, die *Devisenzwangswirtschaft* zur Regel gemacht und damit die früheren Zeiten selbstverständliche Freiheit des Geldes beseitigt zu haben. Obendrein haben wir es heute in vielen Ländern dahin gebracht, daß sogar die Freiheit im Austausch des Geldes gegen Waren durch umfangreiche Rationierungsvorschriften so sehr beschnitten worden ist, daß das Geld vielfach wertlos geworden ist, wenn es nicht mit einer besonderen Erlaubnis zum Kaufe bestimmter Waren verbunden ist; in einem kollektivistischen Lande wie Rußland ist daraus sogar ein dauerndes System gemacht worden. Diese Entwicklung beweist, daß das Geld in einem kollektivistischen Wirtschaftssystem vollkommen seine Bedeutung wechselt und jedenfalls aufhört, «geprägte Freiheit» zu sein.

Wenn wir festhalten, daß die drei wichtigsten Postulate eines gesunden Geldes Einheit, Stabilität und Freiheit sind, so können wir die Geschichte des Geldes als eine von Entartungen, gewagten Experimenten und immer neuen Verletzungen dieser Postulate erfüllte Leidensgeschichte auffassen. Das ist zum mindesten ein besonders wichtiger Aspekt, unter dem wir diese Geschichte betrachten können. Wir können die Entwicklung des Geldes von den Uranfängen bis heute auch noch unter einem anderen Gesichtswinkel studieren, indem wir von der interessanten Tatsache ausgehen, daß das Geld im Durchschnitt immer abstrakter, immer anämischer geworden ist.

Die Rinder, in denen Homer den Schild des Achilles bewertet, sind ohne Zweifel ein sehr konkretes Geld gewesen, und auch zu der Zeit, als die Menschen dazu übergingen, Edelmetalle nach ihrem Gewicht als Geld zu verwenden, stand das rein Stoffliche des Geldes durchaus im Vordergrunde. An diese primitive Zahlungsweise durch *Zuwägen des Edelmetalls* («pensatorische Zahlung» nach *G. F. Knapp)* erinnert heute noch der Umstand, daß sehr viele der modernen Währungsbezeichnungen ursprünglich nichts anderes als Gewichtsbenennungen gewesen sind, so ganz deutlich das englische «Pfund» und die italienische «Lira», aber auch die deutsche «Mark», der jugoslawische «Dinar» (aus dem lateinischen «denarius») u. a. Aber hierbei ist die Entwicklung, die zu immer weiterer Lösung des Geldes vom rein Stofflichen geführt hat, nicht stehengeblieben. Wer jemals in seinem Leben in letzter Minute eine Fahrkarte hat kaufen müssen, wird die Unbequemlichkeiten begreifen, die die pensatorische Zahlung notwendigerweise mit sich bringen muß, und den gewaltigen Fortschritt zu würdigen wissen, der darin liegt, daß man schon im Altertum – wahrscheinlich zuerst auf Kreta im 2. Jahrtausend v. Chr. und dann in Kleinasien – dazu überging, bestimmte Gewichtseinheiten der Metalle mit einem staatlichen Stempel zu versehen, der das Gewicht und den Feingehalt garantierte.

Durch diesen Garantiestempel war die *Münze* geschaffen, die es ermöglichte, Zahlungen statt durch Zuwägen durch bloßes Zuzählen vorzunehmen. Handelte es sich bei diesen vollwertigen Münzen (Kurantgeld) noch darum, daß der Kurswert mit dem Stoffwert identisch war, so bestand der nächste Schritt in der Ausgabe von Scheidemünzen, d. h. unterwertigen Münzen, deren Stoffwert nur einen Bruchteil des Kurswertes ausmacht. Damit hat die Anämie des Geldes weitere Fortschritte gemacht, und tatsächlich kennen die Menschen in den meisten zivilisierten Ländern heute keine anderen Münzen mehr als diese. Aber selbst diese mageren Münzen finden heute nur noch für Kleinzahlungen Verwendung, während der größere Teil des Barzahlungsverkehrs mit Hilfe eines Geldes bewerkstelligt wird, das eigentlich nur noch aus einem Stempel und aus einem völlig schattenhaft gewordenen Stoffkörper besteht: des Papiergeldes.

In seinen Anfängen trug das *Papiergeld* insofern noch einen gewissen stofflichen Charakter, als es nichts weiter als eine Quittung über deponiertes Edelmetall, mithin hundertprozentig gedeckt und jederzeit in Edelmetall zu verwandeln war. Es war also ursprünglich eine von Hand zu Hand übertragbare Forderung gegen die Bank, die die Edelmetalle in Verwahrung nahm und dafür Noten ausgab. Nun machten aber diese Banken sehr bald die Entdeckung, daß sich mit wachsender Wirksamkeit des «Gesetzes der großen Zahlen» Abhebungen und Einzahlungen weitgehend kompensierten, und weiterhin die noch wichtigere Feststellung, daß die Noten im Vertrauen auf ihre Einlösbarkeit wie Geld zu zirkulieren begannen, insoweit also nicht zur Geltendmachung der Forderung präsentiert wurden. Also schien es nicht notwendig zu sein, gegen die zirkulierenden Noten eine hundertprozentige Reserve zu halten. Selbst bei voller Aufrechterhaltung der Einlösbarkeit genügte ein bestimmtes Deckungsverhältnis, das dann später durch die Notenbankgesetzgebung der meisten Staaten in der einen oder in der anderen Form gesetzlich festgelegt wurde. Das bedeutete nun, daß die Notenbank das Mehrfache der Edelmetallreserve in Noten emittieren und damit mehr Zahlungsversprechen ausgeben konnte, als sie im Ernstfalle hätte erfüllen können. Diese zusätzlichen Noten konnten dadurch in Verkehr gesetzt werden, daß die Notenbank mit ihnen bestimmte kommerzielle Kredite gewährte, vorzugsweise in der Form des Ankaufs noch nicht fälliger Handelswechsel unter Abzug des Zinses bis zur Fälligkeit (Diskontgeschäft). Soweit die Notenbank Kredite mit Hilfe solcher zusätzlichen Noten gewährte, hatte sie ein Kunststück fertiggebracht, das noch heute sehr viele nicht verstehen können: sie hatte Kredite nicht aus vorangegangenen Ersparnissen, sondern mit zusätzlichem Gelde gewährt (Kreditschöpfung[5]). Diese so in den Verkehr kommenden Noten waren aus einem Kreditgeschäft geboren und stellten damit eine Verknüpfung des Geld- und des Kreditsystems dar. Standen die Noten aber, solange sie einlösbar blieben (volle Goldwährung, Goldumlaufswährung[6]), noch in einer wenn auch mittelbaren Beziehung zum konkreten Geldstoff, so verdünnte sich diese Beziehung weiter, als die Einlösbarkeit auf bestimmte Zahlungszwecke, insbesondere zu Auslandszahlungen, beschränkt und nicht mehr auf umlaufsfähige Goldmünzen gestellt wurde (Goldkernwährung[7]), und verflüchtigte sich schließlich vollends, sobald die Einlösbarkeit ganz beseitigt wurde (Papierwährung). Hatten wir vor dem ersten Weltkriege in den führenden Ländern die volle Goldwährung, so wurde nach ihm die Goldkernwährung zum vorherrschenden Währungstypus, und heute sind wir fast überall bei der Papierwährung in ihren mannigfachen Spielarten angelangt.

3. Geld und Banksystem

Damit ist aber der Prozeß der zunehmenden Anämie des Geldes noch immer nicht beendet. So abstrakt und unstofflich das Papiergeld auch ist, so ist es doch immer noch Bargeld im Sinne eines körperlich sichtbaren Geldes. Nun ist es aber jedermann bekannt, daß heute in den wirtschaftlich höchstentwickelten Ländern der größte Teil der Umsätze ohne jedes Bargeld, d. h. durch Umschreibung auf Bankkonten, bewerkstelligt wird. Die an den Umsätzen Beteiligten unterhalten bei ihrer Bank ein Guthaben, über das sie durch Scheck oder Überweisung verfügen, und indem sie darüber verfügen, bedienen sie sich derjenigen Geldart, die man als *Kreditgeld* (Bankgeld, Giralgeld, Schreibgeld) bezeichnet. Mit dieser heute herrschend gewordenen Geldart hat das Geld seinen abstraktesten Ausdruck gefunden: selbst die bloße Spielmarke ist aus dem Spiel verschwunden, es wird nur noch «angeschrieben». Fassen wir die Notenbank und diejenigen Banken, die Scheckdepositen verwalten, unter dem Ausdruck «Banksystem» zusammen, so können wir nunmehr sagen, daß in den wirtschaftlich fortgeschrittenen Ländern heute das Geldsystem aufs innigste mit dem Banksystem verknüpft ist. Geld und Kredit sind nicht mehr voneinander zu trennen.

Nun hat sich bei den Scheckdepositen etwas Ähnliches ergeben wie bei den Banknoten: in dem Maße, wie sie die Fähigkeit erlangten, als Geld zu zirkulieren, sahen sich die Banken von der Notwendigkeit befreit, gegen sie eine hundertprozentige Barreserve zu halten, obwohl die Scheckdepositen eine täglich fällige Forderung gegen die Bank bedeuten. Dem Erfordernis der Liquidität (Zahlungsbereitschaft) wurde genügt, wenn die Barreserve auf etwa 10% der Scheckdepositensumme gehalten wurde. Die übrigen 90% konnten die Banken wiederausleihen und an diesen Krediten so viel verdienen, daß sie die Verwaltung der Depositen gebührenlos oder gar gegen einen kleinen Habenzins führen konnten, und die ganze Kunst der Bankführung bestand nun darin, zwischen den beiden entgegengesetzten Prinzipien der Liquidität und der Rentabilität von Tag zu Tag aufs neue einen Kompromiß zu schließen, mit dem Ziele eines Minimums an Liquidität und eines Maximums an Rentabilität, wobei kleinere Irrtümer durch Inanspruchnahme des sogenannten «Geldmarktes» korrigiert werden können. Damit ist das ganze System in der Tat «bis auf die geringste Kraft, die es eben noch trägt, raffiniert auskalkuliert». Und nun muß man sich die Bedeutung dieses Vorganges für das Geldwesen klarmachen: vor der Ausbreitung des bargeldlosen Verkehrs hatte das Bargeld allein zirkuliert, nun aber zirkulieren gleichzeitig das eingezahlte Bargeld und das dadurch begründete Scheckguthaben. Das Scheckguthaben ist insoweit zusätzliches Geld geworden, das durch einen bloßen Schreibakt der Bank entstanden ist.

Man kann den Vorgang auch von einer anderen Seite betrachten, indem man nicht eine Bareinzahlung, sondern eine zusätzliche Kreditgewährung zum Ausgangspunkt wählt: statt das Verhältnis zwischen Barreserve und Depositensumme in etwa der Höhe von 1:10 durch Wiederausleihung von 90% des eingezahlten Bargeldes herzustellen, kann ja die Bank im Neunfachen des eingezahlten Betrages auch neue Scheckdepositen durch Kreditgewährung begründen (sogenannte «Bilanzverlängerung»). In diesem Falle wird es ganz klar, daß die Bank in grundsätzlich ähnlicher Weise wie die Notenbank Kredite nicht aus vorherigen Ersparnissen, sondern aus zusätzlichen, durch Kreditschöpfung geschaffenen Mitteln gewährt. In welchem Umfange sie dazu imstande ist, ist eine Frage der Liquidität, d. h. davon abhängig, in welchem Umfange sie mit einer Umwandlung von Bankgeld in Bargeld rechnen muß. Diese Rücksichtnahme auf die Liquidität bedeutet eine mehr oder weniger wirksame Schranke der Kredit-

schöpfungskraft des Banksystems, die keine Bank außer acht lassen darf, wenn sie nicht in Schwierigkeiten geraten will. Die Anforderungen an die Bankenliquidität schwanken allerdings mit dem Grade des Vertrauens, das den Banken entgegengebracht wird, und mit dem Umfang, in dem Zahlungen an außerhalb des Kundenkreises der Bank Stehende geleistet werden müssen (Kleinzahlungen im Detailhandel, Lohnzahlungen, Zahlungen an die Landwirtschaft u. a.). Bedeutsam ist nun aber vor allen Dingen, daß sich die Schwankungen, denen die Bankenliquidität und damit die zusätzliche Kreditmenge der Volkswirtschaft unterworfen sind, weitgehend mit den *Konjunkturschwankungen* decken: in der Aufschwungsperiode wächst die Kreditmenge der Volkswirtschaft unter Verschlechterung der Bankenliquidität (Kreditexpansion), um in der Depression unter Besserung der Liquidität zusammenzuschrumpfen (Kreditkontraktion, Deflation).
Die Bedeutung dieser Zusammenhänge für ein volles Verständnis des modernen Wirtschaftssystems und auch für eine Erkenntnis seiner Gefahren und Probleme kann kaum überschätzt werden. Man darf daher auch keine Mühe scheuen, sie sich ganz klarzumachen[8]. Das kann z. B. auch in der Weise geschehen, daß man sich eine Volkswirtschaft vorstellt, in der alle Zahlungen bargeldlos abgewickelt werden. Es ist klar, daß es dann überhaupt keine natürliche Schranke mehr für die Kreditschöpfung der Banken geben würde. Je mehr nun aber der bargeldlose Verkehr sich ausdehnt, um so mehr nähern wir uns jenem Zustande, um so mehr wächst also auch die Kreditschöpfungskraft der Banken. Sehr lehrreich ist es schließlich auch, wenn wir eine Bank mit einer Theatergarderobe vergleichen. In beiden Fällen deponieren wir etwas: in der Bank Bargeld, in der Theatergarderobe unsere Hüte, beides gegen eine Quittung, die uns zur Abforderung berechtigt. Während aber die Garderobenfrau nicht damit rechnen kann, daß jemand seine Marke nicht präsentiert, weil er sie für einen vollwertigen Ersatz seiner Kopfbedeckung ansieht, kann im Falle der Bank das bloße Forderungsrecht in weitem Umfange dieselben

Dienste wie das Hinterlegte leisten. Die Bank ist daher eine Institution, die regelmäßig weniger zu halten braucht, als sie verspricht, und daher davon lebt, daß sie regelmäßig mehr verspricht, als sie im Ernstfalle halten kann. Es gehört geradezu zum Wesen einer Bank, daß sie einer gleichzeitigen Präsentierung aller gegen sie laufenden Forderungen («run») aus eigener Kraft nicht gewachsen sein kann. Wenn das ganze Banksystem eines Landes einem solchen «run» unterworfen ist (Kreditkrise) wie in Deutschland im Sommer 1931, so ist das ein außerordentliches Ereignis. Es bedeutet, daß das ganze kunstvolle System des stofflosen und nur auf Konvention und Vertrauen beruhenden Geldes plötzlich zusammenstürzt und elementar das Verlangen des Publikums nach dem handfesteren Bargeld durchbricht, – ein plötzlicher panikartiger Rückfall auf eine frühere Stufe der Geldentwicklung, der unter Umständen sogar beim Papiergeld nicht haltmacht und, wenn die Möglichkeit dazu gegeben ist, bis zum vollwertigen Münzgeld oder gar zum ungeprägten Edelmetall zurückschlägt. Mehrere Länder haben das vor mehr als drei Jahrzehnten erlebt, und eigentlich hat sich die Welt immer noch nicht ganz von diesem Schock erholt.

Die sogenannte «Kreditschöpfung» durch das Depositenbanksystem eines Landes ist gerade deshalb möglich, weil es sich dank der Zirkulationsfähigkeit dieser kurzfristigen Kredite zugleich um eine Geldschöpfung handelt. Wir tun gut, uns diesen so rätselhaft und unheimlich scheinenden Vorgang noch einmal durch den Vergleich der Scheckdepositen mit den Banknoten klarzumachen und die historische Diskussion in Erinnerung zu rufen, die sich an die *Probleme des Notenbankwesens* geknüpft hat. In der Tat müssen wir zwei Dinge begreifen: erstens, daß Banknoten ad hoc geschaffen werden können, und zweitens, daß sich die Depositenbanken in der Kraft der Kreditschöpfung nur dem Grade, nicht aber der Art nach von den Notenbanken unterscheiden. Das erste wird niemand mehr bezweifeln, das zweite aber leuchtet uns ein, wenn wir uns überlegen, daß auch die Forderungen, die in Form von

Scheckguthaben gegen die Depositenbank entstehen, durch Scheck und Überweisung zirkulationsfähig gemacht werden und im Vertrauen auf die Zahlungsbereitschaft der Bank wie Geld zirkulieren. Scheckguthaben sind anzusehen wie Geld, das in den Büchern der Bank ruht; Scheck uud Überweisung sind nichts anderes als Mittel, mit denen dieses Buchgeld zum Rollen gebracht wird. In dem Umfange, wie sich nach dem Gesetz der großen Zahlen Einzahlungen und Abhebungen kompensieren, und weiterhin in dem Umfange, wie die Scheckguthaben innerhalb des Kundenkreises des Banksystems als Buchgeld zirkulieren, braucht die Depositenbank keine hundertprozentige Reserve zu halten. Sie kann vielmehr, wie wir sahen, einen Teil der bei ihr eingezahlten Barmittel wiederausleihen, obwohl die Guthaben täglich kündbar sind. Banknote und Scheckguthaben erscheinen danach als völlig wesensverwandt. Beiden ist gemeinsam, daß sie zirkulationsfähige Forderungen sind, die die Banken gegen sich selbst begründen und in einem Umfange ausgeben können, der die Deckungsreserven um ein Vielfaches übertrifft. Was sie unterscheidet, ist in der Hauptsache der Umstand, daß die Zirkulationsfähigkeit des Buchgeldes weit begrenzter ist als die der Banknoten, aber das ist ein Unterschied des Grades, nicht der Art.
Daß nun Banknoten wirklich Geld sind und, da sie zusätzlich geschaffen werden können, ein sehr ernstes Problem der Gesetzgebung und Organisation darstellen, ist uns heute selbstverständlich geworden, zumal in fast allen Ländern das Geldrecht diese Stellung der Banknoten sanktioniert hat und die Verpflichtung der Notenbanken zur Einlösung der Banknoten aufgehoben worden ist. Es ist aber sehr lehrreich, sich daran zu erinnern, daß die Macht der Notenbanken, zusätzliche Banknoten in den Verkehr zu bringen und damit Geld zu schaffen, anfänglich ebenso umstritten gewesen ist wie heute die entsprechende, wenn auch weitaus begrenztere Macht der Depositenbanken. Daß die Banknotenemission ein gefährliches Unternehmen ist, war allerdings von Anfang an unzweifelhaft gewesen. In der Tat ist die Geschichte der Notenbanken ein

langer Leidensweg, der mit zusammengebrochenen Notenbanken und, was schlimmer ist, mit den Marksteinen zerrütteten Geldwesens eingesäumt ist. «Noch niemals», so sagte der englische Nationalökonom Ricardo um das Jahr 1800, «hat eine Bank die unbeschränkte Machtbefugnis gehabt, Papiergeld in Umlauf zu setzen, ohne sie zu mißbrauchen». So setzte sich die Meinung durch, daß der Banknotenemission feste Schranken gesetzt werden müssen. Wo aber sollen die Grenzen gezogen werden? Darüber entbrannte in der ersten Hälfte des 19. Jahrhunderts in England der Streit zwischen zwei Schulen, deren Gegensatz noch heute bedeutungsvoll ist: zwischen der Currencyschule und der Bankingschule.
Die Stellung der *Bankingschule* gegenüber dem Problem der Kreditschöpfung ist durch folgende Anschauung gekennzeichnet: Banknoten und Scheckdepositen sind insofern wesensgleich, als beide Ausdrucksformen des Bankgeschäfts – daher der Name «Banking School» – sind, aber auf das Geldwesen aktiv nicht einzuwirken vermögen. Unter der Voraussetzung, daß die Banknoten anf bankmäßigem Wege, d. h. durch kurzfristige Kreditgeschäfte, in den Verkehr kommen, ist nach der strengen Auffassung dieser Schule alles in Ordnung. Dann sei auch jede gesetzliche Schranke der Banknotenemission schädlich, weil eine bewegliche Emission unentbehrlich sei, um die Geldmenge eines Landes elastisch zu machen und sie dem mit der Intensität des Wirtschaftslebens wechselnden Geldbedarf anzupassen. Diese Anpassung erfolge automatisch dadurch, daß die Kreditansprüche an die Notenbanken mit dem Grade der Aktivität der Volkswirtschaft steigen oder sinken. Das heißt zugleich, daß die Stellung der Notenbank gegenüber der Vermehrung oder Verminderung der Notenmenge durchaus passiv sei, da die Notenmenge vom Geld- und Kreditbedürfnis des Verkehrs, nicht aber vom Willen der Notenbank abhänge. Die Veränderung der Notenmenge sei also nicht Ursache, sondern immer nur Folge der Vorgänge in der Produktionssphäre, der Änderungen des Preisniveaus, der Konjunkturschwankungen, der Schwankungen der Wechselkurse u. a. Jeder Versuch

der Banken, ohne Rücksicht auf das Verkehrsbedürfnis die Notenmenge zu ändern, müsse fehlschlagen: würden zuviel Noten emittiert, dann ströme der nicht benötigte Überschuß zur Bank zurück, würden zuwenig emittiert, so helfe sich der Verkehr selbst, indem er zu anderen Zirkulationsmitteln greift.

Die *Currencyschule* trägt ihren von dem englischen Wort «Currency» (= Bargeld) abgeleiteten Namen deshalb, weil sie im Gegensatz zur Bankingschule die Banknote als ein Geldphänomen und nicht als ein Kreditphänomen ansieht und daraus folgert, daß die Emission von Banknoten ebenso argwöhnisch überwacht werden müßte wie die Emission jedes anderen Geldes. Gegenüber der Bankingschule macht sie mit Recht geltend, daß die Summe der Bankkredite nicht unabhängig ist von der Politik der Notenbank, die die Kreditbedingungen, insbesondere die Zinshöhe, festsetzt. Die Banknotenemission ist also wie jede andere Geldschöpfung anzusehen, und in der Natur des Notenbankgeschäfts liegt nichts, was eine übermäßige Kreditschöpfung (Kreditinflation) oder eine ungenügende Kreditschöpfung (Kreditdeflation) von selbst verhindern würde. Sie bedarf daher einer strengen und gesetzlich geregelten Überwachung. Die ältere Currencyschule hatte allerdings den Fehler begangen, zu übersehen, daß die Scheckdepositen ebenso wie die Banknoten eine Quelle der Kreditinflation oder der Kreditdeflation sein können. Sie hat daher die Enttäuschung erleben müssen, daß selbst eine so rigorose Beschränkung der Notenemission, wie sie in England durch die berühmte Bankakte von 1844 bestimmt wurde, nicht genügt, um das Problem der Kreditschöpfung zu lösen, ja daß sie zur um so stärkeren Entwicklung des Scheckdepositenwesens beigetragen hat. Je größer in den letzten hundert Jahren die Bedeutung der Scheckdepositen für den Zahlungsverkehr geworden ist, um so deutlicher hat sich herausgestellt, daß die Regulierung des Notenbankwesens nicht genügt, um das so überaus wichtige Problem der Kreditschöpfung zu lösen. Die Regulierung des Depositenbankwesens muß hinzutreten.

So sehr nun die Lehre von der Kreditschöpfung durch die

Depositenbanken heute als Gemeingut der Theoretiker angesehen werden kann, so häufig begegnet sie doch noch immer in der Welt der Praktiker ungläubigem Kopfschütteln. Noch immer gibt es gerade in der Bankwelt Leute, die sie für kaum glaubhafter als die biblische Schöpfungsgeschichte halten und versichern, daß ihre eigene Erfahrung unserer Theorie durchaus widerspreche. In der Tat müssen wir vor einer schematischen und übertriebenen Vorstellung des Herganges warnen und auf die *Grenzen der Kreditschöpfung* aufmerksam machen. Zunächst wäre es ein schwerer Fehler, wenn wir übersehen wollten, daß sich der Prozeß vom Standpunkt der einzelnen Bank ganz anders ausnimmt, als wenn wir die Gesamtheit der Banken eines Landes, das Banksystem, ins Auge fassen. Die einzelne Bank kann in der Tat nicht ein Vielfaches des eingezahlten Bargeldes ausleihen, sondern nur soviel, wie es die Rücksicht auf die Kassenreserve erlaubt. Hält sie eine 10prozentige Reserve für angemessen, so kann sie also nur 90% der Einzahlung wieder ausleihen. Aber damit ist der Prozeß nicht beendet, denn diese 90% fließen schließlich einer zweiten Bank zu, die davon wiederum 90% ausleiht, und so fort, – bis schließlich im gesamten Banksystem des Landes das Neunfache des ursprünglichen Guthabens ($9/10 + 9/10 \cdot 9/10 + 9/10 \cdot 9/10 \cdot 9/10 \ldots 9/10^n$) ausgeliehen worden ist. So löst sich das «Rätsel des Bankwesens» (Philipps), daß eine gegebene Menge Bargeld die Basis für ein hochaufgetürmtes Kredit- und Depositengebäude werden kann, obwohl das vom Standpunkt der einzelnen Bank durchaus nicht der Fall ist. Dieser verwikkelte Verlauf erklärt es auch, daß eine Unterscheidung zwischen Depositen, die durch Bargeldeinzahlung entstanden sind, und den durch Kreditschöpfung entstandenen nicht möglich ist. Er erklärt ferner die Energie, mit der viele Bankiers den im Grunde doch so einleuchtenden Vorgang der Kreditschöpfung leugnen, und schließlich entlastet er die einzelne Bank von jeder «Schuld» an der Schaffung zusätzlicher Kredite. Wenn wir aber sagten, daß die Bank Rücksicht auf ihre Kassenreserve nehmen muß, so sagen wir nichts anderes, als

daß sie sich *liquide* halten muß. Das ist die entscheidende Grenze, solange die oben erwähnte Hypothese einer einzigen Depositenbank des Landes und der völligen Verdrängung des Bargeldes durch das Buchgeld nicht verwirklicht ist.
Zwei Folgerungen sind es vor allem, die aus den vorstehenden Erwägungen zu ziehen sind. Zum ersten dürfte es klargeworden sein, daß die Gesamtsumme der Depositen eines Landes keineswegs reine Ersparnisse widerspiegelt, sondern zum großen Teil aus der Kreditschöpfung der Banken entstanden ist. Es ist das eine Erkenntnis, die bei keinem volkswirtschaftlichen Problem außer acht zu lassen ist. Die zweite Folgerung ist, daß das moderne Geld- und Kreditsystem eine Einheit bildet, woraus sich für die Stabilität der Wirtschaft und des Geldes eine Reihe schwerer und nicht leicht zu meisternder Gefahren und Probleme ergibt. Eine Bank ist eben nicht länger ein Geschäftsunternehmen wie jedes andere; es ist keine bloße Geldgarderobe oder eine Art von Maskenverleihanstalt, sondern ein Unternehmen, dessen Geschäfte einen weitreichenden Einfluß auf die Geldzirkulation und damit auf den gesamten Wirtschaftsprozeß ausüben, ein Unternehmen daher auch, das unkontrolliert sich selbst zu überlassen sogar dem hartgesottensten Liberalen kaum jemals in den Sinn gekommen ist. Und wir wiederholen: Wer diese Rolle des Banksystems nicht verstanden hat, hat auch den ganzen Mechanismus unseres modernen Wirtschaftssystems nicht verstanden.

4. Inflation und Deflation

Die vorstehende Erörterung der Kreditschöpfung und ihrer Probleme hat uns nochmals vor Augen geführt, wie wichtig das Postulat der Stabilität des Geldes und wie schwierig es ist, das Geld vor den Krankheiten zu bewahren, die in der Erschütterung seiner Wertstabilität zum Ausdruck kommen (Inflation und Deflation). Wir wollen uns zunächst möglichst plastisch die Natur des Problems vor Augen stellen. Nehmen wir an, jemand hätte vor 1914 in irgendeinem zivilisierten

Lande mit seinem Zahnarzt eine Wette darüber abgeschlossen, ob das Gold für die Anfertigung von Zahnkronen der allgemeinen Preissteigerung gefolgt sei oder nicht, so wissen wir, daß sie derjenige gewonnen haben würde, der jede Preisänderung des Goldes geleugnet hätte. Es war das Wesen der *Goldwährung,* daß sie durch einen ebenso einfachen wie sinnreichen Kupplungsmechanismus Gold und Geld so miteinander verband, daß die Währungseinheit in einem unverrückbaren Gewicht Goldes definiert werden konnte und der Preis des Goldes unverändert blieb, sosehr sich auch alle anderen Preise änderten.

Dem stellen wir eine lehrreiche Erfahrung gegenüber, die der Verfasser vor einiger Zeit machen konnte. Eine Dame seiner Bekanntschaft, die sich gegen Ende des vorigen Jahrhunderts mit ihrem Manne in Indien aufgehalten hatte, zeigte ihm einen prachtvollen Gürtel aus gehämmertem Silber, den sie von einem eingeborenen Juwelier erworben hatte, und betonte mit besonderem Stolz, daß sie dabei ein erstaunlich gutes Geschäft gemacht hätte. Der Händler hätte sich nämlich bereit erklärt, den Gürtel gegen soviel silberne Rupienstücke zu verkaufen, wie dem Gewicht des zum Gürtel verarbeiteten Silbers entsprach. Hieß das nicht, daß die Käuferin die kunstvolle Verarbeitung des Silbers umsonst erhalten hatte? Und doch war sie gründlich übervorteilt worden, da zu jener Zeit die reine Silberwährung in Indien aufgehoben und durch die sogenannte *gesperrte Silberwährung* ersetzt worden war. Nachdem die indische Regierung die freie Silberprägung eingestellt hatte, war Silber in gemünzter Form knapper als in ungemünzter Form geworden; die feste Verbindung zwischen Silber und Geld, die derjenigen der Goldwährung entsprach, war gelöst worden, und der Münzwert der Rupie war erheblich über ihren Stofwert gestiegen. Die Rupie war sozusagen eine Banknote aus Metall geworden, deren Knappheit sich nicht mehr nach der Silberproduktion, sondern nach dem Willen der emittierenden Behörde richtete, und um die Moral unserer Geschichte gründlich herauszustreichen, brauchten wir uns nur vorzustellen, daß jemand sich auf das Geschäft einließe, für bestellte Visitenkarten soviel Papiergeld zu zahlen, wie dem Gewicht der Karten entspricht.

Und nun ein dritter Fall, der uns von der Goldwährung und der gesperrten Silberwährung zum *Papiergeld* führt. Vor mehr als dreißig Jahren ereignete sich ein erstaunlicher Kriminalfall, der in einem überaus interessanten Zivilrechtsstreit endete. Einer Bande internationaler Gauner war es auf raffinierte Weise gelungen, sich gegenüber der bekannten Noten- und Briefmarkendruckerei von Waterlow and Sons in London als bevollmächtigte Beauftragte der Notenbank von Portugal auszugeben, hinter dem Rücken dieser Bank einen großen Druckauftrag für portugiesische Banknoten zu erteilen und die Noten in Empfang zu nehmen. Nach Entdekkung des Betrugs wurden die Noten, deren Echtheit ja nicht bezweifelt werden konnte, durch die Bank von Portugal aufgerufen und durch andere ersetzt. Da es aber nicht gelang, die Gauner zu fassen, strengte die Bank von Portugal einen Prozeß gegen Waterlow and Sons an, um sich ihren Schaden ersetzen zu lassen. Die englischen Gerichtshöfe entdeckten nun, daß es sich um einen außerordentlich schwierigen Fall handelte, der nur durch Befragung der bedeutendsten Geldtheoretiker entschieden werden konnte. Die Frage stellte sich nämlich: Wie hoch ist der wirkliche Schaden der Bank von Portugal? Hätte es sich statt um Banknoten um Briefmarken gehandelt und wäre es den Gaunern gelungen, diese zu verhandeln, so wäre es klar, daß der Schaden der betreffenden Regierung dem ganzen Betrage der Briefmarken entsprochen hätte. Nicht so im Falle der Banknoten. Unter den zahlreichen hier auftauchenden Fragen, die dem Geldtheoretiker zu schaffen machen, sind folgende hervorzuheben: Hätte die Bank ohne die Aktion der Gauner denselben Betrag an Noten emittiert, und hat sie diese Emission jetzt unterlassen? Wenn aber die ergaunerten Noten zusätzliches Geld darstellen, waren sie dann eine Wohltat oder ein Schaden für Portugal? Das würde davon abhängen, ob sie die für den geregelten

Gang der portugiesischen Volkswirtschaft notwendige Regulierung der Geldmenge gefördert oder gestört haben, mit anderen Worten, ob sie eine sonst zu erwartende Deflation kompensiert oder aber eine Inflation bewirkt haben. Wäre das erste der Fall gewesen, so hätten sich die Gauner möglicherweise gegen ihre Absicht um Portugal verdient gemacht. Solche und andere Erwägungen haben dann den höchsten englischen Gerichtshof tatsächlich bewogen, der Bank für Portugal nur einen Teil der beanspruchten Schadenersatzsumme zuzusprechen*.

Was lehren uns diese drei Beispiele? Doch wohl dreierlei, nämlich, erstens daß die größere oder geringere *Knappheit des Geldes* über seinen Wert entscheidet, zweitens daß es die wichtigste Aufgabe der Geldpolitik ist, diese Knappheit so zu regulieren, daß der Wert möglichst stabil bleibt, und drittens, daß diese Aufgabe in verschiedener Weise gelöst werden kann. Im Falle der Goldwährung (oder der Silberwährung mit freier Prägung vollwertiger Münzen) wird die Knappheit des Geldes automatisch durch die Knappheit des Währungsmetalles bestimmt, die ihrerseits vor allem durch seine Produktion beeinflußt wird; es handelt sich dann um sogenannte *gebundene Währungen,* die das Geld fest mit einem Edelmetall verknüpfen und seiner größeren oder geringeren Seltenheit die Regulierung der Knappheit des Geldes überlassen. Im Falle der gesperrten Silberwährung und noch mehr der reinen Papierwährung wird die Knappheit des Geldes von der Menge des Edelmetalles gelöst und durch das freie Ermessen der Regierung reguliert *(freie* oder *manipulierte Währungen).* Ob es besser ist, die Regulierung der Knappheit des Geldes den automatischen Kräften der Edelmetallproduktion oder der bewußten Politik der Regierungen zu unterstellen, ist eine Kernfrage der Währungspolitik, von deren Beantwortung die Wahl des Währungssystems abhängt. Wer liberal gesinnt ist und den Gesetzen der Wirtschaft mehr vertraut als der Willkür der

* *C. H. Kisch,* The Portuguese Bank Note Case, London 1932.

Regierungen, wird zur gebundenen Währung neigen. Wer kollektivistisch denkt und sich lieber den Launen der Regierung als den natürlichen Kräften der Natur und der Wirtschaft anvertrauen möchte, wird der freien (manipulierten) Währung den Vorzug geben. Da aber die Bindung des Geldes an ein seltenes Edelmetall eine weitaus strengere Knapphaltung des Geldes bedeutet als die freie Regulierung der Geldmenge durch die Regierung, so ist es pikanterweise gerade der Liberale, der auf dem Gebiete des Geldwesens gegenüber dem kollektivistisch Gesinnten die Forderung strengster Disziplin vertritt.
Und doch ist es nicht erstaunlich, daß der Liberale solchen Wert auf die Knapphaltung des Geldes legt und sie mit aller Strenge gesichert sehen, gerade also hier nichts dem freien Lauf der Dinge überlassen möchte. Es war ein englischer Liberaler des frühen 19. Jahrhunderts und zugleich ein führender Vertreter der Currencyschule, Lord Overstone, der klar den Unterschied zwischen dem Gelde und den Gütern hervorgehoben und bemerkt hat, daß in der Geldschaffung der Grundsatz der möglichst billigen und reichlichen Produktion, die der Liberale im Bereiche der Waren von der freien Konkurrenz erwartet, keinen Sinn hat. Worauf es hier vielmehr ankommt, ist die strenge Regulierung der Knappheit des Geldes. Diese vernünftige Kontrolle der Geldmenge kann aber nicht von der Privatinitiative und der freien Konkurrenz, die der Liberale für die Warenproduktion fordert, sondern nur von einem sorgfältig erdachten System der Geldregulierung erwartet werden, das von der Regierung geschaffen und überwacht wird. *Ist in der Warenproduktion der vorwärtstreibende Motor das Wichtigste, so in der Geldproduktion die Bremse*. Daß aber der Liberale die automatische Bremse des Goldes dem Belieben der Regierung vorzieht, dem eine manipulierte Währung anheimgegeben ist, dürfte begreiflich sein.
Dieses Mißtrauen des Liberalen gegen die manipulierte Währung ist indessen nicht nur aus seiner Philosophie zu verstehen. Vielmehr sprechen auch so gut wie alle Erfahrungen der Geldgeschichte dafür, denn sie beweisen, daß mit der zu-

nehmenden Stofflosigkeit des Geldes, die schließlich in der Ausbreitung des abstraktesten und völlig von jedem Stoffe gelösten Geldes, nämlich des Kreditgeldes, ihren Gipfel erreicht hat, die Gefahr der Willkür in der Bemessung der Geldmenge ständig gewachsen ist. Auch der Wert des Edelmetallgeldes ist in der Geschichte Schwankungen unterworfen, aber sie sind bedeutungslos gegenüber denjenigen, die sich ereignet haben, seitdem man zur manipulierten Währung übergegangen ist und die Abhängigkeit von der Natur und den Gesetzen der Wirtschaft gegen die Unberechenbarkeiten der Politik und gegen die Willkür der Regierungen eingetauscht hat. Erst die Papierwährung hat uns gelehrt, was das Wort «Inflation» bedeutet, ja es gibt kaum eine einzige Papierwährung, die nicht früher oder später der Entwertung anheimgefallen ist, weil die verantwortliche Regierung entweder nicht imstande war oder gar nicht die Absicht hatte, die Geldmenge knapp zu halten.
Wir zweifeln jetzt nicht länger daran, daß die Menge des umlaufenden Geldes in entscheidender Weise die *Kaufkraft des Geldes* beeinflußt, und zwar so, daß eine Vermehrung des Geldes seine Kaufkraft senkt (Inflation), eine Verminderung sie hebt (Deflation). Auf längere Zeiträume ist nun die erste Gefahr einer inflatorischen Vermehrung der Geldmenge weit größer als die einer deflatorischen Verminderung, weil die Versuchung dazu weit größer und die unmittelbare Wirkung weit populärer zu sein pflegt. Es ist aus der neuesten Geschichte kein Fall der Ermordung eines für eine Inflation verantwortlichen Staatsmannes bekannt, wohl aber lassen sich sofort mehrere Beispiele für die Ermordung eines für eine Deflation verantwortlich gemachten Staatsmannes (so z. B. in der Tchechoslowakei und in Japan) nennen. Dieser eine Hinweis mag genügen, um begreiflich zu machen, daß die Willkür in der Geldemission mehr in der Richtung des Zuviel als in der des Zuwenig zu gehen pflegt, weil es die Richtung des geringsten Widerstandes und der größten Verlockung ist. Tatsächlich gibt es kaum eine einzige Währung in der Welt, die nicht mehrere Male in ihrer langen Geschichte die Währungskrankheit

der Inflation durchgemacht und davon die Narben von Abwertungen zurückbehalten hätte. Wenn wir heute eine Note irgendeiner Währung und eine entsprechende Goldmünze nehmen, so gibt es schwerlich eine sicherere Wette als die, daß in einigen hundert Jahren die Note – und sei es heute die Note der stolzesten und unerschütterlichsten Währung – entwertet sein wird, während sich die Goldmünze noch derselben Wertschätzung erfreuen wird wie vor 2½ Jahrtausenden die ersten Goldmünzen des Königs Krösus in Lydien. Alle feingesponnenen Theorien über die Albernheit der Goldwährung, alle Satiren auf das emsige «Ausbuddeln» dieses lächerlichen Metalles und alle geistvoll ausgeklügelten Projekte einer goldfreien Währung schaffen die merkwürdige Tatsache nicht aus der Welt, daß die Menschen seit Jahrtausenden sich darin völlig gleichgeblieben sind, daß sie im Golde den letzten, höchsten und sichersten Wert erblickt haben. Man mag dagegen einwenden, was man will: es ist so. Dies ist einer der Hauptgründe dafür, daß die Goldwährung die überlegene und zweckmäßigste Form der Währungsordnung bleibt.

Wir werden uns also ohne Bedenken derjenigen Theorie anschließen, die im Verhältnis der Geldmenge zur umzusetzenden Gütermenge den hauptsächlichen Bestimmungsgrund des Geldwertes oder der Kaufkraft des Geldes erblickt *(Quantitäts- oder Knappheitstheorie des Geldes)*. Ereignen sich jene schweren Erkrankungen des Geldes, die wir als Inflation und als Deflation bezeichnen und die durch starke und plötzliche Änderungen der Kaufkraft des Geldes gekennzeichnet sind, so werden wir ihre Ursachen in einer starken Vermehrung oder Verminderung der Geldmenge zu suchen haben, wobei wir zur Geldmenge immer das Kreditgeld hinzuzurechnen haben. Das wichtigste Erfordernis eines geordneten Geldwesens ist also die *Knapphaltung der Geldmenge* gegenüber den immer auf der Lauer liegenden Inflationstendenzen.

Das muß gerade in Zeiten, in denen den meisten die Gefahr einer Deflation näher zu liegen scheint und in denen daher mehr oder weniger gewagte Währungsprojekte aus dem Boden schießen, nachdrücklich hervorgehoben werden[9]. Auf die Dauer ist die Inflation – neuerdings vor allem die besonders heimtückische Inflation des Kreditgeldes – immer die größere und häufigere Gefahr. Die Knapphaltung der Geldmenge ist daher auch derjenige Gesichtspunkt, unter dem jedes Währungssystem in allen seinen oft verwirrenden Einzelheiten verstanden und beurteilt werden muß. Die Bindung an ein Edelmetall, die Deckungsvorschriften, die starke Beschränkung der Geschäfte der Notenbanken, – alle dienen diesem einen Ziele, und nun ringt die Welt seit Jahrzehnten mit dem immer brennender gewordenen Problem, welche wirksamen Bremsen an der Kreditschöpfungskraft des modernen Banksystems angebracht werden können. Auf die Dauer ist es auch immer wieder die größere oder geringere Knappheit des Geldes in einer Volkswirtschaft, die über das Austauschverhältnis zwischen dem heimischen Gelde und dem Auslandsgelde (Devisenkurs) entscheidet[10].

Unsere Generation, die sich noch mit Grauen an die Inflationen der Zeit nach dem ersten Weltkrieg erinnert und nun nach dem zweiten Weltkriege in so vielen Ländern dieselbe Katastrophe erleben mußte, braucht nicht mehr darüber belehrt zu werden, daß die schlimmste Währungskrankheit jene Inflation ist, die sich aus dem *Budgetdefizit* der Regierung ergibt. Die deutsche Inflation der Jahre 1920–23 wird der Welt immer im Gedächtnis bleiben als Beispiel einer fortgesetzten Geldvermehrung, mit der die Regierung das Loch in den Finanzen eine Weile stopfen kann, und zugleich als Beispiel dafür, daß eine solche leichtfertige und hinterhältige Deckung der Regierungsausgaben eine beispiellose Preissteigerung, eine erbitternde Verarmung der einen bei schamloser Bereicherung der anderen und schließlich eine gefährliche Auflösung der Wirtschaft und Gesellschaft zur Folge hat. Aber die inflatorische Geldschöpfung, deren Ursache ein staatliches Budgetdefizit ist, braucht nicht notwendigerweise zu der wirtschaftlichen und sozialen Unordnung der *offenen Inflation* zu führen, wie wir sie nach dem ersten Weltkriege erlebt haben. Seit 1933 hat der deutsche Nationalsozialismus bewiesen, daß eine zu allem entschlossene Regierung imstande ist, die offene in eine *zurückgestaute Inflation* zu verwandeln, indem durch eine alles umfassende Zwangswirtschaft (Devisenzwangswirtschaft, Rationierung, Preis- und Lohnstop, Konsumlenkung, Kapital- und Investitionskontrolle und alle anderen Maßnahmen, die die freie Verwendung der zusätzlichen Geldmittel verhindern sollen) der Druck der Inflation auf Preise, Löhne, Devisen- oder Aktienkurse so lange abgefangen wird, wie es nur irgend geht. Seitdem aber Hitler gezeigt hat, wie weit und wie lange eine Regierung die Inflation durch Zwangswirtschaft neutralisieren kann, muß man sich fragen, ob es in Zukunft überhaupt noch eine Regierung geben wird, die sich nicht für denselben Weg entscheiden wird, solange sie noch über einen funktionierenden Staatsapparat verfügt. Je mehr aber die Inflation zunimmt, um so stärker wächst ihr Druck, den es durch Zwangswirtschaft zu kompensieren gilt. Um so umfassender und rücksichtsloser muß aber auch die Zwangswirtschaft sein, um dem steigenden Inflationsdruck standhalten zu können, und wir dürfen uns mit Recht fragen, ob eine solche Zwangswirtschaft ohne die Sklaverei des Totalitarismus möglich ist, für die das Dritte Reich ein so schauerliches Beispiel gegeben hat.

Das Beispiel Deutschlands fordert, daß wir uns noch ein wenig mehr mit dieser eigenartigen Erscheinung der *zurückgestauten Inflation* beschäftigen. Wie ersichtlich, besteht sie im Grunde darin, daß eine Regierung Inflation treibt, aber dann ihre Wirkungen auf Preise und Wechselkurse verbietet und an die Stelle der ordnenden und antreibenden Funktionen des Preises das aus der Kriegswirtschaft wohlbekannte System der Rationierung zu verordneten Preisen mitsamt den dabei unentbehrlichen Zwangsmaßnahmen setzt. Treibt der inflatorische Überschuß des Geldes Preise, Kosten und Wechselkurse in die Höhe, so sucht der immer umfassendere und immer mehr verfeinerte Apparat der Zwangswirtschaft diesem Auftrieb der Werte durch einen polizeilichen Gegendruck entgegenzuwirken. Die zurückgestaute Inflation wird so zu einem System der fiktiven Zwangswerte, das mit dem allgemeinen Wirtschaftssystem des Kollektivismus untrennbar verbunden zu sein pflegt und überall dort heimisch geworden ist, wo der Sozialismus zur Herrschaft gekommen oder mitbestimmend geworden ist (Sowjetrußland, Deutschland, Oesterreich, Großbritannien, Schweden und viele andere europäische Länder). Wo diese zurückgestaute Inflation endet, hat mit erschütternder Eindringlichkeit der völlige Verfall der deutschen Wirtschaft bis zu dem Augenblick gezeigt, wo durch eine umfassende Geld- und Wirtschaftsreform die Wahrheit und Freiheit der Preise grundsätzlich wiederhergestellt wurde (Sommer 1948). Je länger diese Politik fortgesetzt wird, um so fiktiver werden alle volkswirtschaftlichen Werte, und zwar in dem doppelten Sinne, daß sie immer weniger den wahren Knappheitsverhältnissen entsprechen und daß deshalb immer weniger Umsätze zu ihnen gemacht werden. Die Verzerrung aller Wertrelationen, das Nebeneinander von «offiziellen» und «schwarzen» Sektoren und der Widerstreit zwischen den Direktiven des Marktes und denjenigen der verzweifelt um ihre Autorität kämpfenden Behörden führt schließlich zu einem Chaos, in dem es praktisch an jeder Ordnung, sei es marktwirtschaftlicher, sei es kollektivistischer Art, fehlt. Es erweist sich dann, daß die zurückgestaute Inflation *noch* schlimmer als die offene ist, denn jetzt verliert das Geld am Ende nicht nur, wie in den letzten Stadien der offenen Inflation, die Funktion, als Tauschmittel und Wertmaßstab den Wirtschaftsprozeß zu ordnen, sondern auch die andere nicht minder wichtige, dazu anzureizen, ein Maximum an Gütern zu erzeugen und zu Markte zu führen. Der Weg der zurückgestauten Inflation endet also in Chaos und Lähmung. Je mehr die Inflation die Werte in die Höhe treibt, um so mehr verstärkt die Regierung den Gegendruck ihres Zwangsapparates, aber um so fiktiver wird das System der Zwangswerte, um so größer das Wirtschaftschaos und die allgemeine Verdrossenheit und um so fadenscheiniger entweder die Autorität der Regierung oder aber ihr Anspruch, noch immer eine demokratische zu sein. Wird der zurückgestauten Inflation nicht rechtzeitig ein Halt geboten, so entwickeln sich in immer stärkerem Maße aus ihr Kräfte, die das Wirtschaftsleben und sogar den Staat selbst in die Auflösung hineinführen. Diese moderne Wirtschaftskrankheit ist zugleich eine der schwersten, und sie ist doppelt gefährlich, weil sie erst in einem fortgeschrittenen Stadium allgemein erkannt zu werden pflegt.[11]

Heute (1965) ist die Inflation der unmittelbar dem Kriege folgenden Jahre in ihrer besonders schädlichen Form der zurückgestauten Inflation in den meisten entwickelten Industrieländern der freien Welt, wenn auch allerdings nicht in einer großen Zahl der unentwickelten Länder und in der kommunistischen Weltzone, wo sie vom kollektivistischen Wirtschaftssystem nicht zu trennen ist, überwunden. Das heißt freilich nicht, daß die Inflation als solche als gebannt gelten kann. Sie hat vielmehr dort, wo sie nicht mehr offen hervortritt, den Charakter einer *«schleichenden»* Inflation angenommen, deren Natur nicht leicht zu bestimmen ist. Zwei besonders hervorstechende Formen dieser «schleichenden» Inflation sind die sogenannte «Lohninflation» und die sogenannte «importierte Inflation»[12].

Unter *Lohninflation* sind die Inflationsstöße zu verstehen, die vom Arbeitsmarkte ausgehen, und zwar dadurch, daß die Löhne – vor allem durch Gewerkschaften, die den Arbeitsmarkt beherrschen – so sehr und so rasch in die Höhe getrieben werden, daß das Gleichgewicht zwischen Geld und Gütern gestört wird. Einerseits entsteht dann ein inflatorischer Nachfrageüberdruck, anderseits kann die durch Lohnüberhöhung verursachte Kostensteigerung eine Preissteigerung im Gefolge haben, in beiden Fällen allerdings nur dann, wenn die für die Währungspolitik des Landes Verantwortlichen eine entsprechende Geldvermehrung zulassen. Im anderen Falle würde die Lohnüberhöhung, so wie die Preisüberhöhung einer Ware einen Teil des Angebots unabsetzbar macht, Arbeitslosigkeit verursachen. Wenn aber Regierung und Zentralbanken sich verpflichtet glauben, die Vollbeschäftigung selbst gegenüber Lohnüberhöhungen zu verteidigen, werden sie vor der Wahl, ob sie als ihre Folge Arbeitslosigkeit oder Inflation in Kauf nehmen sollen, oft sich für die «leichte» Inflation entscheiden. Es kann auch sein, daß sie, wie es seit einigen Jahren in den Vereinigten Staaten zu beobachten ist, einen Kompromiß zwischen beidem schließen. In diesem Fall ergibt sich eine Verbindung von Wirtschaftsstockung und Arbeitslosigkeit mit einer, wenn auch gemilderten, weiteren Preissteigerung. In den Vereinigten Staaten hat sich als Folge einer in Europa unbekannten Macht der Gewerkschaften die Lohninflation als so stark und chronisch erwiesen, daß Regierung und Währungsbanken (Bundesreservebanken) zur Vermeidung der Lohninflation und ihrer ungünstigen Wirkungen auf die amerikanische Zahlungsbilanz in der Knapphaltung der Geldmenge weiter gehen müßten, als sie im Hinblick auf die dadurch heraufbeschworene Gefahr der Arbeitslosigkeit und Stockung zu gehen wagen.

Von *importierter Inflation* sprechen wir dann, wenn ein Land wie Deutschland ständig einen Überschuß der Zahlungsbilanz – der aus dem Auslande empfangenen über die an das Ausland entrichteten Zahlungen, einerlei aus welchen Gründen die Zahlungen empfangen oder entrichtet werden – erzielt und ihm so fortgesetzt ein Strom an Auslandsgeld zufließt, der von der Zentralbank (in Deutschland der Deutschen Bundesbank) in Inlandsgeld umgetauscht wird und so die heimische Geldmenge aufbläht. Da dieser Geldvermehrung keine Gütervermehrung gegenübersteht – ein Teil der heimischen Produktionsmenge ist ja ohne entsprechende Gütereinfuhr ausgeführt worden –, so bedeutet diese «Monetisierung des Zahlungsbilanzüberschusses» inflatorischen Auftrieb der Preise, Löhne und Investitionen und der Konjunktur und eine außerordentliche Verknappung der verfügbaren Arbeitskräfte («Überbeschäftigung»). Die Inflation ist nicht Schuld der für das Geld im Inlande Verantwortlichen, sondern von draußen eingeschleppt, «importiert». Der Ursprung der sie verursachenden Zahlungsbilanzüberschüsse liegt gerade umgekehrt darin, daß es in diesem Lande (Deutschland in unserem Beispiel) durch straffere Disziplin der Geld- und Finanzpolitik gelungen ist, die «schleichende» Inflation unserer Zeit besser als anderswo zu meistern, während gleichzeitig die deutsche Wettbewerbsfähigkeit ständig durch Fortschritte der Produktions- und Absatztechnik und durch die Wiedergewinnung des Kontaktes mit den ausländischen Abnehmern gesteigert worden ist. So ist Deutschland offenbar zu einem Lande geworden, das bei dem bestehenden Umrechnungskurs seiner Währung (Wechselkurs) verhältnismäßig billig geblieben ist. Eine wirksame Bekämpfung dieser besonders heimtückischen Form der Inflation kann daher – wie 1961 geschehen – von einer Änderung dieses Umrechnungskurses im Sinne einer Höherbewertung der D-Mark (Aufwertung) erwartet werden. Geschieht das nicht, so besteht die Gefahr der wirklichen «Importierung» der Inflation, d. h. der inneren Schwächung der Kaufkraft des Geldes[13].

5. Die Kaufkraft des Geldes und ihre Messung

In den Ausführungen des letzten Abschnittes liegen allerdings viele und außerordentlich schwere Probleme, auf die zum mindesten hingewiesen werden muß. Schon der Begriff der Kaufkraft des Geldes – auch «Geldwert» genannt – ist problematisch. Im Gegensatz zu den Waren hat ja das Geld als das Gut, in dem die Warenpreise ausgedrückt werden, selbst keinen Preis, wenigstens nicht innerhalb des Gebietes, in dem es als Geld zirkuliert. Außerhalb dieses Gebietes kann es aber logischerweise nicht als Geld verwandt werden, so daß der Preis, den es auf den Devisenmärkten in Einheiten anderer Zahlungsgebiete erzielt (Devisenkurs), der Preis des Geldes nicht als Geld, sondern als Ware ist. Der Devisenkurs kann uns also nicht helfen, ebensowenig wie die Feststellung, daß ein Franken für hundert Rappen, eine Mark für hundert Pfennige erworben werden kann. Helfen kann uns nur der Gedanke, daß die Kaufkraft des Geldes in der größeren oder geringeren Höhe der Preise zum Ausdruck kommt, mit anderen Worten das Verhältnis widerspiegelt, zu dem durchschnittlich Geld und Güter gegeneinander getauscht werden. Steigen die Preise, so sinkt die Kaufkraft des Geldes; sinken die Preise, so steigt sie. Nicht jede einzelne Preissteigerung bedeutet jedoch eine Senkung der Kaufkraft des Geldes. Damit wir von einer wirklichen Senkung der Kaufkraft des Geldes sprechen können, muß es sich vielmehr um eine durchschnittliche Preissteigerung auf der ganzen Linie, um eine Steigerung des «allgemeinen Preisniveaus» handeln. Andernfalls liegt nur eine bloße Warenteuerung, aber keine Geldentwertung vor. Die Kaufkraft des Geldes kann also nur durch das Bündel von Gütern und Leistungen gemessen werden, die man durchschnittlich für eine Einheit des Geldes kaufen kann.

Wie wenig aber mit einer solchen Definition anzufangen ist, mag ein Beispiel lehren. Wir wissen zufällig aus antiken Quellen, daß der Bau der Propyläen der Akropolis etwas über 2000 Talente gekostet hat. War das billig oder teuer? Das Talent wird zwar an den heutigen Börsen nicht gehandelt, aber durch Umrechnung über den Goldgehalt können wir ermitteln, daß aus 2000 Talenten etwas über 10 Millionen Schweizer Goldfranken geprägt werden könnten. Entsprachen aber 2000 Talente der Kaufkraft von 10 Millionen Goldfranken? Wir müssen gestehen, daß wir das einfach nicht wissen. Möglicherweise waren Eier und Brot im alten Athen sehr viel billiger als heute in Zürich, aber dafür waren andere Dinge teurer, manche sogar unendlich viel teurer, nämlich solche Dinge, die man um alles Gold in der Welt nicht hätte kaufen können, weil es sie eben einfach nicht gab, wie z. B. Radio, Telephon, Elektrizität und andere Dinge, auf die wir heute großen Wert legen. Da sich die Zusammensetzung des Bedarfs völlig geändert hat, fehlt es uns an jeder Möglichkeit des Vergleichs der Kaufkraft von damals und von heute. Es kommt also ganz auf die relative Bedeutung der einzelnen Waren an, und diese verschiebt sich im Laufe der Zeit. *Historische Kaufkraftvergleiche* schweben mithin immer mehr oder weniger in der Luft. Da aber die relative Bedeutung der einzelnen Waren nicht nur von Jahrhundert zu Jahrhundert, sondern auch von Land zu Land verschieden ist, begegnen auch räumliche Geldwertvergleiche den größten Schwierigkeiten. Es ist zwar viel die Rede von teuren und billigen Ländern, und gewiß ist es unbestreitbar, daß der Reisende mit einer gegebenen Geldsumme in dem einen Lande weiter kommt als in dem anderen. Ehe man aber z. B. die Behauptung aufstellt, daß vier Franken in der Schweiz die Kaufkraft eines Dollars in den Vereinigten Staaten haben, sind doch außerordentlich große Bedenken zu überwinden. Sehr viele, die sich länger in dem einen und dem anderen Lande aufgehalten und voneinander verschiedene Bedürfnisskalen haben, werden die Behauptung mit Recht anfechten können und uns damit aufs neue beweisen, wie fragwürdig alle solche Durchschnittsberechnungen sind.

Die ungeheure Problematik solcher Durchschnittsberechnungen kann man sich auch durch einen Vergleich klarmachen. Jeder Skiläufer weiß, daß die Angabe des Wetterberichts, die Schneedecke betrage soundsoviel Zentimeter, sich unter Umständen als recht fragwürdig herausstellen kann, nämlich dann, wenn starke Verwehungen stattgefunden haben und die Sonne tagsüber den sonnigeren Hängen stark zugesetzt hat. Der Begriff einer durchschnittlichen Schneedecke ist dadurch nicht sinnlos geworden, aber wenn wir sie wirklich exakt ermitteln wollen, bliebe uns nichts anderes übrig, als die Schneehöhe in jeder Lage zu messen und aus diesen unzähligen Einzelangaben einen Durchschnittswert zu bilden, und selbst in diesem Falle hätten wir die uns als Skifahrer besonders interessierende Tatsache noch nicht berücksichtigt, daß neben prachtvollen Abfahrten kahle Hänge existieren. Eine solche Berechnung ist selbstverständlich unmöglich, aber es bleibt eine andere Möglichkeit. Wir können uns nämlich damit begnügen, die Schneedecke an 50 Stellen zu messen, und aus diesen Einzelmessungen in der Weise einen Durchschnittswert berechnen, daß wir berücksichtigen, welche Fläche die Schneedecke in dieser oder jener Höhe jeweils bedeckt. Wir beschränken uns mit anderen

Worten auf eine praktisch mögliche Zahl von Einzelmessungen und versuchen dann, die Ergebnisse nach ihrer Bedeutung zu «wägen». Genau in derselben Weise geht man vor, wenn man das durchschnittliche Preisniveau und seine Veränderungen durch die Berechnung sogenannter *Indexziffern* zu ermitteln sucht, aber das Element der Willkür in solchen Berechnungen kann uns nicht länger verborgen bleiben[14]. Da die Willkürlichkeit immerhin nur innerhalb gewisser Grenzen besteht, verringert sich ihre Bedeutung, je größer die Geldwertveränderung ist; in der Zeit der deutschen Inflation erfüllte noch die plumpeste Indexziffer ihren Zweck. Daraus folgt auch umgekehrt, daß das Vorhandensein von Geldwertänderungen nur dann zweifelsfrei festgestellt werden kann, wenn die Änderung ein bedeutendes Maß angenommen hat.

Ist der Begriff der Kaufkraft des Geldes problematisch, so ist es nicht minder die Beziehung zwischen Kaufkraft und Geldmenge, von der wir bereits gesprochen haben. Es ist kaum möglich, von der Problematik der Quantitätstheorie, deren grundsätzliche Richtigkeit wir anerkannt haben, an dieser Stelle auch nur einen Begriff zu geben[15]. Wir begnügen uns dafür mit drei wichtigen Feststellungen. *Erstens* ist zu betonen, daß die Geldmenge nicht der einzige Bestimmungsgrund der Kaufkraft des Geldes ist. Es ist klar, daß, wenn sich bei gleichbleibender Geldmenge die zum Verkauf gestellte Gütermenge ändert, die Kaufkraft des Geldes steigt oder fällt. *Zweitens* leuchtet es ein, daß nicht die Geldmenge schlechthin über die Kaufkraft entscheidet, sondern nur jener Teil, der in einem Augenblick wirklich ausgegeben wird. Ändert sich dieses Verhältnis, indem das Geld etwa durchschnittlich schneller ausgegeben wird (Steigerung der Umlaufsgeschwindigkeit des Geldes), so hat das auf die Kaufkraft dieselbe Wirkung wie eine Vermehrung der Geldmenge bei *unveränderter* Umlaufsgeschwindigkeit des Geldes[16]. *Drittens* aber ist nachdrücklich hervorzuheben, daß die Zusammenhänge zwischen Geldmenge und Kaufkraft des Geldes um so unproblematischer werden, je größer die Änderung der Kaufkraft ist. Je größer die Dimensionen der Geldentwertung sind, um so einfacher wird die Sachlage. Unter den makroskopischen Verhältnissen der großen deutschen Inflation (1920–23) war selbst die roheste Formulierung der Quantitätstheorie, die nur die riesenhafte Vermehrung der Geldmenge als Ursache der Geldentwertung gelten ließ, jedem Versuch, die Verantwortung auf andere Umstände, insbesondere auf die «Passivität der Zahlungsbilanz», abzuwälzen, unendlich überlegen.

6. Internationale Währungsordnung

Besonderer Hervorhebung bedarf die Rolle des Geldes im internationalen Wirtschaftsverkehr. Sie geht schon daraus hervor, daß es kein Weltgeld in dem strengen Sinne gibt, in dem wir von einem nationalen Währungssystem sprechen. Vielmehr gehört es zu den wesentlichen Kennzeichen des internationalen Wirtschaftsverkehrs, daß ihm die Einheitlichkeit des Geldsystems fehlt, das wir für den nationalen Wirtschaftsverkehr als selbstverständlich voraussetzen. Um so größere Bedeutung kommt der Ordnung des internationalen Zahlungsverkehrs zu. Je mehr die nationalen Währungssysteme so miteinander verknüpft sind, daß das Nebeneinander nationaler Währungen im internationalen Wirtschaftsverkehr keine Störungen der Zahlungen und des Güteraustausches hervorruft, um so mehr kann das Geld international seinen Dienst versehen, der darin besteht, die einzelnen Volkswirtschaften zu einer echten Weltwirtschaft zu verknüpfen. Um so mehr können wir von internationaler Wirtschaftsintegration sprechen.
Das setzt vor allem jene Eigenschaft der nationalen Währungen voraus, die wir als *Konvertibilität* bezeichnen. Wir verstehen darunter die Möglichkeit, Einheiten der nationalen Währung frei und ungehindert durch den Staat in Einheiten ausländischer Währungen umzutauschen und umgekehrt, d. h. ausländisches Geld frei zu kaufen und zu verkaufen. Ihr Gegenteil ist die Devisenzwangswirtschaft, die jene Freiheit aufhebt und, wie der Name sagt, durch eine Zwangs-

wirtschaft ersetzt, die auf dem Devisenmarkte der aus den Kriegs- und Nachkriegserfahrungen bekannten Zwangswirtschaft der heimischen Warenmärkte entspricht. Daß die Konvertibilität die oberste Voraussetzung echter Weltwirtschaft ist und daß ohne sie internationale Wirtschaftsintegration nicht bestehen kann, leuchtet ein, wenn man bedenkt, daß ohne eine freie internationale Zahlungsgemeinschaft nicht von der engen Verbindung der Märkte und Preise gesprochen werden kann, die die erste Bedingung wirtschaftlicher Integration ist, sei es im Innern einer Volkswirtschaft, sei es international. So ist denn auch der Abbau der Devisenzwangswirtschaft und die gradweise Wiederherstellung der Konvertibilität im letzten Jahrzehnt – mit der Abschaffung der Europäischen Zahlungsunion und der gemeinsamen Erklärung ihrer Mitglieder Ende Dezember 1958, zur Konvertibilität überzugehen – als die Wiedergeburt der internationalen Wirtschaftsintegration anzusehen. Erst jetzt waren die Fesseln des internationalen Bilaterialismus gefallen und damit die multilateralen Wirtschaftsbeziehungen aufs neue ermöglicht worden, von deren Bedeutung an früherer Stelle gesprochen worden ist (S. 71 ff. und S. 105 f.).

Das ist also das erste, was wir von einer echten internationalen Währungsordnung erwarten müssen: Sie muß durch die Konvertibilität die freie internationale Verwendbarkeit des Geldes sichern. Dazu kommt eine zweite, nicht minder wichtige Voraussetzung. Die Konvertibilität muß nämlich so gesichert werden, daß sie mit einem Höchstmaß an *Gleichgewicht der internationalen Wirtschaftsbeziehungen* einhergeht. Es muß also dafür gesorgt sein, daß die Konvertibilität nicht mit schweren und hartnäckigen Störungen der Zahlungsbilanzen einhergeht, mögen diese nun in Defiziten (Fall der Vereinigten Staaten seit etwa einem Jahrzehnt) oder in Überschüssen der Zahlungsbilanz (Fall Deutschlands oder der Schweiz) bestehen. Ist das nicht der Fall, so wird das internationale Zahlungssystem leicht, so wie es heute der Fall ist, zu einer Riesenmaschine, die Inflationsstöße von den

Ländern mit Zahlungsbilanzdefiziten auf die Länder mit Zahlungsbilanzüberschüssen überträgt, m. a. W. jene «importierte Inflation» erzeugt, von der wenige Seiten vorher die Rede gewesen ist.

Die alte Goldwährung war nun in der Tat eine internationale Währungsordnung gewesen, die diese beiden wesentlichen Bedingungen erfüllte, weil sie nicht nur die freieste Konvertibilität gewährleistete, sondern zugleich ein Mechanismus war, der mit der der Goldwährung eigenen Selbststeuerung für die rasche Wiederherstellung gestörter Zahlungsbilanzen sorgte und damit Defizite und Überschüsse von der heute erlebten Größe und Dauer von vornherein verhinderte. Sie erfüllte aber auch eine dritte Bedingung, die zwar nicht so wesentlich wie die bisher genannten Voraussetzungen einer internationalen Währungsordnung ist, aber doch etwas sehr Wünschenswertes darstellt, nämlich die Bedingung *stabiler Wechselkurse*.

Eine befriedigende internationale Währungsordnung muß also so beschaffen sein, daß unter allen Umständen die beiden wesentlichen Bedingungen der Konvertibilität und des raschen Ausgleichs der Zahlungsbilanzen erfüllt sind. In hohem Grade zu wünschen ist drittens die Stabilität der Wechselkurse. Das heißt, daß, wenn nicht alle drei dieser Bedingungen erfüllt werden können, doch wenigstens die ersten beiden gesichert werden müssen. Die Stabilität der Wechselkurse darf also nicht so hochgestellt werden, daß ihr die Konvertibilität oder das Gleichgewicht der Zahlungsbilanzen geopfert wird. Umgekehrt muß es als das kleinere Übel gelten, wenn die Stabilität der Wechselkurse im Notfalle zugunsten der Konvertibilität und des Gleichgewichts der Zahlungsbilanzen preisgegeben wird, sei es gelegentlich (durch Aufwertung oder Abwertung), sei es sogar unter Umständen durch ein System freischwankender Wechselkurse. Wenn wir die gegenwärtige Weltlage (Anfang 1965) im Lichte dieser Betrachtung prüfen, so ergibt sich folgendes Bild: Die erste der wesentlichen Bedingungen einer inter-

nationalen Währungsordnung, nämlich die der Konvertibilität, ist heute schlecht und recht erfüllt, wenigstens im Zahlungsverkehr der entwickelten Industrieländer, während die überwiegende Mehrzahl der unterentwickelten Länder wie auch die kommunistische Welt an einer mehr oder weniger strengen Devisenzwangswirtschaft festhalten. Im ganzen gilt das gleiche von der dritten, aber weniger wesentlichen Bedingung, nämlich derjenigen der Stabilität der Wechselkurse. Unerfüllt aber ist die zweite wesentliche Bedingung, nämlich die des ständigen und raschen Ausgleichs von Zahlungsbilanzstörungen. Wie ernst dieser Defekt ist, ergibt sich daraus, daß er durch die ausgelösten Inflationsstöße zu einer der ernstesten Gefahren ausgeglichener Weltwirtschaft und zu einer der stärksten Quellen der Inflation in denjenigen Ländern geworden ist, die sich um ein Mindestmaß an monetärerer Disziplin im Innern bemühen und gerade dadurch die Inflationsschübe von den darin weniger eifrigen Ländern über sich ergehen lassen müssen.
In diesem Sinne kann man davon sprechen, daß wir heute in einer Welt ohne Weltwährungsordnung leben. Das heutige internationale Währungssystem, genannt Gold Exchange Standard (Golddevisenwährung – vgl. Anm. 7 auf S. 157), das das Gold als Währungsreserve und als Mittel des internationalen Saldenausgleichs in hohem Maße durch sogenannte Leitwährungen (Dollar und in geringerem Maße das englische Pfund) ersetzt hat, läßt das Problem trotz aller Konferenzen, trotz der Zusammenarbeit der Zentralbanken und trotz aller ausgeklügelten Reformpläne ungelöst. So ist der Schluß unvermeidlich, daß die echte Goldwährung das bisher einzige Beispiel einer befriedigenden internationalen Währungsordnung gewesen ist und daß es nicht gelungen ist, dafür einen Ersatz zu finden.[17]

Anmerkungen zum vierten Kapitel

1. (S. 111) Die neueste Entwicklung der Geldtheorie:

Diese ist dadurch gekennzeichnet, daß die Geldtheorie immer mehr aufhört, ein isoliertes Dasein neben der übrigen nationalökonomischen Theorie zu führen. Sie wird also immer mehr zugleich Kredit-, Kapital-, Lohn-, Zins-, Außenhandels- und vor allem auch Konjunktur- und Krisentheorie. Zugleich dringt immer mehr die Erkenntnis durch, daß das Geld in alle volkswirtschaftlichen Vorgänge unauflöslich verwoben ist, so daß es für höhere Ansprüche nicht mehr genügt, sich das Geld «wegzudenken», um den wirklichen («realen») Charakter der Vorgänge zu erkennen. Auf dieser für den Anfänger kaum erreichbaren Linie liegen: *J. M. Keynes,* A Treatise on Money, London 1930 (deutsche Übersetzung unter dem Titel «Vom Gelde», 1932); *J. M. Keynes,* The General Theory of Employment, Interest, and Money, London 1936 (deutsche Übersetzung); Beiträge zur Geldtheorie, hrsg. von *F. A. v. Hayek,* Wien 1933; *F. A. v. Hayek,* Prices and Production, 2. Aufl., London 1935 (deutsch «Preise und Produktion», Wien 1931); *L. v. Mises,* The Theory of Money and Credit, New Haven 1953; *D. H. Robertson,* Banking Policy and the Price Level, 3. Aufl., London 1932; *R. G. Hawtrey,* Currency and Credit, 3. Aufl. London 1931 (deutsch «Währung und Kredit», 1926); *D. H. Robertson,* Essays in Monetary Theory, London 1940; *Ch. Rist,* Histoire des doctrines relatives au crédit et à la monnaie, Paris 1938; *G. N. Halm,* Geld, Außenhandel und Beschäftigung, 4. Aufl., Berlin 1966; *L. Baudin,* La monnaie et la formation des prix, 2. Aufl., Paris 1947. Als Einführung sind geeignet: *D. H. Robertson,* Das Geld, 2. Aufl., Wien 1935; *F. Lutz,* Das Grundproblem der Geldverfassung, Stuttgart 1936, wieder abgedruckt in: *F. A. Lutz,* Geld und Währung, Tübingen 1962; *L. Federici,* La moneta e l'oro, 2. Aufl., Mailand 1943; *O. Veit,* Der Wert unseres Geldes, 1958.

2. (S. 111) Das Geld als bewegender Faktor der Geschichte:

Die Auffassung, daß Veränderungen im Geldwesen ein bewegender Faktor der Weltgeschichte sind, kann man als monetäre Geschichtsauffassung bezeichnen. Der Gedanke ist keineswegs von der Hand zu weisen. Vgl. dazu: *J. M. Keynes,* Vom Gelde, a. a. O., 30. Kapitel; *M. Herzfeld,* Die Geschichte als Funktion der Geldbewegung, Archiv für Sozialwissenschaft, Bd. 56, 1926, S. 654 ff.

3. (S. 114) Der juristische Charakter des Geldes:

Das Geld gewinnt dann einen streng juristischen Charakter, wenn der Staat seinem Besitzer bestimmte einklagbare Ansprüche verleiht. Insbesondere sind es zwei Ansprüche, mit denen das Geld ausgestattet sein kann:

1. Der Anspruch auf Einlösung in eine andere Geldart. Ein mit solchem Anspruch ausgestattetes Geld nennt man provisorisch (z. B. die Banknoten in den Goldwährungsländern vor dem Kriege, im Gegensatz zu dem nicht einlösbaren definitiven Geld).
2. Der Anspruch auf schuldbefreiende Annahme. Er bedeutet, daß mit diesem Anspruch ausgestattetes Geld (gesetzliches Zahlungsmittel) zur Erfüllung von Zahlungsverpflichtungen angenommen werden muß. Dieser Anspruch kann in drei Formen gekleidet werden:

a) in die Form eines unbegrenzten Anspruchs ohne Rücksicht auf die Höhe des Betrags (allgemeines gesetzliches Zahlungsmittel, Kurantgeld);
b) in die Form eines nur bis zu einem bestimmten Höchstbetrag geltenden Anspruchs (beschränkt gesetzliches Zahlungsmittel, Scheidegeld wie heute die Silber- und Kleinmünzen);
c) in die Form eines nur gegenüber den Staatskassen geltenden Anspruchs (Geld mit Kassenkurs), wie z. B. früher die Rentenmarkscheine in Deutschland.

Die Ausstattung der verschiedenen Geldarten mit einem dieser Ansprüche oder mit einer Kombination verschiedener Ansprüche stellt das Hauptmittel dar, mit dem der Staat das Geldwesen ordnet und reguliert, aber es ist eine irreführende Übertreibung, in dieser juristischen Qualität Ursprung und Substanz des Geldes zu erblicken, wie das *G. F. Knapp* durch seine berühmte «Staatliche Theorie des Geldes» (3. Aufl., 1921) versucht hat. Diese Ansicht wird allein schon durch die Tatsache widerlegt, daß es zu allen Zeiten und auch heute noch Geld gibt, das seinen Dienst ohne die geringste staatliche Proklamierung leistet (fakultatives Geld oder Handelsmünzen, wie z. B. Dollarnoten in der Zeit der deutschen Inflation oder der Maria-Theresien-Taler, eine in Wien geprägte Silbermünze, in Abessinien). Die beste Kritik der *Knappschen* Lehre bei: *H. S. Ellis,* German Monetary Theory 1905–1933, Cambridge (Mass.) 1934; Vgl. auch: *A. Nussbaum,* Money in the Law, 2. Aufl., Brooklyn 1950.

4. (S. 120) Bimetallismus:
Die Einheitlichkeit der Währung und die Aufrechterhaltung der Wertstabilität des Geldes werden, wenn Gold und Silber gleichzeitig Währungsmetall sind, aus dem vollwertige Münzen geprägt werden, deshalb zu einem schwierigen Problem, weil das Wertverhältnis der beiden Metalle nach den Erfahrungen der letzten hundert Jahre großen Schwankungen ausgesetzt ist. Es sind zwei Fälle zu unterscheiden: a) Der Fall der *Parallelwährung*. Diese Art der Währung liegt dann vor, wenn vollwertige Gold- und Silbermünzen nebeneinander kursieren, ohne daß eine gesetzliche Wertrelation zwischen ihnen bestimmt worden wäre. In diesem Falle wird die Einheitlichkeit des Währungssystems gesprengt; es existieren jetzt zwei Währungssysteme innerhalb des Landes, zwischen denen sich genau wie zwischen den Währungen verschiedener Länder ein nach den Marktverhältnissen schwankender Kurswert (intermonetärer Geldwert) bildet. Daran ändert sich auch nichts, wenn der Staat von Zeit zu Zeit eine bestimmte Wertrelation proklamiert, ohne den Versuch zu machen, sie auch wirklich durchzusetzen. Dies ist die Währungsart, die bis zum Beginn des 19. Jahrhunderts in der ganzen Welt vorgeherrscht hat. Der dadurch geschaffene Zustand der Zersplitterung des Münzwesens mußte aber im Interesse des Verkehrs überwunden werden. b) Der Fall der *Doppelwährung* (Alternativwährung). Er liegt vor, wenn zwar Gold und Silber zu Währungsmetallen erklärt worden sind, das Wertverhältnis zwischen ihnen aber gesetzlich tarifiert und aufrechterhalten wird, etwa auf der Basis 1 : 15½. Ändert sich nun auf dem Metallmarkt die Wertrelation, so verschwindet aus dem Verkehr dasjenige Geld, das aus dem teurer gewordenen Metall besteht *(Greshamsches Gesetz,* wonach das «schlechte Geld das gute aus dem Lande treibt»). Das System der Doppelwährung hat also zur Folge, daß in der Masse des vollwertigen Geldes jedesmal diejenigen Münzen überwiegen, deren Stoff im Werte gesunken ist. Ist es doch jetzt verlockend, das im Werte gesunkene Metall (am Ende des 19. Jahrhunderts war dies das Silber geworden) zur Münze zu tragen und in Geld zu verwandeln, da ja das aus diesem jetzt wertloseren Stoff geprägte Geld kraft der gesetzlichen Wertrelation denselben Zirkulationswert hat wie das aus dem wertvoller gewordenen Stoff (Gold) geprägte, das einzuschmelzen nunmehr lohnend wird. Sinkt also der Preis des Silbers erheblich, so wird die Währung automatisch entgoldet und auf eine Silber-

währung reduziert, es sei denn, daß die Münze für die freie Silberprägung gesperrt, das Goldgeld damit zum alleinigen vollwertigen Geld gemacht und das Silbergeld zur unterwertigen Scheidemünze degradiert wird. Dies ist in der Tat der schließliche Ausgang der Währungsentwicklung des 19. Jahrhunderts gewesen.

5. (S. 124) Die Funktion der Notenbank:

Das Problem der Notenbank – und dann späterhin auch der Depositenbank – besteht darin, daß sie zugleich eine Bank und ein Geldemissionsinstitut ist, und zwar so, daß Kreditgeschäft und Geldemission miteinander verbunden sind. Daraus ergeben sich alle jene Gefahren, um deren Bändigung sich die Geschichte der Notenbankpolitik aller Länder seit mehr als hundert Jahren dreht. Aus dieser Geschichte haben sich mehr und mehr folgende Hauptprinzipien herausgeschält:

1. Das Prinzip der Zentralnotenbank im Staatsbesitz oder doch unter strenger Staatskontrolle (Prinzip des öffentlichen Monopols).
2. Das Prinzip der Begrenzung der Notenausgabe, wofür es mannigfache Formen gibt (Deckungsvorschriften, Festsetzung eines Höchstbetrages an Noten, Notensteuer u. a.).
3. Das Prinzip der genauen Normierung der Notenbankgeschäfte.

Die praktische Konsequenz des letzten Prinzips besteht vor allem darin, daß die Kreditgewährung seitens der Notenbank auf die Gewährung von kurzfristigen Betriebskrediten an Handel und Industrie und auf eine besondere Form dieses Geschäfts (Diskontgeschäft) beschränkt wird, eine Beschränkung, hinter der eine Reihe von Überlegungen steht, deren Erörterung uns tief in das Gebiet der Kredittheorie hineinführen würde. Vgl. dazu: *L. v. Mises,* The Theory of Money and Credit, a. a. O.; *Argentarius,* Die Notenbank, 1922; *F. Somary,* Bankpolitik, 3. Aufl., 1934; *R. G. Hawtrey,* The Art of Central Banking, London 1932; *J. M. Keynes,* a. a. O.; *Victor Morgan,* The Theory and Practice of Central Banking 1797–1913, Cambridge 1943; *Otto Veit,* Der Wert unseres Geldes, 1958.

6. (S. 124) Die Goldwährung:

Die reine Goldwährung, wie sie vor 1914 in den meisten Ländern bestand, ist dadurch gekennzeichnet, daß Geld und Gold sind, daß Stoffwert und Nennwert des Goldgeldes identisch sind und daß jede andere Geldart in Goldmünzen einwechselbar ist. Dieser Kupplungsmechanismus besteht darin, daß jederzeit Geld in Gold und Gold in Geld zu einem unverrückbaren und nahezu identischen Preise verwandelt werden kann. Darauf laufen die Vorschriften über freie Goldprägung, Goldankaufspflicht, Einlösungspflicht und freie Aus- und Einfuhr des Goldes hinaus. Alle Warenpreise mögen sich ändern, – der Goldpreis bleibt unverrückbar derselbe, er ist der «ruhende Pol in der Erscheinungen Flucht». Der unschätzbare Vorzug der Goldwährung liegt darin, daß sie den Geldwert von der Laune der Regierungen unabhängig macht und dadurch in einer Weise stabilisiert, für die bisher trotz allen Versicherungen der Geldreformer noch kein halbwegs gleichwertiger Ersatz gefunden worden ist. Damit hängt der weitere Vorzug zusammen, daß die Goldwährung alle Goldwährungsländer zu einem praktisch einheitlichen Geldsystem vereinigt und dadurch in der Tat eine Art von «Weltgeld» geschaffen hat. Vgl. *W. Röpke,* Internationale Ordnung – heute, a. a. O.

7. (S. 124) Die Goldkernwährung:

Von der reinen Goldwährung (Goldumlaufswährung) unterscheidet sich die Goldkernwährung dadurch, daß keine Goldmünzen mehr geprägt und als gesetzliches Währungsgeld angesehen werden. Der Kupplungsmechanismus beschränkt sich darauf, daß ein zentraler Goldfonds gehalten wird, aus dem Gold zwar weiterhin zu einem festen Preis, aber doch nur zu bestimmten Zwecken und nicht mehr in kursfähigen Goldmünzen abgegeben wird, während die Goldankaufspflicht unverändert weiterbesteht. Statt des Goldfonds kann auch ein Fonds aus Devisen gebildet werden (Golddevisenwährung), aber dies ist ein außerordentlich bedenkliches Surrogat, das, wie die Erfahrungen von 1925 bis 1931 gelehrt haben, leicht zu einer internationalen Inflation führen kann. Man wird wegen des Kupplungsmechanismus auch die Goldkernwährung noch als Goldwährung bezeichnen können, da auch sie einen festen Goldpreis garantiert, eine willkürliche Bemessung der Geldmenge sehr erschwert und automatisch für stabile Wechselkurse sorgt. Gegenüber der reinen Goldwährung hat sie den Vorteil der Goldersparnis, der aber mit erheblichen Nachteilen erkauft werden muß. Vor allem ist der Automatismus des Systems hier stark gelockert, so daß bereits eine Annäherung an die Papierwährung vorliegt. Vgl.: *F. Machlup,* Die

Goldkernwährung, 1924; *W. A. Brown, Jr.*, The International Gold Standard Reinterpreted, 1914–1934, New York 1940; *X. Zolotas,* L'étalon-or en théorie et en pratique, Paris 1933; *T. E. Gregory,* Gold, Unemployment, and Capitalism, London 1933; *W. Röpke,* Internationale Ordnung – heute, a. a. O.; *L. Federici,* La moneta e l'oro, 2. Aufl., Mailand 1943.

8. (S. 127) Die Entstehung des Kreditgeldes:

Die wichtigsten Quellen für weitere Unterrichtung sind: *L. A. Hahn,* Volkswirtschaftliche Theorie des Bankkredits, 3. Aufl., 1930; *F. A. v. Hayek,* Geldtheorie und Konjunkturtheorie, Wien 1929; *Keynes,* Vom Gelde, a. a. O.; *Hans Neisser,* Der Tauschwert des Geldes, 1928; *C. A. Philipps,* Bank Credit, New York 1920; *W. F. Crick,* The Genesis of Bank Deposits, Economica, Juni 1927; *Hans Gestrich,* Kredit und Sparen, 2. Aufl., Godesberg 1948. Über die daraus folgenden Probleme vgl. *F. Lutz,* Das Grundproblem der Geldverfassung, Stuttgart 1936, wieder abgedruckt in: *F. A. Lutz,* Geld und Währung, Tübingen 1962.

9. (S. 140) Währungsreformprojekte:

Es ist fraglos richtig, daß eine Reform unseres Wirtschaftssystems nicht zuletzt durch eine Reform des Geldsystems zu bewerkstelligen ist. Dabei ist jedoch die allergrößte Vorsicht am Platze, wenn kein Unheil angerichtet werden soll. Gerade diejenigen Währungsreformprojekte, die die größte Zahl von begeisterten Anhängern um sich scharen, lassen diese Vorsicht durchaus vermissen. Ihre faszinierende Wirkung üben sie gerade durch den Radikalismus und den Glaubenseifer aus, mit dem sie eine wirtschaftliche und soziale Erlösung der Welt durch eine Revolutionierung des Geldwesens versprechen. Alle diese *monetären Erlösungslehren* – unter denen die sogenannte «Freigeldlehre» *S. Gesells* am bekanntesten ist – laufen aber mit eintöniger Regelmäßigkeit auf Inflation hinaus. Vgl. dazu: *F. Haber,* Artikel «Geld (Geldreformer)», Handwörterbuch der Staatswissenschaften, 4. Aufl., Bd. IV; *H. T. N. Gaitskell,* Four Monetary Heretics, in «What Everybody Wants to Know about Money», hrsg. von *Cole,* London 1933; *L. Federici,* a. a. O, Kap. III.

10. (S. 140) Die Theorie der Wechselkurse:

Eine Darstellung der Theorie der Wechselkurse würde ein Buch für sich erfordern. Schon daran ist zu erkennen, daß es sich um sehr komplizierte Zusammenhänge handelt. Es darf aber unter keinen Umständen übersehen werden, daß einer der wichtigsten Bestimmungsgründe der Auslandsbewertung des Geldes (Valuta) die heimische Kaufkraft des Geldes im Vergleich zur heimischen Kaufkraft des ausländischen Geldes ist *(Kaufkraftparitätentheorie)*. Und auch hier gilt wieder: je makroskopischer die Verhältnisse sind, d. h. je größer die Veränderung jenes Kaufkraftverhältnisses ist, um so mehr beherrscht dieser Bestimmungsgrund der Wechselkurse alle anderen. In der Zeit der deutschen Inflation hatte noch die roheste Form der Kaufkraftparitätentheorie unendlich recht gegenüber dem Versuch, das Sinken des Markkurses aus der «Passivität der Zahlungsbilanz» abzuleiten. Mit anderen Worten: Die Hauptursache des Sinkens des Markkurses lag darin, daß durch fortgesetzten Notendruck im Innern das Geld entwertet wurde, und gegenüber dieser Hauptursache sanken andere Ursachen zur Bedeutungslosigkeit herab. Unter den mikroskopischen Verhältnissen normaler Zeiten sind aber die Zusammenhänge weit komplizierter. Über diese vgl.: *G. Haberler,* Der internationale Handel, 1933; *B. Whale,* Internationaler Handel, Wien 1936 (ausgezeichnet zur Einführung geeignete kleine Schrift); *F. Machlup,* The Theory of Foreign Exchanges, Economica, November 1934, deutsch: Die Theorie des Devisenmarktes, in: Theorie der internationalen Wirtschaftsbeziehungen, herausgegeben von *K. Rose,* Köln-Berlin 1965; *H. v. Stackelberg,* Die Theorie des Wechselkurses bei vollständiger Konkurrenz, Jahrbücher f. Nationalökonomie u. Statistik, Bd. 161; *F. W. Meyer,* Art. Wechselkurse im Handwörterbuch der Sozialwissenschaften.

11. (S. 143) Währungskrankheiten und ihre Heilung:

Aus der ausgedehnten Literatur seien genannt: *C. Bresciani-Turroni,* The Economics of Inflation: a Study of Currency Depreciation in Post-War Germany, New York 1940; *Frank D. Graham,* Exchange, Prices, and Production in Hyper-Inflation: Germany, 1920–1923, Princeton 1930; *E. L. Hargreaves,* Restoring Currency Standards, London 1926; *E. W. Kemmerer,* Modern Currency Reforms, London 1928; *J. Rueff,* Die soziale Ordnung, 1952. Über «zurückgestaute Inflation»: *W. Röpke,* Offene und zurückgestaute Inflation, Kyklos I/1, 1947; *W. Röpke,* Repressed Inflation, Kyklos I/3, 1947; *F. A. Lutz, The* German Currency Reform and the Revival of the German Economy, Economica, Mai 1949.

12. (S. 143) «Schleichende Inflation» von heute:

Hierüber kann ausführlicher nachgelesen werden in meinem Buche «Jenseits von Angebot und Nachfrage» (4. Aufl., 1966, 4. Kapitel). Ausgezeichnete Darstellung in englischer Sprache: *G. Haberler,* Inflation, its Causes and Cures, Washington D. C. 1960; vgl. auch: *W. Röpke,* Der Kampf gegen die Inflation. Sammelband «Inflation und Weltwährungsordnung», herausgegeben von *A. Hunold,* Erlenbach-Zürich und Stuttgart 1963, S. 21 ff.

13. (S. 145) Importierte Inflation:

Ihr Wesen wurde von mir zum ersten Male im Jahre 1956 dargelegt in meinem Essay «Das Dilemma der importierten Inflation» (wiederabgedruckt in meinem Buche «Gegen die Brandung», 2. Aufl., 1959), in dem auch dieser Terminus vorgeschlagen wurde. Vgl. im übrigen den Sonderabschnitt in meinem oben zitierten Buche «Jenseits von Angebot und Nachfrage» und *P. M. Boarman,* Germany's Economic Dilemma, New Haven 1964.

14. (S. 148) Messung der Kaufkraft des Geldes durch Indexziffern:

Eine Indexziffer wird folgendermaßen errechnet: man ermittelt die Preise von 50 oder mehr ausgewählten Waren, multipliziert sie mit einem Koeffizienten, der ihrer wirtschaftlichen Bedeutung entspricht («gewogene Indexziffer»), addiert die so gefundenen und «gewogenen» Preise, setzt die Summe für das Ausgangsjahr (z. B. für das Jahr 1913) gleich 100, beobachtet die späteren Veränderungen dieser Summe und mißt diese Veränderungen, indem man sie auf den Ausgangswert 100 bezieht. Näheres über die Problematik einer solchen Berechnung bei: *G. Haberler,* Der Sinn der Indexzahlen, 1927.

15. (S. 148) Die Quantitätstheorie:

Über diese Theorie ist Ähnliches zu sagen wie über die Wechselkurstheorie: im einzelnen ist sehr vieles problematisch, aber der Grundgedanke ist unbestreitbar und um so beherrschender, je bedeutender die Geldwertschwankung ist. Alles Nähere ist in der unter 1 genannten Literatur zu finden.

16. (S. 148) Umlaufsgeschwindigkeit des Geldes:

Der Begriff ergibt sich aus der Tatsache, daß dasselbe Geldstück in einer bestimmten Periode mehrere Male kaufend den Waren gegenübertreten kann. Hier stoßen wir wieder auf den wesentlichen

Unterschied zwischen Geld und Waren: ein Brot kann nur einmal gegessen werden, ein Geldstück aber so oft seinen Dienst als Tauschmittel verrichten, wie es zirkuliert. Je schneller die Geldstücke von Hand zu Hand wandern oder, was auf dasselbe hinausläuft, je kürzer die Ruhepausen sind, die sie in den Kassen der Individuen durchmachen, um so mehr Geld tritt in einer bestimmten Zeiteinheit den Waren kaufend gegenüber. Diese Umlaufsgeschwindigkeit (oder deren reziproker Wert: die durchschnittliche Ruhezeit) des Geldes hängt von verschiedenen Umständen ab, von den durchschnittlichen Perioden der Einkommenszahlung, von den Zahlungssitten, von dem Grade der Differenzierung der Wirtschaft, von dem Anteil der dauerhaften Güter an der Gesamtproduktion, von den Gewohnheiten der Kassenhaltung und anderen Faktoren. Insbesondere aber kann sie mit dem Vertrauen schwanken, das der Wertstabilität des Geldes entgegengebracht wird, und daher in Inflationszeiten starke und plötzliche Veränderungen erfahren. Vollzieht sich eine Änderung der Geldmenge, so kann ihre Wirkung auf den Geldwert durch eine gleichgerichtete Veränderung der Umlaufsgeschwindigkeit potenziert oder durch eine entgegengesetzte Veränderung derselben kompensiert werden. Das konnte besonders gut während der großen deutschen Inflation nach dem ersten Weltkriege studiert werden. In der ersten Phase dieser Inflation fiel es auf, daß die Geldentwertung geringer war, als es der Geldvermehrung entsprach. Der Grund war darin zu suchen, daß sehr viele in der Erwartung einer künftigen Wertsteigerung der Mark sich im Geldausgeben Zurückhaltung auferlegten und aus anderen Gründen (Steuerhinterziehung und allgemeines politisches Mißtrauen) ihre Kassenbestände vergrößerten (das Geld «horteten», wie man sagt). Am Ende der deutschen Inflation aber war die Geldentwertung weit größer, als es der Geldvermehrung entsprach, weil wegen der völligen Verzweiflung an der Mark, der allgemeinen Flucht in die «Sachwerte» und der mit der galoppierenden Schwindsucht des Geldes notwendig gewordenen Verkürzung aller Zahlungsfristen die Geldscheine mit immer rasenderer Geschwindigkeit kursierten. Die Umlaufsgeschwindigkeit des Geldes war ins Gigantische gestiegen und potenzierte damit die geldwertsenkende Wirkung der Notenvermehrung. Eine interessante Folge dieser außerordentlichen Steigerung der Umlaufsgeschwindigkeit war es, daß, während der Papiermarkbetrag der zirkulierenden Notenmenge immer mehr in astronomische Ziffern hineinwuchs, der über den Dollarkurs zu errechnende Goldwert der Notenmenge immer mehr sank und schließlich nur einige Millionen betrug, ein Ausdruck dafür, daß die Entwertung des Geldes rascher vor sich ging als die Vermehrung seiner Menge. Über die im einzelnen sehr schwierigen Probleme der Umlaufsgeschwindigkeit des Geldes vgl.: *M. W. Holtrop,* De omloopssnelheid van het geld, Amsterdam 1928; *F. A. Lutz,* Velocity Analysis and the Theory of the Creation of Deposits, Economica, Mai 1939; *H. S. Ellis,* Some Fundamentals in the Theory of Velocity, Qnarterly Journal of Economics, Mai 1938; *L. Federici,* a. a. O., Kap. V.

17. (S. 152) Internationale Währungsordnung:

Die Bedeutung des Problems in der Gegenwart ist schon daran abzulesen, daß darum eine außerordentlich reiche Literatur mit lebhaften Kontroversen entstanden ist. Genannt seien: Inflation und Weltwährungsordnung (Beiträge von J. Rueff, W. Röpke, M. A. Heilperin, F. A. Lutz, G. Schmölders und R. Triffin), herausgegeben von *A. Hunold,* Erlenbach-Zürich und Stuttgart 1963; *L. Albert Hahn,* Ein Traktat über Währungsreform, Basel-Tübingen 1964; *G. Schmölders,* Geldpolitik, Tübingen 1962; *F. A. Lutz,* The Problem of International Economic Equilibrium, Amsterdam 1962; *M. W. Holtrop,* Monetary Policy in an Open Economy (Princeton Essays in International Finance), Princeton 1963; *R. Triffin,* Gold and the Dollar Crisis, Yale University Press 1960; International Monetary Arrangements (Bericht einer internationalen Studiengruppe), Princeton 1964. Meine eigenen Überzeugungen habe ich entwickelt in folgenden Studien: *W. Röpke,* Eine Welt ohne Weltwährungsordnung, Zeitschrift für das gesamte Kreditwesen, 1961,18; *W. Röpke,* Der Dollar als Prüfstein, ebenda, 1964,1; *W. Röpke,* A World without a World Monetary Order, The South African Institute of International Affairs, Johannesburg 1963.

Fünftes Kapitel

Güterwelt und Produktionsstrom

«Die Welt ist wie ein Kram, hat Waren ganze Haufen,
Um Arbeit stehn sie feil und sind durch Fleiß zu kaufen.»

Friedrich von Logau (1604–1655)

1. Sozialprodukt und Volkseinkommen

Nachdem wir das Gewebe der Arbeitsteilung studiert und im Gelde das notwendige Hilfsmittel dieser Arbeitsteilung kennengelernt haben, gehen wir nunmehr einen Schritt weiter, indem wir den auf diesen Grundlagen sich vollziehenden Prozeß der Beschaffung und Verteilung der Güter näher betrachten.

Zuerst ist zu betonen, daß der Begriff des wirtschaftlichen Gutes sehr weit gefaßt werden muß und alle Dinge umschließt, die als Mittel zur Befriedigung eines Bedürfnisses begehrt werden, was in unserem Wirtschaftssystem in der Regel darin zum Ausdruck kommt, daß ein Preis dafür gezahlt wird. Es gehören also dazu nicht bloß materielle Sachgüter, sondern auch Leistungen und Dienste aller Art (die Auskunft des Rechtsanwalts, die ärztliche Untersuchung, der Vortrag eines Gelehrten, das Konzert eines Sängers) und eine letzte Kategorie, die man unter dem vagen Begriff «Rechte und Verhältnisse» zusammenfassen kann (das Nutzungsrecht an einer Wohnung, Urheber- und Patentrechte, eine ärztliche Praxis, der «goodwill» einer Firma u. a.). Das Kriterium des Preises reicht nicht immer aus, um ein wirtschaftliches Gut zu charakterisieren. Das gilt vor allem für die Kollektivgüter, die wie etwa die innere und äußere Sicherheit, der Seuchenschutz und anderes ein Kollektivbedürfnis befriedigen und nach dem kollektivwirtschaftlichen System vom Staate «produziert» und zur Verfügung gestellt werden. Auch die Leistung des Beamten ist ein wirtschaftliches Gut, obwohl sie keinen «Markt» hat, so daß wir aus früher erwähnten Gründen (2. Kapitel, Anmerkung 6) nicht immer sicher sein können, ob dieses «Gut» einem allgemeinen Bedürfnis entspricht.

Nun ist es aus mehreren Gründen nützlich, sich die Gesamtmasse der Güter, über die eine Volkswirtschaft innerhalb eines Zeitabschnittes, etwa eines Jahres, verfügt, konkret vorzustellen. Wir nennen diesen Güterberg das *Sozialprodukt,* eine gedankliche Hilfskonstruktion, von der wir noch öfters Gebrauch machen werden. Nun ist aber zu beachten, daß die Gesamtmasse der verfügbaren Güter nicht mit der Gesamtmasse der konsumierbaren Güter identisch ist. Ein großer Teil der verfügbaren Güter besteht ja nicht aus Konsumgütern, sondern aus Produktiv-(Kapital-)gütern, die der ständigen Aufrechterhaltung des volkswirtschaftlichen Produktionsapparates (Erneuerungsbedarf, Reproduktion) und darüberhinaus der Erweiterung des Produktionsapparates (Erweiterungsbedarf, volkswirtschaftliches Sparen, Akkumulation) dienen. Um das *Netto-Sozialprodukt* – d. h. den Betrag an Gütern, der der Volkswirtschaft wirklich neu und unter Intakthaltung des Produktionsapparates zuwächst – zu ermitteln, muß man also vom Gesamtgüterberg (Brutto-Sozialprodukt) die dem Reproduktionsbedarf dienenden Güter abziehen. Dieser Abzug könnte als «volkswirtschaftliche Werbungskosten» bezeichnet werden, was jedem, der einmal eine Einkommenssteuererklärung gemacht hat, ohne weiteres klar sein wird. Eine Volkswirtschaft, in der diese Rücklagen nicht im notwendigen Umfange vorgenommen werden, würde ihr Kapital «aufessen» oder, wie man sagt, «von der Substanz zehren». Ihr Produktionsapparat wird allmählich verfallen, und damit wird auch das Sozialprodukt in Zukunft immer geringer werden. Das ist das, was sich während der beiden Weltkriege und nach ihnen in vielen Ländern ereignet hat.

So wie wir als Einkommen des einzelnen das bezeichnen, was ihm nach Abzug der «Werbungskosten» zur Verfügung steht, können wir in entsprechendem Sinne auch vom *Volkseinkommen* sprechen. Wenn wir uns dies in Gütern und nicht in Geld vorstellen, so ist es identisch mit unserem Netto-Sozialprodukt. Man könnte also das Volkseinkommen durch eine umfassende Produktionsstatistik zu ermitteln versuchen. Praktisch geht man nun allerdings in der Regel einen anderen Weg, indem man die einzelnen Geldeinkommen zusammenzählt. Dabei erheben sich jedoch einige sehr lehrreiche Bedenken. Gehört z. B. der Monatswechsel des Studenten zum Volkseinkommen? Offenbar nicht, denn wir dürfen nur dasjenige Einkommen mitrechnen, das durch Bereitstellung irgendwelcher Güter, Leistungen oder Nutzungen entstanden ist und deshalb den geldlichen Widerschein einer entsprechenden Mehrung des realen Güterberges darstellt (ursprüngliches Einkommen), nicht aber dasjenige Einkommen, das nur eine Weiterbegebung ursprünglichen Einkommens darstellt (abgeleitetes Einkommen). Andernfalls würden wir eine fehlerhafte Doppelzählung vornehmen. Daraus folgt nun aber auch umgekehrt, daß es keine Doppelzählung ist, wenn wir das Einkommen des Hauspersonals oder das Beamteneinkommen zum Volkseinkommen rechnen, da dieses Einkommen ja aus der «Produktion» von immateriellen Gütern entstanden ist, deren Bezahlung beweist, daß sie begehrt werden[1]. Diese Überlegungen zeigen uns sehr eindringlich, wie weit wir den Begriff des «Gutes» und des «Produktiven» ausdehnen müssen, wenn wir das Wesen der Wirtschaft erfassen wollen.

2. Das Wesen der Produktion

Unter den vielen Gesichtspunkten, unter denen die Güter klassifiziert werden können, drängt sich einer vor allen anderen auf. Das Wesen des wirtschaftlichen Gutes ist ja seine Knappheit in dem uns jetzt längst geläufigen Sinne. Bei einigen Gütern ist nun diese Knappheit eine unmittelbar gegebene, nämlich bei denjenigen, die nicht durch Produktion zu vermehren sind. Bei Gemälden verstorbener Meister oder bei kostbaren alten Weinen leuchtet das ohne weiteres ein. Die wahre Bedeutung dieser Kategorie der *Seltenheitsgüter* erkennen wir jedoch erst, wenn wir bedenken, daß auch ein so unersetzliches und wichtiges Gut wie der Boden dazugehört, wobei wir nicht allzu pedantisch sein und der Neugewinnung von Land durch Eindeichung große Bedeutung beilegen dürfen. Aber auch bei dem Gut «menschliche Arbeitskraft», dem wichtigsten Produktionsgut überhaupt, gibt die Vorstellung einer «Produktion» keinen rechten Sinn. Diesen unmittelbar knappen Gütern steht nun die große Masse der Güter gegenüber, die durch Produktion zu vermehren sind, ein Umstand, der zwar, wie wir früher sahen, ihre Knappheit nicht aufhebt, der aber wichtig genug ist, um eine eingehende Erörterung zu verdienen.

Aus dem umfassenden Begriff des Gutes ergibt sich, daß auch der Begriff der *Produktion* außerordentlich weit zu fassen ist. Das ist um so stärker zu betonen, als der Laie immer leicht bei der Hand ist, jede Tätigkeit, die nicht unmittelbar der Erzeugung materieller Güter dient, als unproduktiv zu bezeichnen, insbesondere den Handel oder das Verkehrswesen. Um hier ganz klar zu sehen, überlege man sich folgendes: Produktion ist ja niemals Neuschaffung von Materie, sondern immer nur die Neuschaffung eines «Gutes», so wie die Konsumtion niemals die Vernichtung von Materie, sondern immer nur die Vernichtung eines «Gutes» sein kann. Durch Produktion kann nicht ein einziges Atom der in der Welt vorhandenen Materie hinzugefügt, sondern nur die vorhandene Materie so umgeformt werden, daß damit ein bestimmtes Bedürfnis befriedigt werden kann. Alle Produktion ist also im Grunde nur Stoffumformung, Stoffveredelung und Stoffkombination: die sogenannte Urproduktion (Landwirtschaft, Fischerei, Forstwirtschaft und Bergbau) genau so gut wie die gewerblich-industrielle Produktion. Läuft doch z. B. der Bergbau im Grunde auf nichts anderes hinaus als darauf, einen am unrechten Orte sich befindenden Stoff an den rechten Ort zu bringen, d. h. ihn hinsichtlich seiner Lage zu verändern. Unter Produktion ist also die Bereitstellung von wirtschaftlichen Gütern im umfassenden Sinne dieses Wortes zu verstehen; sie ist etwas Ökonomisches, nicht etwas Technisches. Auch die Eisenbahn «produziert», ebenso der Handel, die Hotellerie,

der Beamte, der Schauspieler, ja sogar der Spekulant, sofern er eine volkswirtschaftlich nützliche Funktion versieht und sich dadurch von einem unproduktiven, von der bloßen Ausspähung leistungsloser Gewinnmöglichkeiten lebenden Geschäftemacher unterscheidet.[2]
Wir wollen uns das Gesagte an einem Beispiel klarmachen. Wir sahen bereits, daß die Produktion der Kohle im Grunde nichts anderes als eine Lageveränderung ist. Den Bewohnern des Ruhrgebiets nützt die Kohle nichts, ehe sie nicht an die Oberfläche befördert worden ist. Aber ebensowenig nützt die im Ruhrgebiet zutage geförderte Kohle den Zürchern etwas, wenn sie nicht nach Zürich befördert wird. Welcher geheimnisvolle Unterschied soll zwischen der vertikalen und der horizontalen Beförderung der Kohle liegen? Um ein Bedürfnis zu befriedigen, muß ein Gut nicht nur als solches irgendwo existieren, sondern auch an dem Orte, wo es verlangt wird. Nicht nur dies, es muß auch zu dem Zeitpunkt verfügbar sein, an dem es gebraucht wird. Hinzu kommen manche anderen Anforderungen, die wir als Konsumenten an ein Gut zu stellen gewohnt sind: wir möchten eine möglichst große Auswahl haben, möchten uns auch ohne eigene Sachkenntnis auf die Qualität verlassen können, wir legen auf Bequemlichkeit des Kaufens, auf Eleganz des Ladens, zuvorkommende Bedienung, verlockende Verpackung, Zustellung ins Haus und viele andere Dinge in zunehmendem Maße Wert. All das kann natürlich auch der Fabrikant besorgen, und tatsächlich tut er es ja auch in vielen Fällen (Verkaufsläden von Schuhfabriken!). Das Prinzip der Arbeitsteilung hat sich nun aber auch hier darin bewährt, daß viele jener zusätzlichen Manipulationen besser von besonderen Unternehmungen vorgenommen werden. Handel, Transportwesen und Spekulation sind es, die sie besorgen, aber dadurch, daß sie selbständig sind, hören sie nicht auf, bestimmte Leistungen und Dienste, ohne die das materielle Gut uns wenig oder gar nichts wert wäre, zu «produzieren». Sie sind daher nicht weniger «produktiv» als die materielle Gütererzeugung. Sich über den Unterschied zwischen dem Fa-

brikpreis und dem Ladenpreis («Handelsspanne») zu entrüsten, hat also nicht mehr Sinn, als wenn man sich über eine «Fabrikationsspanne», d. h. einen innerhalb der Fabrik sich vollziehenden Wertzuwachs des Produkts, beklagen wollte, was nicht ausschließt, daß es in beiden Fällen vermeidbare Kosten und Unwirtschaftlichkeiten gibt, die am wirksamsten durch die Konkurrenz in größerem oder geringerem Grade ausgemerzt werden. Wenn nun in den letzten Jahren vielfach die Handelsspanne gestiegen ist, so kommt darin unter anderem auch zum Ausdruck, daß wir in zunehmendem Maße auf jene zusätzlichen Manipulationen Wert legen.

In diesem Punkte wird nun dadurch viel Verwirrung angerichtet, daß häufig im Gegensatz zur Produktion von der Verteilungsfunktion des Handels gesprochen wird. Das ist gewiß nicht falsch, nur ist zu beachten, daß diese Verteilung der materiellen Güter, wie wir sahen, gleichfalls zur Produktion gehört, da sie eine besondere und bezahlte Leistung darstellt. Nun ist es sehr unglücklich, daß man von Verteilung auch in einem ganz anderen Sinne spricht, nämlich im Sinne der Einkommensverteilung, d. h. der Verteilung der individuellen Ansprüche an das Sozialprodukt im Wege der Einkommensbildung. Die Verteilung der Güter durch den Handel gehört zur Produktion, aber durch das Einkommen, das er durch diese Verteilungsfunktion erwirbt, nimmt der Händler wie alle anderen Produzenten am Prozeß der Einkommensbildung und Einkommensverteilung teil. Da es sich hier um zwei völlig verschiedene Dinge handelt, empfiehlt es sich, auch verschiedene Ausdrücke zu gebrauchen und für den abstrakteren Begriff der Einkommensverteilung das Fremdwort «Distribution» zu wählen[3].

3. Der Wirtschaftsprozeß im ganzen

Wir haben nunmehr nahezu alle Elemente beisammen, um uns ein Bild von den einzelnen Gliedern des *Wirtschaftsprozesses* machen zu können. Wenn wir eine Reihe von vereinfachenden Annahmen machen, insbesondere die, daß die gesellschaftliche Arbeitsteilung und das Preissystem das ganze Wirtschaftssystem beherrschen, und ferner vom Außenhandel absehen, d. h. eine sogenannte «geschlossene Volkswirtschaft» voraussetzen, so können wir die Zusammenhänge folgendermaßen fassen: Die erste Etappe ist die Produktion in dem umfassenden Sinne der Bereitstellung aller nur denkbaren Güter. Entsprechend unserer Annahme wird die gesamte Produktion auf den einzelnen Märkten ausgetauscht und im Wege der Preisbildung bewertet (Zirkulation der Güter). Die Preisbildung ihrerseits entscheidet jetzt im Wege der Einkommensbildung über die Größe der Portion jedes einzelnen am Gesamtprodukt (Distribution), und schließlich werden diese Portionen dem Gebrauch oder Verbrauch der Einzelwirtschaften zugeführt. Diese Reihenfolge der einzelnen Etappen bedeutet jedoch kein zeitliches Nacheinander, in dem Sinne, daß zunächst für eine bestimmte Periode die Güter produziert, dann durch die Zirkulation und Distribution verteilt und schließlich verbraucht würden. Vielmehr erfolgt in Wirklichkeit alles gleichzeitig (simultan). Der volkswirtschaftliche Prozeß ist also ein simultaner Prozeß und zugleich ein Prozeß, in dem alle Glieder aufs engste miteinander zusammenhängen und einander bedingen. Diese Verfilzung, die eine der Hauptschwierigkeiten nationalökonomischen Denkens darstellt, wird uns noch deutlicher, wenn wir die Analyse weiterführen.

Unter unseren vereinfachenden Annahmen ist zunächst das Gesamtergebnis der Produktion (Brutto-Sozialprodukt) gleich dem Gesamtangebot der Volkswirtschaft in dem betreffenden Zeitabschnitt. Das leuchtet ohne weiteres ein, da ja nach unseren Annahmen die gesamte Produktion auf dem Markte erscheint. Da nun aber die Produzenten gegenseitig ihre Produkte kaufen, so muß im Gleichgewichtszustand das Brutto-Sozialprodukt (d. h. das Gesamtangebot) auch gleich der Gesamtnachfrage sein. Ist das in einem beträchtlichen Maße nicht der Fall, so haben wir jene Totalstörung der Volkswirtschaft, die wir als *Krise* bezeichnen. Weiterhin gilt nun, daß das Brutto-Sozialprodukt gleich ist dem Gesamt-Bruttoeinkommen der Volkswirtschaft in dem betrachteten Zeitraum. Dieses ist uns zunächst als Summe der einzelnen Geldeinkommen gegeben, das erst durch Umtausch der «Bons» auf das Warenmagazin der Volkswirtschaft, d. h. durch Nachfrage auf den Märkten, in die realen Güterportionen verwandelt wird. Wir haben also die Einkommensbildung und die Einkommensverwendung zu unterscheiden. Hier kann nun wiederum eine doppelte Störung auftreten. Erstens kann nämlich die Einkommensverwendung überhaupt ins Stocken kommen, weil die Einkommensbezieher sich lange besinnen, ehe sie das Geld ausgeben (Verringerung der Umlaufsgeschwindigkeit des Geldes, Horten, Deflation). Zweitens aber kann es passieren, daß die Einkommensverwendung nicht der Zusammensetzung des Sozialprodukts nach den einzelnen Güterarten entspricht. In diesem Falle haben die Produzenten «aneinander vorbeiproduziert». Hier kommen nun vor allem drei Arten der Einkommensverwendung in Betracht: 1. zum Erwerb unmittelbarer Verbrauchsgüter (Konsumtion), 2. zum Erwerb von Produktionsgütern für die Zwecke der Erhaltung des Produktionsapparats (Reproduktion) und 3. zum Erwerb von Produktionsgütern für die Zwecke der Erweiterung des Produktionsapparats (Akkumulation). Dieser Aufteilung auf die einzelnen Verwendungsarten muß im Gleichgewichtszustand die Zusammensetzung des Sozialprodukts entsprechen, andernfalls wir wiederum eine Gleichgewichtsstörung (Krise) vor uns haben. Damit werden wir uns noch in einem besonderen Kapitel eingehend zu befassen haben.

Eine der wichtigsten Folgerungen, die wir dieser Analyse entnehmen, besteht darin, daß wir uns hüten müssen, irgendein Glied des Wirtschaftsprozesses isoliert und als gegeben zu betrachten. Alles hängt eben miteinander zusammen, ist voneinander abhängig: Anbietende und Nachfragende, Produzenten und Konsumenten, Produktion und Kaufkraft, Einkommensbildung und Einkommensverwendung. Nichts ist für den Anfänger schwerer, als sich das alles konkret vorzustellen; nichts ist schwerer als die Aufgabe, es ihm klarzumachen; nichts aber auch wichtiger, als es zu verstehen[4].

Die Analyse des Wirtschaftsprozesses im ganzen durch Aufgliederung der Totalgrößen – die *makroökonomische Theorie,* wie man sie neuerdings nennt, im Gegensatz zu der mikroökonomischen Theorie, wie sie uns im nächsten Kapitel «Märkte und Preise» entgegentreten wird – ist so alt wie die Wissenschaft der Ökonomie überhaupt. Indessen hat sie in den letzten Jahrzehnten einen Auftrieb erfahren, zu dem vor allem die Erfahrungen der «Großen Depression» (1929–1933) den stärksten Anstoß gegeben haben. Wie die Begriffe ständig verfeinert worden sind und eine eigene Theorie der *volkswirtschaftlichen Gesamtrechnung* entstanden ist, so hat sich auch die Statistik immer erfolgreicher bemüht, den tatsächlichen Ablauf des Wirtschaftsprozesses einer Volkswirtschaft innerhalb eines Jahres zahlenmäßig darzustellen. Der Nutzen einer solchen Berechnung ist nicht zu bestreiten. Indessen sind auch die Gefahren, die in ihr liegen, nicht zu verkennen. Sie können nur vermieden werden, wenn man sich der Grenzen einer solchen Analyse bewußt ist[5].

In unserer bisherigen Analyse des Wirtschaftsprozesses ist die vereinfachende Annahme einer geschlossenen Volkswirtschaft gemacht worden, so daß zunächst die Verbindung des heimischen Wirtschaftsprozesses mit der Außenwelt nicht berücksichtigt worden ist. Lassen wir diese Hypothese fallen, so ergibt sich, daß die Volkswirtschaft durch eine Fülle von Vorgängen und Tätigkeiten auf der Güterseite und durch eine entsprechende Anzahl von Zahlungen, die aus dem Auslande empfangen und an das Ausland entrichtet werden, mit der Weltwirtschaft verknüpft ist. Diese Verknüpfung wird klar sichtbar und auch statistisch erfaßbar, wenn jene Vorgänge und Zahlungsströme nach Hauptgruppen geordnet und in Form einer kaufmännischen Bilanz einander so gegenübergestellt werden, daß auf der Aktivseite dieser *Zahlungs-*

bilanz eines Landes diejenigen Vorgänge, die einem Eingang von Zahlungen, und auf der Passivseite die anderen Vorgänge, die einem Ausgang an Zahlungen entsprechen, in der Landeswährung bewertet werden. Die Hauptgruppen dieser Vorgänge sind 1. der Gesamtbetrag der aus der Aus- und Einfuhr von Waren (Handelsbilanz), aus dem sogenannten Dienstleistungsverkehr (Fremdenverkehr, Transport, Banken, Versicherung, Urheberrechte u. a.), aus unentgeltlichen Zahlungen und aus Kapitalanlagen fließenden oder zu entrichtenden Erträge in laufender Rechnung (Ertragsbilanz), 2. der Gesamtbetrag der Kapitalanlagen des Auslandes im Inlande und der Kapitalanlagen des Inlandes im Auslande (Kapitalsbilanz) und 3. der Gesamtbetrag der ein- oder ausfließenden Geld- und Goldmengen (Devisenbilanz). Demnach ergibt sich folgendes Bild, in dem Plus- und Minuszeichen anzeigen, ob der betreffende Vorgang seinen Platz auf der Aktiv- oder auf der Passivseite der Zahlungsbilanz hat:

I. Ertragsbilanz

1. Handelsbilanz
   a) Warenausfuhr (+)
   b) Wareneinfuhr (–)
2. Dienstleistungsbilanz
   a) Leistungen von Inländern für Ausländer, auch «unsichtbare Ausfuhr» genannt (+)
   b) Leistungen von Ausländern für Inländer, auch «unsichtbare Einfuhr» genannt (–)
3. Bilanz der unentgeltlichen Zahlungen (+ oder –)
4. Bilanz der Kapitaleinkünfte
   a) aus dem Ausland empfangene Kapitaleinkünfte (+)
   b) an das Ausland abzuführende Kapitaleinkünfte (–)

II. Kapitalsbilanz

1. Kapitaleinfuhr (+)
2. Kapitalausfuhr (–)

III. Devisenbilanz

1. Zuwachs der monetären Reserven (–)
2. Abgang der monetären Reserven (+)[6]

Es leuchtet ein, daß dem Aktivsaldo jeder einzelnen dieser Gruppen ein Passivsaldo einer anderen gegenüberstehen kann. So war die Zahlungsbilanz der Schweiz im Jahre 1959 so beschaffen, daß einem hohen Passivsaldo der Handelsbilanz ein noch höherer Aktivsaldo der übrigen Posten der Ertragsbilanz gegenüberstand, so daß diese mit einem hohen Aktivsaldo (+ 758 Millionen Franken) abschloß, der seinerseits wiederum seinen Ausgleich teils in einem Passivsaldo der Kapitalsbilanz (Überschuß der Kapitalausfuhr über die Kapitaleinfuhr), teils in einem Zuwachs der monetären Reserven gefunden hat. Seitdem ist insofern eine Änderung erfolgt, als die gesamte Ertragsbilanz der Schweiz ein starkes Defizit aufweist, das seine Entsprechung in einem Überschuß der Kapitalsbilanz findet, der so groß ist, daß er das Defizit der Ertragsbilanz übersteigt und so zu einer Steigerung der Währungsreserven mit der Folge einer «importierten Inflation» (S. 146 f.) führt. In der Bundesrepublik Deutschland steht einem geradezu chronisch gewordenen, wenn auch schwankenden Überschuß der Ertragsbilanz ein Zuwachs der monetären Reserven (also ein Passivsaldo der Devisenbilanz) gegenüber. Dieser Überschuß wird durch eine in der Regel aktive Kapitalsbilanz noch vermehrt. In der Schweiz stammt die «importierte Inflation» seit einiger Zeit ausschließlich aus dem Aktivsaldo der Kapitalsbilanz, in Deutschland sowohl aus einem Aktivsaldo der Ertragsbilanz wie gewöhnlich auch aus einem Aktivsaldo der Kapitalsbilanz.

In der Beurteilung der Zahlungsbilanz ist also große Umsicht geboten. Aktivität oder Passivität der Einzelposten will, wie soeben betont, wenig besagen, da es auf den Gesamtsaldo ankommt. Aber auch hier muß man sich vor Klippen in acht nehmen[7]. Schon von einer «aktiven» oder «passiven» Zahlungsbilanz zu reden macht Schwierigkeiten, da sie gleich

einer gewöhnlichen kaufmännischen Bilanz immer in dem Sinne ausgeglichen ist, daß die Bilanzsumme auf beiden Seiten gleich ist. Von einer «aktiven» oder «passiven» Zahlungsbilanz zu sprechen hat nur dann einen Sinn, wenn man auf den «Saldo»-Charakter der Devisenbilanz abstellt und die Zahlungsbilanz als aktiv betrachtet, falls die Devisenbilanz einen Zuwachs, und als passiv, falls sie einen Abgang aufweist. Selbst das aber bedeutet nicht notwendigerweise, daß die aktive Zahlungsbilanz etwas Gutes und die passive Zahlungsbilanz etwas Bedenkliches sei. Daß im Gegenteil eine aktive Zahlungsbilanz eine Gefahr für die Volkswirtschaft bedeuten kann, lehrt das Beispiel der importierten Inflation in Deutschland und anderen europäischen Ländern seit mehreren Jahren. Umgekehrt kann eine passive Zahlungsbilanz bis zu einem gewissen Grade und für kürzere Frist der Wiederherstellung des Gleichgewichtes der internationalen Zahlungen dienen.
Unter keinen Umständen aber ist es erlaubt, in einer aktiven Zahlungsbilanz den Beweis für den Reichtum und die Kapitalfülle einer Volkswirtschaft und in einer passiven Zahlungsbilanz den umgekehrten Beweis für Armut und Kapitalmangel einer Volkswirtschaft zu sehen. Ob die Zahlungsbilanz aktiv oder passiv ist, betrifft lediglich das äußere Gleichgewicht einer Volkswirtschaft, das vor allem von monetären Faktoren abhängt, nicht aber das Niveau ihrer Güterfülle und ihrer Kapitalversorgung. Deutschland erzielt seit Jahren Überschüsse der Zahlungsbilanz, weil es ein vergleichsweise billiges Land ist, ist aber deshalb um keinen Pfennig reicher. Die Vereinigten Staaten leiden seit langem an einem Zahlungsbilanzdefizit, das der Lohnpolitik und den Haushaltsdefiziten zu verdanken ist, und sind ein vergleichsweise teures Land geworden, aber sie sind heute weit reicher denn zuvor, als die Welt noch an «Dollarknappheit» litt. Auch Frankreich war nicht arm und insolvent, weil und solange es dank der finanziellen Mißwirtschaft der Vierten Republik eine passive Zahlungsbilanz hatte, und es wurde

nicht über Nacht reich und solvent, sobald das Regime de Gaulle den Frankenkurs berichtigte, der weiteren Inflation ein Ende machte und damit das Defizit der Zahlungsbilanz in einen Überschuß verwandelte.

4. Die Produktionsfaktoren

Unsere Mahnung, den Wirtschaftsprozeß als ein vielgegliedertes Ganzes zu sehen, ist um so mehr gerechtfertigt, als der Vorgang der Produktion und der Vorgang des Austausches der Produkte (Zirkulation) miteinander eine enge Verwandtschaft haben. In dieser Beziehung ist der alte *Logau* mit seinem treuherzigen Spruch, der als Motto diesem Kapitel voransteht, bereits vor 300 Jahren auf eine nationalökonomische Wahrheit gestoßen, die erst von der modernen Theorie in helles Licht gestellt worden ist: *Die Produktion ist im Grunde nichts anderes als ein ständiges Tauschgeschäft mit der Natur,* bei dem wir unsere Aufwendungen zu möglichst vorteilhaften Bedingungen gegen die erzeugten Produkte einzutauschen suchen, ein Tauschgeschäft, bei dem der Gedanke des Grenznutzens ebensogut Anwendung finden kann wie bei dem echten und eigentlichen Tauschverkehr[8]. Umgekehrt läßt sich aber auch sagen, daß der *Austausch nichts anderes als eine Produktion,* als eine Beschaffung von Gütern ist, bei der wir Opfer bringen, um uns in den Besitz eines Gutes zu setzen. Produktion wie Tausch sind in gleicher Weise ein Vorgang, bei dem wir bestimmte Aufwendungen machen, um uns ein Gut zu beschaffen, und der ganze Sinn der gesellschaftlichen Arbeitsteilung besteht schließlich darin, daß sie uns gestattet, die jeweils wirtschaftlichste Art der Beschaffung zu wählen. Das ist das ganze Geheimnis der Arbeitsteilung, insbesondere der internationalen Arbeitsteilung, das vielen so schwer fällt zu begreifen.

Worin bestehen nun die Aufwendungen, die wir in der Produktion machen? Wenn wir den Dingen auf den Grund gehen, so stellen wir fest, daß sich alle Aufwendungen schließlich auf drei Kategorien von Produktionselementen *(Produktionsfak-*

toren) zurückführen lassen, die ihrerseits nicht mehr zerlegbar sind: auf Arbeit, Boden und Kapital.

Unter den genannten drei Produktionsfaktoren benötigt die *Arbeit* am wenigsten eine Erklärung. Sie bedarf keiner Definition, und auch das ist jedermann klar, daß sie das eigentlich aktive und dirigierende Element der Produktion ist. Sie ist von so überragender Wichtigkeit, daß es begreiflich ist, wenn immer wieder Versuche unternommen worden sind, sie zum Range des einzigen Produktions- und Kostenfaktors zu erheben. Bei alledem hat man sich nur immer vor Augen zu halten, daß der Begriff «Arbeit» in diesem Sinne so weit zu fassen ist, daß er jede Tätigkeit, die körperliche wie die geistige, die dirigierende wie die ausführende, umschließt. Auch die Tätigkeit des Unternehmers ist also hierunter zu rechnen. Daraus folgt übrigens auch, daß der Produktionsfaktor Arbeit in unzählige Unterklassen zerfällt, deren jede ihren eigenen Markt, ihren eigenen Lohn und ihre besonderen Eigentümlichkeiten hat, ohne daß alle diese einzelnen Arbeitsmärkte untereinander in einer engen Verbindung stünden[9].

Auch der Produktionsfaktor *Boden* (allgemein: die Natur) macht dem Verständnis keine Schwierigkeiten. Seine Rolle in der Produktion ist dadurch gekennzeichnet, daß er sowohl als Standort (vgl. 3. Kapitel, Anmerkung 1) wie als Reservoir der im Boden schlummernden Stoffe und Kräfte dient. Diese Stoffe und Kräfte, deren Ausnutzung die organische Urproduktion (Land- und Forstwirtschaft und Fischerei) und die anorganische Urproduktion (Bergbau) gewidmet sind, bilden schließlich die letzte und elementarste Grundlage der menschlichen Güterversorgung überhaupt. Der Boden hat mit dem Produktionsfaktor Arbeit die Eigenschaft gemeinsam, daß er keine homogene Masse bildet, sondern in unzählige (entweder nach der Lage oder nach dem Stoffreichtum unterschiedene) Unterklassen zerfällt. Die Lage des Bodens wird dadurch von besonderer Wichtigkeit, daß er im Gegensatz zu den anderen Produktionsfaktoren unbeweglich ist: Mohammed muß in der Tat immer zum Berge kommen.

Arbeit und Boden sind greifbare, augenfällige Dinge, deren Rolle im Produktionsprozeß auf der Hand liegt. Jeder begreift, daß sie unerläßlich sind und daß sie letzte Produktionselemente darstellen, die sich nicht auf ein gemeinsames Drittes zurückführen lassen. Was aber ist der Produktionsfaktor *Kapital?* Hier beginnen die Schwierigkeiten.

Gehen wir von einem einfachen Beispiel aus, dem Beispiel der Getreideproduktion! Wenn wir sagen, daß dazu außer Boden und Arbeit auch Kapital notwendig ist, was meinen wir damit? Konkret gesprochen, haben wir dabei folgende Dinge im Auge: die Arbeitsgeräte, die Zugtiere, das Saatgut, den Dünger, die Wirtschaftsgebäude und Maschinen und schließlich einen Vorrat an Nahrungsmitteln (Subsistenzfonds) für die Zeit von der Bestellung bis zur Ernte. Wir bringen damit ungefähr zum Ausdruck, daß der Mensch an den Boden nicht mit der nackten Kraft seiner Arme, sondern mit Hilfsmitteln aller Art herantritt. Aber mit welchem Rechte legen wir diesen Hilfsmitteln den Charakter eines selbständigen dritten Produktionsfaktors bei? Sind sie nicht schließlich alle auf Arbeit und Bodenleistungen zurückzuführen? In einem Pflug stecken z. B. Holz, Eisen und ein bestimmtes Quantum an Arbeitsaufwand, aber es ist doch außerdem noch etwas Drittes darin enthalten, was wir nicht sehen, sondern nur durch Nachdenken erschließen können. Nehmen wir an, daß der Bauer sich den Pflug selbst anfertigt, so hat das zur Voraussetzung, daß er einen Teil seiner Zeit statt zur Nahrungsproduktion zur Produktion eines Pfluges verwendet. Das bedeutet aber für ihn eine Beeinträchtigung seiner laufenden Konsumversorgung. Entweder kann er für die Dauer der Herstellung des Pflugs weniger essen, oder aber er zehrt jetzt von einem Vorrat an Nahrungsmitteln, was bedeutet, daß er vorher seinen Verbrauch entsprechend eingeschränkt hat. Dieses Opfer der Konsumeinschränkung macht sich aber in der Zukunft bezahlt, da ja ein Pflug, verglichen mit einer primitiven Form der Bodenbearbeitung, einen gewaltigen Mehrertrag liefert. Wir sehen also, daß der Pflug nicht bloß dadurch zustande kommt, daß bestimmte Leistungen der Produktionsfaktoren Arbeit und Boden miteinander kombiniert werden, vielmehr tritt als eine weitere wesentliche Voraussetzung hinzu, daß auf irgendeine Weise eine Konsumeinschränkung stattfindet. Erst wenn das gegenwärtige Opfer in der Zukunft durch den mittels des Pfluges erzielten Mehrertrag aufgewogen ist, wird die Rechnung ausgeglichen. Bis dahin muß also der Bauer auf den Lohn seiner Arbeit und seiner Konsumbeschränkung warten. Zum selben Ergebnis kommen wir, wenn wir das Beispiel mehr der Wirklichkeit annähern und annehmen, daß der Bauer den Pflug nicht selbst anfertigt, sondern durch den Schmied herstellen läßt. Jetzt wird der Schmied mit Geld bezahlt, für das der Bauer sich sonst Konsumgüter hätte kaufen können.

Durch diesen Verzicht auf den vollen Genuß in der Gegenwart im Interesse der Zukunft, durch das «Warten», ist das Kapital als ein selbständiger Produktionsfaktor charakterisiert, der nicht auf Boden oder Arbeit zurückgeführt werden kann. Da die Gegenwartsversorgung nur bis zu einer gewissen Grenze zugunsten der Zukunft zurückgestellt werden kann, ist der Produktionsfaktor Kapital in jedem Augenblick knapp. Dies ist eine Feststellung von der größten Bedeutung, die man sich sehr fest einprägen muß. Ohne sie wäre es nicht zu verstehen, warum nicht längst alle Sensen in der Welt durch Mähmaschinen, alle Nähnadeln durch Nähmaschinen, alle Fahrräder durch Automobile und alle Straßenbahnen durch Untergrundbahnen ersetzt sind. So lange aber werden wir auch damit rechnen müssen, daß für dieses knappe Etwas nicht minder ein Preis gezahlt wird wie für Butter oder Bindfaden, und dieser Preis ist nichts anderes als der Zins.

Nun kann das «Warten», das dem Produktionsfaktor Kapital zugrunde liegt, einen verschiedenen Charakter haben. Was es im Falle des (gekauften) Pfluges bedeutet, ist klar; in den Pflug ist Geld «hineingesteckt», das dem laufenden Konsum entzogen wurde, und nun muß der Bauer warten, bis der mittels des Pfluges erzielte Mehrertrag die Geldsumme aufwiegt. Ähnlich ist es beim Bau eines Hauses, wo der Hausbesitzer warten muß, bis die Summe der Mietzahlungen die Höhe der Baukosten erreicht. In beiden Fällen haben wir es mit demjenigen «Warten» zu tun, das die Verwendung von *Anlagekapital* (festem Kapital) mit sich bringt. Gegenstand dieses Anlagekapitals sind dauerhafte Produktionsmittel, die über mehrere Produktionsperioden hinweg gebraucht werden. Nun muß aber der Bauer noch ein anderes «Warten» auf sich nehmen. Zwischen der Bearbeitung und Bestellung des Bodens und dem Verkauf des Getreides liegt ein Zeitraum von mehreren Monaten: im Herbst werden Bestellungsarbeit, Saatgut und Düngemittel aufgewandt und erst im Sommer des nächsten Jahres durch den Erlös der Ernte zurückerstattet. In der Zwischenzeit muß aber der Bauer mit seinem Gesinde leben, wofür er entweder einen Vorrat an Konsumgütern oder eine entsprechende Geldsumme zum Kauf von Konsumgütern braucht. Also auch hier muß gewartet werden, aber dieses Warten hat einen anderen Charakter als im ersten Falle: es muß während dieser einen Produktionsperiode auf den Wiederersatz der im Produktionsprozeß aufgewandten Menge von Arbeit und von Roh- und Hilfsstoffen und auf den Wiederersatz der für die Dauer des Produktionsprozesses notwendigen Konsumgüter (Subsistenzfonds) gewartet werden. Durch dieses Warten wird das *Betriebskapital* (umlaufendes Kapital) gekennzeichnet. Das Anlagekapital verhält sich zum Betriebskapital wie die Fleischhackmaschine zur Fleischmasse, die hindurchgetrieben wird.

Natürlich ist es nicht notwendig, daß der Produzent selbst das «Warten» auf sich nimmt. Er kann es vielmehr auf andere Schultern abwälzen, indem er jemanden findet, der ihm Kredit gibt und für diese Übernahme des Wartens in Form des Zinses eine Entschädigung erhält. Dieser Kredit ist je nach der Natur des «Wartens» ein Anlage- oder ein Betriebskredit. Die Möglichkeit der Kreditnahme ändert aber selbstverständlich nichts daran, daß dem Kapital unter allen Umständen ein «Warten», ein Konsumaufschub zugrunde liegt, einerlei, an welcher Stelle der Volkswirtschaft oder – bei internationalen Kapitalübertragungen – der Weltwirtschaft.

Daß der Produktionsfaktor Kapital einer so umständlichen Erläuterung bedarf, beweist schon, daß er sich gegenüber den anderen beiden Produktionsfaktoren durch eine Reihe von Eigentümlichkeiten auszeichnet. Diese Eigentümlichkeiten sind es, die diesen Produktionsfaktor zu einem so überaus schweren Problem der Nationalökonomie machen[10]. Dazu gehört nun auch noch der Umstand, daß das Kapital im Gegensatz zu Arbeit und BodenVeränderungen seiner Menge erlaubt, die durch menschlichen Entschluß und durch wirtschaftliche Erwägungen zustande kommen. Die Menge vermehrt sich durch *Kapitalbildung* und vermindert sich durch *Kapitalaufzehrung*[11]. Dabei ist aber zu beachten, daß die Kapitalmenge in einer Volkswirtschaft in jedem Augenblick in einem bestimmten Umfange gegeben und für eine absehbare Periode nur innerhalb enger Grenzen vermehrt werden kann. Es gibt ein Mittel, diese Grenzen hinauszuschieben und die Kapitalmenge innerhalb kurzer Zeit gewaltsam auszudehnen, nämlich die Kreditexpansion, aber die Anwendung dieses gewaltsamen Mittels rächt sich in der Regel durch eine darauffolgende Krise[12].

Schließlich muß noch ein Wort über diejenige Seite des Kapitals gesagt werden, die es den Gegnern unseres Wirtschaftssystems, den *Sozialisten,* so verhaßt gemacht hat und auch uns nicht gleichgültig sein kann. Es ist der Umstand, daß das Kapital nicht nur ein elementarer Produktionsfaktor, sondern unter den heutigen Verhältnissen zugleich eine private Einkommensquelle ist, der keine Leistung gegenüberzustehen scheint. Beides muß aber scharf auseinandergehalten werden. Indem wir sagen, daß das Kapital ein unentbehrlicher Produktionsfaktor ist, haben wir noch in keiner Weise zu der Frage Stellung genommen, wem dieser Produktionsfaktor gehören soll. Das erstere ist unbestritten, während die Frage des Kapital*besitzes* ebenso heftig diskutiert wird. Natürlich wird auch ein sozialistischer Staat das Kapital als Produktionsfaktor nicht entbehren können, d. h. auch an ihm wird gespart werden müssen, damit die alten Maschinen erneuert und größere und bessere Maschinen angeschafft werden können. Die russischen Fünfjahrespläne sind ja nichts anderes als ein solcher Prozeß sozialistischer Kapitalbildung in riesigem Maßstabe. Nicht der Umstand also, daß Kapital verwendet wird, unterscheidet die sozialistische Wirtschaft von der kapitalistischen, sondern allein das Staatseigentum am Kapital. Man darf mithin nicht glauben, den Sozialismus damit widerlegt zu haben, daß man auf die Notwendigkeit des Kapitals auch im sozialistischen Staate hinweist. Kein nachdenklicher Sozialist wird das leugnen, nur verlangt er, daß das Kapital der Gesamtheit gehört. Ob dieses Verlangen vernünftig ist oder nicht, steht an dieser Stelle noch nicht zur Diskussion.

5. Die Kombination der Produktionsfaktoren

Unter den heutigen Verhältnissen pflegen in jeder Art der Produktion alle drei Produktionsfaktoren zusammenzuwirken. Dabei ist aber der Umstand von großer Bedeutung, daß die Produktionsfaktoren sich untereinander weitgehend vertreten können *(Substitution der Produktionsfaktoren)*. Man kann z. B. die Landwirtschaft so betreiben, daß man eine bestimmte Bodenfläche mit wenig Arbeit und Kapital (extensive Landwirtschaft) oder mit viel Arbeit und Kapital kombiniert (intensive Landwirtschaft). Auch Arbeit und Kapital können ihrerseits in weitem Umfange einander ersetzen, da man bei sehr vielen Verrichtungen die Wahl hat, sie der Handarbeit oder der Maschine zu übertragen. Jede Hausfrau, die sich eine Waschmaschine anschafft, ersetzt damit den Produktionsfaktor Arbeit durch den Produktionsfaktor Kapital. Ob sie das tun soll, bedarf reiflicher Überlegung. Entscheidend sind dabei für sie zwei Gesichtspunkte. Den einen haben wir bereits früher kennengelernt, als wir fanden, daß eine Maschine sich erst von einem bestimmten Grade der Ausnutzung an lohnt. Indem die Hausfrau erwägt, ob ihre Hauswäsche für die Ausnutzung der Waschmaschine regelmäßig groß genug ist, ist sie unversehens auf einen allgemeinen Zusammenhang von sehr weittragender Bedeutung gestoßen, den man gewöhnlich mit dem *«Gesetz der Massenproduktion»* umschreibt. Am Beispiel der Hauswäsche kann es in folgender Weise erläutert werden: Bei Benutzung der Waschmaschine zerfallen die Kosten der Wäsche in zwei große Gruppen, nämlich in solche, die mit dem Umfange der Wäsche gleichmäßig steigen oder fallen (Strom- und Wasserkosten, Feuerung, Aufsicht, Seife), und in solche, die in bestimmter Höhe ein für allemal gegeben sind (Verzinsung und Amortisation der Maschine). Je größer der Umfang der Wäsche – die Produktionsmenge – ist, um so niedriger werden die Wäschekosten pro Stück, da sich die fixen Kosten (Generalkosten) auf eine immer größere Zahl von Produktionseinheiten verteilen[13]. Das letzte Wäschestück ist also das billigste, so wie der letzte Passagier eines Eisenbahnzuges der billigste ist. Voraussetzung für die Anschaffung bleibt aber, daß der Haushalt regelmäßig genug schmutzige Wäsche liefert. Diese Voraussetzung künstlich zu erfüllen, indem man das Beschmutzen der Wäsche zu einem harmlosen Familiensport macht, wäre sicherlich nicht das Ideal der Wirtschaftlichkeit. Es wäre gut, wenn das manche beherzigen würden, die in der Volkswirtschaft die Massenproduktion mit künstlichen Mitteln fördern möchten.

Der andere Gesichtspunkt, den die Hausfrau bei der Anschaffung der Waschmaschine beachten wird, ist das Preisverhältnis der beiden Produktionsfaktoren. Ist die Arbeit billig im Vergleich zum Kapital, der Lohn also niedrig und der Zins hoch, so ist die Waschmaschine eher unwirtschaftlich, als wenn das Umgekehrte der Fall ist. Das ist die Erklärung dafür, daß in Amerika sehr viel mehr Maschinen – im Haushalt wie in der Industrie und überall sonst – in Anwendung sind als in Europa und in Europa mehr als in Asien. Aus demselben Grunde nimmt auch in der amerikanischen Landwirtschaft die menschliche Arbeitskraft gegenüber Boden und Kapital einen bescheideneren Platz ein als in Europa. In den meisten Ländern Asiens ist die Arbeit das Billigste und Boden und Kapital das Teuerste in den Vereinigten Staaten die Arbeit das Teuerste und Boden und Kapital das Billigste. In China gar ist die menschliche Arbeitskraft so wohlfeil, daß sie sogar als Straßenverkehrsmittel (Rikschakulis!) Verwendung finden kann. Es wird ohne weitere Erklärung einleuchten, daß in allen diesen Fällen das Preisverhältnis der Produktionsfaktoren ihr Mengenverhältnis in der Volkswirtschaft widerspiegelt: der jeweils knappste Produktionsfaktor ist der teuerste, und weil er der teuerste ist, muß mit ihm am haushälterischsten umgegangen werden. Genau so müßte ja auch eine sozialistische Volkswirtschaft verfahren, wenn sie über die einzelnen Produktionsfaktoren wirtschaftlich disponieren wollte. Damit haben wir einen außerordentlich wichtigen Satz gefunden, der uns zugleich den Schlüssel zum Verständnis der Preisbildung der Produktionsfaktoren (Arbeitslohn, Grundrente und Zins) liefert und uns außerdem lehrt, daß die wirtschaftliche Kombination der Produktionsfaktoren durch die ökonomische Struktur jedes einzelnen Landes bestimmt wird. Wieder erkennen wir, daß das technisch Imponierende keineswegs immer das Wirtschaftliche zu sein braucht.

Wir sehen, daß eine der Hauptaufgaben desjenigen, der die Produktion organisiert – wir nennen ihn in der Industrie den *Unternehmer* –, darin besteht, die jeweils vorteilhafteste *Kombination der Produktionsfaktoren* herauszufinden, und indem alle Produzenten diesem Streben folgen, führen sie vereint eine bestimmte Preisbildung der Produktionsfaktoren herbei. Die jeweils optimale Kombination wird nun entscheidend dadurch beeinflußt, daß man die Menge eines einzelnen Produktionsfaktors nicht fortgesetzt steigern kann, ohne daß schließlich der Ertragszuwachs, der von einer solchen Steigerung zu erwarten ist, sinkt. Diesen Vorgang meint man, wenn man in der Landwirtschaft vom *«Gesetz des abnehmenden Bodenertrages»* spricht. Dieses besagt, daß, wenn man auf einer gegebenen Bodenfläche den Aufwand von Arbeit oder Kapital fortgesetzt steigert, nach einer anfänglichen überproportionalen Ertragssteigerung ein Sinken des Ertragszuwachses eintritt, – eine Wahrheit, die jeder mit Hilfe einer bedauernswerten Tomatenpflanze und fortgesetzt gesteigerten Kunstdüngerdosen experimentell nachprüfen kann. Das Gesetz hat aber eine allgemeine Bedeutung für die gesamte Produktion, in dem erwähnten Sinne, daß die fortgesetzte Zuführung neuer Dosen eines einzelnen Produktionsfaktors zur gleichbleibenden Menge der anderen Produktionsfaktoren zunächst einen überproportionalen und dann einen unterproportionalen Ertragszuwachs liefert. Das ist so banal und steht so sehr außerhalb jeder Diskussion wie die alltägliche Erfahrung der Köchin, daß die erste Dosis Salz, die sie einer gegebenen Kartoffelmenge zuführt, eine gewaltige Erhöhung der Schmackhaftigkeit bewirkt, während der Nutzen der nächstfolgenden Dosen immer zweifelhafter wird; sie weiß, daß es ein Optimum der Kombination von Kartoffeln und Salz gibt. Wir kommen also zu dem wichtigen Satze, daß *bei jeder Produktion die einzelnen Produktionsfaktoren immer in einem harmonischen Verhältnis zueinander stehen müssen, andernfalls eine disproportionelle Ertragsentwicklung eintritt*. Ein Büro braucht sicherlich zum mindesten eine Stenotypistin, aber wenn der Bürochef die Einstellung einer zweiten Stenotypistin erwägt, so kommt ihm zum Bewußtsein, daß sie keineswegs so unersetzlich wie die erste ist, noch mehr bei der dritten und so fort. Ihre Produktivität sinkt, und es scheint einleuchtend, daß die Produktivität der letzten Stenotypistin – die «Grenzproduktivität» dieser Gattung des Produktionsfaktors Arbeit – kaum höher, aber auch kaum niedriger als ihr Gehalt sein kann.

Anmerkungen zum fünften Kapitel

1. (S. 165) Volkseinkommen und Volksvermögen:
Die Problematik einer Berechnung des Volkseinkommens wird noch bei weitem übertroffen durch diejenige einer Berechnung des Volksvermögens. Zunächst ist da zu bedenken, daß uns überall dort die Möglichkeit einer halbwegs zutreffenden Bewertung fehlt, wo es sich um solche Bestandteile des Volksvermögens handelt, die keinen Markt haben. Zu welchem Betrage sollen wir die Straßen und Kanäle einsetzen? Sie zu den Herstellungskosten einzusetzen, wäre unkorrekt, da sich ja inzwischen ihr Wert für die Volksgemeinschaft völlig geändert haben kann. Hinzu tritt aber eine überaus lehrreiche grundsätzliche Schwierigkeit. Wenn in einem Lande durch ein Naturereignis plötzlich das Wasser sehr knapp würde, so müßte die nationale Wassermenge dem Nationalreichtum hinzugezählt werden, obwohl in Wahrheit eine Verarmung eingetreten ist. Diese wenigen Bemerkungen dürften es begreiflich machen, warum Berechnungen des Volksvermögens ein sehr geringer Wert beizulegen ist. Lit.: *Colin Clark,* National Income and Outlay, London 1937; *Colin Clark,* The Conditions of Economic Progress, 2. Aufl., London 1950; *J. R. Hicks,* The Social Framework, 2. Aufl., Oxford 1952, deutsch: Einführung in die Volkswirtschaftslehre, Hamburg 1962, sowie die unter 5. genannte Literatur.

2. (S. 167) Die Spekulation:
In der Spekulation eine nützliche Leistung zu erblicken, fällt den meisten außerordentlich schwer, da sich mit diesem Begriff immer leicht herabsetzende Nebenvorstellungen verknüpfen. Zur Würdigung der Spekulation ist jedoch zu beachten, daß angesichts der Unsicherheit der Zukunft jedem wirtschaftlichen Akt ein spekulatives Element innewohnt. Immer sind Risiken und Chancen abzuschätzen, und ein Geschäftsmann ist im Grunde nur ein Spezialist in der Abwägung von Wahrscheinlichkeiten. Wenn einzelne bestimmte Abschätzungen der Zukunft zu ihrem Beruf machen, so kommt darin an sich nur der Nutzen der Arbeitsteilung zum Ausdruck. So wie der Händler dem Fabrikanten die spezifischen Handelsfunktionen abnimmt, so nimmt der Spekulant ihm das Spekulationsrisiko ab. Näheres bei: *W. Röpke,* Artikel «Spekulation», Handwörterbuch der Staatswissenschaften, 4. Aufl.; *F. H. Knight,* Risk, Uncertainty, and Profit, Boston-New York 1921, Neuaufl. 1957. In dieser Litera-

tur wird auch die Frage geklärt, unter welchen Umständen die Spekulation so unproduktiv oder sogar schädlich wird, wie es die landläufige Meinung in unzulässiger Verallgemeinerung für jede Spekulation annimmt. Die Spekulation wird immer am besten dadurch gezügelt, daß nach Möglichkeit den Spekulanten keine Gelegenheit gegeben wird, ein Feld parasitärer Geschäftemacherei zu finden. So ist es gewiß wirksamer, die Quellen des Schwarzhandels, der in allen noch der Zwangswirtschaft ergebenen Ländern sein Wesen treibt, durch Wiederherstellung der freien Marktwirtschaft statt durch polizeiliche Eingriffe zu bekämpfen. Besonders bedenklich ist die *großstädtische Terrainspekulation,* die durch eine zweckmäßige Stadtplanung, durch eine vorausschauende Bodenpolitik, durch Besteuerung oder durch bestimmte rechtliche Maßnahmen eingedämmt werden kann. Hier tritt die später (Kap. 7, 3) zu behandelnde Besonderheit der Grundrente hervor. Vgl. *H. Sieber,* Die Bodenspekulation und ihre Bekämpfungsmöglichkeiten, Wirtschaft und Recht, 1957, Heft 2. Zur Börsenspekulation: *A. Hunold,* Die schweizerischen Effektenbörsen, Zürich 1949; *F. W. Hirst,* The Stock Exchange, London 1949.

3. (S. 168) Produktion und Distribution:
Der beherzigenswerte Vorschlag, die Ausdrücke Produktion und Distribution als termini technici in dem im Text erläuterten Sinne zu verwenden, ist von *Franz Oppenheimer* (erstmals in seiner «Theorie der reinen und politischen Ökonomie», Berlin 1910) gemacht worden. Die Produktion würde dann ihrerseits in die materielle Gütererzeugung (Urproduktion, Verarbeitung), in Handel, Transport usw. zerfallen.

4. (S. 171) Der Wirtschaftsprozeß:
Man kann sich die im Text erklärten Zusammenhänge durch nachstehendes Schema (s. folgende Seite) veranschaulichen. Wissenschaftlich anspruchsvoller und doch von klassischer Klarheit die Darstellung bei: *C. Bresciani-Turroni,* Einführung in die Wirtschaftspolitik, Bern 1948, Kap. II.
Vgl. auch *J. R. Hicks,* The Social Framework, a. a. O. und die unter 5. genannte Literatur.

5. (S. 171) Volkswirtschaftliche Gesamtrechnung:
Aus der Fülle der Literatur seien hervorgehoben: *Wilhelm Krelle, Volkswirtschaftliche* Gesamtrechnung, 2. Aufl., Berlin

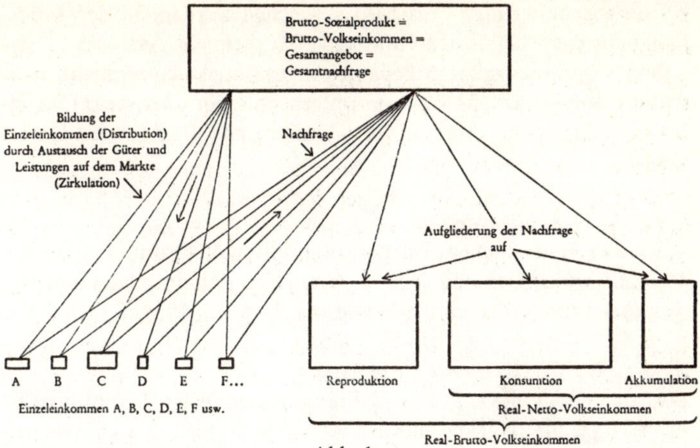

Abb. 1

1967; *Erich Schneider,* Einführung in die Wirtschaftstheorie, I. Teil, Theorie des Wirtschaftskreislaufs, 13. Aufl., 1967; *Werner Hofmann,* Die volkswirtschaftliche Gesamtrechnung, 1954; *H. C. Edey – A. T. Peacock,* National Income und Social Accounting, London 1954. Eine Sonderform ist die von dem amerikanischen Nationalökonomen *Wassily Leontief* (The Structure of the American Economy, New York 1953) entwickelte «Input-Output»-Analyse, die die in die Produktion eingehenden und aus ihr wieder hervorgehenden Güterströme im einzelnen zu erfassen sucht.
Grenzen und Bedenken: *W. Röpke,* Jenseits von Angebot und Nachfrage, 3. Aufl., S. 339 ff.; *F. Machlup,* Der Wettstreit zwischen Mikro- und Makrotheorien in der Nationalökonomie, 1960; *S. Schoeffler,* The Failures of Economics: A Diagnostic Study, Cambridge (Mass.) 1955; *O. Morgenstern,* On the Accuracy of Economic Observations, Princeton 1963, deutsch: Über die Genauigkeit wirtschaftlicher Beobachtungen, 2. Aufl., Wien–Würzburg 1965.

6. (S. 173) Devisenbilanz:

Bei korrekter Darstellung muß ein Zuwachs der Devisenreserven in der *Zahlungsbilanz* als Passivposten angeschrieben werden, weil es sich um eine besondere Art von Devisenverwendung (Hortung) handelt. Er kann mit einer Einfuhr (Goldimport) oder richtiger mit einer Kapitalausfuhr (Verzicht auf Ausgabe erhaltener Forderungsrechte gegenüber dem Ausland) verglichen werden. In der *Notenbankbilanz* erscheint der Zuwachs natürlich als Aktivum. Diese Schreibweise wird gelegentlich auch in Zahlungsbilanzstatistiken erwähnt, doch muß für das Gesamtergebnis der Devisenzufluß als Passivum gerechnet werden. Für den Devisenabfluß gilt das Umgekehrte.

7. (S. 173) Zahlungsbilanz:
Alles weitere in meinem Buche «Internationale Ordnung – heute», 1954, S. 276 ff, Dazu auch mein Aufsatz «Zahlungsbilanz und Nationalreichtum» (Gegen die Brandung, 2. Aufl., 1959, S. 306 ff.).

8. (S. 175) Die Welt «als Kram»:
So sagt einer der bedeutendsten älteren Theoretiker: «La nature n'est autre chose qu'un grand bazar à prix fixes ou bien une série de machines automatiques. Voulez-vous du charbon, du fer, des fruits, de la viande? Vous pouvez avoir tout ce que vous voulez; vous n'avez qu'à passer à la caisse, c'est-à-dire, vous n'avez qu'à vous soumettre aux conditions, aux prix fixes qu'elle réclame» *(M. Pantaleoni,* Du caractère logique des différences d'opinions qui séparent les économistes, Genf 1897, S. 34).

9. (S. 176) Die Uneinheitlichkeit des Arbeitsmarktes:
Jeder weiß, daß es gleichzeitig Mangel an der einen Art und Überfluß an der anderen Art von Arbeitern (oder Angehörigen akademischer Berufe) geben kann, ohne daß ein Ausgleich stattfindet. Der Übergang von der einen Kategorie zur anderen ist außerordentlich schwierig, sowohl für denjenigen, der bereits für eine bestimmte Tätigkeit ausgebildet ist, wie auch für seine Kinder. Die einzelnen Kategorien bilden also Gruppen mit gestörter Konkurrenz untereinander («noncompeting groups» in der Terminologie von *J. E. Cairnes,* Some Leading Principles of Political Economy, London 1874).

10. (S. 180) Die Theorie des Kapitals:
Wir haben es hier mit einem Problem zu tun, das wie kaum ein anderes die Nationalökonomen der letzten hundert Jahre beschäftigt hat und gerade heute wiederum im Mittelpunkt lebhafter Auseinandersetzungen steht. Aus der jüngsten deutschen Literatur sind dafür vor allem zu nennen: *F. A. v. Hayek,* Preise und Produktion,

Wien 1931; *W. Eucken,* Kapitaltheoretische Untersuchungen, 2. Aufl., 1954; R. v. Strigl, Kapital und Produktion, Wien 1934; *J. R. Hicks,* Value und Capital, 2. Aufl., Oxford 1950.

11. (S. 180) Kapitalbildung und Kapitalaufzehrung:

Die Kapitalbildung kann in verschiedenen Formen erfolgen, für die ich folgendes Schema vorgeschlagen habe (*W. Röpke,* Die Theorie der Kapitalbildung, 1929):

I. *Naturalwirtschaftliche Kapitalbildung,* auch direkte Kapitalbildung genannt. Hier erfolgt die Kapitalbildung ohne Umweg über das Geld. Beispiel: Der Bauer, der seinen eigenen Pflug anfertigt. Ebenso liegt naturalwirtschaftliche Kapitalbildung vor, wenn Jungvieh nicht verkauft, sondern zur Vergrößerung des eigenen Viehbestandes aufgezogen wird. Sie hat also selbst in der heutigen Geldwirtschaft noch eine große Bedeutung innerhalb der Landwirtschaft. Im übrigen aber erfolgt heute die Kapitalbildung meist indirekt, d. h. auf dem Umwege über das Geld.

II. *Geldwirtschaftliche Kapitalbildung:*

1. Kapitalbildung durch Sparen, d. h. dadurch, daß Einkommensteile aus freiwilligem Entschluß nicht verbraucht, sondern dem Kapitalmarkt zur Verfügung gestellt werden. Dies ist noch immer die Hauptquelle der Kapitalbildung.
2. Unternehmungskapitalbildung, dadurch erfolgend, daß Betriebsgewinne für die Anschaffung von Maschinen innerhalb des Betriebes verwandt werden («Selbstfinanzierung»).
3. Finanzwirtschaftliche Kapitalbildung, dadurch erfolgend, daß der Staat Steuererträge zur Errichtung von Fabriken, zum Bau von Eisenbahnen usw. benutzt. Im Gegensatz zu den bisher genannten hat diese Form der Kapitalbildung Zwangscharakter (autoritäres Zwangssparen).
4. Kreditpolitische Kapitalbildung, die aus der Kreditschöpfungskraft der Banken zu erklären ist. Der sich dabei abspielende Vorgang ist folgender: Wenn das Banksystem den Unternehmern für den Bau von Fabriken zusätzliche Kredite gewährt, so wird die Nachfrage auf den Gütermärkten dadurch vermehrt, ohne daß gleichzeitig das Angebot an Gütern vermehrt worden ist. Die Folge ist eine mehr oder weniger fühlbare Preissteigerung (Hochkonjunktur). Diese zwingt die Konsumenten, ihren Verbrauch einzu-

schränken. Damit ist auch in diesem Falle die für die Kapitalbildung notwendige Konsumeinschränkung eingetreten, nur mit dem Unterschiede, daß sie «hinten herum» und zwangsweise erfolgt ist (monetäres Zwangssparen). Diese Art der Kapitalbildung ist mit der Entwicklung des modernen Bankwesens außerordentlich bedeutsam geworden.

12. (S. 180) Kreditexpansion als Krisenursache:

Daß die Kreditexpansion eine Vergewaltigung der Volkswirtschaft bedeutet, die sich in der Krise und in der Depression rächt, nachdem sie zunächst die Hochkonjunktur entfacht hat, ist heute der wichtigste Bestandteil aller Krisenerklärungen. Auch der letzten Weltkrise (1929–33) ist eine riesige Kreditexpansion in den führenden Ländern voraufgegangen. Näheres im späteren Sonderkapitel.

13. (S. 182) Das Gesetz der Massenproduktion:

Den Zusammenhang kann man ganz allgemein folgendermaßen formulieren. Wenn wir die Produktionskosten pro Stück mit k, die Produktionsmenge mit p, die Generalkosten mit g und die Spezialkosten mit s bezeichnen, so gilt folgende Gleichung:

$$k = s + \frac{g}{p}.$$

Da nun die Spezialkosten (s) ohne Rücksicht auf die Produktionsmenge (p) pro Produktionseinheit gleichbleiben, so müssen die Stückkosten (k) immer geringer werden, je größer die Produktionsmenge (p) wird, da ja der Quotient $\frac{g}{p}$ dann immer kleiner wird. Die Stückkosten nähern sich asymptotisch den Spezialkosten an. In Wirklichkeit sind freilich die Zusammenhänge weit verwickelter. So wird die Voraussetzung, daß die Spezialkosten pro Produktionseinheit konstant bleiben, selten erfüllt sein, vielmehr werden auch sie oft einen leicht degressiven Charakter haben. Vor allem ist vor der Meinung zu warnen, daß das Gesetz der Massenproduktion unbegrenzt wirksam sei. Verschiedene Umstände wirken dem früher oder später entgegen. So leuchtet es am Beispiel der Waschmaschine ohne weiteres ein, daß, wenn der Umfang der Wäsche immer weiter wächst, schließlich die alte Waschmaschine nicht mehr ausreicht. Dann muß eine neue und größere beschafft werden, aber die Dimensionen einer Waschmaschine können über ein bestimmtes Maß hinaus nicht vergrößert werden. Es gibt also auch hier ein Optimum. Wo dieses bei den einzelnen Maschinen liegt, ist eine technische Detailfrage. Wahrscheinlich liegt es im Durchschnitt der Fälle niedriger, als die meisten glauben. Mit wachsender Größe des Betriebes treten zugleich andere Schwierigkeiten auf, die die Kosten erhöhen. So wird vor allem die Koordinierung und Überwachung immer schwieriger, die Abhängigkeit von gleichmäßiger Ausnutzung immer größer. Vgl. über alle diese Fragen: *E. A. G. Robinson,* Betriebsgröße und Produktionskosten, Wien 1936; *Colin Clark,* The Conditions of Economic Progress, 2. Aufl., London 1950. Es muß übrigens beachtet werden, daß das Gesetz der Massenproduktion auf einer ganz anderen Ebene liegt als das Gesetz des abnehmenden Bodenertrages. Die weitverbreitete Meinung, daß die Industrie unter dem Gesetz steigender, die Landwirtschaft jedoch unter dem Gesetz sinkender Erträge stünde, verkennt, daß man hierbei ganz verschiedene Dinge einander gegenüberstellt. Es handelt sich hier um recht schwierige Zusammenhänge, deren Erörterung in der neuesten Theorie (Kostentheorie) einen breiten Raum einnimmt. Wer ihnen wirklich auf den Grund gehen will, nehme am besten zur Hand: *P. H. Wicksteed,* The Common Sense of Political Economy, Bd. II, London 1933, S. 527 ff. Vgl. auch: *F. X. Weiß,* Artikel «Abnehmender Ertrag», Handwörterbuch der Staatswissenschaften, 4. Aufl.; *O. Morgenstern,* Offene Probleme der Kosten- und Ertragstheorie, Zeitschrift für Nationalökonomie, März 1931; *E. Schneider,* Theorie der Produktion, Wien 1934; *H. v. Stackelberg,* Grundlagen einer reinen Kostentheorie, Wien 1932.

Sechstes Kapitel
Märkte und Preise

«Ein Parlamentsmitglied, welches jeden Vorschlag zur Stärkung des Monopols unserer Manufakturisten unterstützt, kann sicher darauf rechnen, nicht nur den Ruf eines Mannes zu haben, der sich auf den Handel versteht, sondern sich auch bei einer Klasse von Leuten, die durch Zahl und Reichtum ein großes Gewicht haben, Einfluß und Popularität zu verschaffen. Wenn er sich hingegen ihnen widersetzt, oder wenn er gar Ansehen genug hat, um ihnen Abbruch zu tun, so kann weder die anerkannteste Rechtschaffenheit noch der höchste Rang noch die größten Verdienste um den Staat ihn gegen die ehrenrührigste Herabwürdigung, gegen persönliche Beleidigung und mitunter selbst gegen wirkliche Lebensgefahr schützen, welche aus der frechen Erbitterung wütender und in ihren Hoffnungen getäuschter Monopolisten entstehen.»

Adam Smith

1. Der freie Preis räumt den Markt

In den bisherigen Kapiteln ist der Mechanismus unseres nichtsozialistischen Wirtschaftssystems so weit gezeichnet worden, daß es jetzt ohne weiteres begreiflich wird, warum die Preisbildung auf den einzelnen Gütermärkten derjenige Vorgang ist, der das Ganze lenkt und reguliert und zu dem alle nationalökonomischen Fragen immer wieder zurückführen. Es ist nunmehr unsere Aufgabe, diesen Vorgang näher zu prüfen, indem wir vom Einfachen zum Verwickelten fortschreiten.
Wir gehen am besten von dem populären Satz aus, daß der Preis auf einem Markte zu irgendeinem Zeitpunkt durch *Angebot und Nachfrage* bestimmt wird, und gewinnen damit die

erste Annäherung an das Problem. Da steigendes Angebot und sinkende Nachfrage den Preis senken, sinkendes Angebot und steigende Nachfrage ihn heben, so können wir diesen einfachen und jedermann geläufigen Zusammenhang durch den Satz ausdrücken, daß der Preis sich proportional zur Nachfrage und umgekehrt proportional zum Angebot bewegt. Damit sind aber die Beziehungen zwischen Angebot, Nachfrage und Preis nicht erschöpft. Wichtig ist nämlich, daß nicht nur der Preis von Angebot und Nachfrage, sondern auch umgekehrt Angebot und Nachfrage vom Preis abhängig sind. Auch diese Abhängigkeit ist jedermann geläufig. Sie kann durch den Satz ausgedrückt werden, daß das Angebot sich proportional, die Nachfrage umgekehrt proportional zum Preise bewegt.

Die beiden Sätze, die wir fanden, führen zu dem Ergebnis, daß Angebot, Nachfrage und Preis zueinander in einer Beziehung der Wechselwirkung stehen. Der darauf beruhende Mechanismus der Preisbildung arbeitet in seiner einfachsten Form folgendermaßen: Bei einem Mißverhältnis zwischen Angebot und Nachfrage steigt oder fällt der Preis so lange, bis Angebot und Nachfrage durch die Rückwirkung des Preises auf sie miteinander zur Deckung gebracht sind. Der sich dann ergebende Preis ist der *Gleichgewichtspreis,* der sich nicht verändern wird, solange die Marktlage sich nicht verändert. Er ist dadurch gekennzeichnet, daß bei ihm kein Anbietender oder Nachfragender, der bereit ist, ihn zu akzeptieren, unbefriedigt vom Markte geht. Solange der Preis diese Lage nicht gefunden hat, wird er nicht zur Ruhe kommen. *Der Gleichgewichtspreis ist derjenige Preis, der den Markt räumt.* Dies ist einer der wichtigsten und elementarsten Sätze der gesamten Nationalökonomie, den man sich so fest einprägen muß, daß man ihn niemals vergißt[1].

Es ist eine einfache Folgerung aus unserem Elementarsatze, daß die Ausdrücke «Angebot» und «Nachfrage» immer nur in einem relativen Sinne gebraucht werden dürfen. Ein Gut wird nicht schlechthin angeboten oder nachgefragt, sondern immer nur in Beziehung auf einen bestimmten Preis. Ändert sich der

Preis, so ändern sich auch Angebot und Nachfrage. Das bedeutet aber nicht, daß Angebot und Nachfrage nur vom Preise abhängig wären. Es ist selbstverständlich, daß bei demselben Preise von einer bestimmten Ware mehr angeboten werden wird, wenn durch eine Verbesserung der Technik die Produktionskosten gesenkt werden, und mehr nachgefragt werden wird, wenn die allgemeine Wertschätzung der Ware steigt. Auch jetzt bleibt es richtig, daß das Angebot bei steigendem Preise steigt und die Nachfrage bei sinkendem Preise, aber das Niveau, auf dem es geschieht, hat sich nunmehr geändert. Man pflegt das durch den Satz auszudrücken, daß sich die *Staffel des Angebots oder der Nachfrage* (oder die Kurve des Angebots oder der Nachfrage) verschoben hat. Eine Vermehrung des Angebots kann also ebensowohl durch eine Preissteigerung bei gleichbleibender Angebotsstaffel wie durch eine Änderung der Angebotsstaffel bei gleichbleibendem Preise wie durch beides zugleich erfolgen, und umgekehrt eine Verminderung des Angebots. Entsprechendes gilt für eine Vermehrung oder Verminderung der Nachfrage. Alle diese Ausdrücke haben also einen Doppelsinn, den man nicht aus dem Auge verlieren darf. Unser erster Elementarsatz faßt mithin nur den Fall ins Auge, daß die Angebots- und die Nachfragestaffeln gegeben sind. Ändern sich diese Staffeln, so tritt auch eine Verschiebung des Gleichgewichtspreises ein. Eine Untersuchung der Ursachen der Staffelverschiebung würde uns zu einer Analyse aller Umstände führen, die die allgemeine Wertschätzung eines Gutes auf der einen Seite und die allgemeinen Bedingungen des Angebots eines Gutes auf der anderen Seite bestimmen. Damit ergeben sich Komplikationen, die einstweilen nur erst angedeutet werden können.

Der bisher gefundene elementare Zusammenhang wird schlagend durch alle Versuche illustriert, durch staatlichen Befehl einen anderen als den Gleichgewichtspreis durchzusetzen. Ein uns schon mehrfach bekanntgewordenes Beispiel hierfür bietet die *Höchstpreiswirtschaft* während der beiden Weltkriege, die es sich zum Ziel setzte, einen niedrigeren als den Gleichgewichtspreis zu verordnen. Daß die Preise der lebenswichtigen Güter während des Krieges stiegen, erklärte sich neben den Wirkungen der Inflation in natürlicher Weise daraus, daß das Angebot knapper wurde, während die Nachfrage stieg. In dieser Situation folgte man der naheliegenden, aber oberflächlichen Meinung, daß hier eine willkürliche Ausbeutung der Konsumenten vorläge, der durch Kommandierung von Höchstpreisen ein Riegel vorgeschoben werden müsse. Damit wurde aber die regulierende Funktion der Preisbildung ausgeschaltet, und es trat nun jene Kette von Fernwirkungen ein, die uns bereits vertraut ist: ein unbefriedigter Nachfragerest führte zum Queue-Preissystem und schließlich zum Rationierungs-Preissystem. Gleichzeitig traten auf der Angebotsseite Störungen ein, denen man mit Zwangseingriffen in die Produktion (Ablieferungszwang, Anbauzwang u. a.) zu begegnen suchte. Man konnte daraus für die Zukunft die Lehre entnehmen, daß der Mechanismus der Preisbildung ein so wesentliches Stück des Gesamtmechanismus unseres Wirtschaftssystems ist, daß man es nicht herausbrechen kann, ohne schließlich immer weiter auf eine Bahn gedrängt zu werden, die im reinen Kollektivismus endet.

Diese Erfahrungen, die man mit der Höchstpreiswirtschaft gemacht hat, können durch die entsprechenden Erfahrungen ergänzt werden, die man nach dem ersten Weltkriege in der entgegengesetzten Politik der *Niedrigstpreiswirtschaft* hat sammeln können. Legte der Warenmangel des Krieges den Schutz der *Konsumenten* durch Höchstpreise nahe, so hat in den Jahren der großen Weltdepression der Überfluß an manchen Waren dazu verführt, die *Produzenten* vor einem zu starken Preisfall durch Mindestpreise zu schützen. Die Folge dieser künstlich *nach oben* geschraubten Preise war, daß der Preis daran gehindert wurde, durch Senkung des Angebots und durch Steigerung der Nachfrage den Markt zu räumen. Der bei dem künstlichen Preise unabsetzbare Angebotsüberschuß mußte durch Staatsaufkäufe vom Markte ferngehalten und unter hohem Kostenaufwand gelagert werden (Valorisation).

Damit aber begannen erst die wahren Leiden dieser Politik. Wie irgendein Beispiel – etwa die brasilianische Kaffeevalorisation – zeigt, bewirkte die Hochhaltung des Preises, daß nicht nur eine Anpassung der Produktion an die Marktlage unterblieb, sondern unter dem Anreiz der staatlichen Preispflege sogar noch eine weitere Ausdehnung der Produktion eintrat. Je mehr aber die Lager zunahmen, um so höher wuchsen die Kosten, um so mehr aber geriet auch der Markt unter den Druck dieses latenten Angebots. Auf diese Weise ist unter anderem die brasilianische Kaffeevalorisation ruhmlos zusammengebrochen, unter Hinterlassung von riesigen Staatsschulden und von unabsetzbaren Kaffeevorräten, die man schließlich zum Teil dem Meer geopfert hat. Es wäre gut, wenn diejenigen, die diese Vernichtung der Kaffeesäcke immer wieder dem «Kapitalismus» vorwerfen, sich vor Augen halten würden, daß gerade eine planwirtschaftliche Korrektur des «Kapitalismus» die ganze Kette von Wirkungen ausgelöst hat, deren Endergebnis mit Recht so sinnlos erscheint.

Nun könnte man einwenden, daß eine Niedrigstpreiswirtschaft doch gelingen müsse, wenn man den Spaten tiefer ansetzt und die Angebotskontrolle zu einer Produktionskontrolle ausdehnt. Das ist gewiß richtig, nur illustriert es wiederum den Satz, daß Eingriffe in den Preismechanismus zu immer tieferen und weiteren Eingriffen bis zur vollendeten sozialistischen Planwirtschaft führen. Dabei ist zu beachten, daß auch die Zwangswirtschaft in der Produktion durch Anbaubeschränkungen aller Art, Ablieferungsrationierung und andere Maßnahmen immer wieder neue und weitere Fragen aufrührt. Handelt es sich z. B. um eine Exportware, so wird die Preishochhaltung durch Produktionseinschränkung in dem einen Lande nur zur Folge haben, daß sich die Produktion anderer Länder um so stärker ausdehnt. Daran ist z. B. die Kautschukrestriktion in den englischen Kolonien nach dem ersten Weltkriege kläglich zusammengebrochen, und ähnliche Wirkungen ließen sich später im Falle der amerikanischen Baumwollpolitik beobachten. Hinzu treten andere Probleme. So ist gerade in der landwirtschaftlichen Produktion, um die es sich in den meisten dieser Fälle handelt, eine wirklich wirksame Produktionskontrolle so lange schwer durchzusetzen, als man nicht die gesamte Landwirtschaft nach dem wenig verlockenden Vorbilde Rußlands kollektiviert. Dahin kann aber leicht diese ganze Politik führen, wenn der Staat zu immer weiteren planwirtschaftlichen Eingriffen genötigt wird. In dieser Richtung wirkt besonders stark der Umstand, daß die Produktionsbeschränkung des einen Agrarproduktes den Landwirt veranlassen wird, die Produktion der anderen um so stärker auszudehnen, so daß die Kalamität sich immer weiter ausbreitet und schließlich die planwirtschaftliche Produktionskontrolle immer totaler werden muß. Es wäre seltsam, wenn in dieser Lage der Staat nicht auch auf den Ausweg verfallen wäre, die Nachfrage ebenso zwangsweise zu erhöhen, wie er das Angebot zwangsweise verringert. In der Tat hat sich auch hiefür während der letzten Jahrzehnte eine eigene Technik entwickelt, deren bekanntestes Mittel der Beimischungszwang (z. B. für Alkohol als Treibstoff) ist. Fügen wir noch hinzu, daß sich die Agrarpolitik vieler Länder während der letzten Jahrzehnte in der Tat weitgehend auf den gezeichneten Linien entwickelt hat, so dürfte deutlich genug geworden sein, daß die *Preisbildung der Regulator unseres Wirtschaftssystems ist, den man nicht stören kann, ohne schließlich zu einem Umbau des ganzen Wirtschaftssystems genötigt zu werden.* Es ist zweifelhaft, ob alle, die Eingriffe in die Preisbildung befürworten, sich ganz darüber im klaren sind, daß der magnetische Pol einer solchen Politik in Moskau liegt (wobei wir früher noch das nationalsozialistische Berlin hinzugefügt hätten). «Beim ersten Schritte sind wir frei, beim zweiten sind wir Knechte.»

2. Elastizität von Angebot und Nachfrage

Wir tun nun einen weiteren wichtigen Schritt in unserer Untersuchung, indem wir feststellen, daß der Grad, in dem Angebot und Nachfrage auf Preisänderungen reagieren, auf den einzelnen Märkten verschieden ist. Während auf dem einen Markte eine Verdoppelung des Preises das Angebot um weniger als das Doppelte steigert und die Nachfrage um weniger als die Hälfte reduziert, überwiegen auf einem anderen Markte die Angebots- oder Nachfrageänderungen quantitativ merklich die Preisänderungen, die zu ihnen Anlaß geben. Im ersten Falle sind die *Elastizität des Angebots* und die *Elastizität der Nachfrage* gering, im zweiten Falle bedeutend. Der Grad der Elastizität des Angebots und der Nachfrage (Elastizitätskoeffizient) hat nun wiederum eine große Bedeutung für den Charakter der Preisbildung auf den einzelnen Märkten. Ein einfaches Beispiel mag das verdeutlichen.

Zur Weihnachtszeit pflegt der Kopf der Menschen so sehr mit anderen Gedanken erfüllt zu sein, daß sie kaum ein Auge für ein interessantes nationalökonomisches Weihnachtsproblem haben werden, nämlich für die eigenartige Marktlage auf dem Christbaummarkt am Tage vor dem Feste. Das erste, was wir feststellen können, ist, daß die Elastizität der Nachfrage nach Christbäumen zweifellos recht gering ist, da es einerseits einer sehr starken Preissteigerung bedarf, um einzelne Familien zum Verzicht auf einen Baum zu veranlassen, anderseits einer sehr starken Preissenkung, um einzelne Familien zum Erwerb von mehr als einem Baum anzureizen. Am Morgen vor dem Fest ist aber auch das Angebot an Weihnachtsbäumen unelastisch, da es weder durch neuen Baumschlag zu vermehren noch auch durch Einlagerung zu vermindern ist. Einen Tag später sind Weihnachtsbäume nichts weiter als nüchterne abgehackte Tannen, die man nur noch zum Rosenzudecken oder als Brennholz verwenden kann. Die Folge dieser doppelseitigen Unelastizität für die Preisbildung auf dem Christbaummarkte liegt auf der Hand: Sind zu wenig Bäume auf dem Markte, so bedarf es einer sehr starken Preissteigerung, um Angebot und Nachfrage aufeinander abzustimmen, und im umgekehrten Falle einer sehr starken Preissenkung, die möglicherweise bis zum «Brennholzpunkt» heruntergehen kann. Tatsächlich wird jeder unsere Beobachtung bestätigen, daß unmittelbar vor dem Fest die Christbäume in der Regel entweder sehr billig oder sehr teuer sind. Bieten eben Nachfrage und Angebot dank ihrer Unelastizität kein Ausweichen, so muß der Preis um so stärker ausweichen, um das Gleichgewicht auf dem Markte herzustellen. *Je geringer die Elastizität von Angebot und Nachfrage ist, um so stärker ist die Flexibilität der Preise.* Dieser Satz gestattet uns, die Eigenart der einzelnen Märkte schärfer zu erkennen[2].

Von besonderem Interesse ist für uns der Markt *landwirtschaftlicher Produkte.* Entsprechend der geringen Elastizität des Nahrungsbedarfs, auf die wir schon an einer früheren Stelle (1. Kapitel) gestoßen sind, ist die Elastizität der Nachfrage nach Agrarprodukten im allgemeinen nicht groß. Wenn man auch die Elastizität der Nachfrage nach den teureren Qualitätsprodukten der Landwirtschaft (Butter, Eier, Gemüse, Fleisch usw.) nicht unterschätzen darf, so ist sie doch für Brotgetreide zweifellos recht gering. Da nun auf kürzere Fristen auch das Angebot an Getreide recht unelastisch ist, so verstehen wir, warum schon im 17. Jahrhundert ein englischer Statistiker *(Gregory King)* als Regel aufstellen konnte, daß der Preis des Getreides größeren Schwankungen unterworfen zu sein pflegt, als es den Schwankungen des Ernteausfalls entspricht (Kingsche Regel). Bei zu großem Angebot bedarf es einer sehr starken Preissenkung, um die Nachfrage genügend anzureizen, und bei zu geringem Angebot einer sehr starken Preissteigerung, um die Nachfrage genügend zu drosseln. Daraus ergibt sich die Folgerung, daß die Landwirtschaft unter Umständen aus einer geringeren Ernte einen höheren Nettogewinn zieht als aus einer größeren. Das haben unter anderem die amerikanischen Farmer im Staate Alabama bezeugt, als sie im Jahre 1919 einem Insektenschädling (Kapselwurm) aus Dankbarkeit dafür ein Denkmal setzten, daß seine Verwüstungen in den Baumwollfeldern das preisdrückende Angebot an Baumwolle vermindert hatten. Setzen wir hinzu, daß die Agrarmärkte noch eine Reihe von weiteren Eigentümlichkeiten aufweisen, so dürfte es vollends klarwerden, daß sie in der Tat einen Sonderfall der Preisbildung darstellen, der der Agrarpolitik große und wichtige Aufgaben setzt[3].

Einen solchen problematischen Sonderfall der Preisbildung stellt im allgemeinen auch der *Arbeitsmarkt* dar, auf den die Preisgesetze in gleicher Weise angewandt werden können wie auf die Warenmärkte. Während die Elastizität der Nachfrage nach Arbeitskräften in den einzelnen Konjunkturphasen verschieden ist und in der Depression außerordentlich tief sinkt, ist die Elastizität des Angebots, zum mindesten für die qualifizierten Berufe, recht gering, da die menschliche Arbeitskraft bei mangelnden Vermögensreserven nicht lange «gelagert», aber auch auf kürzere Fristen wegen der längeren Ausbildungszeit und der starken Unbeweglichkeit nur in geringen Grenzen vermehrt werden kann. Diese geringe Elastizität des Angebots kann durch allerlei sozialpolitische Maßnahmen erhöht werden, so durch die Arbeitslosenunterstützung, die die «Lagerungsfähigkeit» erhöht, durch Verbesserung der Arbeitsvermittlung u. a. Je länger die Ausbildungsperiode ist, um so mehr verzögert sich die Anpassung des Angebots an die Marktlage, um so schwieriger wird sie zugleich. Dafür ist der akademische Arbeitsmarkt ein gutes Beispiel, wo in den einzelnen Berufen leicht Überfüllung und Unterbesetzung miteinander abwechseln, so daß der Rat eines weisen Onkels an seinen Neffen verständlich wird, das im Augenblick am meisten überlaufene Fach zu studieren, – ein Rat, der weise bleibt, so lange es nicht zu viele solcher Onkel und Neffen gibt.

Über die *Elastizität des Angebots* sind noch einige besondere Bemerkungen am Platze. Hier gilt vor allem, daß die Elastizität auf kürzere Frist immer geringer zu sein pflegt als auf längere, dies um so mehr, je längere Zeit die Produktion oder Heranschaffung der Ware zum Markt beansprucht und mit je größeren Verlusten ihre Zurückziehung vom Markte verbunden ist. Daher ist das Angebot auf dem Fischmarkt jeweils außerordentlich unelastisch und den Launen der Nachfrage ausgeliefert, während es von einem Fangtag zum anderen seine volle Elastizität zurückgewinnt. Ähnliches gilt für fast alle Lebensmittelmärkte, woraus sich unerfreuliche Störungen und Stauungen ergeben können, denen zu begegnen eine wichtige wirtschaftspolitische Aufgabe ist. Auch an der Börse pflegt das Angebot innerhalb der Börsenstunden recht unelastisch zu sein, was mitunter zu überraschenden und nicht ungefährlichen Kursschwankungen führen kann. Das gilt vor allem dann, wenn sehr viele Verkaufsaufträge ohne Angabe eines Mindestpreises («Bestens»-Verkäufe) erteilt worden sind. In allen solchen Fällen «unlimitierten» Angebots ist seine Elastizität vollkommen aufgehoben (= 0), was wir in besonderer Reinheit bei einer Zwangsversteigerung beobachten können, falls wir davon absehen, daß der Besitzer durch Mitbieten dem Preis eine unterste Grenze setzen kann.

Die Fälle völlig unelastischen Angebots, denen solche völlig unelastischer Nachfrage zur Seite treten, führen uns schon in den Bereich der *Preiskuriositäten*. Dazu gehören auch die Fälle *inverser Elastizität*. Sie liegt dann vor, wenn Angebot und Nachfrage auf Preisänderungen in einem dem Normalen völlig entgegengesetzten Sinne reagieren. So kann man sich durchaus vorstellen, daß eine Preissenkung in der Landwirtschaft vielleicht, statt zu einer Einschränkung, zu einer Ausdehnung der Anbaufläche führt, weil jeder einzelne Landwirt den Ausfall am Preise durch eine Vergrößerung der Verkaufsmenge wettmachen möchte. Staatliche Ermahnungen zur Einschränkung der Anbaufläche können in dieser Situation gerade das Gegenteil bewirken, da viele Landwirte möglicherweise ihre Anbaufläche dann ausdehnen, in der Erwartung, daß alle übrigen die Ermahnung befolgen werden, – ein Fall, der sich in der Tat in den Vereinigten Staaten ereignet hat. Auch auf dem Arbeitsmarkte kann es durchaus vorkommen, daß eine Preis-(Lohn-)Senkung zur vermehrten Arbeitsleistung anreizt, damit das frühere Einkommen erhalten bleibt. Ein Beispiel für eine inverse Elastizität der Nachfrage bietet uns der jedermann geläufige Fall, daß eine Preissteigerung deshalb eine Nachfragesteigerung bewirkt, weil man auf eine noch stärkere Preissteigerung in der Zukunft spekuliert.

Abschließend sind wir die Bemerkung schuldig, daß man von einer Elastizität der Nachfrage noch in einem anderen als dem bisher behandelten Sinne sprechen kann. Haben wir darunter den Grad verstanden, in dem die Nachfrage auf *Preisänderungen reagiert, so können wir von einer Elastizität der Nachfrage auch dann reden, wenn wir den – bei den einzelnen Gütern verschiedenen – Grad angeben wollen, in dem die Nachfrage der Individuen auf eine Änderung ihrer Einkommen reagiert. Wir stellen dann die Preiselastizität* der Nachfrage ihrer *Einkommenselastizität* gegenüber. Es handelt sich im letzteren Falle um den Sachverhalt, der uns bereits früher (Kapitel I, Abschnitt 2) beschäftigt hat.

3. Preise und Kosten

Da die große Masse der wirtschaftlichen Güter durch Produktion vermehrt werden kann, so ist es klar, daß ihre Angebotsskala einen Widerschein der *Produktionskosten* bildet. Würden die Preise nicht mehr die Produktionskosten decken, so entstünden bei den Produzenten Verluste, die es nicht mehr gestatten, die Produktion in dem alten Umfange fortzusetzen; das Angebot verringert sich und treibt den Preis so lange in die Höhe, bis er das Kostenniveau wieder erreicht hat.

Man sollte meinen, daß bei unter den Kosten liegenden Preisen die gesamte Produktion eingestellt würde. Das ist jedoch deshalb nicht der Fall, weil die Produktionskosten für verschiedene Quantitäten und für verschiedene Betriebe verschieden hoch zu sein pflegen. Geht also der Preis zurück, so wird zunächst nur derjenige Teil der gesamten Produktion betroffen, der unter den höchsten Produktionskosten arbeitet *(Grenzproduktion)*, während der übrige Teil unter dem gesunkenen Preis weiterhin sein Auskommen findet. Reicht dieser Restbestand der Produktion jedoch nicht aus, die Nachfrage zu decken, so wird der Preis eben so lange wieder steigen müssen, bis auch die Grenzproduktion wieder lohnend geworden ist. Sind also die Kosten für die einzelnen Teile des Gesamtangebots verschieden (was in aller Regel der Fall ist), so sind für die Höhe des Preises die jeweils höchsten Kosten *(Grenzkosten)* entscheidend. Da indessen der Preis für alle Teilmengen der gleiche zu sein pflegt, so machen alle bevorzugten Produzenten einen Übergewinn, der sich aus der Differenz zwischen dem Marktpreis und ihren niedrigeren Produktionskosten ergibt *(Produzentenrente)*. Es scheint nun, als hätten wir mit dieser Feststellung wiederum an eine jener hohlen Stellen unseres Wirtschaftssystems geklopft, für die wir heute ein so empfindliches Ohr entwickelt haben. Hat der Gedanke nicht etwas Herausforderndes, daß wir im Preise fortgesetzt fette Renten an jene bevorzugten Produzenten zahlen? Darauf ist nun vor allem zu erwidern, daß, solange unser Wirtschaftssystem nicht völlig von starren Monopolen durchsetzt und beherrscht wird, immer starke Kräfte am Werke sind, um die Grenzkosten herabzusetzen. Einerseits werden die bevorzugten Produzenten bestrebt sein, ihre billigere Produktion so weit auszudehnen, daß der Grenzproduzent aus dem Markte verdrängt wird, anderseits wird auch der Grenzproduzent sich nach Kräften bemühen, das niedrigere Kostenniveau seiner Vordermänner zu erreichen. Auf diese Weise nagt die unerbittliche Konkurrenz Tag und Nacht an den Produzentenrenten, zum großen Unbehagen der Produzenten, die sich daher nach allen Mitteln zur Einschränkung der Konkurrenz umsehen und dabei leicht auch ein geneigtes Ohr des Staates finden. Wir werden aber noch eingehender sehen, daß das nicht mehr unserem Wirtschaftssystem zur Last gelegt werden kann. Wie dem auch sei, Produzentenrenten sind in aller Regel eine früher oder später austrocknende Gewinnquelle, selbst in der Landwirtschaft, wie uns gerade die letzten Jahrzehnte eindringlich lehren. Selbst wenn man sich aber bei dieser Feststellung nicht beruhigen will, wird man zugeben müssen, daß es noch immer das Mittel der Besteuerung gibt, um unser Bedürfnis nach sozialer Gerechtigkeit ohne einen völligen Umsturz des Wirtschaftssystems zu befriedigen.

Wir sehen also, daß der Begriff der Produktionskosten keineswegs einfach ist. Die Sache wird dadurch noch verwickelter, daß nicht alle Elemente der Produktionskosten die gleiche Bedeutung für die Preisbestimmung haben. Der Einfluß der Kosten auf die Preisbestimmung erklärt sich ja nicht daraus, daß eine wohlmeinende Instanz den Produzenten aus Gerechtigkeitsliebe ihre Spesen ersetzt, so wie die Behörde dem Beamten die Auslagen einer Dienstreise vergütet. Stünde es so, dann wäre es nur billig, wenn der Produzent sich die genaueste Nachprüfung seiner Kosten durch eine Art von nationalökonomischem «Oberrechnungshof» gefallen und für jede Produktionshandlung zuvor eine behördliche Einwilligung einholen müßte, so wie die Behörde es mit Dienstreisen der Beamten hält. Das ist etwas, was sich heute diejenigen Produzenten, die eine staatliche Garantie für den vollen Ersatz ihrer Kosten haben möchten, wohl zu überlegen haben, damit sie sich wiederum bewußt werden, daß sie damit einen Weg beschreiten, der schließlich in Moskau (oder, zur Zeit des Nationalsozialismus, in Berlin) endet. Wollen sie das nicht, so müssen sie sich wohl oder übel den Gesetzen *unseres* Wirtschaftssystems fügen. Darnach steht es so, daß die Produktionskosten nur insoweit einen Einfluß auf den Preis ausüben, als ihre Vergütung im Preise für die *zukünftige* Produktion notwendig ist. Wird diese Vergütung nicht mehr gewährleistet, so streiken die Produktionsmittel, um sich einer lohnenderen Produktion zuzuwenden. Dazu sind sie aber nur insoweit imstande, als es für sie eine Alternativverwendung gibt. Sinkt der Preis der Kohle so tief, daß die Bergwerke ihre Arbeiter nicht mehr halten und ihre sonstigen laufenden Kosten nicht mehr decken können, so müssen sie eben stillgelegt werden. Arbeiter, Schmieröl und Antriebsmittel können anderswo Verwendung finden. Die Schachtanlagen jedoch lassen keine Alternativverwendung zu; das in ihnen investierte Kapital kann nicht «herausgezogen» werden. Normalerweise sollte der Preis ausreichend sein, um auch die Verzinsung und Tilgung dieses festen Kapitals zu decken. Sinkt aber der Preis so weit, daß Verzinsung und Tilgung des festen Kapitals nicht mehr gesichert sind, so wird es in der Regel für den Bergwerksbesitzer noch immer besser sein, den Betrieb fortzuführen als ihn stillzulegen, obwohl jetzt der Preis nicht mehr die vollen Produktionskosten deckt. Das feste Kapital wird «abgeschrieben», sei es durch Herabsetzung und Zusammenlegung des Aktienkapitals, sei es schließlich durch den Konkurs. Das hat gewiß zur Folge, daß diesem Betrieb jetzt kein neues Kapital zur Erneuerung oder Erweiterung der Anlagen zufließt, aber die Folgen davon werden sich erst nach langer Zeit bemerkbar machen. Wir verstehen jetzt auch die melancholische Äußerung eines pessimistischen Bankiers, daß sich ein neues Hotel erst in der «zweiten Hand» zu rentieren pflege.

Die vorstehenden Erwägungen über den Begriff der Produktionskosten sind geeignet, unsere Nerven gegenüber den beweglichen Klagen zu stärken, daß dieser oder jener Produktionszweig durch zu niedrige Preise zugrunde gerichtet würde, und uns ein wenig gegen die Forderung abzuhärten, daß bald diese, bald jene Industrie durch Schutzzölle oder sonstige Maßnahmen ein auskömmliches Preisniveau finden und so vor dem «sicheren Untergang» gerettet werden müsse. Wir wissen jetzt, welche Übertreibung in dieser so populären Taktik steckt. *Erstens* ist es ja so, daß eine Preissenkung selten eine Produktion in ihrem ganzen Umfange unrentabel machen wird, da die Produktionskosten nicht gleichförmig, sondern abgestuft sind. Wir haben es fast immer mit einer Staffel von Betrieben zu tun, die von den leistungsfähigsten und einer starken Preissenkung gewachsenen bis zu den dauernd an der Grenze ihrer Existenzfähigkeit stehenden Betrieben reicht. Tritt also – etwa durch ausländische Konkurrenz – eine Preissenkung ein, so werden ihr zunächst nur die Grenzbetriebe zum Opfer fallen, so daß nicht der ganze Produktionszweig verschwindet, sondern nur eine Veränderung in dem Verhältnis des Umfangs der einzelnen Produktionszweige zu erwarten sein wird. Würde man die ausländische Konkurrenz durch Schutzzölle oder Einfuhrkontingente fernhalten, so würde man die Produktionsrente der leistungsfähigeren und des Schutzes nicht bedürfenden Produzenten von Staats wegen garantieren. *Zweitens* aber müßte die Preissenkung, um die düsteren Voraussagen zu rechtfertigen, schon so bedeutend sein, daß sie außer in die fixen Kapitalkosten auch in die laufenden Kosten einschneidet.

4. Das Monopol

Nachdem wir festgestellt haben, daß die Produktionskosten in dem dargelegten Sinne und aus den angeführten Gründen auf die Dauer die Untergrenze des Preises bilden, erhebt sich die Frage, ob und wie weit sie sich über diese Untergrenze erheben können. Daß sie das können, ist unbestreitbar. Es ist aber auch klar, daß es eine starke Kraft gibt, die die Preise wieder auf das Kostenniveau herunterdrückt, nämlich das Mehrangebot, das bei Konkurrenz der Produzenten untereinander durch den überhöhten Preis hervorgelockt wird. Je mehr diese Kraft unwirksam wird, um so mehr nähern wir uns dem *Monopol.* Die sich dann ergebenden Besonderheiten der Preisbildung sind nunmehr noch zu schildern.

Die Lage des Monopolisten – sei es eines einzelnen Unternehmens oder eines monopolistischen Zusammenschlusses von Unternehmungen (Kartell, Syndikat, Trust) – ist dadurch charakterisiert, daß er die Angebotsmenge nach freiem Ermessen bestimmen und durch entsprechende Begrenzung des Angebots den Preis oberhalb des Kostenpunktes halten kann. Wenn wir die sicherlich nicht wirklichkeitsfremde Annahme machen, daß er einen möglichst hohen Gewinn erzielen will, so entsteht die Frage, bei welchem Preise er dies Ziel erreichen wird. Wählt er einen hohen Preis, so wächst zwar der Gewinn pro Stück, aber dafür ist die Absatzmenge um so geringer («kleiner Umsatz – großer Nutzen»). Wählt er einen niedrigen Preis, so sinkt der Stückgewinn, während die Absatzmenge steigt («hoher Umsatz – kleiner Nutzen»). Vor diese Wahl gestellt, wird sich der Monopolist für denjenigen Preis entscheiden, bei dem das Produkt «Absatzmenge × Stückgewinn» ein Maximum erreicht. Diesen Punkt wird er durch Probieren herauszufinden versuchen. Er ist von Fall zu Fall verschieden. Von entscheidender Bedeutung ist dabei die Elastizität der Nachfrage, von der es ja abhängt, ob eine Heraufsetzung des Preises mit einem starken Absatzrückgang und eine Herabsetzung mit einer starken Absatzsteigerung beantwortet wird. Kann die Telephonverwaltung mit einer hohen Elastizität der Nachfrage nach Telephongesprächen rechnen, so wird sie feststellen, daß eine Gebührenherabsetzung den Absatz stärker steigert, als sie an der einzelnen Gebühr einbüßt. Je größer also die Elastizität der Nachfrage ist, um so niedriger wird der Monopolpunkt des Preises liegen, und umgekehrt. Daraus ergibt sich auch, daß ein Monopol der Lebensmittel für die Allgemeinheit so überaus gefährlich ist, insbesondere ein solches für Getreide. Die Bedeutung der Elastizität der Nachfrage für die Bestimmung des Monopolpreises macht es einleuchtend, daß die Verwaltung jedes Monopolunternehmens – der Eisenbahnen, der Elektrizitätsgesellschaften, der Post, des Tabakmonopols – ihre Preispolitik in allererster Linie auf diesem Faktor basieren und sich eine bestimmtere Vorstellung vom Koeffizienten der Nachfrageelastizität verschaffen muß. Sie wird dabei auch berücksichtigen müssen, daß die Nachfrageelastizität entscheidend davon abhängt, ob es für die Konsumenten die Möglichkeit gibt, auf ein Ersatzprodukt abzuspringen (von der Eisenbahn auf das Automobil, vom Gasherd zum Kohlenherd oder elektrischen Herd usw.). Anderseits gibt es Fälle, in denen die Nachfrageelastizität deshalb gering ist, weil es sich um Gegenstände von geringem Wert, aber großer praktischer Bedeutung handelt. Einen solchen Fall stellen die Zündhölzer und das Nähgarn dar: sie bedeuten gegenüber den anderen damit im Zusammenhang stehenden Ausgaben (Feuerung und Rauchen oder Anzugstoff und Macherlohn) keine fühlbare Ausgabe, während ihr Massenkonsum den Fabrikanten einen großen Gewinn sichert.

Die Lage des Monopolpunktes wird weiterhin durch die *Kostengestaltung* bei höherem oder niedrigerem Angebot beeinflußt. Haben die Kosten bei vermehrter Produktion steigende Tendenz, so ist ein höherer Preis für den Monopolisten vorteilhafter; haben sie sinkende Tendenz, ein niedrigerer. Monopole des Bergbaus (in dem steigende Kosten anzutreffen sind) werden also zur Politik der Angebotsdrosselung und Preishochhaltung neigen, während der Verleger eines verlagsrechtlich geschützten Buches wie des vorliegenden es vorteilhaft findet, den Preis so niedrig wie möglich festzusetzen, um durch möglichste Ausweitung des Absatzes die in der Buchproduktion vorherrschende Tendenz sinkender Kosten auszunutzen.

Das letzte Beispiel führt uns noch zu einer weiteren Komplikation der monopolistischen Preisbildung. Hätte nämlich das vorliegende Buch einen literarischen Charakter, so könnte der Verleger noch etwas anderes tun, um den Gewinn zu steigern. Er könnte zunächst eine Luxusausgabe von wenigen hundert Exemplaren auf «handgeschöpft Bütten», in Pergamenteinband, «numeriert und handschriftlich signiert vom Verfasser», veranstalten und sie zu einem hohen Liebhaberpreis absetzen, alsdann eine normale Ausgabe zu Durchschnittspreisen und schließlich eine Taschenbuchausgabe in Massenauflage und zu einem sensationell niedrigen Preise herausbringen. Hätte er mit der Taschenbuchausgabe begonnen, so hätte das für ihn, außer dem Risiko, den Nachteil gehabt, daß von dem niedrigeren Preis auch diejenigen profitieren, die bereit gewesen wären, selbst den höheren Preis der normalen Ausgabe und sogar den der Luxusausgabe auszulegen. Indem der Verleger mit dem teureren Typus beginnt, macht er sich den Umstand zunutze, daß ein einheitlicher Preis sich nach der Schicht der Grenzkäufer, d. h. derjenigen Käufer richtet, deren Kaufwilligkeit am geringsten ist. Bei einem einheitlichen Preise machen also alle Käufer, die gegebenenfalls auch einen höheren Preis gezahlt hätten, eine Ersparnis, die sie der größeren Zurückhaltung der Grenzkäufer verdanken. Man bezeichnet diese Ersparnis, das Gegenstück der Produzentenrente, als *Konsumentenrente,* ein Ausdruck, gegen den sich natürlich vieles einwenden läßt, da es sich ja nicht um einen positiven Gewinn, sondern um eine Einsparung handelt. Man kann verstehen, daß die Produzenten auf sie ein begehrliches Auge werfen, aber solange der Preis für alle verkauften Quantitäten einer Ware zu einem gegebenen Zeitpunkt einheitlich ist, müssen sie die Konsumentenrente den Käufern überlassen. Nun liegt es im Wesen der Konkurrenz, daß sie auf leicht einzusehende Weise für die Einheitlichkeit des Marktpreises sorgt. Dem Monopolisten aber eröffnet sich die Möglichkeit, durch *Preisdifferenzierung* den Gewinn auf Kosten der Konsumentenrente zu vergrößern. Diese vollzieht sich in der Weise, daß die gesamte Nachfrage nach ihrer Schröpfbarkeit klassifiziert und jede Klasse mit einem ihrer Tragfähigkeit angepaßten Preise versehen wird. Wir haben dieses Verfahren am Beispiel der verschiedenen Buchausgaben kennengelernt. In diesem Beispiel wurde die Preisdifferenzierung dadurch ermöglicht, daß die betreffende Ware künstlich in verschiedene Qualitäten gespalten wurde, die dann nacheinander angeboten wurden. Das Verfahren, eine Ware zunächst zu einem hohen und dann nach allmählicher Sättigung der oberen Nachfrageschichten auch zu einem niedrigen Preise zu verkaufen, pflegt auch bei patentierten Industrieartikeln das Übliche zu sein. Nehmen wir das Beispiel des sogenannten Reißverschlusses, so wird es erinnerlich sein, daß er im Anfang als eine vielbestaunte Neuerung sehr teuer war, während er heute so billig verkauft wird, daß wir ihn fast an jedem Artikel angebracht finden. Auch die meisten Preiserscheinungen der Modeartikel beruhen auf diesem Prinzip.

Sehr zahlreich und mannigfaltig sind die Beispiele für das Verfahren, das angewandt werden kann, um die künstliche Aufspaltung einer Ware in verschiedene Untergattungen zu bewirken. Darauf beruhen vor allem die verschiedenen Klassen der Beförderungsmittel. Die Klassentarife der Eisenbahnen für den Personenverkehr bieten der Eisenbahnverwaltung die Möglichkeit, daß die Passagiere sich selbst nach ihrer Tragfähigkeit klassifizieren, wobei die höheren Käuferschichten durch die größere Bequemlichkeit, vor allem aber durch die gesellschaftliche Auszeichnung und die geringere Besetzung angelockt werden, die gerade durch die höheren Tarife bewirkt werden. In diesen und verwandten Fällen (wie z. B. beim Theater) führt also bereits die Preisklassifizierung als solche zu einer Qualitätsklassifizierung, nämlich überall dort, wo die Zahlung des höheren Preises zu einer sichtbaren sozialen Distinktion führt und jene Vorzüge mit sich bringt, die sich aus der geringeren Besetzung der höheren Preisklasse ergeben. Das wird um so wirksamer sein, je stärker die unteren Preisklassen besetzt zu sein pflegen, andernfalls in der höheren Preisklasse zusätzliche Bequemlichkeiten geboten werden müssen. Eine regelmäßig überfüllte Eisenbahn wird also auf die Ausstattung der höheren Klassen keine allzu hohen Kosten zu verwenden brauchen. Ganz anders liegt wieder der Fall der Differenzierung zwischen Brief- und Drucksachenporto oder zwischen Licht- und Kraftstrom[4].

Die Preisbildung bei freier Konkurrenz und diejenige bei vollkommenem Monopol sind nun in der Wirklichkeit äußerst seltene Grenzfälle, da beide Bedingungen voraussetzen, die so gut wie niemals vollkommen erfüllt sind. Wirklich freie Konkurrenz liegt nur dann vor, wenn die Zahl der voneinander unabhängig handelnden Verkäufer sehr groß ist und wenn wir es mit einem vollkommenen Markte in dem Sinne zu tun haben, daß alle Verkäufer und Käufer ihre Gebote zur gleichen Zeit ohne Ausnahme kennenlernen und gegeneinander ausgleichen. Das ist aber nur bei den *organisierten Märkten* einigermaßen der Fall, insbesondere bei der höchsten Form des organisierten Marktes, der Börse. Wenn es überhaupt freie Konkurrenz gibt, so müssen wir sie hier suchen. Anders auf den *unorganisierten Märkten,* für die wir den Detailhandel als bekanntestes Beispiel nehmen. Wenn ich in einen Laden gehe, um mir einen Hut zu kaufen, so betrete ich damit zwar den «Hutmarkt» in dem weiten Sinne, daß ich meine Nachfrage gleichzeitig mit der übrigen Nachfrage nach Hüten gegenüber dem Gesamtangebot an Hüten geltend mache, aber da Gesamtangebot und Gesamtnachfrage sich nicht zur gleichen Zeit und am gleichen Orte treffen, fehlt es an einem raschen Überblick über die Marktlage. Ich muß schon viele Läden aufgesucht haben, ehe ich die Hutpreise beurteilen kann, und es müssen schon viele Kunden den Hutladen achselzuckend verlassen haben, ehe der Ladenbesitzer mit den Preisen heruntergeht und seinerseits vom Hutfabrikanten niedrigere Preise fordert. Der ganze Mechanismus der Preisbildung arbeitet also hier sehr langsam und gegen starke Hemmungen, woraus sich die vielen, das Monopolartige streifenden Besonderheiten der Preisbildung im Detailhandel erklären[5].

Die Tatsache aber, daß es freie Konkurrenz in chemischer Reinheit in der Wirklichkeit kaum gibt und viele Preise ein gewisses monopolistisches Element enthalten, darf nun nicht zu der Meinung verleiten, daß unser Wirtschaftssystem eigentlich gar nicht mehr auf der Konkurrenz, sondern auf dem Monopol beruhe. Diese Meinung geht gänzlich in die Irre. Zunächst ist zu beachten, daß innerhalb der Marktwirtschaft ein vollkommenes Monopol beinahe noch seltener ist als vollkommen freie Konkurrenz. Die wichtigsten Fälle, in denen das Monopolelement gegenüber dem Konkurrenzelement überwiegt, sind: 1. das *Naturmonopol,* bei dem die wenigen vorhandenen Fundstellen sich in einer Hand befinden (z. B. das südafrikanische Diamantensyndikat), 2. das *Rechtsmonopol,* begründet durch staatliche Verleihung des ausschließlichen Produktions- oder Verkaufsrechts (Patent, Urheberrecht u. a.), aber in der Regel nur befristet, 3. das *Transportmonopol,* bei dem der Monopolist innerhalb des Umkreises seiner Produktion durch die hohen Transportkosten vor Konkurrenz geschützt ist und das daher auch *Raummonopol* genannt werden kann (z. B. ehedem das Rheinisch-Westfälische Kohlensyndikat im «unbestrittenen Gebiet»), und 4. das *Meinungsmonopol,* begründet dadurch, daß den Konsumenten die Einzigartigkeit eines Produktes durch Reklame suggeriert wird (Markenartikel!). Aber selbst in diesen Fällen haben die Monopole in der Regel mit einer Reihe von Gegenkräften zu rechnen: mit der möglichen

Abwanderung zu einem Ersatzprodukt, mit dem Auftreten von Außenseitern und schließlich und vor allem mit der Konkurrenz des Auslandes, sofern es den Monopolisten nicht gelingt, dagegen den Staat mobil zu machen und ihn zur Fernhaltung durch Schutzzölle oder Kontingente zu bewegen oder ein internationales Kartell zustande zu bringen. Schließlich haben die Monopolisten darauf Bedacht zu nehmen, daß sie durch rücksichtslosen Gebrauch ihrer Macht die öffentliche Meinung nicht herausfordern und den Staat nicht zu Gegenmaßnahmen reizen, eine Gefahr, die allerdings durch entsprechende Bearbeitung der Öffentlichkeit und der Staatsorgane bekämpft werden kann.

Die Erforschung aller möglichen Zwischenstufen zwischen Monopol und Konkurrenz («Marktformen») ist der modernen Nationalökonomie zum Verdienst anzurechnen, aber leider hat sie viele zu der Folgerung verführt, daß die Begriffe «Monopol» und «Konkurrenz» praktisch unbrauchbar seien, weil es im Grunde nur noch Zwischenformen gäbe. Eine solche Grenzverwischung dient nicht nur den Monopolinteressen, sondern auch den Kollektivisten, denen es nur unbequem wäre, wenn man eine echte Wettbewerbswirtschaft verwirklichen könnte, weil sie die Monopole zum Beweise dafür brauchen, daß nur noch die Verstaatlichung, d. h. das Staatsmonopol, als Lösung des Problems übrigbliebe. Nun kann man gewiß Konkurrenz und Monopol so definieren, daß eine so definierte Konkurrenz in der Wirklichkeit gar nicht vorkommen kann und daher jeder Versuch, sie durch eine aktive Politik ins Leben zu rufen, von vornherein aussichtslos erscheint. Eine solche Definition ist aber sinnlos. Wenn wir hingegen eine Definition wünschen, die Sinn hat, so müssen wir von der für die Ordnung des Wirtschaftslebens entscheidenden Frage ausgehen, wie die vorhandenen Produktivkräfte in der Volkswirtschaft auf die verschiedenen Verwendungsbereiche verteilt werden sollen. Dann erscheint das Monopol als diejenige Marktform, die den Produzenten in dem Maße, wie er das Angebot beherrscht, von der Entscheidung des Konsumenten über die

Verwendung der Produktivkräfte befreit. Dieser Bereich der Macht und der Willkür des Produzenten erreicht dann seinen äußersten Umfang, wenn die Produktion gemäß dem kollektivistischen Programm in der Hand des Staates vereinigt ist, der damit zum gefährlichsten und mächtigsten aller Monopolisten wird. Dieses Staatsmonopol ist nicht zuletzt deshalb am meisten zu fürchten, weil dieser Fall des mächtigsten Monopols zugleich derjenige ist, der am leichtesten mit Phrasen verhüllt werden kann.

Gegenüber der gerade heute weitverbreiteten Meinung, daß unser Wirtschaftssystem unaufhaltsam von Monopolen überwuchert werde, ist vor allem mit Nachdruck zu betonen, daß hier von einer zwangsläufigen Entwicklung überhaupt keine Rede sein kann. Es ist vielmehr erstaunlich, wie sich in allen Fällen eigentlich immer wieder früher oder später die Konkurrenz gegenüber dem Monopol durchsetzt, sofern ihr nur Gelegenheit dazu gegeben wird. Der «Konkurrenzkapitalismus» entwickelt sich aus eigener Kraft ganz und gar nicht zum «Monopolkapitalismus». Es gibt kaum ein nennenswertes Monopol, bei dessen Entstehung nicht der Staat in dieser oder jener Form Geburtshelferdienste geleistet hätte, und aus der Geschichte der schwerindustriellen Monopole in Deutschland ist es bekannt, daß es selbst in diesem Falle meist der schärfsten Zwangsmaßnahmen bedurft hat, um die Produzenten unter einen Hut zu bringen. Wahrscheinlich gäbe es heute wenige Monopole auf der Welt, wenn nicht der Staat aus mannigfachen Gründen das ganze Gewicht seiner Autorität, seiner Rechtsprechung und seiner monopolfreundlichen Wirtschaftspolitik (einschließlich der Politik der Einfuhrbeschränkungen) gegen die *natürliche Gravitation zur Konkurrenz* aufgeboten hätte. Das muß mit um so größerer Entschiedenheit ausgesprochen werden, als meist das Gegenteil mit einer Miene vorgetragen wird, als wäre darüber überhaupt keine Diskussion mehr möglich. Zu dieser Einstellung hat sehr viel der Marxismus durch jahrzehntelange Propaganda beigetragen. Die herrschende Ideologie, die sich für das «Monumentale» und «Großzügige», für Organisieren und Kommandieren auf Kosten des Natürlichen und Spontanen begeistert, ist natürlich eine dem Monopolismus sehr günstige Ideologie. Der Monopolismus verfehlt aber auch nicht, entsprechenden Nutzen aus der Stimmung zu ziehen, daß es nun ja mit dem «Kapitalismus» zu Ende gehe, daß das Konkurrenzsystem eine verächtliche und spießbürgerliche Sache sei und durch ein straff organisiertes Wirtschaftssystem ersetzt werden müsse und dergleichen mehr. Nichts aber hindert die Staaten, ihre Wirtschaftspolitik so einzurichten, daß die natürliche Gravitation zur Konkurrenz wieder voll zu ihrem Rechte kommt. Es sieht zwar im Augenblick nicht darnach aus, daß sie das tun werden, aber das ist wahrhaftig nicht die Schuld des «Kapitalismus», sondern das Ergebnis bestimmter Ideologien. Gegen sie den Kampf einzustellen, liegt um so weniger Veranlassung vor, als an der *volkswirtschaftlichen Schädlichkeit der Monopole* im Endergebnis und für den Durchschnitt der Fälle kein Zweifel sein kann. Das Hauptbedenken gegen sie ist, daß sie das Leistungsprinzip und damit eines der wesentlichsten Prinzipien unseres Wirtschaftssystems in einer Weise verletzen, auf die schon im zweiten Kapitel hingewiesen worden ist, und daß sie in das Wirtschaftsleben ein Element der Macht und Willkür hineintragen, das im Falle des vollkommenen und umfassenden Staatsmonopols (Kollektivismus) alles beherrscht. Indem die Monopole Übergewinne machen, für die sie die entsprechende, erst durch die Konkurrenz erzwungene Leistung schuldig bleiben, richten sie noch einen weiteren Schaden dadurch an, daß sie die Geschmeidigkeit und Anpassungsfähigkeit unseres Wirtschaftssystems in bedenklichster Weise herabsetzen[6].

Die Schädlichkeit der Monopolpreisbildung erkennen wir noch klarer, wenn wir uns vor Augen halten, daß die *Preise* ihre *regulierende Funktion* in der Volkswirtschaft um so besser erfüllen, je beweglicher sie sind und je getreuer sie die Produktionskosten widerspiegeln. Jeder Preis ist ein doppelter Appell, gerichtet an die Verkäufer und an die Käufer: an die

Verkäufer ein Appell, ihr Angebot auszudehnen oder einzuschränken, an die Käufer ein Appell, ihre Nachfrage einzuschränken oder auszudehnen. Damit regulieren nun die Preise zugleich die Verwendung der Produktionsfaktoren in der Volkswirtschaft, die zusammen die Produktionskosten einer Ware ausmachen. *So bedeuten schließlich die Preise nichts anderes, als daß die Konsumenten durch sie in jedem Augenblick zu einer Entscheidung darüber aufgerufen werden, ob die knappen Produktivgüter der Volkswirtschaft jeweils auf die wirtschaftlichsten Verwendungen aufgeteilt werden oder nicht.* Es leuchtet aber ein, daß die Preise diese Funktion um so besser versehen, je weniger sie durch Monopolmacht oder Staatseingriffe manipuliert werden.

Nur in einem einzigen Falle wird in unserem Wirtschaftssystem dasjenige, was ein Monopol gemäß dem strengen Sinn dieser der griechischen Sprache entnommenen Wortbildung («Alleinverkäufer») charakterisiert, nämlich die ausschließliche Konzentration des Angebots an einer Ware in einer einzigen Hand, zu einem erstrebten Ziel der Politik gemacht. Es ist der Fall des öffentlichen Finanzmonopols, durch das ein Staat, wie im bekanntesten Beispiel des Tabakmonopols einiger Länder (Österreich oder Italien), unter zwangsweisem Ausschluß jeder Konkurrenz die durch das Monopol gegebene Möglichkeit der Preissteigerung offen dazu benutzt, um sich eine im Wesen auf eine Verbrauchssteuer hinauslaufende Einnahme zu verschaffen.

Gerade dieser Ausnahmefall aber macht es begreiflich, daß, so erwünscht auch jedem einzelnen die Stellung eines Monopolisten bei rein egoistischer Abwägung erscheinen mag, die Meinungen über die grundsätzliche Verwerflichkeit oder doch zum mindesten Bedenklichkeit des Monopols kaum auseinandergehen. Man darf es als allgemeine Überzeugung bezeichnen, daß ein Monopol grundsätzlich unerwünscht ist, weil es mit einer Machtstellung im Wirtschaftsleben und in der Gesellschaft verbunden ist, die selbst dann, wenn sie nicht mißbraucht wird, mit den Idealen der Freiheit und Gerechtigkeit

unvereinbar erscheint und außerdem die Gefahr einer Störung des wirtschaftlichen Gleichgewichts und der Beeinträchtigung der Produktivität mit sich bringt. Nicht zu Unrecht verbinden die Menschen mit dem Begriff des Monopols die Vorstellung der Exklusivität, des Privilegs, der Willkür, der Übermacht und der Ausbeutung. Diese vom Monopol nicht zu trennende Tendenz begründet zugleich einen der ernstesten und unwiderleglichsten Einwände gegen eine Wirtschaftsordnung (die kollektivistische), die, wie oben gesagt, durch die äußerste Konzentration der Produktion und des Absatzes in der Hand des Staates ein vollkommenes und allumfassendes Monopol begründet, das zugleich als ein auf dem Staatszwang beruhendes unentrinnbar ist und durch eine mögliche Dezentralisation der staatlichen Wirtschaftsverwaltung oder durch anspornenden Wetteifer der Staatsfabriken untereinander in seiner Natur nicht beeinträchtigt wird. Die Vorstellung, daß in diesem Falle der Staat als Monopolist die Gewähr dafür biete, daß die ihm zustehende Macht im Interesse der Allgemeinheit ausgeübt werde, erweist sich als Fiktion.
In einigen wichtigen Fällen ist zwar das Monopol aus technischen und organisatorischen Gründen als überlegen oder sogar als unvermeidlich anzuerkennen, nämlich überall dort, wo es höchst unwirtschaftlich oder sogar – wie im Falle der städtischen Leitungsnetze für Gas, Elektrizität, Wasser und Telephone – so gut wie unmöglich wäre, Konkurrenzbetriebe zuzulassen (Public Utilities, «Versorgungsbetriebe»). Um so unerträglicher erscheint aber hier ein sich selbst überlassenes Monopol, zumal es sich in diesen Fällen zugleich um Leistungen handelt, die für die Bevölkerung lebenswichtig zu sein pflegen. Um so unerläßlicher wird daher auch in diesen Fällen, in denen ein Monopol schwerlich zu vermeiden ist, irgendein System der Überwachung und Begrenzung (siehe Anm. 6 dieses Kapitels).
Neuerdings ist von verschiedenen Seiten (insbesondere von *Joseph A. Schumpeter* «Kapitalismus, Sozialismus und Demokratie») der Versuch unternommen worden, über den Son-

derfall der Public Utilities hinaus technisch-organisatorische Vorteile des Monopols mit dem Argument nachzuweisen, daß gerade ihre wirtschaftliche Macht und Kapitalkraft den technischen Fortschritt begünstige. Daran ist richtig, daß es nicht von vornherein feststeht, welchen Gebrauch ein Monopol von dem ihm zustehenden Machtspielraum macht, ob zum satten Ausruhen oder zum Beschreiten neuer Wege der Produktionstechnik. Abgesehen davon aber, daß eine Förderung des technischen Fortschritts durch Monopole nur unter bestimmten und keineswegs die Regel bildenden Umständen erwartet werden kann, bleibt immer die entscheidende Tatsache bestehen, daß sie eben jenen Machtspielraum besitzen, d. h. ein Übergewicht auf dem Markte, das eine wohlgeordnete, zweckmäßig gesteuerte und auf einem gerechten Verhältnis von Leistung und Gegenleistung beruhende Wirtschaftsordnung nicht zulassen kann. Ein auf ein Monopol gestützter technischer Fortschritt läßt vor allem immer die Frage offen, ob dies nicht eine Verwendung der Produktivkräfte der Volkswirtschaft bedeutet, die denjenigen Wünschen der Konsumenten widerspricht, welche sich unter der Herrschaft des Wettbewerbs geltend gemacht haben würden.

Immerhin ist hier ein Punkt zu beachten, dem Rechnung zu tragen ist, wenn wir Monopol und Wettbewerb in einer praktisch brauchbaren Weise definieren wollen. Vorstellungen von einem «reinen» oder «vollkommenen» Wettbewerb, die einem abstrakten mathematischen Modell entsprechen, aber Bedingungen an den Wettbewerb stellen, die, wie wir sahen, wegen ihrer Strenge in der dynamischen Wirklichkeit des Wirtschaftslebens notwendigerweise unerfüllt bleiben müssen, sind durch den Begriff eines «aktiven» oder «wirksamen» Wettbewerbs zu ersetzen, der das ständige Ringen der Produzenten um die Gunst der Konsumenten als für den Wettbewerb wesentlich hervorhebt. Dabei wird bald dieser, bald jener Produzent einen Vorsprung vor den anderen haben und sich damit in einer Sonderstellung befinden, aber diese ist so lange nicht als «monopolistisch» aufzufassen, wie dafür gesorgt ist, daß die anderen den Vorsprung einholen und damit die Sonderstellung wieder beseitigen können. In diesem ständigen Ringen und Messen der Kräfte und in dem Ansporn, den die vorübergehenden Vorteile eines Vorsprunges ausüben, ist geradezu das Wesen des Wettbewerbs zu erblicken, das ihn zu einer so überaus förderlichen Einrichtung macht. Ein Vorsprung berechtigt uns nicht, von einem Monopol zu sprechen, sofern er nur vorübergehend ist und jeder Nachfolgende dem Vorauseilenden dicht auf den Fersen bleiben kann, so daß es ihm freisteht, ihn seinerseits zu überholen. Es wäre deshalb auch unzulässig, den Fortschritt, der durch die ständige Aussicht auf einen Vorsprung in Gang gehalten wird, dem «Monopol» zuzuschreiben. Von einem Monopol können wir vielmehr erst dann sprechen, wenn dieser Wettkampf um den Vorsprung aufgehoben und der Vorsprung zu einer dauernden Sonderstellung wird, was freilich den Fortschritt eher bremsen als fördern wird. Wenn sich daher der Staat veranlaßt sieht, im Falle einer Erfindung den Vorsprung durch ein Patent rechtlich zu sanktionieren, so ist darin nicht nur eine gerechte Anerkennung geistigen Eigentums zu erblicken, sondern auch eine unentbehrliche Anspornung. Aber das Patentrecht wird in dem Maße problematisch, wie dadurch den Wettbewerb hemmende und zu Mißbrauch anreizende Monopolrechte geschaffen werden.

Wenn wir den Wettbewerb als den Zustand ständigen Ringens um die Gunst des Konsumenten auffassen, so wird der Begriff des Monopols entsprechend eingeengt und auf alle Fälle beschränkt, in denen dieses Ringen mit seinen zeitweiligen Vorsprüngen aufgehoben und in den Zustand einer geschützten Sonderstellung auf dem Markte verwandelt wird. Um so vorbehaltloser können dann die Schädigungen des Gesamtinteresses durch das Monopol bezeichnet werden. Sie sind zu erblikken: 1. in dem Übergewicht, das nunmehr durch die Ausschaltung des Ringens um die Gunst des Konsumenten der Produzent gegenüber dem Konsumenten gewinnt, der in dem Maße der Monopolmacht seine dem Wesen der Wirtschaft gemäße Stellung als «Souverän» der Produktion verliert, 2. in der daraus folgenden Möglichkeit der Ausbeutung des Konsumenten und der Störung des gerechten Verhältnisses zwischen Leistung und Gegenleistung (Leistungsprinzip), so daß der Monopolpreis die Eigenschaft des «gerechten» Preises verliert, die dem Wettbewerbspreis zukommt, 3. in der Abschwächung des im Wettbewerb liegenden Antriebes zur besten und billigsten Leistung, 4. in der Störung der durch Wettbewerb und freie Preise bewirkten Gesamtordnung des Wirtschaftslebens und in der daraus folgenden Fehlleitung von Produktivkräften und 5. in der Schaffung von Machtpositionen, die einen Markt abschließen und damit neu Aufstrebende hindern, ihr Glück zu versuchen und auf der sozialen Stufenleiter aufzusteigen. Die Möglichkeit ist zuzugeben, daß nicht nur auf den Gütermärkten, sondern auch auf einzelnen Arbeitsmärkten durch die Übermacht starker Gewerkschaften und ihre Praxis (insbesondere durch den «closed shop», der Nichtmitglieder von der Arbeit ausschließt) ein Monopol für das Angebot von Arbeit geschaffen wird, dessen schädliche Wirkungen analog zu beurteilen sind.

Wenn wir das Gesagte auf die im Westen vorherrschende Wirtschaftsordnung (Marktwirtschaft) anwenden, so ergibt sich, daß, da die Marktwirtschaft ein wesentlich durch den Wettbewerb geordnetes Wirtschaftssystem ist, jedes Monopol grundsätzlich sowohl ihre Leistungsfähigkeit wie ihre soziale Gerechtigkeit beeinträchtigt. Soll daher die Marktwirtschaft alle ihre Vorteile gegenüber einer kollektivistischen Wirtschaft entfalten und eine «soziale Marktwirtschaft» sein, wie sie die deutsche Regierung seit 1948 mit außerordentlichem Erfolg zum Programm erhoben hat, so ist die erfolgreiche Bekämpfung der Monopole und die Aufrechterhaltung des echten Wettbewerbs dafür eine der obersten Voraussetzungen.

Um die Möglichkeiten einer solchen erfolgreichen Bekämpfung der Monopole zu erkennen, muß man zunächst beachten, daß der Bildung und noch mehr der Dauer von Monopolen (in dem hier definierten realistischen Sinne) weit engere Grenzen gezogen sind, als eine populäre Meinung voraussetzt und Sozialtheorien behaupten, die die Natur und die Aussichten einer freien Wirtschaft in einem möglichst ungünstigen Lichte erscheinen lassen möchten. Auch die Meinung, daß die Entwicklung des modernen Wirtschaftslebens und die Fortschritte der Technik den Monopolismus immer mehr begünstigen, ist irrig. Nach wie vor gilt, daß, wenn es eine natürliche Gravitation gibt, es nicht eine solche zum Monopol, sondern eine zum Wettbewerb ist. Diese Tendenz ist in unserer Zeit gerade durch die ständigen Umwälzungen der Technik, durch die die Märkte außerordentlich erweiternden Fortschritte des Transportwesens und durch die wirtschaftliche Entwicklung immer neuer Gebiete eher verstärkt als geschwächt worden. Alles ist wie nie zuvor in Bewegung, und wer heute oben ist – sei es der Größte und Mächtigste –, kann sich nur durch fortgesetzte Anstrengungen gegen die nachdrängenden Rivalen halten. Wenn Monopole trotzdem eines der ernstesten Probleme unserer Zeit sind, so nicht nur deshalb, weil sich die dem Wettbewerb günstige Tendenz nur unvollkommen und mit Verzögerungen durchsetzt, sondern auch aus dem Grunde, weil ihr der Staat durch Eingriffe aller Art entgegenwirkt, die, meist ohne es zu beabsichtigen, Monopolbildungen begünstigen. In dieser Richtung wirkt vor allem die Behinderung der ausländischen Konkurrenz durch staatliche Einfuhrerschwerungen.

Wenn sich die Ansicht eines heute veralteten Liberalismus, daß der erwünschte Zustand freien Wettbewerbs sich von selber einstellt, sofern nur der Staat sich nach Möglichkeit der Eingriffe ins Wirtschaftsleben enthält, auch als ein schwerwiegender Irrtum herausgestellt hat, so enthält sie doch weiterhin einen Kern von Wahrheit. Es bleibt vor allem richtig, daß die maximale Freiheit des internationalen Handels ein höchst wirksames Korrektiv monopolistischer Tendenzen ist. Aber es wäre unrealistisch, mit der Verwirklichung dieses Ideals zu rechnen, und selbst dann wäre es eine unzulässige Vereinfachung, das Problem des modernen Monopolismus für gelöst zu halten. Daher kann der moderne Staat der Aufgabe nicht ausweichen, die Monopolbekämpfung zum Gegenstand einer spezifischen Monopolpolitik zu machen, und diese Aufgabe ist sogar eine der dringendsten, die heute zu lösen ist, wenn eine freie Wirtschaftsordnung als eine leistungsfähige und gerechte erfolgreich gegen den Kollektivismus verteidigt werden soll, der vor allem mit dem Hinweis auf den Monopolismus zu werben und zu überzeugen sucht.

Da nun selten ein einzelner Produzent eine mehr als vorübergehende Monopolstellung erreichen kann (ausgenommen vor allem den Fall von Bodenschätzen), so setzt ein Monopol in der Regel voraus, daß mehrere Produzenten sich zur Einschränkung des Wettbewerbs vertraglich zusammenschließen (Hauptform: Kartell, wobei freilich zu beachten ist, daß nicht jedes Kartell eine Einschränkung des Wettbewerbs zum Ziel hat, so insbesondere nicht das der rationellen Spezialisierung, der wissenschaftlichen Forschung und dem Austausch von Fabrikationserfahrungen dienende Rationalisierungskartell). In diesem Falle wird also seltsamer- und daher auch unzulässigerweise die Vertragsfreiheit zu dem Zwecke mißbraucht, diese und damit auch die wirtschaftliche Freiheit einzuschränken.

Freilich dürfen die Schwierigkeiten der Kartelle nicht unterschätzt werden. Es ist, wie schon bemerkt, nicht leicht, die Produzenten eines Industriezweiges zu vereinigen und trotz ihrer immer wieder auseinanderstrebenden Interessen zusammenzuhalten, und noch mühevoller ist es, mit der stets lauernden Konkurrenz von Außenseitern fertig zu werden, die das Kartell durch Unterbietung der Kartellpreise sprengen können. Zur Überwindung der Schwierigkeiten pflegen die Kartelle eine Technik des «Organisationszwanges» anzuwenden, die zu den stärksten Bedenken Anlaß gibt. Ein weiterer bedenklicher Punkt ist, daß die Schwierigkeiten der Kartellbildung in den einzelnen Industriezweigen verschieden groß sind (am geringsten in der auf wenige Großbetriebe konzentrierten, mit hohem Anlagekapital arbeitenden und gleichförmige Massengüter erzeugenden Schwerindustrie), so daß die weniger «kartellfähigen» Industrien (Verarbeitungsindustrien wie z. T. die Textilindustrie) im Hintertreffen bleiben.

Eine auf Bekämpfung der Monopole gerichtete Politik des Staates ist also im wesentlichen identisch mit einer gesetzlichen Regelung der Kartelle. Hierfür bieten sich drei Wege. Die mildeste – und daher auch wenig wirksame – Form ist die, Kartelle grundsätzlich zuzulassen und nur ihren «Mißbrauch» zu bekämpfen (Prinzip der Mißbrauchbekämpfung). Die zweite Möglichkeit ist die, Kartelle zu verbieten und mit den Machtmitteln des Staates zu unterdrücken (Verbotsprinzip nach dem Muster des amerikanischen Anti-Trust-Gesetzes von 1890). Der dritte und empfehlenswerteste Weg besteht darin, Kartelle nicht zu einem strafbaren, sondern zu einem privatrechtlich unwirksamen Akt zu machen und damit dem Kartellvertrag als einem Mißbrauch der Vertragsfreiheit den staatlichen Rechtsschutz zu verweigern (Prinzip der Rechtsschutzverweigerung), unbeschadet der im Gesetz zu präzisierenden Ausnahmen. Es besteht Grund zu der Erwartung, daß auf diesem Wege das Problem des Monopolismus in befriedigender Weise und zugleich geräuschlos gelöst werden kann. Das heutige deutsche Kartellgesetz vom 27. Juli 1957 verbindet diese drei Verfahren der Kartellpolitik miteinander.

Haben wir bisher gefordert, daß der Wettbewerb nach Möglichkeit frei sein soll, so muß hinzugefügt werden, daß er auch echt sein soll. Das heißt, daß er vor Verfälschung, Verzerrung und Entartung geschützt werden muß. Das ist insofern das genaue Gegenteil des Monopols, als es sich dort um ein Zuwenig, hier jedoch sozusagen um ein Zuviel an Wettbewerb handelt, in dem Sinne nämlich, daß die Entartung in einer Zügellosigkeit, Entfesselung, Befreiung von bestimmten Schranken besteht, die als ebenso unerwünscht gelten muß wie das Zuwenig an Wettbewerb im Falle des Monopols. Es handelt sich dabei nicht nur um die Fälle, die von den Gesetzen gegen den unlauteren Wettbewerb bekämpft werden, sondern darüber hinaus um Verzerrungen und Normwidrigkeiten des Wettbewerbs, die die Funktion des Wettbewerbs, den Wirtschaftsprozeß vernünftig zu steuern, stören. Solche Wettbewerbsverzerrungen, die sich in wirtschaftlich nicht begründeten Preisunterbietungen äußern, sind neuerdings vor allem im internationalen Handel häufig geworden.[7]

5. Der Zusammenhang der Preise

Bis hierher haben wir immer nur die Preisbildung auf einem abgegrenzten Markte betrachtet, als ob wir es jeweils allein mit diesem Markte und allein mit dieser Ware zu tun hätten. In Wahrheit gibt es aber zwischen den einzelnen Märkten mehr oder weniger enge Querverbindungen, von denen nunmehr noch kurz die Rede sein muß.

Ein Zusammenhang der Märkte besteht zunächst in dem allgemeinen Sinne, daß die Nachfrage und das Angebot auf einem Markte in irgendeiner Weise durch die Gesamtnachfrage und das Gesamtangebot auf allen übrigen Märkten mitbestimmt wird. Wird von der einen Ware plötzlich mehr nachgefragt, so wird von irgendeiner anderen Ware weniger nachgefragt werden. Wird das Automobilfahren zu einem Volkssport, so ist denkbar, daß die Nachfrage nach Kinderwagen und Säuglingswäsche zurückgehen wird, da das Einkommen der meisten nicht gleichzeitig zum Unterhalt eines Wagens und einer mehrköpfigen Familie ausreicht. Sind das Brot und die Butter teuer, so wird die Nachfrage nach Büchern oder Möbeln zu leiden haben – die Beispiele ließen sich ins Unendliche vermehren.

Neben diesem allgemeinen Gesamtzusammenhang aller Märkte besteht noch ein besonderer und engerer Zusammenhang solcher Märkte, die in irgendeiner Weise einander benachbart sind.

Der *erste* Fall eines solchen Nachbarschaftsverhältnisses ist dadurch gegeben, daß die eine Ware oft durch eine andere «ersetzt» werden kann (Surrogat, Substitution), die Butter durch Margarine, die Naturseide durch Kunstseide, Kaffee durch Tee. Es leuchtet ein, daß die Märkte dieser durch Substitutionsmöglichkeit verbundenen Waren eine weitgehende Parallelbewegung der Preise aufweisen. Die Verbindung dieser Märkte ist auch deshalb wichtig, weil die Möglichkeit der Substitution der einen Ware durch die andere dem Konsumenten Ausweichmöglichkeiten gibt, die übermäßige Preisbewegungen begrenzen.

Noch enger ist das Nachbarschaftsverhältnis im *zweiten* Falle, demjenigen der sogenannten *produktionsverbundenen Güter*. Man versteht darunter solche Güter, die durch ein und denselben Produktionsakt gleichzeitig erzeugt werden, wie Gas, Koks und Teer bei der Gas-(oder Koks-)erzeugung, Eisen und Thomasschlacke im Hüttenwerk, Wolle und Fleisch bei der Schafzucht. Alle diese – überraschend zahlreichen – Fälle produktionsverbundener Güter bieten ein sehr interessantes Sonderproblem der Preisbildung. Es sind die siamesischen Zwillinge der Wirtschaft, von denen jeder sein Eigenleben hat und seine eigenen Wege gehen möchte, aber doch durch eine unauflösliche Gemeinschaft an den anderen gekettet ist. Der springende Punkt ist dabei, daß man das eine der verbundenen Güter nicht ohne das andere erzeugen kann; ihre Produktionskosten sind gemeinsam und nicht aufteilbar. Gewiß ist es auch in diesem Falle richtig, daß der Gesamterlös die gemeinsamen Produktionskosten decken muß, wenn die Produktion auf die Dauer fortgesetzt werden soll. In welchem Verhältnis sich aber die Produktionskosten in den Preisen auf die produktionsverbundenen Produkte verteilen, bestimmt sich durch die Intensität der Nachfrage nach dem einen und nach dem anderen Produkt. Wird das eine stärker begehrt als das andere, so wird man das weniger begehrte zu einem so niedrigen Preise abstoßen, daß man sicher ist, den «Abfall» loszuwerden. So kann bei einer Steigerung der Nachfrage nach dem Hauptprodukt, der keine Steigerung der Nachfrage nach dem Nebenprodukt entspricht, dank der unauflöslichen Produktionsverbundenheit ein starker Preisfall des Nebenprodukts eintreten. Gibt es nun Produzenten, die das Nebenprodukt als einziges Produkt erzeugen, so kann für sie eine arge Notlage entstehen. Ein gutes Beispiel dafür bietet das Silber, das neuerdings zu einem großen Teile als Nebenprodukt der Kupfer-, Blei- und Zinngewinnung anfällt. Als nun aber die Nachfrage nach Kupfer und Zinn weit stärker als diejenige nach Silber gestiegen war, ist zeitweilig ein Preisfall des Silbers eingetreten, der die reinen Silberminen schwer getroffen hat[8].

Ein *letzter* Fall der Marktverkoppelung ist derjenige der *nachfrageverbundenen Güter,* d. h. solcher Güter, die wie Tinte, Feder und Papier, Forelle und Weißwein, Kragen und Schlips zusammen nachgefragt zu werden pflegen. Es kann für die Wirtschaftspolitiker von großer Bedeutung sein, sich diese Marktverbundenheit klarzumachen. Wenn es sich etwa darum handelt, die Lage eines bestimmten Produktionszweiges zu heben, so kann dieses Ziel möglicherweise durch Verbilligung eines nachfrageverbundenen Gutes wirksam erreicht werden. So ließe sich die Lage der bäuerlichen Milchwirtschaft durch eine Herabsetzung des Kaffeezolles in manchen Ländern sicherlich nicht unerheblich verbessern.

6. Außenhandel und internationale Preisbildung

Autarkie bleibt für ein hochentwickeltes Land ein Traum, und, um ein bekanntes Wort Moltkes zu variieren, nicht einmal ein schöner, – um so weniger, je größer, reicher und mächtiger ein Land ist und bleiben will. Es ist daher angebracht, die Besonderheiten der internationalen Markt- und Preiszusammenhänge noch kurz in unsere Betrachtungen einzubeziehen[9].

Da die Fortschritte der Verkehrs- und Konservierungstechnik das Haupthindernis eines weiträumigen Wirtschaftsverkehrs, nämlich die mit der Raumüberwindung verbundenen Kosten und Verluste, immer bedeutungsloser gemacht haben, so ist der internationale Wirtschaftsverkehr immer mehr zu einem wirklichen Weltwirtschaftsverkehr geworden, der nicht nur Nachbarländer, sondern Länder der entferntesten Zonen miteinander verbindet. Freilich eignen sich nicht alle Güter in gleichem Maße für den internationalen Wirtschaftsverkehr, da der Widerstand, den sie der Raumüberwindung entgegensetzen, verschieden groß ist. Es gibt unter ihnen wahrhafte Globetrotter, die dem Grundsatz zu huldigen scheinen: «Wo es mir gut geht (d. h. wo ich den höchsten Preis erziele), dort ist mein Vaterland.» Sie sind von so starker Konstitution, daß ihnen weder die längsten Landreisen noch die strapaziösesten Ozeanfahrten etwas auszumachen scheinen. Sie verderben nicht, und außerdem ist ihr spezifischer Wert (d. h. ihr Wert pro Gewichts- oder Volumeneinheit) so hoch, daß er nicht so bald von den Transportkosten aufgefressen wird. Dies sind diejenigen Güter, die man als internationale Güter bezeichnet. Dazu gehören die Massengüter des Welthandels, wie Weizen, Metalle, Kautschuk, Kaffee, Textilfasern usw., und der größte Teil der Fabrikate. Andere Güter sind nicht so kosmopolitisch. Ihr Patriotismus ist so ausgeprägt, daß sie nur in Ausnahmefällen eine Auslandsreise unternehmen. Dazu gehören leichtverderbliche Dinge, wie Erdbeeren, frische Fische oder Lebendvieh und schließlich die Proletarier unter den Gütern, die wie Pflaster- und Ziegelsteine zwar die weitesten Reisen vertragen würden, aber einen so geringen spezifischen Wert haben, daß für sie das Reisegeld unerschwinglich wird. Schließlich gibt es noch eine Gruppe von Gütern, deren Patriotismus wirklich ganz echt ist, da sie wissen, daß sie in der Fremde nichts zu suchen haben. Das sind jene Güter, die, wie z. B. gewisse Gebrauchsgegenstände, an einen nationalen Geschmack gebunden sind. Neben den materiellen Gütern haben auch Leistungen und Dienste in der Weltwirtschaft eine zunehmende Bedeutung erlangt, wobei man ja nur an die noch immer wachsende Ausdehnung des Touristenverkehrs zu denken braucht (sogenannte «unsichtbare» Aus- und Einfuhr). Allerdings liegt bei den meisten Leistungen und Diensten die Besonderheit vor, daß man sie sich abholen muß, worauf ja der Touristenverkehr beruht. Der Reiseverkehr nach der Schweiz stellt also eine virtuelle (unsichtbare) Ausfuhr aus der Schweiz dar, obwohl sich gewiß nicht jeder Friseur in Zürich, der einem englischen Reisenden die Haare schneidet, darüber Rechenschaft gibt, daß er damit ein Exportgeschäft durchführt. Es ist aber nicht ohne Interesse, sich darüber klarzuwerden, daß es in manchen Fällen durch den technischen Fortschritt möglich geworden ist, bis dahin ortsgebundene Leistungen transportabel zu machen. Das Kino erlaubt z. B., eine Theateraufführung in Kisten zu verpacken und in genußfertigem Zustand in alle Welt zu versenden, was für die Weltwirtschaft von nicht geringfügiger Bedeutung geworden ist. Radio und Fernsehen machen sogar die Kiste entbehrlich. Ob freilich diese Anwendung des Konservenbüchsenprinzips auf die Kunst auch die Qualität konserviert, bleibe dahingestellt. Der internationale Wirtschaftsverkehr ist aber nicht auf Güter und Leistungen beschränkt, sondern umfaßt auch, genau wie der Wirtschaftsverkehr innerhalb eines Landes, alle möglichen Arten von Kreditgeschäften und Kapitalübertragungen. Auch sie sind im Laufe der Entwicklung immer bedeutsamer geworden, führen aber zu so verwickelten Problemen, daß es unmöglich ist, sie hier zu behandeln.

Die Bedeutung dieses internationalen Wirtschaftsverkehrs kann kaum überschätzt werden. Tatsächlich hat die weltwirtschaftliche Verflechtung der Nationen in der letzten Generation einen Grad erreicht, von dem sich viele keine angemessene Vorstellung machen. Sämtliche Länder und Zonen sind heute durch wirtschaftliche Beziehungen aller Art so sehr miteinander verbunden, daß ein Ganzes entstanden ist, an dessen Gedeihen und Funktionieren alle ebenso teilhaben wie an seinem Niedergang und an seiner Zerstörung. Alle Länder sind in mehr oder weniger hohem Grade zum dauernden wirtschaftlichen Siechtum verurteilt, wenn es nicht gelingt, den Bau der Weltwirtschaft dauerhaft wiederaufzurichten, der durch die Stürme der letzten Jahrzehnte so sehr beschädigt worden ist. Es gibt kein Land, das die Frage gleichgültig lassen kann, ob diese Reparatur gelingt, und es gibt kein Land, das es sich im eigenen Interesse leisten könnte, seinen besonderen Beitrag dazu zu verweigern.

Nun ist es eine einer besonderen psychologisch-soziologischen Studie würdige Tatsache, daß die meisten Menschen allen Fragen des internationalen Handels mit einer Verständnislosigkeit gegenüberstehen wie keiner anderen Seite des wirtschaftlichen Lebens. Der Nationalökonom, der Wesen und Funktionen des Außenhandels leidenschaftslos, unbekümmert um die außerwirtschaftliche Problematik des Verkehrs mit dem Auslande und wahrhaft besorgt um das Wohl seines eigenen Landes auseinanderzusetzen versucht, der die meisten Argumente zugunsten einer wirtschaftlichen Abschließung als gedankenlos entlarvt und die abergläubische Furcht vor einer passiven Handelsbilanz als laienhaft erweist, hat demgegenüber einen schweren Stand. Nicht ohne Grund hat der große englische Nationalökonom *Alfred Marshall* sagen können, daß es für einen wahren Nationalökonomen nahezu unmöglich sei, ein guter Patriot zu sein und gleichzeitig den Ruf eines solchen zu haben. Nun ist es nicht zu leugnen, daß gerade der internationale Handel dem Verständnis besondere Schwierigkeiten bietet. Dieser wird man nur Herr, wenn man sich das Wesen des internationalen Handels in seiner einfachsten Form klarmacht und davon ausgeht, daß er ebenso wie der Binnenverkehr auf Arbeitsteilung und Austausch der arbeitsteilig erzeugten Produkte beruht. Wie weit auch der räumliche Bereich dieses arbeitsteiligen Wirtschaftsverkehrs ist, immer löst sich die verwirrende Fülle der einzelnen Geschäfte in einen Prozeß auf, dessen Natur uns früher klar wurde, als wir das Gewebe der Arbeitsteilung studierten. Daß im Falle des internationalen Wirtschaftsverkehrs die Teilnehmer des Prozesses verschiedenen Zahlungsgemeinschaften angehören, ändert an seinem letzten Wesen ebensowenig wie die Tatsache, daß sie verschiedene Pässe und verschiedenen Wohnsitz haben, obwohl es sich hier um Besonderheiten handelt, die unter Umständen zu schwierigen theoretischen und praktischen Problemen führen.

Hat man das Wesen des Außenhandels erst einmal auf Grund des Prinzips der Arbeitsteilung erfaßt, so werden auch sofort die wirklichen Funktionen der Einfuhr und der Ausfuhr klar und manche Mißverständnisse damit beseitigt. Vor allem sind wir jetzt imstande, die weitverbreitete Meinung richtigzustellen, daß Ausfuhr etwas Gutes und Einfuhr etwas Schlechtes sei, so daß es darauf ankomme, möglichst viele Güter aus dem Lande herauszuschaffen und möglichst wenige hereinzulassen. Es ist klar, daß Ausfuhr und Einfuhr im Verhältnis von Mittel und Zweck zueinander stehen: die möglichst reichliche Versorgung mit Gütern ist das Ziel, aber da uns das Ausland leider in der Regel keine Güter schenkt, so müssen wir etwas für sie hingeben, und das, was wir hingcben, ist die Ausfuhr. Manche Güter bekommen wir allerdings umsonst aus dem Auslande, so z. B. Zugvögel, Strandgut, Fische u. dgl., und wenn wir den Begriff des Auslandes in vertikaler Richtung ausdehnen, so können wir auch das Sonnenlicht, Meteore und andere Geschenke des Himmels dazu rechnen. Niemand wird sich über diese Fälle «reiner» Einfuhr beklagen und besorgt die Frage stellen, wo denn hier die korrespondierende Ausfuhr bleibe. Je billiger aber eine ausländische Ware ist, um so mehr nähern wir uns diesen willkommenen Fällen. Je weniger ein Land zu exportieren braucht, um seine Einfuhr zu bezahlen, je höher also die Ausfuhrpreise im Vergleich zu den Einfuhrpreisen sind, um so größer ist der Gewinn, den es aus der internationalen Arbeitsteilung zieht[10].

Dieses Ergebnis ist nun allerdings allen gewohnten Vorstellungen so sehr entgegengesetzt, daß wir noch einen zweiten Versuch unternehmen müssen, um es überzeugend zu machen. Wenn ein Land nämlich nicht alle Dinge selbst herstellt, sondern sich einige durch Austausch mit einem anderen Lande beschafft, so bedeutet das, daß es jetzt – wie wir aus einem früheren Abschnitt dieses Buches (S. 98/99, 177) wissen – ein Verfahren einschlägt, durch das es gewisse Produkte billiger als vorher produziert. Nehmen wir an, daß der Außenhandel zwischen der Türkei und der Schweiz im Austausch von türkischem Tabak und schweizerischem Papier besteht, so können wir uns vorstellen, daß die Papierfabriken in der Schweiz nichts anderes als riesige Maschinen sind, die billigen

Tabak erzeugen. Umgekehrt entdeckt das Auge des Nationalökonomen, daß die anatolischen Tabakfelder im Grunde Plantagen sind, auf denen Papier gezogen wird, welches billiger ist, als wenn es im direkten Verfahren produziert worden wäre. Der Außenhandel wirkt also im Grunde wie eine arbeitssparende Maschine oder ein sonstiges Verfahren zur Senkung der Produktionskosten. Der Nutzeffekt dieser Maschine ist um so größer, je günstiger das Verhältnis von Aufwand und Ertrag ist, d. h. je weniger wir exportieren, um ein bestimmtes Quantum zu importieren. Je teurer der Tabak und je billiger das Papier, um so besser für die Türkei und umgekehrt für die Schweiz. Würden die Schweizer diesem Austausch ein Ende machen, indem sie die Tabakeinfuhr sperren und selbst Tabak bauen, so würden sie mithin genau so handeln, wie wenn sie eine arbeitssparende Maschine zerschlagen würden. Außerdem würde die Frage entstehen, wer jetzt das Papier kaufen soll, denn die Schweizer, die bis dahin türkischen Tabak gekauft hatten, hatten ja damit indirekt ihr eigenes Papier gekauft. Umgekehrt würde in der Türkei die Sperrung der Papiereinfuhr das Land nicht nur um gutes und billiges Papier bringen, sondern auch einen Teil der Tabakernte unabsetzbar machen, denn jeder Käufer von Papier hatte ja damit indirekt anatolischen Tabak gekauft.

Aber vielleicht klingt das alles noch nicht völlig überzeugend, da es den Anschein erweckt, als gäbe es im Außenhandel überhaupt keine Probleme. Sollen denn alle Länder ihre Zollbeamten pensionieren? Obwohl der Welt Schlimmeres als dies widerfahren könnte, führen unsere bisherigen Überlegungen in keiner Weise zu diesem radikalen Schluß. Es gibt in der Tat sehr schwer zu nehmende Probleme des Außenhandels die eine Kontrolle durch den Staat in nicht geringem Umfange rechtfertigen können. Nur liegen diese Probleme in einer anderen Richtung als dort, wo man sie gewöhnlich sucht. Es ist unmöglich, von ihnen in wenigen Worten einen angemessenen Begriff zu geben. Es muß genügen, das zu wiederholen, was schon an einer früheren Stelle ausgeführt worden ist: daß für die Produktivitätssteigerung, die wir der Arbeitsteilung verdanken, in Form von möglichen wirtschaftlichen, sozialen und kulturellen Nachteilen ein Preis gezahlt werden muß. Je weiter die Arbeitsteilung getrieben wird, um so berechtigter wird die Frage, ob jener Preis nicht zu hoch ist. Das gilt in besonderem Maße von der internationalen Arbeitsteilung, die aus naheliegenden Gründen einen besonders labilen und unsicheren Charakter besitzt. Gerade hier wird das Ideal möglichst billiger Versorgung in der Gegenwart oft durch andere Ideale in den Hintergrund gedrängt, und auch der Umstand, daß mit diesen Idealen sehr oft von wirtschaftlichen Interessenten Mißbrauch getrieben wird, darf uns nicht irre machen. Hinzu kommt, daß die Einfuhr billiger Auslandswaren, obwohl in der Gegenwart willkommen, doch auf die Entwicklung der heimischen Produktion einen lähmenden Einfluß ausüben und zu verlustreichen Umstellungen führen kann, denen das heimische Wirtschaftsleben nicht ausgesetzr werden soll. Diese kurzen Bemerkungen müssen hier genügen, um begreiflich zu machen, daß man die Logik nicht zu vergewaltigen braucht, um die Zweckmäßigkeit von Staatseingriffen im Außenhandel zu begründen. Die Nationalökonomie lehrt ja nicht, daß jeder Staatseingriff vom Übel ist; sie lehrt nur sorgfältige Abwägung der in Rechnung zu ziehenden Umstände und erweist sich damit als unentbehrliches Instrument einer weitschauenden und wahrhaft nationalen Politik.

Das Prinzip der internationalen Arbeitsteilung ist freilich mit alledem noch nicht ganz geklärt. Bei weiterem Nachdenken ergibt sich nämlich eine Schwierigkeit, die schon zu vielen falschen Vorstellungen Anlaß gegeben hat. Wenn ich Bücher schreibe und die Anfertigung von Bücherregalen dem Tischler überlasse, so ist das ein Fall von Arbeitsteilung, bei dem jeder dem anderen in seinem Fach überlegen ist und aus der Spezialisierung einen unzweifelhaften Nutzen zieht. Wie aber, wenn es sich um die Katalogisierung meiner Bibliothek handelt? Wäre es vorteilhaft, wenn ich dafür jemanden engagieren würde, obwohl ich diese Arbeit selbst besser machen könnte?

Soll ich zum Umgraben meines Gartens einen Arbeiter anstellen, obwohl ich diese Arbeit ebensogut selbst machen würde? Ohne Zweifel wäre das vorteilhaft, wenn meine Überlegenheit im Bücherschreiben noch größer ist als im Katalogisieren und Umgraben. Es ist leicht, diese einfachen Fälle auf die Weltwirtschaft zu übertragen. Im Güteraustausch zwischen den tropischen Ländern und den nördlichen Industrieländern haben wir einen Fall gegenseitiger Produktionsüberlegenheit, der keiner weiteren Erläuterung mehr bedarf. Wir begreifen jetzt aber auch, warum es selbst dann zu einem vorteilhaften Handelsverkehr kommt, wenn das eine Land dem anderen gegenüber in allen Produktionszweigen unterlegen ist, vorausgesetzt, daß die Unterlegenheit nicht in allen Zweigen gleichmäßig ist. Israel ist z. B. ein Land, das von der Natur stiefmütterlich behandelt worden ist. Daraus ziehen nun dort viele den Schluß, daß die israelische Wirtschaft vor der Konkurrenz der überlegenen Länder geschützt werden müsse. Es ist aber kein Grund vorhanden, warum nicht auch Israel in vorteilhafte Austauschbeziehungen mit überlegenen Ländern treten sollte, indem es sich auf diejenigen Produktionszweige beschränkt, in denen seine Unterlegenheit am geringsten ist. Im Gegenteil: die allgemeine Ungunst der Produktionsbedingungen kann Israel nicht aus der Welt schaffen, und indem es durch Schutzzölle Produktionszweige rentabel macht, in denen seine Unterlegenheit relativ groß ist, kann es seine Lage nur noch verschlechtern, abgesehen davon, daß dadurch wahrscheinlich die Last der Produktionsunterlegenheit auf schwächere Schultern abgewälzt würde. Natürlich muß aber ein solches Land niedrigere Geldkosten, d. h. vor allem niedrigere Löhne in Kauf nehmen, aber es würde noch ärmer sein, wenn es nicht in die weltwirtschaftliche Arbeitsteilung eintreten würde. Arme Länder können sich die Abschließung von der Weltwirtschaft also noch weniger leisten als reiche. In einer Welt, in der die Menschen international frei beweglich wären, würde sich der Ausgleich dadurch ergeben, daß die Menschen aus den armen in die reicheren Länder so lange abströmen, bis das Durchschnittseinkommen überall gleich hoch ist. Es würde dann also keine reicheren und ärmeren, sondern nur noch dünner und dichter besiedelte Länder geben. Da nun aber die internationale Beweglichkeit der Menschen durch tausend Umstände gehemmt ist, müssen sie ihr Ausharren unter ungünstigeren Produktionsbedingungen natürlich mit einem geringeren Durchschnittseinkommen erkaufen. Ihre Lage wird aber in dem Maße gelindert, in dem ihnen die Weltwirtschaft gestattet, ihre Produktion auf diejenigen Zweige zu beschränken, in denen sie noch am ehesten konkurrieren können. Die internationale Güterbewegung wirkt also wie ein Ersatz der gehemmten Menschenbewegung[11].

Anmerkungen zum sechsten Kapitel

1. (S. 193) Das Wechselspiel zwischen Angebot, Nachfrage und Preis:

Daß der Preis auf einem freien Markte erst dann zur Ruhe kommt, wenn er denjenigen Punkt erreicht hat, an dem Angebots- und Nachfragemenge sich miteinander decken, ergibt sich ohne weiteres aus der Erwägung, daß jede Abweichung von diesem Gleichgewichtspunkt so auf Angebot oder Nachfrage wirkt, daß der Preis sich auf den Gleichgewichtspunkt einpendelt. Man macht sich diesen Mechanismus in seiner einfachsten Form am besten an Hand eines Diagramms klar:

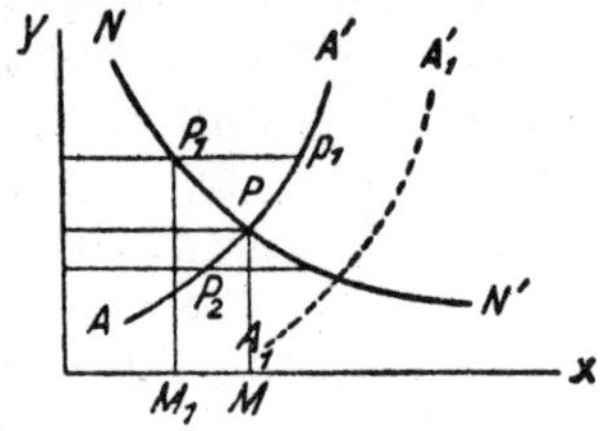

Abb. 2

In diesem Diagramm sind auf der *X*-Achse die Mengeneinheiten einer Ware und auf der *Y*-Achse die Geldeinheiten eingetragen. Die Kurve *N–N'* – die Nachfragekurve genannt – führt uns vor Augen, welche Mengen einer bestimmten Ware bei wechselnden Preisen nachgefragt werden. Diese Kurve ist natürlich willkürlich gezeichnet, bringt aber zur Anschauung, daß die nachgefragten Mengen bei steigenden Preisen zu sinken und bei sinkenden Preisen zu steigen pflegen. Entsprechend veranschaulicht die Kurve *A–A'* – die Angebotskurve genannt – das Steigen des Angebots bei steigenden und das Sinken des Angebots bei sinkenden Preisen. Bezeichnen wir den Schnittpunkt der beiden Kurven mit *P*, so ist nach unserem Elementarsatz *P–M* der Gleichgewichtspreis. Den Beweis führen wir nach der Art eines indirekten geometrischen Beweises, indem wir den Fall setzen, daß der Preis höher läge (z. B. P_1–M_1 betrage). Es geht aus unserem Diagramm sofort hervor, daß dieser Preis unhaltbar ist, da sich jetzt ein Überschuß des Angebots über die Nachfrage (P_1–p_1) ergibt, der auf den Preis so lange drückt, bis er auf *P* zurückgewichen ist. Entsprechendes gilt, wenn wir den Fall setzen, daß der Preis unter *P* (etwa bei P_2) läge. So ergibt sich, daß tatsächlich auf die Dauer kein anderer Preis als der Preis *P–M* haltbar ist.

Das vorstehende Diagramm muß man sich fest einprägen, da es eine zugleich bequeme und exakte Anschauung vom Wechselspiel zwischen Angebot, Nachfrage und Preis bietet. Außerdem geht aus ihm klar hervor, daß Angebot und Nachfrage niemals als vom Preis

unabhängige Größen vorgestellt werden dürfen, vielmehr ist, unter sonst gleichbleibenden Umständen, jedem Preis eine bestimmte Gesamtmenge des Angebots oder der Nachfrage zugeordnet. Es ist das, was im Text als Angebotsstaffel und Nachfragestaffel bezeichnet wurde. Natürlich kann sich bei veränderten Umständen (z. B. durch Modewechsel auf der Nachfrageseite, durch technischen Fortschritt auf der Angebotsseite) die Angebots- oder Nachfragestaffel ändern. In diesem Falle müßten wir eine *Verschiebung* der Angebots- oder der Nachfragekurve vornehmen. Nehmen wir z. B. an, wir hätten es mit dem Markt für elektrische Glühbirnen zu tun, und nehmen wir weiter an, daß ein neues Fabrikationsverfahren eine Produktionsverbilligung herbeiführt, so hätten wir eine unter der alten liegende neue Kurve des Angebots zu zeichnen (z. B. A_1–A_1'). Der neue Gleichgewichtspreis ist dann gesunken.
Die hier gewählte Form der Veranschaulichung geht auf *Alfred Marshall* zurück, dessen «Principles of Economics» (8. Aufl., London 1922) für ein eingehenderes Studium der hier nur in Umrissen gezeichneten Zusammenhänge unentbehrlich ist. Vgl. auch: *H. D. Henderson,* Angebot und Nachfrage, 2. Aufl., Wien 1935; *E. Barone,* Grundzüge der theoretischen Nationalökonomie, 2. Aufl., 1935; *George J. Stigler,* The Theory of Price, 2. Aufl., New York 1952, Neudruck 1964; *H. v. Stackelberg,* Grundlagen der theoretischen Volkswirtschaftslehre, Bern 1948; *W. Krelle,* Preistheorie, 1961. Das Studium *Marshalls* gibt eine Vorstellung von den theoretischen Schwierigkeiten, die sich bei einem weiteren Vordringen in die Theorie des Marktgleichgewichts ergeben. Eine dieser Schwierigkeiten, und vielleicht die größte, die schon *Marshall* zu schaffen gemacht und gerade in neuester Zeit erhöhte Aufmerksamkeit gefunden hat, entsteht, wenn man das in der Nationalökonomie leicht vernachlässigte Zeitmoment berücksichtigt. Das soll heißen, daß man bei längeren Zeiträumen oft mit ganz anderen Ergebnissen rechnen muß als bei kürzeren. So kann, wie das Beispiel des Automobils beweist, eine Steigerung der Nachfrage auf längere Frist dadurch eine Senkung des Preises bewirken, daß sie nach dem Gesetz der Massenproduktion eine Verschiebung der Angebotskurve nach unten hervorruft.

2. (S. 199) Elastizität von Angebot und Nachfrage:

Der Verlauf der Angebots- und Nachfragekurve spiegelt auch den Grad der Elastizität von Angebot und Nachfrage wider. Je flacher die Kurven verlaufen, um so größer ist in dem einen und in dem anderen Falle die Elastizität. Mit den ebenso wichtigen wie interessanten Einzelfragen, die sich dabei ergeben, hat sich die neuere Literatur in zunehmendem Maße befaßt. Vgl. *Henry Schultz*, Statistical Laws of Demand and Supply, Chicago 1928; *Henry Schultz*, Der Sinn der statistischen Nachfragekurven, 1930 (mit weiteren Literaturangaben); *G. F. Warren – F. A. Pearson*, Interrelationships of Supply and Price, Ithaca (N. Y.) 1928; *J. Marschak*, Elastizität der Nachfrage, 1931. Es wird einleuchten, daß der Elastizitätsbegriff ein weites Feld für mathematisch-statistische Untersuchungen eröffnet, und es besteht aller Anlaß, die Arbeit auf diesem Gebiet (z. B. in der Errechnung bestimmter Elastizitätskoeffizienten für einzelne Waren) mit der größten Aufmerksamkeit zu verfolgen. Wenn es sich um die Erhöhung einer Verbrauchssteuer oder eines Zolles, die Ermäßigung der Eisenbahntarife oder um ähnliche Fragen handelt, wird man sich immer zuvor eine genaue Vorstellung von der Elastizität der Nachfrage in dem konkreten Falle verschaffen müssen, um die Wirkungen abschätzen zu können. Freilich darf nicht übersehen werden, daß es sich bei Elastizitätskoeffizienten immer nur um historische, also wandelbare Daten, nicht aber um konstante Größen handelt. Hierüber finden sich Ausführungen von berechtigter Entschiedenheit, die zugleich gegen den Mißbrauch mathematischer Methoden in der Nationalökonomie überhaupt gerichtet sind, bei: *Ludwig von Mises*, Human Action, a Treatise on Economics, New Haven 1949, S. 347–354.

3. (S. 200) Die Kingsche Regel:

Den durch die *Kingsche* Regel bezeichneten Zusammenhang macht man sich am besten an Hand eines gewaltsam vereinfachten Beispiels klar. Wir nehmen an, daß in diesem Jahre die Getreideernte insgesamt 100 000 q betragen und bei einem Preis von 10 Franken einen Gesamterlös von 1 Million Franken erbracht habe. Im nächsten Jahre betrage die Ernte 125 000 q. Wird der Gesamterlös derselbe, höher oder niedriger sein? Das hängt offenbar allein von der Elastizität der Nachfrage nach Getreide ab. Ist die Elastizität so beschaffen, daß die Nachfrage genau in dem Verhältnis steigt, wie der Preis sinkt (Elastizitätskoeffizient = 1), so wird der Gesamterlös bei einem Preis von 8 Franken wiederum 1 Million Franken betragen. Nun ist aber anzunehmen, daß der Elastizitätskoeffizient für Getreide niedriger als 1 ist. Dann wird eben der Gesamterlös der neuen

Ernte unter dem der alten liegen. So würde sich bei einem Preis von 7 Franken pro Doppelzentner nur ein Gesamterlös von 875 000 Franken ergeben. Damit ist nicht ohne weiteres gesagt, daß sich die Landwirte dabei schlechter stehen, da ja noch ermittelt werden müßte, wie sich die Stückkosten bei einer reichlicheren Ernte stellen. Immerhin kann angenommen werden, daß die Landwirte in nicht wenigen Fällen tatsächlich an einer reichlichen Ernte insgesamt weniger verdienen als an einer knapperen. Vgl. dazu: *W. Röpke,* Das Agrarproblem der Vereinigten Staaten (II), Archiv für Sozialwissenschaft, Bd. 59, 1928, S. 96 ff.
Man muß nun aber Vorsicht walten lassen, wenn man aus der *Kingschen* Regel praktische Folgerungen für die Agrarpolitik ziehen will. Dabei ist vor allem zu bedenken, daß die *Kingsche* Regel ja nur das Getreide betrifft. Für die Produkte der bäuerlichen Veredelungswirtschaft liegt der Elastizitätskoeffizient der Nachfrage jedoch viel höher (bei 1 und darüber). Das bedeutet, daß z. B. die Absatzchancen für Butter und ähnliche Produkte bei sinkenden Preisen (oder steigendem Einkommen der Verbraucher) gut sind. Eine Überproduktion ist hier nicht zu befürchten, wenn man nur den Bauern durch billige Futtermittel die Gelegenheit gibt, mit einem niedrigen Butterpreis auszukommen, und durch eine zweckmäßige Wirtschaftspolitik das (für landwirtschaftliche Veredelungsprodukte verfügbare) Einkommen der Verbraucher steigert. In den mitteleuropäischen Ländern, wo die bäuerliche Veredelungswirtschaft gegenüber der Getreidewirtschaft durch die Marktnähe einen natürlichen Vorsprung besitzt, sollte also eine rationelle Agrarpolitik in erster Linie in einer Politik niedriger Getreidezölle bestehen. Dadurch wird folgendes erreicht: 1. Verbilligung der Produktionskosten der bäuerlichen Veredelungswirtschaft, 2. Steigerung des für Veredelungsprodukte verfügbaren Verbrauchereinkommens, 3. Preissenkung der Veredelungsprodukte und damit erhebliche Verbesserung der städtischen Ernährung, 4. Abschluß günstiger Handelsverträge, Besserung der Lage der Exportindustrie und Einkommenssteigerung der Verbraucher, 5. Förderung der spezifisch bäuerlichen Wirtschaft und, da es sich bei der bäuerlichen Veredelungsproduktion um eine besonders arbeitsintensive Produktion handelt, Erhöhung der Beschäftigungsmöglichkeiten in der Landwirtschaft. Vgl. über diese Fragen: *W. Röpke,* German Commercial Policy, London 1934; *W. Röpke,* International Economic Disintegration, 3. Aufl., London

1950; *W. Röpke,* Die Gesellschaftskrisis der Gegenwart, 5. Aufl., S. 323 ff.; *W. Röpke,* Civitas humana, 3. Aufl., S. 317 ff.; *W. Röpke,* Internationale Ordnung – heute, a. a. O.

4. (S. 210) Die Monopolpreisbildung:

Die entscheidenden Punkte macht man sich auch hier wiederum am besten an Hand eines graphischen Schemas klar:
Wir tragen wieder auf der *X*-Achse die Mengen- und auf der *Y*-Achse die Geldeinheiten ab und nehmen an, *N–N'* sei die Nachfragekurve irgendeiner monopolisierten Ware. Ferner setzen wir den Fall, daß der Monopolist unter Kosten produziert, die pro Stück ohne Rücksicht auf den Produktionsumfang gleich hoch sind (konstante Kosten), und wählen zur Kennzeichnung dieses Kostenverlaufs die Gerade *K–L*. Der Monopolist wird natürlich einen über *O–K* gelegenen Preis wählen, aber für welchen der vielen möglichen Preise wird er sich entscheiden? Wählt er einen hohen Preis, etwa *O–P*, so kann er, wie aus der Zeichnung ersichtlich, nur die Menge *O–A* absetzen. Sein Gesamtgewinn wird durch das Rechteck PKK_1Q bezeichnet. Will er anderseits viel absetzen, etwa die Menge *O–C,* so muß er, wie ersichtlich, mit dem Preis auf $O–P_1$ heruntergehen. In diesem Falle beträgt sein Gewinn $P_1KK_3Q_1$. Offensichtlich hat der Monopolist mit diesem Preis zu tief gegriffen. Er wird nun so lange probieren, bis er im Preise $O–P_2$ denjenigen gefunden hat, bei dem das Produkt aus Absatzmenge und Stückgewinn ein Maximum erreicht. Es ist dies das Rechteck $P_2KK_2Q_2$. – Es kann dem Leser überlassen bleiben, das Schema für den Fall steigender oder fallender Stückkosten oder für den Fall andersgearteter Elastizität der Nachfrage zu variieren und sich dadurch das im Text Ausgeführte anschaulich zu machen.

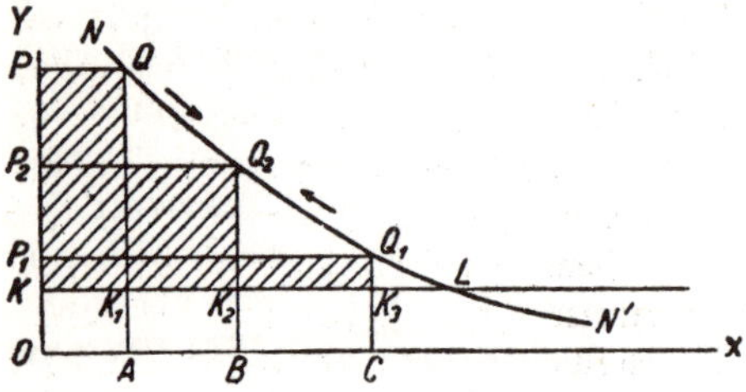

Abb. 3

Die Monopolpreistheorie mit ihren zahlreichen Verwicklungen gehört zu den besonders sorgfältig ausgebauten Teilen der modernen nationalökonomischen Theorie. Hier liegt ein besonders geeignetes

Feld der mathematischen Methode *(Pantaleoni, Edgeworth, Pigou, Stackelberg* u. a.).
Eine vortreffliche Übersicht über die Fragen der monopolistischen *Preisdifferenzierung* gibt die Schrift meines Schülers *Kurt Michalski,* Das Prinzip der Preisdifferenzierung (Marburger sozialökonomische Forschungen, Heft 1), 1932. Siehe ferner: *R. Bordaz,* Coûts constants et prix multiples, Paris 1942.

5. (S. 211) Die Preisbildung bei unvollkommener Konkurrenz:

Der Zustand vollkommen freier Konkurrenz kann exakt durch den Satz definiert werden, daß bei ihr die Nachfrage für die Produktionsmenge jedes einzelnen Produzenten unbegrenzt elastisch ist. Anders ausgedrückt: bei vollkommen freier Konkurrenz kann kein Produzent mehr als die anderen fordern, ohne alle Kunden zu verlieren, und auch nicht weniger als die anderen, ohne die Kunden aller anderen Produzenten an sich zu ziehen. Wenn man sich diese Bedingung vollkommen freier Konkurrenz klarmacht, so erkennt man, wie selten sie sein wird. In den meisten Fällen ist die Konkurrenz tatsächlich mehr oder weniger unvollkommen. Die sich dann ergebenden Probleme sind gerade in der neuesten Literatur eingehend untersucht worden, wobei man unter anderem auch stärker auf die Bedeutung der Reklame als Ursache «unvollkommener (monopolistischer) Konkurrenz» aufmerksam geworden ist. Vgl. insbesondere: *E. H. Chamberlin,* The Theory of Monopolistic Competition, Cambridge (Mass.) 1933; *J. Robinson,* The Economics of Imperfect Competition, London 1933; *R. Triffin,* Monopolistic Competition and General Equilibrium, Cambridge (Mass.) 1940; *A. Kozlik,* Monopol oder monopolistische Konkurrenz? Zeitschrift f. schweiz. Statistik u. Volkswirtschaft, 1941; *H. v. Stackelberg,* a. a. O.; *William Fellner,* Competition among the Few, Oligopoly, and Similar Market Structures, New York 1950; Monopoly and Competition and their Regulation, hsg. von *E. H. Chamberlin,* London 1953; *F. Machlup,* The Economics of Sellers' Competition, Baltimore 1952, deutsch: Wettbewerb im Verkauf, Göttingen 1962.

6. (S. 214) Die Schädlichkeit des Monopols:

Die Liste der Schäden des Monopolismus kann noch durch verschiedene Punkte ergänzt werden, auf die in einem späteren Kapitel zurückzukommen sein wird. Anderseits darf nicht übersehen werden, daß in einer abgegrenzten Gruppe von Fällen das Monopol der Konkurrenz wirtschaftlich überlegen ist. Es handelt sich dabei um diejenigen Betriebe, die man im Deutschen als *«Versorgungsbetriebe»* und in den angelsächsischen Ländern als «Public Utilities» bezeichnet, um damit Betriebe zu charakterisieren, die zwei Eigenschaften miteinander vereinen: einerseits dienen sie der Versorgung der Bevölkerung mit lebenswichtigen Gütern und Leistungen (Elektrizitäts-, Gas- und Wasserwerke, Eisenbahnen, Straßenbahnen, Post und ähnliche Betriebe), anderseits aber liegt es im Wesen dieser Betriebe, daß es eine Unwirtschaftlichkeit, ja vielfach eine einfache technische Unmöglichkeit wäre, Konkurrenzbetriebe zuzulassen, wegen des überwiegenden Anlagekapitals und wegen der Raumbeanspruchung für das Betriebs-(Leitungs-)Netz. Das wirtschaftspolitische Problem der Versorgungsbetriebe besteht nun darin, daß bei ihnen der Monopolcharakter zwar mehr oder weniger unvermeidlich, aber gleichzeitig auch besonders gefährlich ist, da diese Betriebe ja allgemeinen und dringenden (d. h. unelastischen) Bedürfnissen dienen. Für die Lösung dieses Problems gibt es zwei Möglichkeiten: entweder man läßt das Monopol des Versorgungsbetriebes als privates bestehen, unterwirft es aber der Aufsicht des Staates, oder man setzt an die Stelle des Privatmonopols das öffentliche Monopol des Staates oder der Gemeinde. Welche Lösung die zweckmäßigere ist, kann allgemein schwer entschieden werden, da sehr vieles von den besonderen Umständen eines jeden Landes und von der Eigenart des in Frage stehenden Versorgungsbetriebes abhängt. Die Erfahrungen in den Vereinigten Staaten, wo das System des beaufsichtigten Privatmonopols vorherrscht, haben allerdings gezeigt, daß eine wirksame Aufsicht sehr schwer durchzuführen ist und zu argen Unzuträglichkeiten führen kann. Gegen das System des öffentlichen Monopols sprechen die allgemeinen Schwächen des Staatsbetriebs. Anderseits darf nicht übersehen werden, daß gerade im Falle der Versorgungsbetriebe der öffentliche Betrieb unter einem sehr heilsamen Druck steht. Durch sie tritt ja die öffentliche Hand täglich und stündlich mit der Öffentlichkeit in innigsten und empfindlichsten Kontakt. Es ist das Prestige des Staates oder der Gemeinde, das auf dem Spiel steht, wenn die Bevölkerung sich über zu hohe Preise und schlechte Leistungen der Versorgungsbetriebe beklagt, während anderseits gut geleitete Versorgungsbetriebe ein besonders wirksames Werbemittel in der Hand der öffentlichen Gewalten sind.

7. (S. 223) Entartungen des Wettbewerbs:

Vgl.: *W. Röpke,* Art. «Wettbewerb (II)», Handwörterbuch der Sozialwissenschaften, 1962; *W. Röpke,* Marktwirtschaft und Ordnung des Wettbewerbs, Naturordnung in Gesellschaft, Staat, Wirtschaft (Festschrift für Johannes Meßner), Innsbruck-Wien-München 1961.

8. (S. 225) Produktionsverbundene Güter:

Die Preisbildung produktionsverbundener Güter ist theoretisch auch deshalb interessant, weil sie einer der Fälle ist, in denen schon die Klassiker erkennen mußten, daß die Erklärung der Preise aus den Produktionskosten versagt und auf die Nachfrage zur Erklärung zurückgegriffen werden muß. Eine eingehende Behandlung finden wir zuerst bei *Marshall.*
Im Text wurde angenommen, daß das Mengenverhältnis der produktionsverbundenen Produkte durch die technische Eigenart des Produktionsvorgangs fest gegeben ist. Nun sind aber auch die Fälle häufig, in denen dieses Verhältnis durch den Produzenten verändert werden kann, z. B. durch Züchtung von Wollschafen an Stelle von Fleischschafen und umgekehrt. In diesem Falle lockert sich die Produktionsverbundenheit nicht unerheblich. Vgl. dazu: *Henderson,* a. a. O., S. 61 ff.
Die praktische Bedeutung der Produktionsverbundenheit ist außerordentlich groß und im Begriff, zusehends größer zu werden. Besonders klar tritt sie in der Landwirtschaft hervor (vgl. *H. Marquardt,* Die Ausrichtung der landwirtschaftlichen Produktion an den Preisen, 1934). Aber auch die verschiedenen Stockwerke eines Mietshauses können, bis auf das jeweils höchste Stockwerk, als produktionsverbundene Güter angesehen werden. Auch hier sind die Produktionskosten eines einzelnen Stockwerks nicht auszusondern, so daß die Mieten sich nach der Intensität der Nachfrage abstufen, wobei die «Beletage», das erste Stockwerk, an der Spitze zu stehen pflegt.

9. (S. 225) Die Theorie des Außenhandels:

Sie bildet einen großen und schon seit den Klassikern besonders gut durchgebildeten Teil der nationalökonomischen Theorie, in dem alle jene Besonderheiten des Wirtschaftsprozesses behandelt werden, die sich aus der Natur des internationalen Handels ergeben (Raumüberwindung, Schwerbeweglichkeit der Produktionsfaktoren, Verschiedenheit der Währungssysteme, politische Faktoren usw.). Einen besonders breiten Raum nimmt dabei die Analyse der monetären Faktoren ein, auf die schon früher (4. Kap., Anmerkung 10) hingewiesen wurde. Außer der dort genannten Literatur unterrichtet über die Theorie des Außenhandels: *G. Haberler,* Theory of International Trade, London 1950 (frühere deutsche Ausgabe: Der internationale Handel, 1933); *G. Haberler,* Art. «Außenhandel», Handwörterbuch der Sozialwissenschaften, 1954; *B. Ohlin,* Interregional and International Trade, Cambridge (Mass.) 1933 (behandelt vor allem das Problem des Außenhandels als Sonderfall des allgemeinen wirtschaftlichen Raumproblems); *W. Beveridge* u. a., Zölle, Lehrbuch des internationalen Handels, Wien 1932 (sehr lehrreiche Verbindung von theoretischen und praktischen Fragen); *J. W. Angell,* The Theory of International Prices, Cambridge (Mass.) 1926 (ausführliche Behandlung der monetären Seite); *R. F. Harrod,* Die internationalen Wirtschaftsbeziehungen, Bern 1948; *P. T. Ellsworth,* The International Economy, New York 1950; *Charles B. Kindleberger,* International Economics, 3. Aufl., Homewood (USA) 1963; *W. Röpke,* International Economic Disintegration; *W. Röpke,* Internationale Ordnung – heute. Über bloße Deklamationen oder Invektiven hinausgehende Versuche, die (in diesen Büchern fortgebildete) klassische Theorie umzustoßen, sind überraschend selten geblieben. Meistens ist es dabei nur auf mehr oder weniger wichtige Korrekturen hinausgelaufen, wie im Falle *Fr. Lists* (Das nationale System der politischen Ökonomie, 1841), der zwar das große Verdienst hat, die «Auf die Dauer»-Betrachtung der Klassiker unter dem Gesichtspunkt der Entwicklung wirksam bekämpft zu haben, aber nicht mehr als eine wichtige Etappe auf dem Wege der Vervollkommnung der klassischen Theorie ist. Ein neuer radikalerer Versuch: *M. Manoilesco,* Théorie du protectionnisme et de l'échange international, Paris 1929, zutreffend kritisiert von *B. Ohlin,* Protection and Non-Competing Groups. Weltwirtschaftliches Archiv, 33. Band, Januar 1931. Wer die rein wissenschaftlich verfahrende Außenhandelstheorie mit politisch-militärischen Argumenten bekämpfen will, rennt heute offene Türen ein, da ihnen schon *Adam Smith* ihren überragenden Platz angewiesen hat. Man kann die wissenschaftliche Außenhandelstheorie sich völlig zu eigen machen und trotzdem für Wirtschaftsabschließung eintreten, nur hat man dann den Vorteil, sich vollkommen über ihre «Kosten» im klaren zu sein. Die Außenhandelstheorie hat wie die gesamte nationalökonomische Theorie einen rein instrumentalen Charakter, der mit Fragen der Weltanschauung nicht vermengt werden darf. Die meisten Angriffe gegen die nationalökonomische Theorie im allgemeinen und gegen die Außenhandelstheorie im besonderen sind nichts anderes als *Angst vor der Klarheit,* die sich durch Stärke des polemischen Tons den Eindruck der Kraft zu geben versucht.

10. (S. 229) Der nationale Außenhandelsgewinn:
Bei genauerer Prüfung stellt sich heraus, daß der Außenhandel folgende Vorteile bringt:

1. Allein durch den Außenhandel sind bestimmte Produkte erhältlich, die im Inlande überhaupt nicht oder nur mit enormen Kosten erzeugt werden können, wie die meisten industriellen Rohstoffe in den europäischen Industrieländern.
2. Der Außenhandel versorgt uns mit Produkten, die zwar auch im Inlande innerhalb wirtschaftlicher Grenzen erzeugt werden können, aber doch unter höheren Kosten als im Auslande, so daß wir es vorziehen, sie gegen eigene Produkte, die wir unsererseits wirtschaftlich erzeugen können, einzutauschen.
3. Der Außenhandel wirkt als ein Kompensationsapparat in der räumlichen und zeitlichen Verteilung der Güter, indem er einen internationalen Ausgleich zwischen den nationalen Märkten herbeiführt und damit dem früher häufigen Zustande ein Ende macht, daß Überfluß und Hungersnot gleichzeitig in verschiedenen Ländern herrschen. Er wirkt damit wie ein Ventil, das für einen annähernd gleichen Stand des Atmosphärendruckes sorgt, wie eine Versicherung gegen die enormen Schwankungen, denen sonst das Wirtschaftsleben schon unter dem Einfluß der Ernten ausgesetzt sein würde. Wie wichtig diese Funktion ist, erkennen wir immer dann, wenn der Organismus der Weltwirtschaft schwer gestört ist.
4. Der Außenhandel ist ein wirksames Korrektiv gegen eine monopolistische Erstarrung der nationalen Wirtschaften, da er Zusammenschlußbestrebungen unter den Druck der Auslandskonkurrenz setzt, und damit gegen eine «kapitalistische», ausbeuterische Entartung unseres Wirtschaftssystems.

An diesen Vorteilen des Außenhandels nimmt jedes Land teil. Das schließt aber natürlich nicht aus, daß der rechnerische Gewinn des einen Landes größer als der des anderen sein kann, und dies bestimmt sich nach dem Verhältnis der Ausfuhr- und der Einfuhrpreise oder, was dasselbe bedeutet, nach der Importmenge, die für eine bestimmte Exportmenge erlangt werden kann (das *«reale Austauschverhältnis»,* «barter terms of trade» nach *Taussig*). Wie wichtig dieser Begriff ist, zeigt das Beispiel von Ländern, in denen sich wie im nationalsozialistischen Deutschland dank den Exportsubventionen einerseits und der rohstoffverteuernden Einfuhr im Clearing- und Kompensationswege anderseits das reale Austauschverhältnis höchst ungünstig gestaltet hatte. In demselben Sinne wirkt eine «Überbewertung» der Valuta eines Landes. Tatsächlich ist das reale Austauschverhältnis ein wichtiger Faktor der nationalen Prosperität.

11. (S. 233) Das Gesetz der komparativen Kosten:

Die Zusammenhänge, die im Text am Beispiel Israels erläutert wurden, werden gewöhnlich unter dem Gesetz der komparativen Kosten zusammengefaßt, dessen erste Formulierung auf *Ricardo* (Grundsätze der Volkswirtschaft und Besteuerung, Kap. VII) zurückgeht. Seine exakte und dem heutigen Stande der ökonomischen Theorie angepaßte Fassung macht, wie sich in der neueren Literatur zeigt, Schwierigkeiten. Diese berühren jedoch den im Gesetz steckenden Wahrheitsgehalt nicht. Dabei ist zu beachten, daß es auch *innerhalb* eines Landes zwischen verschiedenen Gebietsteilen mit verschiedener Produktionseignung gilt. So waren bis zum zweiten Weltkriege die Produktionsbedingungen im Osten Deutschlands zweifellos in den meisten Beziehungen schlechter als im Westen, was aber in keiner Weise gehindert hat, daß es für ihn vorteilhaft war, mit dem Westen in enge und durch keine Binnenzollmauer gehinderte Wirtschaftsbeziehungen zu treten. Freilich mußte sich dafür der Osten, um konkurrenzfähig zu sein, mit einem niedrigeren Lohnniveau abfinden, aber daß er sich bei einer Zollabschließung gegenüber dem Westen noch unendlich viel schlechter gestellt hätte, kann niemand abstreiten. Trotz der durchgängigen Produktionsunterlegenheit des Ostens hatte sich zwischen ihm und dem Westen eine für beide vorteilhafte Arbeitsteilung dadurch ergeben, daß der Osten sich im wesentlichen auf denjenigen Produktionszweig beschränkte, in dem er noch am ehesten konkurrieren konnte, nämlich auf die Landwirtschaft.

Siebentes Kapitel

Arm und Reich

«La majestueuse égalité des lois, qui interdit au riche comme au pauvre de coucher sous les ponts, de mendier dans les rues et de voler du pain.»

Anatole France, Le Lys Rouge, VII

1. Die Einkommensverteilung

Wenn der Nationalökonom den Mechanismus unseres Wirtschaftssystems auseinandersetzt, so verfällt er leicht in die Sprache von Generalstabsberichten, in denen die Kriegsbewegungen in einer harten, unpersönlichen Weise beschrieben werden und es der Phantasie der Menschen überlassen bleibt, sich die Summe menschlicher Entschlüsse, Taten und Leiden, die dahinter steht, lebendig vorzustellen. Wir machen es uns bequem und sprechen z. B. von der Kaufkraft des Geldes, obwohl wir genau wissen, daß das Geld sich nicht allein auf den Markt begibt, sondern von einzelnen Menschen mit ihren Erwägungen, Schwächen und Leidenschaften ausgegeben wird. Und so haben wir auch von der Nachfrage nach einem Gute gesprochen und sie fast wie ein physikalisches Quantum behandelt, in der sicheren Erwartung, der Leser werde in keinem Augenblick vergessen, daß es sich auch hier um eine abgekürzte Ausdrucksweise handelt. In Wahrheit setzt sich ja die Nachfrage nach einem Gute aus der Nachfrage aller einzelnen zusammen, die sich bei einem bestimmten Preise entschließen, einen bestimmten Teil ihres Einkommens für den Kauf dieses Gutes zu verwenden. Diese einzelnen Nachfrageportionen pflegen jedoch von ganz verschiedener Größe zu sein, nicht nur wegen der Verschiedenheit des Geschmacks, sondern auch wegen der Ungleichmäßigkeit der Einkommen.

Damit haben wir in unserer Darstellung denjenigen Punkt erreicht, der die große Mehrheit der Menschen wohl zu allen Zeiten unter allen Fragen der Nationalökonomie am meisten gefesselt hat. Der Gegensatz zwischen arm und reich, zwischen Hütte und Palast, zwischen Besitzenden und Besitzlosen, das ist die große Frage, die die Menschen seit Jahrtausenden bald stärker, bald schwächer bewegt, und immer, wenn der Gegensatz sich stärker zuspitzt, erstehen die Streiter für Gleichheit und Gerechtigkeit: die Propheten des Alten Testaments, die Gracchen in Rom, die großen Religionsstifter, die Bauernführer und Sektierer des Mittelalters und der Reformation, die Sozialisten, Kommunisten und Anarchisten, die Boden- und Sozialreformer von Solon bis auf den heutigen Tag. Niemand kann behaupten, daß der Gegensatz heute in den zivilisierten Ländern seine Bedeutung verloren hätte, obwohl er gerade in den fortgeschrittensten Ländern eher eine Tendenz zur Milderung als zur Verschärfung aufweist. Die Einkommensverteilung ist überall ungleichmäßig in dem Sinne, daß einer großen Zahl von Kleineinkommen eine kleine Zahl von Großeinkommen gegenübersteht. Während es von diesem Gesetz niemals und nirgends – am wenigsten in Sowjetrußland – eine Ausnahme zu geben scheint, ist die Ungleichmäßigkeit in einigen Ländern durch das Bestehen einer breiten Mittelschicht gemildert. In anderen Ländern hingegen – die keineswegs die hochentwickelten «kapitalistischen» Länder sind – steht bitterste Armut ohne Übergang protzigem Reichtum gegenüber. Aber nicht nur durch die verschiedene Höhe, sondern auch durch die Verschiedenheit des Ursprungs und der Natur der Einkommen werden immer wieder Zweifel an der Gerechtigkeit der bestehenden Gesellschaftsordnung erweckt. Während das eine Einkommen aus handgreiflicher und die Anstrengung sichtbar verratender Arbeit fließt und daher an Gesundheit und Leben des Beziehers geknüpft ist, setzt sich das andere aus Zinsen, Dividenden, Renten, Gewinnen und Vergütungen zusammen, die keine sichtbare und oft auch keine unsichtbare Arbeit widerspiegeln und von der Gesundheit des Beziehers unabhängig sind. Und schließlich: Das höhere Einkommen gewährt nicht nur größere Verfügungsgewalt über Sachen, sondern auch größere Macht über Menschen, Ansehen, Einfluß und Bildung[1].

Indem wir uns nunmehr einer wissenschaftlichen Betrachtung der Einkommensverteilung zuwenden, müssen wir davon ausgehen, daß es folgende Möglichkeiten der Einkommensbildung gibt: 1. Die *außerökonomische Einkommensbildung*, die dadurch gekennzeichnet ist, daß sie ohne Rücksicht auf eine entsprechende Leistung, d. h. ohne jeden Zusammenhang mit dem Produktionsprozeß erfolgt, sei es durch Gewalt oder List, sei es durch autoritär-karitative Verteilung (Wohlfahrtsrenten, Unterstützungen, Geschenke und die «Verteilung nach den Bedürfnissen», wie sie von radikalen Kommunisten für die ganze Gesellschaft gefordert wird). 2. Die *ökonomische Einkommensverteilung*, die sich aus der Beteiligung jedes einzelnen am Wirtschaftsprozeß, d. h. aus dem Verkauf von Gütern, Diensten und Leistungen aller Art ergibt. Auf diese Weise kommt es zur Bildung jenes Einkommens, das an einer früheren Stelle (S. 167) als ursprüngliches Einkommen bezeichnet wurde. Obwohl die außerökonomische Einkommensbildung auch in unserem Wirtschaftssystem anzutreffen ist, ist es doch allein die ökonomische, die es charakterisiert und das Interesse des Nationalökonomen auf sich lenkt.

2. Die Einkommensverteilung als Preisbildungsproblem

Wir können nun die ökonomische Einkommensverteilung nach zwei Richtungen hin untersuchen. Einmal können wir nämlich fragen, wie es denn kommt, daß die eine Person ein Einkommen in dieser Höhe, die andere ein Einkommen in jener Höhe bezieht. Wir betrachten dann die Einkommensverteilung im landläufigen Sinne der sogenannten *personellen Einkommensverteilung*. Wir können aber auch so vorgehen, daß wir das Einkommen in einzelne Haupttypen oder Kategorien zerlegen und nun das auf jede Maßeinheit dieser Typen (z. B. 100 Franken Kapital) entfallende Einkommen betrachten, ohne Rücksicht darauf, wieviele Einheiten der einzelne Einkommensbezieher davon besitzt. Wir fragen also jetzt, wonach sich die Höhe des Arbeitslohnes pro Kopf, der

Grundrente pro Hektar oder des Kapitalzinses pro Hundert bestimmt (funktionelle oder, besser, *kategoriale Einkommensverteilung)*. Im Gegensatz dazu steht die personelle Einkommensverteilung, bei der uns die Tatsache interessiert, daß A aus diesen verschiedenen Einkommenskategorien ein Einkommen von 2000 Franken, B ein solches von 20 000 Franken und C ein solches von 1 Million Franken bezieht. Die Hauptkategorien, die wir bei einer Theorie der kategorialen Einkommensverteilung bilden, sind der Arbeitslohn, die Grundrente und der Kapitalzins, die den uns bekannten Produktionsfaktoren Arbeit, Boden und Kapital entsprechen. Wenn wir so vorgehen, gelangen wir schließlich zu einer Theorie der Preisbildung der Produktionsfaktoren. Die Lehre von der kategorialen Einkommensverteilung löst sich damit in eine Anwendung der allgemeinen Grundsätze der Preistheorie auf. Dies ist in der Tat der Weg, den die moderne Theorie der Einkommensverteilung (Distributionslehre) genommen hat[2]. Lassen wir die großen Fragen der personellen Einkommensverteilung einstweilen noch auf sich beruhen, und suchen wir aus der modernen Auffassung der kategorialen Einkommensverteilung das Wesentliche herauszuschälen!

Wer einmal das Distributionsproblem als Preisproblem erkannt hat, kann sich nicht länger darüber täuschen, daß die Einkommensverteilung ein nicht herauszulösendes Stück des gesamten Wirtschaftsprozesses darstellt und denselben Gesetzmäßigkeiten unterworfen ist wie seine übrigen Bestandteile. Ebensowenig ist ein Zweifel daran möglich, daß die Preisbildung der Produktionsfaktoren, in die sich die Einkommensverteilung auflöst, innerhalb des gesamten Wirtschaftsprozesses wesentliche Funktionen zu erfüllen hat, die für einen geordneten Gang des Wirtschaftslebens in unserem Wirtschaftssystem ebensowenig wie in einem sozialistischen entbehrt werden können. Daß die Arbeitslöhne in einem Lande heute auf einem bestimmten Niveau liegen, daß Kapitalzins und Grundrente soundso hoch sind, ist offenbar kein Zufall. Es ist das Ergebnis bestimmter wirtschaftlicher Gegebenheiten, und sooft der Versuch unternommen wird, es gewaltsam zu ändern, entsteht eine Unordnung im Wirtschaftsprozeß, die immer stärkere Kräfte des Widerstandes auslöst. Daß sich die Preise der Produktionsfaktoren jeweils in einer bestimmten Höhe festsetzen, ist eine wesentliche Bedingung des wirtschaftlichen Gesamtgleichgewichts, in unserem wie in einem anderen Wirtschaftssystem. Wer diese Preise ändern will – und welcher Nationalökonom wünschte nicht ein möglichst hohes Lohn- und ein möglichst niedriges Zins- und Rentenniveau? –, dem sind gewiß die Hände nicht gebunden. Aber anstatt sich durch vages Verlangen nach einem «gerechten» Lohn, durch Verdammung der «Zinsknechtschaft» und temperamentvolle Ausfälle gegen rentenschluckende «Agrarier» und «Terrainspekulanten» den billigen Ruf eines «sozial denkenden Mannes» zu erwerben und anstatt die Einwendungen derjenigen, die etwas von der Sache verstehen, als «liberalistisch» beiseitezuschieben, leistet man seinem Volke einen besseren Dienst, wenn man die verwikkelten Zusammenhänge der Wirtschaft unvoreingenommen studiert, um zu erfahren, welches die *vorgelagerten* Faktoren sind, auf die man Einfluß gewinnen muß, um die Distribution mit Erfolg, d. h. ohne eine die Gesamtheit schädigende Störung des Gleichgewichts, ändern zu können. Das ist zwar schwerer, undankbarer und entsagungsvoller, aber dies sind nun einmal die Anforderungen, die wahre soziale Gesinnung und wahrer Patriotismus an uns stellen.

Und es soll wirklich unmöglich sein, die Arbeiterlöhne auf Kosten des Kapitaleinkommens gewaltsam zu erhöhen? Unmöglich ist das gewiß nicht, nur entsteht bei jedem Versuch dieser Art eine Lage, die sich nach kurzer Zeit als unhaltbar erweist und den Arbeitern selbst schwere Nachteile bringt. Dabei ist vorauszuschicken, daß diejenigen, die sich von der Übertragung des Besitzeinkommens auf die Arbeiterschaft viel versprechen, einer optischen Täuschung unterliegen. Die Großeinkommen fallen sehr in die Augen, aber die meisten vergessen nachzurechnen, daß bei der geringen Zahl der Großeinkommensbezieher auf den einzelnen aus der Riesenzahl der

Kleineinkommensbezieher bei einer Verteilung nicht viel entfallen kann. Dies um so weniger – und damit kommen wir zum entscheidenden Punkte –, als eine solche gewaltsame Übertragung zu schweren Störungen führen muß, die schließlich auf den Arbeiter zurückfallen. Um nur einige der wichtigsten Störungen anzudeuten, so ist anzunehmen, daß durch eine solche Lohnpolitik die Kapitalversorgung der Volkswirtschaft und die für den Beschäftigungsgrad wichtige Investitionstätigkeit schwer in Mitleidenschaft gezogen werden. Das Kapitaleinkommen fließt ja in der Regel Leuten zu, die nur einen kleinen Teil davon verbrauchen und den größeren Teil der Produktion als neues Kapital zur Verfügung stellen. Es ist sehr zweifelhaft, ob dieses Einkommen nunmehr in der Hand der Arbeiter in gleichem Umfange gespart und investiert werden wird. Hinzu kommt, daß der Sturz der Effektenkurse, der von einer solchen Politik zu erwarten ist, einen der empfindlichsten, aber von den meisten wenig verstandenen Punkte des verwickelten Apparates der volkswirtschaftlichen Kapitalversorgung aufs schwerste treffen und gleichzeitig einen Druck auf die gesamte Konjunktur des Landes ausüben wird. Alle diese Wirkungen zusammen lassen Depression und Arbeitslosigkeit auf der ganzen Linie erwarten. Daß die Rücksichtnahme auf die volkswirtschaftliche Kapitalversorgung und Investitionstätigkeit einer gewaltsamen Lohnerhöhung Schranken entgegensetzt, ist nicht etwa eine teuflische Besonderheit *unseres* Wirtschaftssystems, sondern auch im sozialistischen Staate eine sachliche Notwendigkeit. Jedenfalls ist noch nichts davon bekannt geworden, daß die russische Regierung die Löhne so hoch festgesetzt hätte, daß in ihren Händen kein Überschuß verbleibt, noch daß sie sich für die Kapitalversorgung auf die freiwilligen Ersparnisse der Arbeiter verließe. Ein weiterer Punkt, der bei einer nicht durch die Marktlage gerechtfertigten Lohnerhöhung zu beachten ist, tritt deutlich hervor, wenn wir uns klarmachen, daß eine willkürliche Preiserhöhung auf dem Arbeitsmarkt, entsprechend willkürlichen Preiserhöhungen auf anderen Märkten, einen Teil der «Ware» unverkäuflich machen, d. h. Arbeitslosigkeit hervorrufen wird. Werden die Arbeitslosen nicht vom Staate unterhalten, so werden sie mit voller Gewalt so lange auf den Lohnsatz drücken, bis er wieder die Gleichgewichtslage erreicht hat. Werden die Arbeitslosen aber vom Staat unterhalten, so wird der von ihnen ausgehende Lohndruck allerdings weitgehend abgefangen, dafür aber stehen sich jetzt die zu hohen Lohnsätzen Beschäftigten und die zu äußerster Armut verurteilten Arbeitslosen sowie die steuerzahlenden anderen Schichten so schroff gegenüber, daß nicht von einer Hebung der Lage der Arbeiterklasse insgesamt, sondern nur von einer Besserung der Lage der einen Arbeiterschicht auf Kosten der anderen gesprochen werden kann.

Es ist ein grobes Bild, das wir damit gezeichnet haben. In Wahrheit liegen die Dinge wie immer weit verwickelter, und je kleiner die gewaltsame Lohnerhöhung ist, um so bedingter und vorsichtiger muß unser Urteil sein, um so mehr müssen wir mit Umständen rechnen, die es gestatten, daß die Lohnerhöhung ohne Schaden von der Volkswirtschaft verdaut wird. Wir dürfen ja auch niemals vergessen, daß unser Wirtschaftsmechanismus immer mit einem mehr oder weniger großen «Spiel» arbeitet, innerhalb dessen freie Bewegungen möglich sind, ohne Gegenbewegungen auszulösen[3]. Anderseits gilt auch hier, daß, je makroskopischer die Verhältnisse sind, d. h. je größere Gewalt den Löhnen angetan wird, um so unerbittlicher sich die Störung des volkswirtschaftlichen Gleichgewichts rächen wird. Es gibt einen Punkt, den eine gewaltsame Lohnerhöhung nicht überschreiten kann, ohne schließlich in Inflation und Bürgerkrieg auszumünden. Das zu leugnen, ist eine Demagogie, die ein sozialistischer Staat am allerwenigsten dulden würde.

Oder nehmen wir den anderen Fall einer gewaltsamen Herabsetzung des *Zinsfußes*. Obwohl in diesem Falle, wo wir es zugleich mit schwierigen geldtheoretischen Fragen zu tun haben, die Zusammenhänge eher noch verwickelter sind als in dem eben behandelten Falle einer Vergewaltigung des Loh-

nes, kann auch hier über das Wesentliche kein Zweifel bestehen. Auch hier sind Rückwirkungen zu erwarten, die die Rache des vergewaltigten Wirtschaftsprozesses darstellen. Zunächst wird eine Herabsetzung oder gar eine Abschaffung des Zinses durch Staatsdekret wahrscheinlich dazu führen, daß der Kapitalverkehr Wege suchen wird, die sich der Kontrolle des Staates und der Öffentlichkeit entziehen. Auf vielfach verschlungenen Wegen wird sich ein illegaler Zinssatz durchsetzen, der nicht nur dem tatsächlichen Verhältnis von Angebot und Nachfrage auf dem Kapitalmarkte entspricht, sondern noch um die Kosten des verwickelteren Geschäftsverkehrs und um den Betrag einer Vergütung für das Risiko der Gesetzesübertretung erhöht sein wird. Wenn wir aber den wenig wahrscheinlichen Fall setzen, daß der dekretierte Höchstsatz sich durchsetzen läßt, so werden sich früher oder später unhaltbare Verhältnisse auf dem Kapitalmarkt ergeben. Wie in jedem Falle der Höchstpreiswirtschaft wird ein Mißverhältnis zwischen Angebot und Nachfrage auf dem Kapitalmarkte eintreten, das schließlich den Staat zu dem weiteren Schritt einer Rationierung der verfügbaren Kreditmenge drängt. Dies bedeutet aber, daß jetzt der Staat selbst die Funktionen übernimmt, die bisher von der freien Zinsbildung ausgeübt wurden. Können wir das Vertrauen haben, daß er sie befriedigend versehen wird?
Um diese Frage zu beantworten, müssen wir uns klarmachen, daß der Zinssatz des freien Kapitalmarktes in erster Linie ein Appell an alle Kreditnachfragenden ist, die Dringlichkeit ihrer Nachfrage durch einen Vergleich des Zinses mit dem voraussichtlichen Nutzen der Kapitalverwendung zu überprüfen. Dadurch wirkt der Zins als ein Mechanismus, der für eine vernünftige Verteilung der jeweils knappen Kapitalmenge sorgt. Diese Aufgabe hat jetzt der Staat zu übernehmen. Nichts leichter und besser als das, werden viele sagen. Endlich, so meinen sie, könne das Kapital nach «volkswirtschaftlichen» Gesichtspunkten verteilt werden. Wenn sie uns aber sagen sollen, was denn nun eigentlich darunter zu verste-

hen sei, so werden sie in die größte Verlegenheit geraten. Das einzig Bestimmte, was wir hören, wird die Meinung sein, daß jeder demjenigen Produktionszweig, der ihm aus ideellen oder materiellen Gründen besonders am Herzen liegt, möglichst viel von dem jetzt so billig gewordenen Kapital zugeschanzt wissen möchte. Wie aber sollen die Staatsorgane gegenüber allen diesen Wünschen entscheiden? Nehmen wir an, sie suchten wirklich nach einem objektiven Maßstab und verstopften sich ihre Ohren gegen den Sirenengesang der Interessenten oder der selbsternannten Volksbeglücker, und nehmen wir weiter an, sie stünden vor der konkreten Frage, ob in diesem Augenblick die Schuhindustrie einen größeren Anspruch auf Kapital hat als die Automobilindustrie, so müßten sie offensichtlich von dem Nutzen ausgehen, den die Kapitalverwendung in der einen oder in der anderen Industrie stiften würde. Dieser Nutzen ist allein in Geld meßbar und vergleichbar. Das ist aber gerade der Maßstab, nach dem sich im Falle unbehinderter Zinsbildung die verfügbare Kapitalmenge verteilen würde. Nur wird man sich auf diese Art der Verteilung trotz aller ihrer großen Unvollkommenheiten und Schwächen unendlich mehr verlassen dürfen als auf diejenige Verteilung, die sich ergibt, wenn die Staatsorgane nach freiem Ermessen ihre Entscheidung treffen, ohne wie die Schuh- und Automobilfabrikanten für eine falsche Entscheidung mit eigenen wirtschaftlichen Nachteilen einstehen zu müssen. Der Fall liegt noch verhältnismäßig einfach, wenn es sich um einen Vergleich zwischen Produktionszweigen handelt, in denen die prozentuale Kapitalverwendung (Kapitalintensität) gleich hoch ist[4]. Es ist aber unerfindlich, wie der Staat eine vernünftige Entscheidung treffen soll, wenn es sich um Produktionszweige mit einem verschiedenen Grade der Kapitalintensität handelt. Ob eine mehr oder eine weniger kapitalintensive Art der Produktion in einem Lande begünstigt werden soll, hängt doch offenbar davon ab, in welcher Menge der Produktionsfaktor Kapital im Vergleich zu den anderen Produktionsfaktoren, Arbeit und Boden, vorhanden ist. Gerade darüber aber gibt allein die freie Zinsbildung im Verein mit der freien Preisbildung der anderen Produktionsfaktoren einigermaßen zuverlässige Auskunft.

Neben Lohn, Grundrente und Kapitalzins gibt es nun allerdings noch eine große und wichtige Kategorie des Einkommens, die sich schwer in den Rahmen unserer bisherigen Betrachtungen einfügen läßt. Stellen wir uns nämlich einen Unternehmer vor, der, nachdem er alle bei der Produktion mitwirkenden Produktionsfaktoren in Form von Löhnen an die Arbeiter, von Grundrente an den Bodenbesitzer (unter Umständen also auch an sich selbst) und von Kapitalzins (unter Umständen ebenfalls an sich selbst) entlohnt und sich selbst eine für die Routinearbeit übliche Durchschnittsvergütung (Unternehmerlohn) angerechnet hat, imstande ist, seine Produkte so zu verkaufen, daß ihm ein Überschuß über diese Summe der «Kosten» verbleibt. Diesen Überschuß nennen wir *Unternehmergewinn* oder Profit im engeren und eigentlichen Sinne. Gewiß ist auch dieses Einkommen ein Ergebnis des Preisbildungsprozesses, da es durch die Preisbildung der Verkaufsprodukte und der Produktionsfaktoren bestimmt wird, aber es unterscheidet sich dadurch von den bisher genannten Einkommensarten, daß es sich um einen bloßen Differentialgewinn handelt, nicht aber selbst um einen durch den Markt bestimmten Preis einer verkaufbaren Leistung. Die schwierige Aufgabe einer Theorie des Unternehmergewinns besteht nun darin, das Zustandekommen eines solchen Differentialgewinns aus allgemeineren Gesichtspunkten zu erklären, wobei auch der kaum weniger häufige Fall eines Unternehmerverlustes (Differentialverlustes) einzubeziehen ist. Eine solche Theorie hat auch die weitere Frage zu beantworten, ob dem Unternehmergewinn innerhalb unseres Wirtschaftssystems eine bestimmte positive Funktion zukommt oder ob es sich bloß um eine funktionslose Bereicherung handelt.

Nun liegt es in der Natur der zu erklärenden Erscheinung selbst, daß eine befriedigende Theorie des Unternehmergewinns nur pluralistisch sein kann und alle die mannigfachen Ursachen berücksichtigen muß, aus denen Differentialgewinne entstehen können (Monopolgewinne, Spekulations- und Konjunkturgewinne, Gewinne aus technischen und organisatorischen Pionierleistungen, Lohndruck, Risikoprämien, Gewinne aus Störungen des Wirtschaftsprozesses usw.). Je nach der Ursache des Differentialgewinns wird auch der Unternehmergewinn entweder positiv als ein funktioneller Leistungsgewinn oder negativ als ein funktionsloser Bereicherungsgewinn zu beurteilen sein. Zwei allgemeine Gesichtspunkte sind jedoch hervorzuheben: *Erstens* darf nicht übersehen werden, daß die *Möglichkeit* des Unternehmergewinns als Lohn einer positiven Leistung für das Funktionieren unseres Wirtschaftssystems ebensowenig entbehrt werden kann wie die Möglichkeit des Unternehmerverlustes als Strafe der Fehlleistung. Wer die Schwungkraft unseres Wirtschaftssystems anerkennt, wird also auch grundsätzlich die Existenz des Unternehmergewinns hinnehmen müssen. Dieser Satz hat besonderes Gewicht, wenn man sich klarmacht, daß eine rege Investitionstätigkeit, von der, wie noch zu zeigen sein wird, das Gleichgewicht der Volkswirtschaft in hohem Grade abhängig ist, nur erwartet werden kann, wenn die Aussicht auf einen vernünftigen Gewinn das hohe Risiko tragbar erscheinen läßt, das jede Fabrikgründung, jede Modernisierung des Betriebes, jede Erweiterung der Produktion, jede Einführung einer Neuheit, ja schon jede Erneuerung der Maschinen mit sich bringen. Es gehört ohnehin schon sehr viel Mut dazu, ein solches Risiko auf sich zu nehmen. Läßt man den Unternehmern aber nur die Verluste, während man ihnen die Gewinne mehr und mehr durch Besteuerung, Lohnerhöhungen und andere Mittel beschneidet, so wird die private Investitionstätigkeit zu einem Spiel, bei dem man schließlich nur noch verlieren kann. Die Folge ist dann Stagnation, Arbeitslosigkeit und Verarmung. *Zweitens* ist zu beachten, daß uns in der Konkurrenz ein überaus wirksames Mittel zur Verfügung steht, um den Unternehmergewinn als funktionslosen Bereicherungsgewinn zurückzudrängen und ihn für positive Leistungen zu reservieren[5].

Die Menge sieht nur den erfolgreichen Unternehmer, weiß aber nicht nur wenig davon, was alles zu einem solchen Erfolge gehört, sondern auch davon, wie sich – immer die Konkurrenz vorausgesetzt – mit einer lautlosen Erbarmungslosigkeit fortgesetzt unter den Unternehmern ein Ausscheidungsprozeß vollzieht, dem diejenigen zum Opfer fallen, die auf der Waage des Marktes gewogen und zu leicht befunden wurden. So erscheint der Unternehmer in einer auf echtem Wettbewerb beruhenden Marktwirtschaft im Grunde als ein treuhänderischer Verwalter der ihm anvertrauten Produktionsmittel, als ein – im Vergleich zu seinen Leistungen und im Vergleich zu den Kosten einer bürokratischen Staatswirtschaft im Durchschnitt sehr billiger – Funktionär der Gesellschaft, der seine Haut wirklich zu Markte trägt, während der Politiker nur die Verantwortung vor «Gott und der Geschichte» zu übernehmen pflegt. Ein solcher Unternehmer, der die bequemen Krücken der staatlichen Subvention wie diejenigen des Monopols verschmäht, sollte vor jedem Angriff eines vulgären Antikapitalismus gesichert sein. Nach allem, was wir heute wissen, steht es fest, daß im kommunistischen Rußland die Einkommensunterschiede zwischen den wirtschaftlich Leitenden und den Arbeitern weit größer sind als in den kapitalistischen Ländern, während die Bevölkerung von einem Fünfjahresplan zum anderen auf die endliche Einlösung des Versprechens einer merklichen Verbesserung ihrer Versorgung vertröstet wird. Solchen Unternehmern gegenüber ist auch das Schlagwort von den «zweihundert Familien», die im geheimen die wirtschaftlichen Geschicke eines Landes unverantwortlich leiten sollen, durchaus fehl am Platze. Der Unterschied zwischen der Marktwirtschaft und der kollektivistischen Wirtschaft besteht darin, daß sich eben dort die wirtschaftlichen Entscheidungen auf sehr viele «Familien» verteilen und daß sie von der obersten Instanz des Marktes, d. h. letzten Endes von dem Votum der Konsumenten, abhängig sind, im kollektivistischen Staate aber auf eine einzige Familie – gesetzt, der Diktator hat eine solche – konzentriert und von keiner Instanz mehr abhängig sind. Aber wir erinnern daran, daß das nur unter der Voraussetzung gilt, daß der Unternehmer nicht selbst an seiner Funktion irre wird und sich in einen Defaitisten verwandelt, der sich unter das schützende Dach des Monopols oder des Staates zu retten sucht, ohne zu bedenken, daß er sich damit selbst aufgibt.

3. Abschaffung von Kapitalzins und Grundrente?

Wir sahen, daß die drei Hauptkategorien des Einkommens – Lohn, Zins und Grundrente – als Preise der ihnen entsprechenden Produktionsfaktoren aufzufassen sind, daß diese Preise durch den Wirtschaftsprozeß als Ganzes bestimmt werden und nicht willkürlich verändert werden können, ohne alle Verhältnisse im Wirtschaftsleben in mehr oder weniger folgenschwerer Weise zu verschieben. Obwohl bereits angedeutet wurde, daß damit einer wirklich erfolgreichen Änderung dieser Preise zugunsten des Arbeitslohnes – nämlich durch Einwirkung auf die *vorgelagerten* Faktoren – in keiner Weise das Tor verschlossen wird, werden sich nicht wenige durch unser Resultat bis aufs Blut gereizt fühlen. Sie lehnen sich dagegen auf, daß Zins und Grundrente überhaupt auf gleichem Fuße mit dem Lohn behandelt werden, statt als höchst ungerechte Formen des arbeitslosen Einkommens kurzerhand abgeschafft zu werden. Haben sie nicht recht? Und wenn die Abschaffung im Rahmen unseres Wirtschaftssystems nicht möglich ist, wäre das nicht Grund genug, endlich auch mit diesem und seinen vertrackten «Gesetzen» aufzuräumen, von denen die Nationalökonomen so viel Wesens machen?
Um hier Klarheit zu schaffen, machen wir jetzt mit Nutzen von der Unterscheidung zwischen personeller und kategorialer Einkommensverteilung Gebrauch. Tatsächlich müssen wir streng zwischen der einen Tatsache, daß überhaupt Kapitalzins und Grundrente gezahlt werden, und der anderen unterscheiden, daß sie in so ungleichen Portionen an die einzelnen Personen ausgezahlt werden. Wäre die Besitzverteilung gleich-

mäßiger, als sie heute ist, und würde daher die breite Masse einen größeren Anteil am Kapital- und Grundeinkommen haben, so würden die Menschen wahrscheinlich im Durchschnitt sehr viel weniger hart über Zins und Grundrente urteilen. Wir haben es hier also mit zwei verschiedenen Fragen zu tun und beschäftigen uns jetzt nur mit der einen, ob Kapitalzins und Grundrente überhaupt, d. h. einerlei, an wen und in welchen Portionen, gezahlt werden sollen. Was aber diese Frage anlangt, so können wir uns unter keinen Umständen darüber hinwegsetzen, daß Zins und Grundrente keine sinnlosen Bereicherungsquellen sind, sondern Einrichtungen, die ihren bestimmten Sinn und ihre bestimmten Funktionen haben. Obwohl von den Funktionen des Zinses bereits im letzten Abschnitt die Rede gewesen ist, erscheint der Punkt bedeutungsvoll genug, um eine ausführlichere und allgemeinere Darlegung zu rechtfertigen. Sie muß uns vor allem auch dazu dienen, die Erkenntnis zu gewinnen, daß hinter Zins und Grundrente Zusammenhänge verborgen sind, die in einem sozialistischen Staate genau so wichtig sind wie in einem «kapitalistischen».

Wir wissen, daß Zins und Grundrente nichts anderes als Preise sind, die für die Leistungen der entsprechenden Produktionsfaktoren gezahlt werden. Diese Produktionsfaktoren sind aber nur in jeweils begrenzter Menge vorhanden, während die Nachfrage nach ihnen eine ins Unendliche sich ausdehnende Staffel aufweist. Die Preisbildung, die in diesem Falle zu den Erscheinungen des Zinses und der Grundrente führt, ist also nur ein (allerdings außerordentlich wichtiger) Sonderfall des allgemeinen Abstimmungsprinzips, das, wie wir früher (S. 46 f., 54 f.) sahen, unser Wirtschaftssystem beherrscht. Jedes wie immer geartete Wirtschaftssystem steht ja vor der Aufgabe, Kapital und Boden auf die verschiedenen Verwendungsmöglichkeiten vernünftig zu verteilen. Diese Aufgabe kann in verschiedener Weise gelöst werden. Unser Wirtschaftssystem unterscheidet sich von anderen nur dadurch, daß es die ewigmenschliche Aufgabe auf seine Weise löst, indem es auf Boden und Kapital Preise setzt und dadurch jeden, der das eine oder das andere verwenden will, zwingt, niemanden zu verdrängen, der dafür eine bessere Verwendung zu haben glaubt. Die Lösung ist gewiß nicht ideal, aber sie ist immerhin eine Lösung, und zwar eine solche, die von niemandem ausgetüftelt worden ist, sondern sich im Laufe der Jahrtausende auf natürliche Weise durchgesetzt und in dieser langen Probezeit gezeigt hat, daß sie praktisch ist. Ein *sozialistischer* Staat müßte dafür irgendeinen Ersatz finden. Er müßte Zins und Grundrente geradezu erfinden, wenn er rationell wirtschaften will, sei es auch nur, um sie sich selber anzurechnen, d. h. er müßte für die Mitwirkung der knappen Produktionsfaktoren Kapital und Boden in der Produktion einen Wertansatz machen, wenn er nicht Gefahr laufen will, sie in seiner Wirtschaftsrechnung als freie Güter wie die atmosphärische Luft zu behandeln und damit der Vergeudung Tür und Tor zu öffnen. Wenn der sozialistische Staat in seiner Wirtschaftsrechnung nicht die Knappheit der Produktionsfaktoren Kapital und Boden durch einen Index zum Ausdruck bringt, so wird sie eben hoffnungslos falsch. Es ist zu befürchten, daß er sich durch Zerschlagung der freien Marktwirtschaft des Mechanismus beraubt haben wird, der allein das Rechenexempel löst, einen solchen Index einigermaßen zuverlässig zu berechnen[6].

Um die Schwierigkeit der von einem sozialistischen Staate zu lösenden Aufgabe recht zu ermessen, muß man sich anschaulich vorstellen, welche Entscheidungen von der Regierung täglich und stündlich getroffen werden müßten. Diese Entscheidungen sind ja weit verwickelter, als wir in dem oben ausgeführten Beispiel der Schuh- und Automobilindustrie angenommen haben. Um diesen Fall ein wenig mehr der Wirklichkeit anzunähern, müßten wir uns vorstellen, daß sich gleichzeitig eine Reihe von anderen Industrien mit ihren Kapitalansprüchen melden (z. B. die Grammophonindustrie), daß die Landwirtschaft über mangelhafte Versorgung mit Mähmaschinen klagt und außerdem noch die Einstellung eines neuen Lokomotivtyps geplant wird. Entweder – und darauf wird wohl in aller Regel eine sozialistische Planwirtschaft hinauslaufen – entscheidet nun die Regierung von sich aus und ganz willkürlich, wo der größere Nutzen der Kapitalverwendung liegt (vielleicht überwiegen in der Kommission z. B. Leute, die Grammophonmusik abscheulich finden und daher über den Kopf der allein zuständigen Konsumenten hinweg entscheiden, daß der Kapitalbedarf der Grammophonindustrie nicht befriedigt wird). Oder aber die Regierung läßt die Bevölkerung entscheiden, wo der größere Nutzen der Kapitalverwendung liegt. Dann wendet sie, wie wir sahen, den Maßstab an, nach dem sich in unserem Wirtschaftssystem annäherungsweise das Kapital verteilt, aber es besteht Grund, anzunehmen, daß eine solche Entscheidung durch die Bevölkerung im sozialistischen Staat unmöglich ist[7]. Damit ist gezeigt, daß der Zins keine dumme und herausfordernde Einrichtung zur Ausbeutung der einen und zur Bereicherung der anderen ist, kein Organ, das wir wie den menschlichen Blinddarm ohne Schaden herausschneiden können, sondern ein lebenswichtiges Organ, das eine in jedem Wirtschaftssystem wesentliche Funktion zu erfüllen hat[8].

Entsprechendes gilt für die *Grundrente,* deren Existenz durch die Notwendigkeit bestimmt wird, die Nachfrage nach Boden entsprechend dem Grade der Dringlichkeit zu beschränken und auf den knappen Vorrat abzustimmen. Sie besorgt in unserem Wirtschaftssystem eine Aufgabe, die in allen Wirtschaftssystemen gelöst werden muß: in die Verwendung des knappen Bodens eine vernünftige Ordnung hineinzubringen. Von dieser Funktion der Grundrente erhalten wir eine sehr lebendige Anschauung, wenn wir vom Flugzeug aus ein Land betrachten: die Aufteilung des Bodens auf Wohn- und Ackerland, auf Wald und Wiese, auf Eisenbahnen und Straßen, die Silhouette der Städte mit den Hochbauten im Zentrum und den Villenvorstädten, – alles dies ist im Grunde das Werk der Grundrente, die durch ihre zahllosen Abstufungen das eine Bodenstück diesem, das andere jenem Zweck zuführt. Wie – um es drastisch auszudrücken – der Kapitalzins dafür sorgt, daß nicht jede Landstadt eine Untergrundbahn baut, so verhütet die Grundrente die Anlage von Kartoffelfeldern in den Geschäftsstraßen der Großstadt. Die Grundrente ist gleichsam eine Mahnung, daß Boden bestimmter Lage und Qualität knapp ist und deshalb nur denjenigen zukommen soll, die am meisten daraus zu machen verstehen und für ihn die rentabelste Verwendung beabsichtigen. Das allgemeine Regulierungsprinzip, das unser gesamtes Wirtschaftssystem beherrscht, kommt also auch hier voll zur Geltung. Daß der Boden in die Produktionskosten jeder Ware eingerechnet wird, da für seine Nutzung in Form der Grundrente ein Preis gezahlt werden muß, bringt eben zum Ausdruck, daß die Verwendung eines Bodenstücks in dieser Richtung den Verzicht auf eine andere Verwendung in sich schließt. Dadurch unterscheidet sich die Grundrente in keiner Weise von anderen Kostenelementen.

Das schließt freilich nicht aus, daß die Grundrente gewisse Besonderheiten aufweist, die zwar von früheren Theoretikern weit überschätzt worden sind, aber doch nicht ignoriert werden können. Obwohl es ein Fehler wäre, von einem starren oder gar von einem monopolisierten Angebot an Boden zu sprechen, so ist eben doch der Vorrat an Boden bestimmter Lage und Fruchtbarkeit mehr oder weniger starr gegeben. Bei steigender Nachfrage besteht also die Tendenz zur Steigerung des Bodenpreises, ohne daß durch Mehrproduktion ein Ausgleich geschaffen werden könnte. Steigender Wohlstand und steigende Bevölkerung haben also zweifellos eine Tendenz zur Hinauftreibung der Grundrente. Freilich muß man sich hier vor Übertreibungen hüten und nicht glauben, daß den Bodenbesitzern die Grundrente sozusagen im Schlafe als eine sicher reifende Frucht zuwächst. Man vergißt nämlich zu leicht, daß die Grundrente eines konkreten Bodenstücks trotz steigender Bevölkerung und wirtschaftlicher Entwicklung ebenso leicht sinken wie steigen kann, da sich fortgesetzt Verschiebungen in der Nachfrage nach den einzelnen Bodenklassen ergeben. Man kann also am Boden ebenso leicht verlieren wie gewinnen, genau wie bei jeder anderen Kapitalanlage, und so wie eine Aktie nicht gleich der anderen ist, so ist eben auch jedes Stück Boden durch Lage oder Qualität vom anderen verschieden. Oft ergeben sich selbst innerhalb einer rasch wachsenden Großstadt starke Verluste durch Fallen der Grundrente in altmodisch gewordenen Bezirken, während sie in anderen bisher vernachlässigten Bezirken stark steigt. Dasselbe gilt für die landwirtschaftliche Grundrente, die gleichfalls trotz Bevölkerungsvermehrung großen Schwankungen ausgesetzt ist. Muß man sich in allen diesen Richtungen vor Übertreibungen hüten, so kommt es freilich oft vor, daß durch die rasche Entwicklung einer Stadt, durch Verbesserung der Verkehrsverbindungen, Bau von Eisenbahnen und Kanälen die zufälligen Bodenbesitzer ihre Grundrente in einem solchen Maße steigen sehen, daß man hier von einem «unverdienten Wertzuwachs» zu sprechen pflegt. Hier kann eine Sonderbesteuerung gerechtfertigt sein. Doch greifen wir damit bereits einer Erörterung der personellen Einkommensverteilung vor[9].

4. Die Änderung der Einkommensverteilung

Nach einem weiten Umwege sind wir endlich an dem entscheidenden Punkte angelangt, an dem wir zu der brennenden Frage einer gerechteren Einkommensverteilung Stellung nehmen können, ohne von der reißenden Strömung blinder Leidenschaften erfaßt zu werden. Sooft wir im bisherigen Verlaufe dieses Buches den Sinn und die Eigenart unseres Wirtschaftssystems zu erklären hatten, sahen wir uns zu der Feststellung genötigt, daß der geschilderte Abstimmungsmechanismus unter einer bestimmten Voraussetzung arbeitet, die unter den verschiedensten Gesichtspunkten der Kritik ausgesetzt ist, nämlich unter der Voraussetzung der bestehenden und, wie bekannt, ungleichmäßigen Einkommensverteilung. Man kann zwar den «kapitalistischen» Wirtschaftsprozeß mit einem fortgesetzten Plebiszit vergleichen, in dem jede Geldnote einen Stimmschein darstellt und die Konsumenten durch ihre Nachfrage in jedem Augenblick über Art und Umfang der Produktion abstimmen. Aber dieses Stimmrecht der Konsumenten ist von jener «majestätischen Gleichheit», wie sie *Anatole France* im Motto dieses Kapitels so schneidend ironisiert. Die Stimmscheine sind in der Tat recht ungleichmäßig verteilt. Es ist richtig, daß der Mechanismus unseres Wirtschaftssystems so beschaffen ist, daß er immer wieder die Produktion auf die Wünsche der Konsumenten abstimmt, und es ist kein stichhaltiger Einwand dagegen, daß die Produzenten diese Wünsche zu beeinflussen versuchen, indem sie durch Reklame für ihre Waren Propaganda machen wie die politischen Parteien für ihre Programme und Kandidaten[10]. Aber da dabei nur die durch Geld legitimierten Wünsche berücksichtigt werden, haben wir nicht das Recht, das Ergebnis des Konsumentenplebiszits als das schlechthin befriedigende und vollkommene auszugeben. Unser Abstimmungsmechanismus sorgt zwar dafür, daß auf die Dauer die Wohnungsproduktion derjenigen *Nachfrage* entspricht, die sich auf der bestehenden Einkommensverteilung aufbaut, aber er verhindert nicht, daß die Wohnungsproduktion hinter dem *Bedarf* an gesunden und menschenwürdigen Wohnungen zurückbleibt. Deswegen unser Wirtschaftssystem zu verdammen, liegt nun für viele außerordentlich nahe. Die Überlegungen indessen, die wir bisher angestellt haben, ermöglichen es uns, die Konfusion, die in diesem populären Verdammungsurteil liegt, zu erkennen und einen Weg zu finden, der blindwütige Zerstörungen vermeidet.

Auch von den Gegnern unseres Wirtschaftssystems wird im allgemeinen nicht geleugnet, daß seine Leistungen in der Produktionssphäre hohen Respekt verdienen, und einige haben sich wohl selbst durch die schwere Wirtschaftskrise der Dreißigerjahre nicht den Blick dafür trüben lassen, daß unser Wirtschaftssystem in diesem Punkte einem kommunistischen weit überlegen ist. Nur weil es so ungerecht sei, müsse es beseitigt werden. Darauf ist mit aller Entschiedenheit zu erwidern, daß es durchaus möglich und insoweit auch geboten ist, eine Änderung in der Distributionssphäre herbeizuführen, ohne unser Wirtschaftssystem in seinen hohen Leistungen innerhalb der Produktionssphäre zu stören. Dafür bestehen drei Möglichkeiten: 1. Die «organische» Änderung der kategorialen Einkommensverteilung, 2. die Änderung der personellen Einkommensverteilung und 3. die außerökonomische Korrektur der Einkommensverteilung.

Daß es sich bei einer *Änderung der kategorialen Einkommensverteilung* nicht um eine gewaltsame, sondern nur um eine «organische», d. h. auf die vorgelagerten Faktoren zurückgreifende handeln kann, wurde von uns bereits früher festgestellt. Diese Faktoren im einzelnen zu beschreiben, würde ein umfangreiches Buch für sich allein beanspruchen, und da dabei sehr schwierige Fragen der Lohn-, Zins- und Rententheorie behandelt werden müßten, würde es keine leichtverständliche Lektüre sein. Wir heben hier nur das Allerwesentlichste heraus, indem wir feststellen, daß alle Überlegungen und Erfahrungen auf die Produktivität als den letzten Bestimmungsgrund der durchschnittlichen Lohnhöhe eines Landes hinweisen. Alle nationalen Wohlstandsunterschiede – zwischen den Vereinigten Staaten und Europa, zwischen Schweden und Portugal – lassen sich schließlich auf diesen einen Punkt zurückführen, und alle Umstände und Maßnahmen, die den Wertertrag der Arbeit erhöhen, erhöhen auch das Arbeitseinkommen. Von entscheidender Bedeutung ist dabei, daß der Wertertrag der Arbeit (Produktivität) um so größer ist, je größer die Kapital- und Bodenmengen sind, mit denen der Produktionsfaktor Arbeit durchschnittlich in einem Lande kombiniert werden kann, und dies hängt wiederum von dem Mengenverhältnis der drei Produktionsfaktoren ab, ein Umstand, der uns schon früher (S. 181 ff.) in seiner Bedeutung klarwurde. Wir begreifen jetzt doppelt, warum das Lohnniveau in einem Lande hoch ist, in dem der Produktionsfaktor Arbeit im Vergleich zu Kapital und Boden knapp ist: weil die größere Knappheit auch eine höhere Entlohnung bedingt und weil sie durch die Kombination mit einer größeren Menge von

Kapital und Boden die Produktivität der Arbeit steigert. Dabei läßt sich leicht nachweisen, daß beide Punkte im Grunde auf dasselbe hinauslaufen. Von besonderer Bedeutung ist dabei das Mengenverhältnis der Produktionsfaktoren Arbeit und Kapital, eine Erkenntnis, die die klassische Lohntheorie (Lohnfondstheorie), wenn nicht in ihrer Begründung, so doch in ihrem wichtigsten Ergebnis bestätigt. Gleichzeitig wird uns damit nochmals klar, daß eine hemmungslose Bevölkerungsvermehrung zweifellos die Einkommensverteilung zuungunsten des Arbeitseinkommens der Massen verändert. In der gleichen Richtung wirkt auf die Dauer eine Kapitalvergeudung durch unproduktive Staatsausgaben. Als letzter, aber deshalb nicht weniger wichtiger Punkt muß schließlich noch der Außenhandel erwähnt werden. Je freier sich ein Land in die internationale Arbeitsteilung einordnet und damit die Produktionsfaktoren den zweckmäßigsten Verwendungen zuführt, je günstigere Austauschbedingungen es im internationalen Verkehr erlangen kann und je ungehinderter es die fremden Produkte dort kaufen kann, wo sie am billigsten, und die eigenen dort verkaufen kann, wo sie am teuersten sind, um so höher wird das Lohnniveau des Landes sein. Dies ist ein Faktor, der gerade bei der auffallenden Prosperität einiger kleiner Länder wie der Schweiz und der skandinavischen Länder heute eine besonders große Rolle spielt.

Wir sind damit zu einem eigentümlichen, aber doch einleuchtenden Ergebnis gelangt. Es hat sich nämlich herausgestellt, daß die kategoriale Einkommensverteilung um so ungünstiger für das Arbeitseinkommen ist, je ärmer, d. h. je unproduktiver, «proletarischer» und kapitalärmer ein Land ist. Je reicher anderseits ein Land im Durchschnitt ist, um so günstiger pflegt auch die Verteilung auf Arbeits- und Besitzeinkommen zu sein. Onkel Bräsig in Fritz Reuters «Ut mine Stromtid» hatte also doch nicht so ganz unrecht mit seiner berühmten These, daß die Armut von der «Poverteh» komme. Damit ist einer wirklich aussichtsreichen Politik der Hebung des nationalen Lohnniveaus der Weg gewiesen: Vermehrung des Kapitalreichtums (auch durch Kapitaleinfuhr und zweckmäßige kreditorganisatorische Maßnahmen), Reservierung der Produktionsfaktoren für die produktivsten Verwendungen, kluge Einordnung in die internationale Arbeitsteilung, Ausnutzung des technischen und organisatorischen Fortschritts, maßvolle Bevölkerungsvermehrung, vernünftige Wirtschaftspolitik in allen Stücken, Frieden, Sicherheit, Vertrauen und Ordnung, das sind die Punkte, auf die es ankommt.

Die Änderung der kategorialen Einkommensverteilung zugunsten des Arbeitslohnes wird sich nun zugleich in einer gleichmäßigeren Gestaltung der *personellen Einkommensverteilung* auswirken, da sie den Massen der Bezieher von Arbeitseinkommen mehr und mehr die Möglichkeit gibt, durch Vermögensbildung Besitzeinkommen aller Art zu erzielen. Es tritt jene «Entproletarisierung» ein, die allen am Herzen liegen muß, die keine besitzlosen Massen für ihre politischen Spekulationen brauchen. Dieser Prozeß kann nun durch eine Reihe von direkten Maßnahmen gefördert werden. Dazu rechnet vor allem eine Wirtschaftspolitik, die darüber wacht, daß die ausgleichende Wirkung des Konkurrenzprinzips nicht durch Manipulationen gestört wird, die zu einer durch keine entsprechende Leistung legitimierten Bereicherung einzelner auf Kosten der Masse führen. Bekämpfung der Monopole ist also immer auch gute Einkommenspolitik, ebenso wie die Unterdrückung von Auswüchsen des Konkurrenzkampfes. Auch Förderung selbständiger Existenzen, Erleichterung des sozialen Aufstiegs, Pflege des kleingewerblichen Kreditwesens und unzählige andere Maßnahmen, die das Übergewicht des konzentrierten Besitzes ausgleichen helfen, gehören hierher.

Als letztes Auskunftsmittel bleibt die *außerökonomische Korrektur* der Einkommensverteilung. Sie besteht darin, daß der Staat das Ergebnis der ökonomischen Einkommensverteilung, so wie es sich im Marktprozeß niederschlägt, abwartet und dann hinterher durch Besteuerung der Reicheren und durch Ausgaben zugunsten der Ärmeren korrigiert. Tatsächlich besteht ein großer Teil der öffentlichen Finanzwirtschaft in einer solchen Korrektur, zu der die private Wohltätigkeit ergänzend hinzutritt (auch «zweite Einkommensverteilung» genannt). Zwar können dabei gewisse Grenzen nicht überschritten werden, wenn nicht lähmende Wirkungen auf den Produktionsprozeß entstehen sollen, aber es leuchtet ein, daß man darin um so weiter gehen kann, je geringer die Staatsausgaben für andere Zwecke sind.

Anmerkungen zum siebenten Kapitel

1. (S. 246) Die ungleichmäßige Einkommensverteilung:

Die Ungleichmäßigkeit der Einkommensverteilung in allen zivilisierten Ländern rührt eine Fülle von ökonomischen, statistischen, soziologischen und politischen Fragen auf, für die auf die – nicht allzu reichliche – Spezialliteratur verwiesen werden muß. Die begriffliche und statistische Klärung des Tatbestandes wird in erster Linie *V. Pareto* (zuerst: Cours d'économie politique, II. Bd., Lausanne 1897) verdankt. Er fand, daß die Ungleichmäßigkeit der Einkommensverteilung in allen entwickelten Ländern eine solche Regelmäßigkeit besitzt, daß sie geradezu in einer mathematischen Formel ausgedrückt werden kann (1. *Pareto*sches Gesetz). Er glaubte ferner nachweisen zu können, daß sich die Ungleichmäßigkeit der Einkommensverteilung verringert, wenn das Durchschnittseinkommen pro Kopf steigt (2. *Pareto*sches Gesetz). Dieses 2. *Pareto*sche Gesetz deckt sich mit dem auf S. 263 f. Ausgeführten. Vorzügliches leisteten auf diesem Gebiete ferner *Edwin Cannan* (insbesondere: Wealth, London 1914) und seine Schüler *(Hugh Dalton,* Some Aspects of the Inequality of Incomes in Modern Communities, London 1920; *F. C. Benham,* The Prosperity of Australia, London 1928; *W. H. Hutt,* Economists and the Public, London 1936, S. 313 ff.). Vgl. auch das Standardwerk von *A. C. Pigou,* The Economics of Welfare, 4. Aufl., London 1932, Neudruck 1960; *Bertrand de Jouvenel,* The Ethics of Redistribution, Cambridge 1951; Einkommensbildung und Einkommensverteilung, Verhandlungen auf der Tagung des Vereins für Sozialpolitik in Köln, 1956. Sammlung und Deutung der statistischen Daten verschiedener Länder: *Colin Clark,* The Conditions of Economic Progress, 2. Aufl., London 1950.

2. (S. 248) Die Entwicklung der Distributionslehre:

Obwohl die *klassische Distributionslehre* sich des Unterschiedes zwischen personeller und kategorialer Einkommensverteilung kaum bewußt war und sich fast ausschließlich mit der letzteren befaßte, kommt ihr das Verdienst zu, durch die Zerlegung der individuellen Einkommen in bestimmte ökonomische Einkommenstypen (Lohn, Grundrente und «Kapitalprofit») zu einer wissenschaftlichen Behandlung des Distributionsproblems erst den Grund gelegt zu haben. Dabei ist der seitdem nicht wieder aufgegebene Gedanke, daß Produktion und Distribution (Wertbildung und Einkommensbildung) in inniger Verbindung zueinander stehen und die Einkommensbildung der Gesetzmäßigkeit des ökonomischen Gesamtprozesses untersteht, mit besonderer Entschiedenheit und Klarheit von *Ricardo* herausgearbeitet worden. Freilich ist die klassische Lehre nicht dazu gelangt, die einzelnen Einkommenskategorien selbst als Preisphänomene aufzufassen, und dadurch zu einer Reihe von Spezialtheorien genötigt worden, ohne sie zu einem geschlossenen Ganzen zu verknüpfen. Die Brüchigkeit dieser Spezialtheorien war dann einer der Hauptgründe dafür, daß die klassische Vorstellung von einer ökonomischen Determiniertheit der (kategorialen) Verteilung weitgehend jener *agnostisch-aktivistischen Auffassung* weichen mußte, die im Laufe des 19. Jahrhunderts von den Gegnern der klassischen Schule, den *Sozialisten* und der *historischen Schule,* verfochten wurde. Der Glaube, daß die gesellschaftlichen Machtverhältnisse entscheiden und daher eine Änderung der Verteilung durch Staatsbefehl oder Gewerkschaftsdruck freies Feld habe, fand nunmehr weiteste Verbreitung. Damit geriet die Weiterarbeit an der theoretischen Analyse des Verteilungsproblems, die von den Klassikern weit vorangetrieben war, lange Zeit ins Stocken, bis auch auf diesem Gebiet die *moderne Theorie* durch Anwendung des Marginalprinzips Lösungen gefunden hat, die zwar die Ergebnisse der klassischen Theorie weitgehend bestätigen, aber das Problem doch auf eine neue und breitere Grundlage stellen. Jetzt erst gelingt es, ein Gesamtbild der Einkommensverteilung zu finden und sie ohne gewaltsame Spezialtheorien aus den allgemeinen Grundsätzen der Wert- und Preistheorie abzuleiten. Von größter Fruchtbarkeit erwies sich dabei der Begriff der «Grenzproduktivität» der Produktionsfaktoren, der zwar auch einigen Klassikern (insbesondere *Ricardo* und *J. H. von Thünen*) bereits vorgeschwebt hatte, aber erst durch den Amerikaner *J. B. Clark* (The Distribution of Wealth, New York 1899) voll entwickelt und zur Grundlage der Distributionslehre gemacht wurde. Die von der österreichischen Schule ausgearbeitete «Zurechnungslehre» kommt im wesentlichen zu demselben Ergebnis. Auf der Grundlage der Erkenntnis, daß die kategoriale Verteilung sich in ein Problem der Preisbildung der Produktionsfaktoren auflöst, ist die klassische Lehre von der ökonomischen Determiniertheit der Verteilung in überzeugender Weise wiederhergestellt. Diese moderne Theorie der Verteilung steht um so gefestigter da, als sie in realistischer Weise mit einem mehr oder weniger erheblichen Spielraum der

Undeterminiertheit rechnet und damit Manipulationen einen gewissen Raum läßt.
Zu den Fortschritten, die der modernen Verteilungstheorie zu verdanken sind, rechnet auch die klare Unterscheidung zwischen personeller und kategorialer Verteilung. Sie findet sich zuerst bei *E. Cannan,* History of the Theories of Production and Distribution in English Political Economy from 1776 to 1848, London 1893.

3. (S. 251) Die Lohntheorie:

Für die zahlreichen Komplikationen der Lohntheorie ist auf folgende Literatur hinzuweisen: *R. v. Strigl,* Angewandte Lohntheorie, Wien 1926; *J. Marschak,* Die Lohndiskussion, 1931; *J. R. Hicks,* The Theory of Wages, 4. Aufl., London 1964; *W. H. Hutt,* The Theory of Collective Bargaining, London 1930; *P. H. Douglas,* The Theory of Wages, London 1934; *Ch. Cornélissen,* Théorie du salaire et du travail salarié, Paris 1908; *A. Amonn,* Das Lohnproblem, 2. Aufl. Bern 1945; *D. H. Robertson,* Wages, London 1955. Über die Zusammenhänge zwischen Lohntheorie und Konjunkturtheorie vgl.: *Wilhelm Röpke,* Crises and Cycles, a. a. O. Über die Zusammenhänge zwischen Lohn- und Zinstheorie vgl. das klassische Buch von *F. W. Taussig,* Wages and Capital (zuerst 1896), neu herausgegeben, London 1935.
Unter den zahlreichen Verschlingungen der Lohntheorie sei nur eine hier noch erwähnt. Man hat nämlich immer wieder versucht, der ökonomischen Determiniertheit des Lohnes auszuweichen, indem man behauptet, daß eine willkürliche Lohnerhöhung ihrerseits die – an sich anerkannten – ökonomischen Determinanten (die «vorgelagerten Faktoren» im Text) so verändert, daß die neue Lohnerhöhung aufhört, willkürlich zu sein. Mit anderen Worten: man bemüht sich um den Nachweis, daß eine Lohnerhöhung die Produktivität der Arbeit erhöhen könne. Diese *«Theorie der hohen Löhne»* tritt in zwei Formen auf. Nach der einen sollen hohe Löhne eine Erhöhung der Arbeitsleistung herbeiführen, indem sie die Leistungsfähigkeit und Leistungswilligkeit des Arbeiters steigern. Soweit hier nicht überhaupt Ursache und Wirkung verwechselt werden, handelt es sich um eine These, die weder allgemeingültig noch beweisbar ist. Die zweite Form der «Theorie der hohen Löhne» ruht auf der Vorstellung, daß hohe Löhne auf dem Umwege über eine Steigerung der Massenkaufkraft die Massenproduktion begünstigen und dadurch produktivitätssteigernd wirkten (Kaufkrafttheorie des Loh-

nes). Trotz der vielen Irrtümer, die in dieser vor allem in Amerika volkstümlichen Theorie stecken, enthält sie einen Kern von Wahrheit, vor allem im Zusammenhang mit bestimmten konjunkturtheoretischen Erwägungen. Mehr als eine gewisse Verbreiterung der «Unbestimmtheitszone» kann aber diesem Wahrheitsgehalt der Kaufkrafttheorie nicht zugestanden werden.
Mit der Ausbreitung und Festigung der modernen *Gewerkschaftsmacht* ist die Frage des Lohnes als eines «Monopolpreises» immer bedeutsamer geworden. Hierzu: *Henry C. Simons,* Some Reflections on Syndicalism, in der Sammlung «Economic Policy for a Free Society», Chicago 1948; *Fritz Machlup,* Monopolistic Wage Determination as a Part of the General Problem of Monopoly, Chamber of Commerce of the United States, 1947; *J. A. Schumpeter,* The March into Socialism, American Economic Review, Mai 1950; The Impact of the Union, hsg. *D. M. Wright,* New York 1951; *Patrick M. Boarman,* Union Monopolies and Antitrust Restraints, Washington D. C., 1963.

4. (S. 253) Zins und Verschiedenheit der Kapitalintensität:

Wie verschieden die Kapitalintensität (das, was *Marx* «die organische Zusammensetzung des Kapitals» nennt) selbst innerhalb desselben Industriezweiges ist, lehrt das Bestehen von Handarbeit neben der Maschinenproduktion. Ob die eine oder die andere Art der Produktion zweckmäßiger ist, wird in unserem Wirtschaftssystem durch das Zins-Lohn-Verhältnis entschieden. In Ostasien beispielsweise ist dieses Verhältnis so ungünstig, daß die menschliche Arbeit (Rikschakulis) sogar in der Personenbeförderung eine Rolle spielt, die in einem anderen Lande mit höherem Lohnniveau unmöglich wäre. Die Verschiedenheit der Kapitalintensität ist übrigens ein Faktor, der schon *Ricardo* in seiner Profittheorie zu schaffen gemacht hat.

5. (S. 255) Der Unternehmergewinn:

Der Unternehmergewinn unterscheidet sich also von den anderen Einkommensarten dadurch, daß er nicht Produktionskostenbestandteil und daher auch nicht Preisbestimmungsgrund, sondern ein erst hinterher sich herausstellendes Ergebnis der Preisbildung ist. Gerade daraus entspringt auch die Schwierigkeit, dem Unternehmergewinn eine funktionelle Bedeutung zuzuschreiben. Wir sprechen in allen solchen Fällen eines über die Kosten hinausgehenden Übergewinnes von *Renten.* Da auch die Grundrente ein solches Element enthält, hat sich für sie diese Bezeichnung eingebürgert, obwohl sie hier inkorrekt ist und vom Wesentlichen der Grundrente als eines echten Kosteneinkommens abführt. *Literatur: H. v. Mangoldt,* Die Lehre vom Unternehmergewinn, 1855 (ein bahnbrechendes Buch eines erst jetzt wieder in seiner ganzen Bedeutung erkannten deutschen Nationalökonomen); *J. Niehans,* Art. «Unternehmereinkommen», Handwörterbuch der Sozialwissenschaften, 1959; *J. Schumpeter,* Theorie der wirtschaftlichen Entwicklung, 6. Aufl., 1964; *A. Amonn,* Der Unternehmergewinn, Die Wirtschaftstheorie der Gegenwart, 3. Bd., 1928; *D. H. MacGregor,* Enterprise, Purpose, and Profit, Oxford 1934; schließlich eine reichhaltige und besonders hochstehende amerikanische Literatur, insbesondere *F. H. Knight,* Risk, Uncertainty, and Profit, Boston-New York 1921, Neuaufl. 1957 (ein Standardwerk, vor allem über das Risikoelement des Unternehmergewinns); *A. E. Monroe,* Value and Income, Cambridge (Mass.) 1931; *F. B. Hawley,* Enterprise and the Productive Process, New York 1907, und *Clare E. Griffin,* Enterprise in a Free Society, Chicago 1949.

6. (S. 259) Die Wirtschaftsrechnung im kollektivistischen Staate:
Es ist in den letzten Jahrzehnten das Verdienst einer Reihe von nichtmarxistischen Nationalökonomen gewesen, die Aufmerksamkeit auf das Problem der Wirtschaftsrechnung – d. h. der zweckmäßigen Disponierung über die Produktivkräfte der Volkswirtschaft– gelenkt zu haben. In der Tat ist es das Zentralproblem des kollektivistischen Staates, wie denn eigentlich ohne eine freie Preisbildung der Produktionsfaktoren, insbesondere von Boden und Kapital, eine halbwegs rationelle Wirtschaftsrechnung möglich sein soll. Vgl.: *L. v. Mises,* Gemeinwirtschaft, 2. Aufl., 1932; *T. J. B. Hoff,* Economic Calculation in the Socialist Society, London 1949; *Pohle-Halm,* Kapitalismus und Sozialismus, 4. Aufl., 1931; *B. Brutzkus,* Die Lehren des Marxismus im Lichte der russischen Revolution, 1928 (vereint schneidende Analyse mit interessanter Auswertung der russischen Erfahrungen); *F. A. v. Hayek* u. a., Collectivist Economic Planning, London 1935; *F. A. v. Hayek,* Individualism and Economic Order, Chicago 1948, deutsch: Individualismus und wirtschaftliche Ordnung, Erlenbach-Zürich 1952; *W. Röpke,* Art. «Sozialisierung», Handwörterbuch der Staatswissenschaften, 4. Aufl.; *R. L. Hall,* The Economic System in a Socialist State, London 1936; *W. Röpke,* Civitas huma-

na, 3. Aufl., 1949, S. 47 ff. Die in dieser Literatur überzeugend nachgewiesene Ungeheuerlichkeit des Problems rationeller Wirtschaftsrechnung im kollektivistischen Staat erweist sich auch darin, daß an diesem Problem bisher alle Anläufe zu einem wirklich kollektivistischen System in Rußland gescheitert sind. Über die Wirklichkeit des Kollektivismus: *W. H. Chamberlin,* A False Utopia, Collectivism in Theory and Practice, London 1937; *W. Lippmann,* Die Gesellschaft freier Menschen, Bern 1945; *L. E. Hubbard,* Soviet Labour and Industry, London 1942; *A. Baykov,* The Development of the Soviet Economic System, London 1946; *J. Jewkes,* Ordeal by Planning, London 1948; *W. Eucken,* On the Theory of the Centrally Administered Economy: An Analysis of the German Experiment, Economica, Mai und August 1948; *A. Müller-Armack,* Wirtschaftslenkung und Marktwirtschaft, Hamburg 1947, wieder abgedruckt in: *A. Müller-Armack,* Wirtschaftsordnung und Wirtschaftspolitik, Freiburg i. B. 1966; *W. Röpke,* Maß und Mitte, Erlenbach-Zürich 1950, S. 86–134; *W. Röpke,* The Problem of Economic Order, Cairo 1951.

7. (S. 260) Sozialismus und Demokratie:

Eine solche wirkliche Befragung der Bevölkerung in einem sozialistischen Staate muß als unmöglich gelten, woraus folgt, daß der Sozialismus mit echter Demokratie und bürgerlicher Freiheit unvereinbar ist und notwendigerweise einen totalitären Staat voraussetzt. Eine ausführliche und bis jetzt nicht widerlegte Begründung dieses höchst bedeutungsvollen Satzes, für dessen Wahrheit auch alle bisherigen Erfahrungen sprechen, findet sich in folgenden Werken: *W. Lippmann,* a. a. O.; *F. A. Hayek,* Der Weg zur Knechtschaft, Erlenbach-Zürich 1945; *W. Röpke,* Civitas humana. Der von *J. A. Schumpeter* (Kapitalismus, Sozialismus und Demokratie, Bern 1946) unternommene Versuch einer Widerlegung muß als mißglückt betrachtet werden (vgl. *F. A. Hayek,* The Use of Knowledge, American Economic Review, September 1945; *W. Röpke,* Kapitalismus, Sozialismus und Demokratie, in «Gegen die Brandung», 2. Aufl., 1959, S. 354–362).

8. (S. 260) Zinstheorie:

Das Wesen des Zinses ist aus dem Wesen des Kapitals zu verstehen (vgl. 5. Kap., S. 179 ff. und dazu Anmerkung 9). Die Schwierigkeiten der Kapitaltheorie kehren also in der Zinstheorie wieder, und ebenso wie dort ist auch hier gerade gegenwärtig die wissenschaftliche Diskussion noch in vollem Gange. Den Ausgangspunkt bildet dabei immer noch die bahnbrechende Kapital- und Zinstheorie *Böhm-Bawerks* (Positive Theorie des Kapitals, zuerst 1889, heute am bequemsten im Artikel «Zins», Handwörterbuch der Staatswissenschaften, 4. Aufl., bearbeitet und bereichert von *F. X. Weiß*). Während die Kapital- und Zinstheorie bis *Böhm-Bawerk* herzlich unbefriedigend geblieben war, wurde sie durch ihn jetzt dadurch auf die richtige Grundlage gestellt, daß er die Zeitdimension von Kapital und Zins (die Opferung der Gegenwart zugunsten der Zukunft, das «Warten») in den Mittelpunkt der Erklärung rückte. Bei *Böhm-Bawerk* hat dieser alle modernen Zinstheorien beherrschende Grundgedanke eine Form gefunden, gegen die viele Bedenken geltend gemacht werden können, zumal sie keine geschlossene und einheitliche Erklärung liefert. Tatsächlich sind die «Agiotheorie» *Böhm-Bawerks,* die «Knappheitstheorie» *Cassels* (Theoretische Sozialökonomie, 5. Aufl., 1932, S. 166 ff.), die «Ungeduldstheorie» *Irving Fishers* (Die Zinstheorie, 1932), die Grenzproduktivitätstheorie des Zinses (in pädagogisch vorbildlicher Form bei *E. Cannan,* An Economist's Protest, London 1927, S. 285 ff.) und verwandte Theorien im Grunde nur Varianten eines und desselben Grundthemas. Dabei ist zu beachten, daß die moderne Zeitdifferenztheorie, die jenen Varianten zugrunde liegt, nicht mit der Abstinenztheorie *Seniors* verwechselt werden darf, worauf bereits früher (2. Kap., Anmerkung 4, S. 60 ff.) hingewiesen worden ist. Zins muß nicht als Belohnung für ein Opfer gezahlt werden, sondern weil das «Warten» wegen des Übergewichts des laufenden Konsums und wegen der ohne Zins grenzenlos werdenden Nachfrage nach Kapital nun einmal knapp ist. Man darf sich den Zusammenhang auch nicht so vorstellen, als ob der Zins notwendig wäre, um überhaupt die Menschen zur Kapitalbildung zu veranlassen. Das Angebot an Kapital ist vielmehr ziemlich unelastisch, d. h. weitgehend von der Höhe des Zinses unabhängig. Ein gewisses Sparen würde auch ohne jeden Zins stattfinden, ja möglicherweise gibt es nicht wenige, die, weil sie ein bestimmtes Zinseinkommen erzielen wollen, bei einem niedrigeren Zins mehr sparen als bei einem hohen (vgl. dazu *W. Röpke,* Die Theorie der Kapitalbildung, 1929). Aus alledem ist zu schließen, daß die Funktion des Zinses mehr dahin geht, die Nachfrage nach Kapital zu regulieren und zu sieben, als dahin, das Angebot an Kapital zu steuern. Wir

fassen zusammen, indem wir sagen, daß Existenz, Höhe und Funktion des Zinses aus dem Zeitmoment zu erklären sind. Er ist in unserem Wirtschaftsorganismus sozusagen die *«Zeitdrüse»,* die Gegenwart und Zukunft in der Volkswirtschaft aufeinander abstimmt und das jeweils knappe Kapital in einer vernünftigen Weise auf die einzelnen Verwendungen verteilt. Das Gegenstück dazu ist die Grundrente, die als *«Raumdrüse»* die Funktion einer *räumlichen* Ordnung der Volkswirtschaft hat. Neueste Literatur: *W. Eucken,* Kapitaltheoretische Untersuchungen, 2. Aufl., 1954; *R. v. Strigl,* Kapital und Produktion, Wien 1934; *F. A. Lutz,* Zinstheorie, Zürich-Tübingen 1967.
Völlig außerhalb der modernen Erklärung des Zinses aus der Zeitdimension stehen zwei andere Zinstheorien: die dynamische Zinstheorie und die Ausbeutungstheorie. Nach der dynamischen Zinstheorie, die hauptsächlich von *J. Schumpeter* (Theorie der wirtschaftlichen Entwicklung, 6. Aufl., 1964) vertreten wird, ist der Zins nur in einer fortschreitenden, sich entwickelnden Wirtschaft, nicht aber in einer statischen möglich. Nach der im wesentlichen von Sozialisten vertretenen Ausbeutungstheorie *(Marx, Franz Oppenheimer* und neuestens *Hans Peter,* Grundprobleme der theoretischen Nationalökonomie, 1. Bd., 1933, S. 85 ff.) wird der Zins als ein aus Machtverhältnissen fließender Bereicherungsgewinn gedeutet. Kritik dieser beiden Theorien bei *F. X. Weiß,* Nachtrag zum Artikel «Zins», Handwörterbuch der Staatswissenschaften, 4. Aufl.
Von Anbeginn an hat man erkannt, daß das Zinsproblem nicht nur ein reales (naturales), sondern auch ein *monetäres* Problem ist. Gerade das bedeutet eine außerordentliche Komplikation, die von der Literatur viel zu lange ignoriert worden ist. Ein Pionier auf diesem Felde der immer wichtiger gewordenen *monetären Zinstheorie* ist der Schwede *Knut Wicksell* (zuerst in seinem Buch «Geldzins und Güterpreise», 1898, später in seinen «Vorlesungen über Nationalökonomie auf Grundlage des Marginalprinzips», 2. Bd., 2. Aufl., 1928). Weitere Literatur: *L. A. Hahn,* Volkswirtschaftliche Theorie des Bankkredits, 3. Aufl., 1930; *Irving Fisher,* a. a. O.; *L. v. Mises,* Theorie des Geldes und der Umlaufsmittel, 2. Aufl., 1924; *F. A. v. Hayek,* a. a. O.; *Frank A. Fetter,* Interest Theory and Price Movements, American Economic Review, Supplement, März 1927; *D. H. Robertson,* Banking Policy and the Price Level, 3. Aufl., London 1932; *J. M. Keynes,* A Treatise on Money, London 193o; *J. M.*

Keynes, The General Theory of Employment, Interest, and Money, London 1936; *F. Machlup,* Börsenkredit, Industriekredit und Kapitalbildung, Wien 1931; *W. Röpke,* Kredit und Konjunktur, Jahrbücher f. Nationalökonomie, März-April 1926; *W. Röpke,* Crises and Cycles, London 1936, S. 111 ff.; *Hans Gestrich,* Kredit und Sparen, 2. Aufl., Godesberg 1948; *W. Lautenbach,* Zins, Kredit und Produktion, Tübingen 1952; *F. A. Lutz,* a. a. O.

9. (S. 262) Die Grundrententheorie:

Auch hier liegen Schwierigkeiten vor, die im Text übergangen wurden, um das Wesentliche hervortreten zu lassen. Wir gehen dabei am besten von der Grundrententheorie *Ricardos* aus, an der man mit einer außerordentlichen Zähigkeit noch bis in unsere Tage hinein festgehalten hat. *Ricardo* hat mit aller Entschiedenheit den Charakter der Grundrente als einer reinen Differentialrente betont, die nicht Kostenelement, daher nicht Ursache, sondern Folge der Preise der Bodenprodukte sei. Da der Preis des Getreides für alle Produzenten gleich hoch sei, möge es nun auf gutem oder schlechtem Boden, marktnahem oder marktfernem Boden, mit viel oder mit wenig Arbeit und Kapital erzeugt sein, so entfalle auf den Boden mit niedrigeren Produktionskosten ein Differentialgewinn. Steigt der Getreidepreis, so nicht etwa, weil die Grundrente gestiegen ist, sondern die Grundrente steigt, weil der Getreidepreis (etwa wegen wachsender Bevölkerung) steigt. Auf diese Weise glaubt *Ricardo* den Produktionsfaktor Boden völlig aus dem Preisbildungsprozeß der Bodenprodukte eliminiert zu haben.
Diese *Ricardo*sche Grundrententheorie hat lange Zeit als der dauerhafteste Teil seines Werkes gegolten und wird auch heute noch von vielen Nationalökonomen für richtig gehalten. Im Rahmen der modernen Theorie kann sie jedoch nicht länger akzeptiert werden, zum mindesten nicht in der Form, die ihr *Ricardo* gegeben hat. Tatsächlich rückt die Grundrente in ein ganz anderes Licht, wenn man auf sie die moderne nationalökonomische Denkweise anwendet. Sie erscheint jetzt als Preis der Nutzung des Produktionsfaktors Boden, der sich wie jeder andere Preis nach dem Knappheitsverhältnis bestimmt. Dieser Preis der Bodennutzung ist auch ein echter Kostenbestandteil, entsprechend der modernen Auffassung der Kosten als Reflex des Nutzens, der bei anderweitiger Verwendung erzielt werden könnte. Mit anderen Worten: in der Grundrente kommt zum

Ausdruck, daß und in welchem Grade Boden dieser oder jener Art knapp und daher durch eine bestimmte Verwendung anderer Verwendung entzogen wird. Funktion der Grundrente ist es, dies zu registrieren und so dafür zu sorgen, daß der Boden bestimmter Art und Lage der jeweils bestmöglichen Verwendung zugeführt wird. Grundrente entsteht also immer dann, wenn Boden bestimmter Qualität oder Lage knapp zu werden beginnt. Das also, was in der Grundrente als Differentialrente erscheint, ist grundsätzlich nichts anderes als der Preis eines Produktionsfaktors, der ebenso wie die Preise der anderen Produktionsfaktoren Bestandteil der Wert-(Preis-)Rechnung wird, da er ein Kostenelement in dem subjektiven Sinn des alternativen Nutzentgangs darstellt. Auch eine sozialistische Wirtschaft könnte nicht darauf verzichten, die Knappheit des Bodens in Anschlag zu bringen, da sie sonst den Boden als freies Gut behandeln und damit seiner Verschwendung Vorschub leisten würde. Die Schwierigkeit aber, mit der der Leser im Text verschont wurde, besteht darin, daß der echte Kostencharakter der Grundrente nur insoweit zutage tritt, als ein Bodenstück wirklich alternativ verwendbar ist. Handelt es sich aber um eine spezifische Verwendung eines Bodenstücks – wie z. B. beim Johannisberger Schloßberg –, so geht es nicht länger an, die in diesem Falle entstehende Grundrente allein aus dem bei anderer Verwendung möglichen Nutzen zu erklären, da ja diese Verwendung praktisch nicht existiert. In diesen Fällen kann ein gewisser Rentencharakter der Grundrente nicht geleugnet werden. Vgl.: *Franz X. Weiß,* Die Grundrente im System der Nutzwertlehre, Die Wirtschaftstheorie der Gegenwart, 3. Bd., Wien 1928; *A. v. Navratil,* Rentenprinzip und Grundrente, Zeitschrift für die gesamte Staatswissenschaft, 94. Bd., 1933; *O. v. Zwiedineck-Südenhorst,* Allgemeine Volkswirtschaftslehre 1932, S. 234 ff.; *Hubert D. Henderson,* Angebot und Nachfrage, S. 77 ff.

Über die städtische Grundrente: *Adolf Weber,* Die städtische Grundrente, Die Wirtschaftstheorie der Gegenwart, 3. Bd., Wien 1928; *F. v. Wieser,* Die Theorie der städtischen Grundrente, Gesammelte Abhandlungen, 1929, S. 126 ff.

10. (S. 263) Reklame:

So wenig die Wahlpropaganda die Freiheit des politischen Wählers aufhebt, so wenig die Reklame die Freiheit der wirtschaftlichen

Entscheidung des Konsumenten. Es ist ferner zu bedenken, daß diese Freiheit auch nicht dadurch beeinträchtigt wird, daß die Entscheidung des Konsumenten durch Motive bedingt wird, unter denen die Reklame nur eines unter vielen anderen ist. Die Konsumentenwahl bleibt immer frei in dem Sinne, daß wir in der volkswirtschaftlichen Demokratie des Marktes unsere Stimme nach unserem Belieben abgeben, aber diese Freiheit besteht wohlgemerkt nur in der Marktwirtschaft, nicht in der kollektivistischen Kommandowirtschaft. Natürlich ist es wahr, daß die Reklame uns in vielen Fällen erst auf ein bisher nicht gefühltes Bedürfnis lenkt und uns zu einem Kauf veranlaßt, den wir sonst unterlassen hätten. Sicherlich aber widerspricht es nicht unserer Vorstellung von einer vernünftigen menschlichen Wirtschaft, wenn der Produzent aus der passiven Rolle des auf seine Bestellung wartenden Kellners heraustritt und uns etwas Neues auf der Menu- und Weinkarte empfiehlt. Auch «Orange Juice» ist erst durch Reklame zu einem populären Getränk geworden. Wer aber wollte heute ein Glas dieses Fruchtsaftes mit bitteren Gedanken an die Reklame trinken? Daß die Reklame im übrigen zu mancher harten Kritik herausfordert, steht auf einem anderen Blatte. Vgl. dazu: *W. Röpke,* Maß und Mitte, S. 200-218; *W. Röpke,* Jenseits von Angebot und Nachfrage, 4. Aufl., 1966, S. 200 ff.; *E. A. Lever,* Advertising and Economic Theory, London 1947; *Herbert Wilhelm,* Werbung als wirtschaftstheoretisches Problem, 1961.

Achtes Kapitel
Die Störungen des wirtschaftlichen Gleichgewichts

1. Die Störungsquellen

Die Unterschiede zwischen arm und reich sind eine sehr begreifliche Ursache der Unzufriedenheit und Kritik, und wir haben allen Anlaß, die Forderung nach größerer sozialer Gerechtigkeit sehr ernst zu nehmen. Mindestens ebenso herausfordernd aber ist die Tatsache, daß unsere Zivilisation mit dem Fluch der Unstabilität und der wiederkehrenden Massenarbeitslosigkeit behaftet zu sein scheint. Und auch hier wissen wir, daß es sich um ein Problem handelt, das in Zukunft besser als in der Vergangenheit gelöst werden muß, wenn wir unsere Zivilisation nicht in die schwerste Gefahr bringen wollen. Wir berühren damit aufs neue ein Thema, das uns im Verlaufe dieses Buches immer wieder hat beschäftigen müssen, und obwohl es unmöglich ist, es im Rahmen dieser Darstellung nach allen Seiten hin zu behandeln, ist es doch zu wichtig, als daß wir den Versuch unterlassen dürften, das Wesentlichste in diesem Kapitel zusammenfassend darzulegen[1].

Wir wissen bereits, daß unsere Wirtschaftsordnung auf einer unübersehbaren Fülle freiwilliger Entschließungen in der Produktion, in der Konsumtion, im Sparen und im Investieren beruht, und wir kennen auch die Kräfte, die aus diesem vermeintlichen Chaos eine gewisse Ordnung gestalten. Wie ungeheuer diese Aufgabe ist, wurde uns klar, als wir von den Verwicklungen sprachen, die durch die moderne Arbeitsteilung verursacht werden. Wir verstehen daher auch, wie außerordentlich labil ein solches Wirtschaftssystem sein muß und wie leicht es dazu kommen kann, daß bald hier, bald dort Störungen auftreten, die durch Anpassung überwunden werden müssen. Es ist uns auch begreiflich, daß die Störungen so groß und allgemein werden können, daß sie den ganzen Wirtschaftsprozeß hemmen und Arbeitslosigkeit hervorrufen (Depression). Je größer die Staffel der Arbeitsteilung, um so mehr wächst zwar die Produktivität, aber mit ihr auch die Anfälligkeit des Wirtschaftssystems für Gleichgewichtsstörungen. Diese Labilität wird noch dadurch erhöht, daß die Erzeugung der Konsumgüter nicht direkt, sondern auf dem Umwege über die vorherige Erzeugung von Produktionsgütern erfolgt, mit anderen Worten, daß der moderne Produktionsprozeß nicht nur ein arbeitsteiliger, sondern zugleich ein indirekter, Umwege einschlagender und daher Zeit beanspruchender Prozeß ist. Erfordert die Arbeitsteilung, daß die Produzenten wechselseitig ihren Bedarf an Gütern richtig einschätzen, so führt die so ungeheuer gewachsene Bedeutung der Kapitalgüterproduktion zu der weiteren Notwendigkeit, daß auch der Bedarf an Vorprodukten richtig eingeschätzt und der Umfang der Vorproduktion im richtigen Verhältnis zum Umfang der Endproduktion gehalten wird, und dies trotz der Schwierigkeiten, die der unseren Produktionsprozeß kennzeichnende Zeitablauf mit sich bringt. Und all das spielt sich in einer Welt ab, in der bereits die Politik, die Launen der Konsumenten, der Erfindungsgeist und tausend andere Dinge täglich eine neue und unvorhergesehene Lage schaffen. Hält man sich all das vor Augen, so wundert man sich fast mehr darüber, daß es ein hohes Maß an Ordnung der Wirtschaft gibt, als darüber, daß sie immer wieder gestört wird.

Da nun aber ein sozialistischer Staat mit denselben Störungsquellen (der Arbeitsteilung, der entwickelten Produktionstechnik und der labilen Umwelt) zu rechnen hat, wäre es irrig, anzunehmen, daß ihm das Problem der Gleichgewichtsstörungen erspart würde. Solange es Arbeitsteilung und hochentwickelte Technik gibt, solange Mensch, Natur und Gesellschaft nicht zu starren Maschinen geworden sind, solange es neue Erfindungen, Ernteschwankungen, Konsumänderungen, Wanderungen, Schwankungen der Geburten und Sterbefälle, Kriege und Revolutionen, Optimismus und Pessimismus, Vertrauen und Mißtrauen gibt, wird sich in jeder Gesellschaftsordnung das Problem der Gleichgewichtsstörungen der Wirtschaft stellen. Hier wie dort muß man sich ihnen anpassen, um sie zu überwinden. Der Unterschied zwischen der Marktwirtschaft und der kollektivistischen Wirtschaft besteht in dieser Hinsicht im wesentlichen darin, daß die Anpassung in der Marktwirtschaft entsprechend ihrem Wesen spontan, in der kollektivistischen Wirtschaft jedoch kommandiert ist.

Wird nun unser Wirtschaftssystem durch jene schwere Störung getroffen, die wir Depression nennen, so bietet sich uns das traurige Bild stillgelegter Fabriken und arbeitsloser Menschen, nachdem noch kurze Zeit vorher (in der Hochkonjunktur) die Produktion Rekordziffern erklommen hatte. Scheint es also, als hätten wir es dann mit einer allgemeinen Überproduktion zu tun, so kann die Ursache aber keineswegs darin gesucht werden, daß die Produktion insgesamt der Konsumtion davongelaufen und von allen Gütern insgesamt zuviel produziert worden ist. Eine nähere Überlegung zeigt nämlich, daß man mit dieser populären Vorstellung einer allgemeinen *Überproduktion* keinen vernünftigen Sinn verbinden kann, da man sich vergeblich fragt: Im Verhältnis wozu ist von allen Gütern zuviel produziert worden? Die Versorgung der breiten Massen steht noch immer überall auf so tiefem Stande, daß kaum eine Verzehnfachung der heute möglichen Produktion genügen würde, um den Massenwohlstand auf den heutigen Lebensstandard der Wohlhabenden zu heben. Bis dahin ist es sinnlos, über die Notwendigkeit zu streiten, alle Produktivkräfte, über die wir nur irgend verfügen können, in den Dienst des Kampfes gegen den Gütermangel zu stellen. Wir können also nicht zuviel Arbeitskräfte im ganzen haben, sondern nur zuwenig, nicht zuviel Maschinen, sondern nur zuwenig, nicht zuviel Rationalisierung der Produktion, sondern nur zuwenig. Die *Angst vor der Produktion,* die immer wieder durchbricht, ist absurd.

Wie aber reimt sich das auf die unbestreitbare Tatsache der in der Depression stillgelegten Fabriken und der feiernden Hände? Darauf antworten wir am besten mit folgendem Vergleich. Der Kampf gegen den Gütermangel, den wir mit immer unterlegenen Kräften zu führen verurteilt sind, ist gleich dem Kampfe eines Heeres gegen einen überlegenen Gegner. Jeder Soldat wird in diesem Kampfe gebraucht, und jeder Fortschritt der Waffentechnik ist willkommen. Und doch ereignet es sich in einem solchen Kriege wegen der Organisationsstörungen, die in einem so ungeheuer komplizierten Gebilde wie der modernen Armee unvermeidlich sind, immer wieder, daß einzelne Truppenverbände außer Aktion gehalten werden, während sie an anderen Stellen der Front bitter entbehrt werden. Dem Zuwenig an Soldaten im *ganzen* entspricht also hier ein vorübergehendes Zuviel an *einzelnen Stellen.* Kein Vernünftiger schließt daraus, daß man diese vorübergehend beschäftigungslosen Truppen nach Hause schicken oder die «Arbeit» der Armee im ganzen durch vermehrten Urlaub oder durch den Übergang zu Hellebarden «strecken» müsse. Das Nebeneinander von Zuwenig im ganzen und Zuviel im einzelnen liegt hier so klar auf der Hand, daß es auch dem Beschränktesten nicht entgehen kann. Aber zu erkennen, daß es in der Wirtschaft grundsätzlich nicht anders steht, fällt den meisten Menschen außerordentlich schwer. Eine Depression kann nicht als eine allgemeine Überproduktion an allen Gütern zugleich, als ein Hinauswachsen der Produktionsmöglichkeiten über die Konsumtionsmöglichkeiten, sondern nur als eine Disproportionalität der einzelnen Produktionszweige, kurzum als eine Gleichgewichtsstörung innerhalb einer im ganzen und auf die Dauer durchaus unzureichenden Produktion gedeutet werden.

Die Gesamtmasse der Güter, die wir mit Nutzen produzieren, ist kein fester Kuchen, in den sich alle Arbeitswilligen in gegenseitiger Eifersucht zu teilen hätten, sondern, oberflächlich betrachtet, von der Gesamtnachfrage abhängig. Nun wissen wir aber, daß die Gesamtnachfrage letzten Endes ein Ergebnis der auf dem Markte erfolgreich verwerteten Produktion ist, so daß die Gesamtsumme der Nachfrage durch die Gesamtsumme der Produktion bestimmt wird. So ergibt sich, daß nicht die Produktion durch die Konsumtion, sondern diese durch die Produktion bestimmt wird. Das heißt: es gibt keine

Grenze der lohnenden Produktion im ganzen (d. h. abgesehen von der richtigen Zusammensetzung der Gesamtproduktion), da ja der Punkt der Sättigung der menschlichen Bedürfnisse unabsehbar fern liegt; es gibt nur eine Grenze der Konsumtion, die durch die technischen Produktionsmöglichkeiten gegeben ist. Alles andere ist unsinnig: unsinnig die Angst vor der Produktion, unsinnig die Anschauung, daß wir uns dauernd auf eine Streckung der Produktionsaufgaben einzurichten hätten, und unsinnig der Kampf gegen alle Bestrebungen, den Produktionserfolg zu verbessern. Es ist unvorstellbar, daß alle Produzenten im Überfluß produziert haben und diesen Überfluß nicht gegenseitig austauschen können, vorausgesetzt, daß sie ihre Produktion richtig auf den gegenseitigen Bedarf abgestimmt haben. Auf die Frage, was denn aus den Arbeitslosen und den stillgelegten Fabriken werden soll, da doch alle Märkte verstopft sind und jeder Produktionszweig übersetzt ist, haben wir zu antworten: Der Markt für die Produkte dieser in der Depression brachliegenden Produktionskräfte wird dann vorhanden sein, wenn die aus dem Produktionsprozeß Ausgeschalteten durch Wiedereinschaltung ihre alte Kaufkraft zurückgewonnen haben, und das wiederum wird dann der Fall sein, wenn das Gleichgewicht der Volkswirtschaft wiederhergestellt ist. Den unausgenutzten Produktionsreserven entsprechen also im selben Umfange ungenutzte Kaufkraftreserven; *die Wiederherstellung des volkswirtschaftlichen Gleichgewichts schafft Kaufkraft*[2].

Wenn wir jene totalen Gleichgewichtsstörungen verstehen wollen, die wir als den Wechsel von Prosperität und Depression (Konjunkturwechsel) bezeichnen, so müssen wir von zwei fundamentalen Erkenntnissen ausgehen. Die eine ist, daß die eigentliche Ursache der Depression nicht in ihr selbst, sondern in der voraufgehenden Hochkonjunktur zu suchen ist. Die andere Erkenntnis ist, daß der Mechanismus der Hochkonjunktur, der schließlich zur Depression führt, in einem Steigen der Kapitalanlagen (Verwandlung von Geldkapital in Realkapital, Investitionen) gipfelt, die in einem Nexus der Wechselwirkung die ganze Wirtschaft in Bewegung setzen und in unserem Wirtschaftssystem durch eine Kreditexpansion (Kreditinflation) finanziert werden. Expansion und Kontraktion der Investitionen, die mit Expansion und Kontraktion der Kreditmenge einhergehen, machen also den wahren Kern der Konjunkturbewegung aus.

Wenn wir nun weiter begreifen wollen, warum die «Vollbeschäftigung» der Hochkonjunktur, sobald sie einen bestimmten kritischen Punkt überschritten hat, zu immer stärkeren Spannungen führt, die schließlich in eine Depression hineinführen, so müßten wir viele Umstände in Betracht ziehen, von denen in den Spezialwerken der Konjunkturtheorie die Rede ist. Lange bevor sämtliche Arbeiter Beschäftigung gefunden haben, werden bestimmte wichtige Spezialarbeiter knapp werden und im Verein mit anderen Schwierigkeiten zu Produktionshemmungen («bottle-necks» in der angelsächsischen Terminologie) in Industrien führen, die für die gesamte Produktion bedeutungsvoll sind. Lohnerhöhungen und steigende Preise für Rohstoffe, Maschinen oder andere Güter werden früher oder später die Unternehmungslust lähmen, und die Spekulation wird das Preis- und Kursgebäude immer labiler machen, bis es schließlich nur noch eines Anstoßes bedarf, um es zum Einsturz zu bringen. Vor allem aber liegt in der raschen und plötzlichen Steigerung der Investitionen selbst eine Störungsquelle, die gleichsam technischer Art ist und daher auch dem kollektivistischen Staate zu schaffen machen würde. Es handelt sich um einen Sachverhalt, den wir als *Übersetzungsprinzip* («acceleration principle» in der angelsächsischen Terminologie) bezeichnen. Die Erhöhung der Investitionen steigert sich nämlich aus sich selbst heraus, da die Vermehrung der Kapitalgüterproduktion ihrerseits wieder eine Vermehrung der Kapitalgüter voraussetzt. Man denke daran, daß auch die Konjunktur von Geflügelfarmen sich eine Zeitlang aus sich selbst heraus speist, solange immer neue Farmen eingerichtet werden und zu einer vermehrten Nachfrage nach Zuchttieren führen, daß aber schließlich der Zeitpunkt kommt,

da der Einrichtungsbedarf an neuen Farmen gesättigt ist. Dann zeigt es sich, daß die Geflügelproduktion größer ist, als es dem normalen Bedarf an Verbrauchs- und an Zuchthühnern entspricht. Das wird sich schon in dem Augenblick erweisen, in dem die Zahl der Farmen nicht mehr im bisherigen Verhältnis weiterwächst. Es leuchtet ein, daß, wenn die Geflügelkonjunktur erst einmal in Gang gekommen ist, von einem bestimmten Augenblick an der Zusammenbruch kaum mehr zu vermeiden ist, da man nicht in alle Ewigkeit Geflügelproduktion um der Geflügelproduktion willen treiben kann. Ebensowenig aber kann man in der Volkswirtschaft in fortgesetzt steigender Staffel Kapitalgüter um der Kapitalgüter willen produzieren. Man kann nicht dauernd immer weiter bauen, immer weiter «rationalisieren», immer neue Elektrizitätswerke errichten und immer neue Maschinen installieren, und man kann es vor allem nicht in geometrischer Progression tun, zumal die Kraft des Kreditsystems, diesen Investitionsrausch zu finanzieren, schließlich erlahmt. Dann aber muß die Hochkonjunktur zusammenbrechen, nachdem eine Einschrumpfung der Kapitalgüterindustrie unvermeidlich geworden ist.
Nach allen diesen Überlegungen ist es klar, daß die Möglichkeit einer zu raschen und umfangreichen, daher das volkswirtschaftliche Gleichgewicht störenden Steigerung der Investitionen *(Überinvestition)* in jedem hochentwickelten Wirtschaftssystem gegeben ist. Sie wird sich aber in unschuldigen Grenzen halten, solange die Investitionen mit freiwilligen Ersparnissen der Bevölkerung finanziert werden, die ja einen durchaus stetigen Charakter aufweisen. Erst wenn die Investitionen über diese durch die echten Ersparnisse gesetzten Grenzen hinausgetrieben werden, können sie für das Gleichgewicht gefährlich werden (Investitionsmenge > Ersparnismenge). Dazu bedarf es irgendeiner Form des Zwanges, der die Kapitalgüterproduktion von der Bindung an die freiwilligen Ersparnisse der Bevölkerung löst und die relative Einschränkung der Konsumtion über das Maß hinaus steigert, das die Bevölkerung durch Sparen auf sich zu nehmen bereit ist.

Dieser Zwang kann von der offenen Brutalität des kollektivistischen Staates sein, der nach dem Muster der russischen Mehrjahrespläne den Verbrauch der Bevölkerung durch Besteuerung, Preispolitik und Planwirtschaft zugunsten der Investitionen niedrig hält. In unserem nichtkollektivistischen Wirtschaftssystem wird der Zwang durch *Kreditexpansion* von jener Art ersetzt, die uns an einer früheren Stelle bereits begegnet ist und die doppelte Funktion erfüllt, die investitionsbereiten Unternehmer mit den notwendigen zusätzlichen Krediten auszustatten und durch eine Steigerung der Gewinnaussichten die Investitionslust anzustacheln, für die man hier im Gegensatz zum kollektivistischen Staat auf die freiwilligen Entschlüsse der Unternehmer angewiesen ist. Erst diese Kreditexpansion, die den Motor jeder Hochkonjunktur darstellt, erlaubt es, in unserem Wirtschaftssystem die Investitionen regelmäßig über die Menge der Ersparnisse hinauszutreiben.

Nun ist zu beachten, daß die Volkswirtschaft in die Hochkonjunktur mit einem Bestand an brachliegenden Arbeitskräften und Produktionsmitteln als Erbe der voraufgehenden Depression eintreten wird. Sie stellen eine Reserve dar, die es eine Weile erlaubt, die Investitionen durch Kreditexpansion zu finanzieren, ohne daß die beschriebenen Folgen eintreten. Gewiß bedeutet die Investition von Kapital die Verwendung von Produktionskraft für die Errichtung neuer Fabriken, für die Installierung von Maschinen oder für den Bau von Häusern anstelle ihrer Verwendung für die Produktion von Verbrauchsgütern. Je mehr investiert wird, um so weniger Produktionskraft bleibt für die Herstellung von Verbrauchsgütern; ein Volk muß also sparen, um seine Ausrüstung mit Maschinen, Fabriken und Straßen zu vermehren, oder durch Zwang (durch autoritäres Zwangssparen im kollektivistischen, durch monetäres Zwangssparen im nichtkollektivistischen Wirtschaftssystem) zu einer entsprechenden Verbrauchseinschränkung genötigt werden. Je mehr investiert wird, um so weniger kann verbraucht werden. Diese strenge Ausschließlichkeit besteht jedoch so lange nicht, wie für die zusätzlichen

Investitionen auf die brachliegenden Produktionsreserven zurückgegriffen werden kann. Insoweit sind die Investitionen nicht nur keine Gleichgewichtsstörung, sondern sogar das unumgängliche Mittel, um das gestörte Gleichgewicht wiederherzustellen und so die Depression zu überwinden. Waren in der Depression die Investitionen geringer als die Ersparnisse, so wird jetzt durch die zusätzlichen Investitionen die Gleichheit zwischen Investitionsmenge und Ersparnismenge aufs neue erreicht. Bis das Gleichgewicht erzielt ist, treten also die Investitionen nicht mit der Konsumtion in Konkurrenz um die Produktionskräfte der Volkswirtschaft; ihre heilsame Wirkung besteht vielmehr darin, die brachliegenden Produktionskräfte zu mobilisieren. Das heißt aber, daß dank der Steigerung der Gesamtproduktion, die die Investitionen bewirken, die Konsumtion sogar größer ist als vorher. Bis zur Absorbierung der brachliegenden Produktionskräfte ist die Gesamtproduktion nicht etwa ein Kuchen von der gewöhnlichen Art, von dem wir bekanntlich kein Stück essen und außerdem noch haben können; sie ist vielmehr ein Kuchen, der gerade dadurch größer wird, daß wir von ihm essen. Das erscheint paradox, wenn man sich nicht klarmacht, daß es gerade die Inanspruchnahme der Produktionskräfte durch Investitionssteigerung ist, die die Gesamtproduktion durch Herstellung des Gleichgewichts (Investitionsmenge = Sparmenge) in Schwung setzt.
Solange der Aufschwung aus den Reserven der ungenutzten Produktionskräfte schöpfen kann, bewirkt die Kreditexpansion auch so lange keine Preissteigerung, als die Vermehrung der Kaufmittel in der entsprechenden Gütervermehrung einen Ausgleich findet. Die Kreditexpansion dient dann also dem heilsamen Zweck, den Kaufkraftausfall auszugleichen, der dadurch entstanden war, daß in der Depression mehr gespart als investiert wurde (Deflation); sie ist so lange *kompensatorisch,* nicht *inflatorisch.* Diese idyllische Phase hat aber ein Ende, sobald die Reserven unausgenutzter Produktionsreserven erschöpft sind, was spätestens dann der Fall ist, wenn keine nennenswerte Arbeitslosigkeit mehr besteht (ein mit einem

unscharfen Ausdruck «Vollbeschäftigung» genannter Zustand), in der Regel aber wegen der erwähnten «bottle-necks» schon früher eintritt. Der kritische Punkt wird um so eher erreicht, je stärker die Arbeiter im Aufschwung Lohnforderungen geltend machen und damit bewirken, daß die Kreditexpansion sich in eine Steigerung der Preise statt in eine Steigerung der Beschäftigung umsetzt.

Ist dieser *kritische* Punkt des Aufschwungs erreicht, so verwandelt sich die kompensatorische Kreditexpansion in eine inflatorische. Die Investitionen treten nun wieder in Konkurrenz mit der Konsumgüterproduktion, und der Zauberkuchen, der nur um so mehr wuchs, je mehr wir davon aßen, verwandelt sich zurück in einen ganz gewöhnlichen Kuchen, von dem wir kein einziges Stück essen und außerdem noch haben können. Die weiteren Investitionen, die jetzt vorgenommen werden, laufen auf einen wirklichen Abzug von dem hinaus, was für die Konsumtion verfügbar ist. Von diesem Augenblick an geraten wir in die Gefahrenzone: es entwickelt sich der kumulative Prozeß der Hochkonjunktur, der schließlich in einer neuen Depression enden muß. Je stärker man entschlossen ist, diesen Prozeß zum Zwecke einer fortgesetzten «Vollbeschäftigung» zu verewigen, um so schlimmer wird der schließlich unvermeidliche Zusammenbruch sein. Wir dürfen nicht vergessen, daß die letzte große Krise, deren Auswirkungen gewaltig gewesen sind, nämlich diejenige der Jahre 1929-32, ein Zusammenbruch dieser Art gewesen ist, aber zum Unglück der Welt von einer Schwere, die sich nicht nur durch die voraufgegangene ungewöhnliche Massierung der Investitionen, vor allem in den Vereinigten Staaten, sondern auch dadurch erklärt, daß sich damals alle möglichen unglücklichen Begleitumstände verschworen hatten.

Wie haben wir nun die *Depression* aufzufassen? Wir verstehen, wie es zu einer Depression kommen muß, sofern man einem kumulativen Prozeß der Überinvestition mit Hilfe einer inflatorischen Kreditexpansion während der Hochkonjunktur freien Lauf gelassen hat. Das zu hoch aufgetürmte Gebäude der Investitionen bricht zusammen und macht eine verlustreiche und schmerzliche Wiederanpassung und Umgruppierung in der Volkswirtschaft unvermeidlich. Alles Extravagante und ungesund Spekulative hat jetzt ein Ende; man muß wieder scharf rechnen, und alles innerlich Unsolide bricht zusammen. Es besteht aber die große Gefahr, daß diese an sich unvermeidliche Reaktion weit über den Charakter einer bloßen Reinigung hinausgeht und daß sich nunmehr ein *kumulativer Niedergangsprozeß* entwickelt, der das Gegenstück des voraufgegangenen kumulativen Aufschwungsprozesses bildet. An die unvermeidliche primäre kann sich leicht eine *sekundäre Depression* anschließen, die es zu vermeiden gilt. Es ist nämlich durchaus möglich, daß in dem ungünstigen psychologischen Klima der Depression, zu dem noch manche anderen mehr oder weniger zufälligen Umstände politischer oder sonstiger Art beitragen können, die Unternehmungslust so weit erlahmt, daß die Investitionen unter dasjenige Maß sinken, das notwendig ist, um die weiterhin anfallenden Ersparnisse der Volkswirtschaft in Investitionen und damit in Güternachfrage zu verwandeln (Investitionsmenge < Ersparnismenge).

Um diesen Vorgang zu verstehen, müssen wir zweierlei bedenken: *Erstens* ist zu beachten, daß Sparen, d. h. Nichtausgeben eines Teils des Einkommens, nichts anderes als Nichtkonsum, d. h. Nichtnachfrage und damit ein Minus an Absatz von Konsumgütern bedeutet und sich erst wieder in Nachfrage verwandelt, wenn die Ersparnisse investiert, d. h. zum Ankauf und zur Produktion von Kapitalgütern verwandt werden. *Zweitens* müssen wir erkennen, daß diese beiden Akte – des Sparens und des Investierens – keineswegs notwendigerweise zusammenfallen, sondern zwei voneinander unabhängige Vorgänge sind. Weder werden die Ersparnisse zwangsläufig in Investitionen verwandelt noch durch eine andere Zwangsläufigkeit – das ist gegenüber gewissen allzu pessimistischen Theorien der Gegenwart zu betonen[3] – an einer solchen Verwandlung gehindert. In welchem Umfange eine solche für das volkswirtschaftliche Gleichgewicht entscheidende Verwandlung stattfindet, hängt von mannigfachen und wechselnden Umständen psychologischer, rechtlicher, institutioneller oder politischer Art ab. Diese Umwandlung ist aber begreiflicherweise nach dem Zusammenbruch der Hochkonjunktur besonders gefährdet. Bleiben nun die Investitionen hinter den Ersparnissen zurück, so bedeutet diese *Unterinvestition* einen Nachfrageausfall (Deflation), der, wenn er ein großes Ausmaß annimmt, eine sekundäre Depression von jener gefährlichen Art auslösen kann, wie sie die Welt nach der Krise von 1929 heimgesucht hat. Es tritt dann eine sehr schwere Störung mit den bekannten Erscheinungen der Massenarbeitslosigkeit und des Preiszusammenbruchs ein, wobei wir weiter zu bedenken haben, daß sich die Wirkungen des Nachfrageausfalles fortpflanzen und steigern können. Diese Störung wird erst dann behoben, wenn Sparmenge und Investitionsmenge wieder miteinander in Einklang gebracht worden sind, sei es durch eine Steigerung der Investitionen, sei es, wenn alle Stricke reißen, durch eine Minderung der Ersparnisse[4].

2. Stabilisierungspolitik

Man muß sich mit aller Gewissenhaftigkeit ein – hier nur in den Umrissen zu zeichnendes – Bild der außerordentlich verwickelten Natur des Wirtschaftsprozesses und der Bedingungen seines Gleichgewichts machen, um imstande zu sein, die rechten Wege für die Erreichung des so überaus wichtigen Ziels der wirtschaftlichen Stabilisierung zu finden und sie von den falschen zu unterscheiden. Man muß eine einigermaßen klare Vorstellung davon haben, was eigentlich in der Volkswirtschaft geschieht, wenn produziert, gespart, investiert und konsumiert wird, wie sich die Geld- und Güterströme zueinander verhalten, welche Bedeutung Preise, Löhne, Zinsen und Profite haben, wie und wo der Kredit eingreift, wie Banken und Effektenbörsen zusammenwirken, um den Prozeß im Gange zu halten, und von vielem anderen mehr, um ein sachverständiges Urteil zu gewinnen. Sind wir alle darin einig, daß es darauf ankommt, nach Möglichkeit einen dauerhaften

Höchststand der Beschäftigung zu erreichen, so werden wir doch nach einem solchen Studium der Dynamik des Wirtschaftslebens besser imstande sein, die Gefahren einer gewaltsamen Politik der Stabilisierung zu erkennen, die heute unter dem Schlagwort der *«Vollbeschäftigung»* in allen Ländern volkstümlich geworden ist. Es ist eine Politik, die sich ausschließlich von der Frage leiten läßt, wie durch stete Neuschaffung von Geld die Gesamtsumme der Nachfrage in der Volkswirtschaft ohne Rücksicht auf die tieferen Ursachen der Gleichgewichtsstörungen dauernd auf einer solchen Höhe gehalten werden kann, daß jene «Vollbeschäftigung» entsteht, wie wir sie im Frieden im nationalsozialistischen Deutschland und während des zweiten Weltkrieges und nach ihm in allen Ländern kennengelernt haben, die aber in Wahrheit bereits als eine abnorme «Überbeschäftigung» zu kennzeichnen ist. Für eine solche Politik des «konstanten Inflationsdrucks» scheinen die Probleme der wirtschaftlichen Gleichgewichtsstörungen, mit denen wir uns beschäftigt haben, kaum zu existieren; sie interessiert nur der Umstand, daß sie zu einem Nachfrageausfall führen, und sie beeilt sich, ihn durch Geldschöpfung wieder aufzufüllen, ohne nach den tieferen Ursachen der Störung zu fragen und sie zu beseitigen. Aus dieser radikalen Vereinfachung ergeben sich alle schweren Gefahren einer solchen Politik der konstanten «Vollbeschäftigung»[5].

Handelt es sich hier um einen Irrweg, dessen gar nicht zu überschätzende Gefahren an dem Experiment der nationalsozialistischen Vollbeschäftigungspolitik und an der heutigen «schleichenden Inflation» abgelesen werden können, so gibt es andere Wege, das Ziel einer möglichst stabilen Wirtschaft mit einem Hochstande der Beschäftigung zu erreichen, Wege, die zwar unbequemer sind, aber dafür vom Nationalökonomen mit um so besserem Gewissen empfohlen werden können. Vier Hauptgesichtspunkte sollten dabei leitend sein[6]:

1. Angesichts der Schwankungen in den Wirtschaftsbedingungen und der daraus sich ergebenden Schwankungen der Beschäftigung ist die Notwendigkeit der ständigen *Anpassung*

und Ausgleichung an die Spitze zu stellen. Das ist aber nur möglich, wenn der Wirtschaftsapparat in allen seinen Teilen möglichst beweglich ist. Je starrer er wird – und das ist die Entwicklung, die sich in den letzten Jahrzehnten in zunehmendem Maße vollzogen hat und sich in Zukunft noch verschärfen wird, wenn sich bestimmte wirtschaftspolitische Tendenzen unserer Zeit durchsetzen –, um so schwerer werden Anpassung und Stabilisierung und um so heftiger die Schwankungen; um so größer wird aber auch die Versuchung, die Beschäftigung durch das von der «Vollbeschäftigungs»-Schule empfohlene mechanische Mittel der Geldvermehrung, koste es was es wolle, hoch zu halten. Erst dann wird es klar, wie treffend die scheinbar paradoxe Feststellung ist: *je mehr Stabilisierung, um so weniger Stabilität*. Wir können uns das gut klarmachen, wenn wir den Wirtschaftsapparat mit einem Fahrrad vergleichen, auf dem wir nur dann sicher und unter ständiger Ausgleichung jeder kleinen Gleichgewichtsstörung fahren können, wenn die Lenkstange beweglich ist, während wir stürzen, wenn sie «stabilisiert» wird. So ist es auch im Wirtschaftsleben, wo die Lenkstange der die Wirtschaft steuernde freie Markt ist. Jede Preis- und Kostenerstarrung, jede Bewilligungspflicht, jeder «numerus clausus», jeder schematisierende Kollektivvertrag, jedes Monopol, jede Unbeweglichkeit der Produktivkräfte und jedes Kontingent ist eine neue Verstrebung, die wir an der Lenkstange unseres Wirtschaftsapparats anschrauben, bis er immer mehr ins Schwanken gerät und wir einen Sturz nach dem anderen erleben, wenn nicht der Staat uns immer mehr stützt[7].

2. Wenn es richtig ist, daß das wechselnde Verhältnis zwischen der Gesamtsparmenge und der Gesamtinvestitionsmenge eine Hauptstörungsquelle ist, so kommt es darauf an, sowohl der *Überinvestition* der Hochkonjunktur wie der *Unterinvestition* der Depression entgegenzutreten. Sobald die Hochkonjunktur in die Gefahrenzone der Inflation gerät, ist die Investition durch zweckmäßige Maßnahmen der Geld-, Kredit- oder Budgetpolitik zu bremsen, während sie in der Depression

anzuregen ist, äußerstenfalls – aber nur dann! – auch durch jene radikaleren Mittel, die die Schule der «Vollbeschäftigung» als dauernd geeignete Maßnahmen empfiehlt.
3. Aber auch diese Anregungen, die der Investition in der Depression gegeben werden, dürften wenig nützen, ja das Zurückbleiben der Investitionen hinter der Sparmenge könnte zu einer dauernden Tendenz werden, wenn eine immer unberechenbarer werdende und das Wirtschaftsleben immer mehr in Fesseln schlagende Politik der Regierungen im Verein mit ungestümen Lohn- und Sozialforderungen und mit monopolistischen Hemmungen die *Investitionslust der Unternehmer* lähmt und das Investieren, das angesichts der Unsicherheit aller Zukunftsberechnungen schon in normalen Zeiten sehr viel Wagemut erfordert, immer mehr zu einem Risiko macht, bei dem man zwar viel verlieren, aber nur wenig gewinnen kann. Rigorose Besteuerung, zwangsweise Beschränkung der Dividenden, rücksichtslose Ausnutzung von Gewerkschaftsmonopolen (deren Folgen die weniger rücksichtslosen und weniger straff organisierten Arbeiter zu tragen haben), Beseitigung aller festen Prinzipien in der Wirtschafts- und Sozialpolitik der Regierungen, gewohnheitsmäßige Ausrichtung von Subventionen, Drohungen mit immer weiteren Sozialisierungen, unter denen man nicht mehr sicher ist, ob man morgen ernten wird, was man heute sät, Mißachtung der individuellen Rechte und Freiheiten, völlige Willkür der internationalen Handelspolitik und des Währungswesens – man kann das alles für sehr fortschrittlich halten und das Gegenteil als «reaktionär» brandmarken. Nur darf man sich dann nicht wundern, wenn in einem solchen Klima die Investitionen zu wünschen übriglassen, mit den Folgen für die Beschäftigung, die wir kennen. Jüngste Erfahrungen in Italien und in Großbritannien sind dafür ein warnendes Beispiel. Daraus sind die Folgerungen für eine positive Stabilisierungspolitik zu ziehen.
4. Wir würden uns sehr täuschen, wenn wir mit alledem das Problem der Stabilisierung für gelöst hielten. Auch im günstigsten Falle werden wir mit großen Schwankungen der Wirt-

schaftsbedingungen zu rechnen haben. Die Aufgabe, die damit gestellt ist, machen wir uns am besten an einem Bilde klar: Sanftes Fahren hängt von zwei Bedingungen ab, von der Glätte des Weges und von der Güte der Abfederung unseres Wagens. Eine Straße kann niemals so glatt sein, daß wir die Federn entbehren könnten; je holpriger sie aber ist, um so besser müssen die Federn sein. Übertragen wir dieses Bild auf unser Problem der Wirtschaftsstabilisierung, so haben wir uns bis hierher mit der Glätte der Fahrstrasse und mit den Mitteln beschäftigt, die zu ihrer Verbesserung geeignet sind. Aber so, wie wir keine Fahrstraßen erwarten können, die die Federn entbehrlich machen, dürfen wir auch nicht darauf hoffen, eine vollkommene wirtschaftliche Stabilität zu erreichen; ja, es ist zu fürchten, daß die Fahrstraße der Wirtschaft in Zukunft arge Löcher aufweisen wird. Dann müssen wir auch im Wirtschaftsleben für eine um so bessere Abfederung Sorge tragen und danach trachten, daß die Individuen fähig sind, Stöße aufzufangen. Damit zeichnet sich jenseits aller Konjunkturpolitik eine umfassendere Politik ab, die sich bemüht, die Empfindlichkeit und Labilität unserer vermaßten, proletarisierten und zentralisierten Gesellschaft durch *Dezentralisierung, Entproletarisierung, Verankerung der Menschen in Selbstvorsorge und Eigentum* und durch eine *Stärkung der gesunden Mittelschichten* zu mildern und so eine innere Abfederung der Gesellschaft zu erreichen, mit deren Hilfe sie auch dem stärksten Schock der Wirtschaft ohne Panik, Verelendung und Demoralisierung widerstehen kann. Damit leiten wir bereits zum letzten Kapitel dieses Buches über.

Anmerkungen zum achten Kapitel

1. (S. 279) Wirtschaftsschwankungen:

Der Verfasser verweist im übrigen auf folgende seiner Veröffentlichungen: *W. Röpke,* Crises and Cycles, London 1936; *W. Röpke,* Civitas humana, 3. Aufl., 1949. Vgl. ferner: *G. Haberler,* Prosperität und Depression, Bern 1948; *Hans Gestrich,* Kredit und Sparen, 2. Aufl. Godesberg 1948 ; *J. Schumpeter,* Business Cycles, New York 1939, deutsch: Konjunkturzyklen, Göttingen 1961; Economic Stability in the Post-War World, Völkerbundsbericht, Genf 1945; *W. A. Jöhr,* Die Konjunkturschwankungen, Tübingen-Zürich 1952; *G. Schmölders,* Konjunkturen und Krisen, Rowohlts Deutsche Enzyklopädie Bd. 3.

2. (S. 283) Gesamtnachfrage wird durch Gesamtangebot bestimmt:

Daß die Gesamtsumme der Nachfrage durch die Gesamtsumme der Produktion und des Angebots bestimmt wird, ist ein überaus wichtiger Sachverhalt, Ihn kann man sich nicht genug einprägen, wenn man einigen besonders gefährlichen und verbreiteten Fehlschlüssen entgehen will. Der Satz sagt im Grunde nichts anderes, als daß im wirtschaftlichen Prozeß letzten Endes – d. h. wenn man ihn der Geldform entkleidet, die nur die Hülle ist – Güter und Leistungen gegen Güter und Leistungen getauscht werden. Zu Ehren des französischen Nationalökonomen *Jean-Baptiste Say* (1797– 1832) wird er auch als das Say'sche Gesetz («La loi des débouchés», entwickelt in seinem Hauptwerk «Traité d'économie politique», Buch I, Kap. 14) bezeichnet. Er spricht eine grundlegende Wahrheit aus, die von Keynes und seinen Anhängern zu Unrecht bestritten wird. Freilich muß es sich um die Produktion der «richtigen» Güter handeln, d. h. um diejenigen, die die einzelnen gegenseitig begehren, und um die «richtigen» Mengen dieser «richtigen» Güter. Damit kommen wir aufs neue zu dem Schluß, daß es sich um ein Problem des Gleichgewichts handelt.

3. (S. 289) Ungenügende Investitionen als Schicksal?:

Unter dem Einfluß von *Lord Keynes* (The General Theory of Employment, Interest, and Money, London 1936) und des amerikanischen Nationalökonomen *Alvin H. Hansen* (Full Recovery or Stagnation?, New York 1938) hatte die Meinung Verbreitung gefunden. daß die reichen Industrieländer heute bereits in die Phase der relativen Sättigung mit Investitionen («mature economy») eingetreten seien und daher ohne entsprechende Maßnahmen an einer dauernden Tendenz zu einem Überschuß der Ersparnisse über die Investitionen litten. Diese Theorie von einer latenten Dauerstagnation mußte aber als unerwiesen aufgegeben werden. Vgl.: *W. Röpke,* Civitas humana, 3. Aufl., 1949, S. 372-375; *Howard S. Ellis,* Monetary Policy and Investment, American Economic Review, Supplement, März 1940; *Henry C. Simons,* Hansen on Fiscal Policy, in «Economic Policy for a Free Society», Chicago 1948; *Willford I. King,* Are we Suffering from Economic Maturity?, Journal of Political Economy, Oktober 1939. Auch der oben erwähnte Völkerbundsbericht weist diese «mature economy»-Theorie zurück. Inzwischen ist sie längst durch die Ereignisse überholt, und an ihre Stelle ist die Sorge getreten, wie ein möglichst rasches «Wachstum» ohne inflatorische Wirkungen möglich ist.

4. (S. 289) Die sekundäre Depression:

Vgl. hierzu: *W. Röpke,* Crises and Cycles, a. a. O.; *W. Röpke,* Die sekundäre Krise und ihre Überwindung, Economic Essays in Honour of Gustav Cassel, London 1933.

5. (S. 291) «Vollbeschäftigung»:

Zur Kritik der «Vollbeschäftigungs»-Schule: *G. Haberler,* a. a. O.; *Howard S. Ellis,* a. a. O. ; *Hans Gestrich,* a. a. O.; *W. Röpke,* Die Gesellschaftskrisis der Gegenwart, 5. Aufl., S. 268 ff.; *W. Röpke,* Civitas humana, 3. Aufl., S. 337 ff.; *Allan G. B. Fisher,* Fortschritt und soziale Sicherheit, Bern 1947; *Henry C. Simons,* a. a. O.; *Henry C. Simons,* The Beveridge Program, Journal of Political Economy, September 1945 (jetzt abgedruckt in: Economic Policy for a Free Society, a. a. O.); *L. A. Hahn,* The Economics of Illusion, New York 1949; *W. Röpke,* «Vollbeschäftigung» – eine trügerische Lösung, Zeitschrift für das gesamte Kreditwesen, 1950, Heft 6 (mit einer daran anschließenden Diskussion, Heft 11, abgedruckt in «Wirrnis und Wahrheit», Erlenbach-Zürich und Stuttgart 1962, S. 152 ff.). Für die praktische Nutzanwendung dieser Gedanken auf den Fall der deutschen Wirtschaftspolitik seit 1948: *W. Röpke,* Ist die deutsche Wirtschaftspolitik richtig?, Stuttgart 1950 (ein im Auftrag der deutschen Bundesregierung angefertigtes Gutachten, dessen wichtigste Punkte in dem Buche «Gegen die Brandung» wiederabgedruckt sind). Ein extremes Beispiel der Ideologie der «Vollbeschäftigung», an dem zugleich die Hauptfehler des Gedankenganges besonders deutlich studiert werden können, stellt ein im Auftrage des Generalsekretariates der Vereinigten Nationen erstatteter Bericht von fünf Theoretikern dar: National and International Measures for Full Employment, United Nations, Department of Economic Affairs, Lake Success, New York, Dezember 1949. Dazu kritisch: *Jacob Viner,* Full Employment at Whatever Cost, The Quarterly Journal of Economics, August 1950; *W. Röpke,* The Economics of Full Employment, New York 1952. Die von Keynes ausgehende Theorie («Keynesismus»), die lange Zeit das Denken und die Politik in bezug auf die Wirtschaftsschwankungen beherrscht und zu einer unkritischen Auffassung des Problems der «Vollbeschäftigung» geführt hatte, ist mehr und mehr zum Gegenstand einer scharfen, ja vernichtenden Kritik geworden: *L. A. Hahn,* Wirtschaftswissenschaft des gesunden Menschenverstandes, 1954; *L. A. Hahn,* Geld und Kredit, 1960; *Henry Hazlitt,* The Failure of the «New Economics», an Analysis of the Keynesian Fallacies, New York 1959; The Critics of Keynesian Economics, hrsg. von *Henry Hazlitt,* New York 1960; *W. Röpke,* Jenseits von Angebot und Nachfrage, 4. Aufl., 4. Kapitel; *W. Röpke,* Was lehrt Keynes?, abgedruckt in «Gegen die Brandung», 2. Aufl., 1959; *David McCord Wright,* The Keynesian System, New York 1961; *W. H. Hutt,* Keynesianism – Retrospect and Prospect, Chicago 1963.

6. (S. 291) Konjunkturpolitik:
Vgl. hierzu außer dem erwähnten Völkerbundsbericht über «Economic Stability in the Post-War World» mein eigenes Buch «Crises and Cycles» und nunmehr: *Charles La Roche,* Beschäftigungspolitik in der Demokratie, Zürich 1947; *B. Ohlin,* The Problem of Employment Stabilization, 2. Aufl., New York 1952; *Paul Binder,* Die Stabilisierung der Wirtschaftskonjunktur, 1956; Sachverständigenrat zur Begutachtung der gesamtwirtschaftlichen Entwicklung, Jahresgutachten 1964/65 ff., Stuttgart und Mainz 1965 ff.

7. (S. 292) Beweglichkeit des Wirtschaftssystems:
Das so überaus wichtige Thema wird neuerdings erörtert von: *H. L. Keus,* De ondernemer en zijn sociaal-economische problemen, Haarlem 1942; *Allan G. B. Fisher,* a. a. O.; Economic Stability in the Post-War World, a. a. O.; *Madeleine Jaccard,* La mobilité de la main d'ëuvre et les problèmes du chômage et de la pénurie de travailleurs, Lausanne 1945; *W. H. Hutt,* Plan for Reconstruction, London 1943. Für die aktuellen Fragen verweise ich wiederum auf mein Buch «Jenseits von Angebot und Nachfrage», 4. Aufl., 1966.

Neuntes Kapitel

Wirtschaftsverfassung, Weltkrise und Nationalökonomie

> *«Schade, daß der Philosoph von seinen Republiken und der Reformator von seinen Reformationen keine Modelle machen kann, denn es gehört schon eine große Stärke im philosophischen Kalkül dazu, vorher zu sagen, daß sie nicht gehen werden. Hingegen braucht es nur Zudringlichkeit mit Enthusiasmus verbunden, um den unmündigen Teil des Publikums durch Aktien auf Reichtümer der Südsee um seinen väterlichen Acker zu bringen.»*
>
> *G. Chr. Lichtenberg*

1. Struktur und Mechanismus unseres Wirtschaftssystems

Dieses Buch dient der schwierigen Aufgabe einer Erklärung des wirtschaftlichen Getriebes in seinen einzelnen Teilen und im Zusammenwirken aller Teile. Der Verfasser hätte es sich leichter und sich zugleich bei manchem zeitgenössischen Leser weit beliebter machen können, wenn er seinem Herzen gehörig Luft gemacht und aus seiner eigenen Abneigung gegen viele Entartungserscheinungen der Wirtschaft ein riesiges Anklagegebäude aufgetürmt hätte, das in der Forderung nach weitgehenden Änderungen des Wirtschaftssystems gegipfelt hätte. Diese Entartungserscheinungen liegen jedoch so offen vor aller Augen, sie sind in solchem Maße Gegenstand einer weitverbreiteten und reichlich aufgeregten Literatur, daß es die Pflicht des Gelehrten ist, das Gewicht nach der anderen Seite hin zu verlegen und die Diskussion auf das Verständnis der *Grundlagen* unseres Wirtschaftssystems zurückzuführen. Dabei zeigt sich, daß ein großer Teil der Entartungserscheinungen gerade mit einem verhängnisvollen Mangel an Verständnis für das eigentliche Wesen unserer Wirtschaftsverfassung zusammenhängt.

Tatsächlich ist mit großer Entrüstung ebensowenig getan

wie mit dem leidenschaftlichen Verlangen nach wirtschaftlichem Umsturz. Die Neigung dazu ist groß, denn es liegt nun einmal in der Natur des Menschen, das, was er besitzt, gering zu schätzen und das, was er sich wünscht, mit dem romantischen Schimmer des Vollkommenen zu umkleiden. Erste Pflicht eines seiner ungeheuren Verantwortung bewußten Wirtschaftspolitikers ist es jedoch, dieser natürlichen Neigung mit ganzer Kraft entgegenzutreten und sich über zwei Dinge klarzuwerden: über das Wirtschaftssystem, das wir besitzen, und über dasjenige, das wir dagegen eintauschen würden. Der nächste Schritt besteht dann darin, auf Grund einer vertieften Einsicht in die eigentliche Natur unserer Wirtschaftsverfassung die Wege zu finden, die es von seinen Unvollkommenheiten und Entartungen befreien und seine Funktionsfähigkeit erhöhen, statt sie herabzusetzen. Erst wenn wir in allen diesen Punkten Klarheit gewonnen haben, können wir zwischen unserem Wirtschaftssystem und einem anderen mehr oder weniger kollektivistischen in vollem Bewußtsein alles dessen, was wir aufgeben, und alles dessen, was wir eintauschen würden, die Wahl treffen. Wir dürfen uns, wenn uns das Wohl unseres Volkes am Herzen liegt, nicht der Lage aussetzen, daß wir ein Wirtschaftssystem, dessen Struktur zu verstehen wir uns keine Mühe gegeben haben, aus Unverstand verfallen lassen oder gar gegen ein anderes preisgeben, das bis dahin nur in unserer leidenschaftsgenährten Phantasie bestand und dann unsere Hoffnungen bitter enttäuscht.

Nun ist es eine beunruhigende Tatsache, daß das Wesen unserer gegenwärtigen Wirtschaftsverfassung in allen Ländern nur von einer kleinen Minderheit wirklich verstanden wird. Freilich dürfen wir uns darüber nicht wundern, da sich dieses Verständnis erst demjenigen erschließt, der sich die Mühe nimmt, diejenige Wissenschaft, die die wirtschaftlichen Zusammenhänge erforscht, gründlich zu studieren, unbekümmert um die Angriffe, denen sie zu allen Zeiten und heute stärker als je ausgesetzt ist und von denen noch die Rede sein wird. Wieviele aber nehmen sich diese Mühe? Daß es so wenige sind, ist um so bedenklicher, als die erdrückende Mehrheit derjenigen, die aufs Geratewohl Urteile über unser Wirtschaftssystem fällen, die Minderheit der Verstehenden in den Augen der Öffentlichkeit unentwegt als unwissend und voreingenommen herabzusetzen versucht, – ein Schauspiel, das sich in keiner anderen Wissenschaft bietet. Wahrscheinlich ist der Umstand, daß unsere Zeit ihre eigene Wirtschaftsverfassung so wenig versteht, nicht der letzte Grund dafür, daß sich die Welt in dem heutigen beklagenswerten Zustande befindet.

Unser Wirtschaftssystem wird von den meisten Menschen wahrscheinlich deshalb mißverstanden, weil sie gewisse Erscheinungen, die befremden, für schädliche und sinnlose Auswüchse des «Kapitalismus» halten, während es sich in Wahrheit entweder um Erscheinungen handelt, hinter denen sich eine bestimmte, in jedem Wirtschaftssystem zu erfüllende nützliche Funktion verbirgt, oder um solche, die in jedem Wirtschaftssystem mehr oder weniger unvermeidlich sind[1]. Man sieht für etwas historisch Einmaliges an, was in Wahrheit in allen Geschichts- und Wirtschaftsepochen wiederkehrt. Wir sind im Verlaufe der bisherigen Darstellung schon so oft auf diesen Denkfehler gestoßen, daß wir es hier mit wenigen Hinweisen bewenden lassen können. So ist in einem früheren Kapitel ausführlich von all den Gefahren und Störungen die Rede gewesen, die eine weitgetriebene Arbeitsteilung verursacht. Da nun unser Wirtschaftssystem historisch das erste ist, das sich durch eine außerordentlich weitgestaffelte Arbeitsteilung auszeichnet, unterliegen viele leicht der Versuchung, ihre Nachteile unserem Wirtschaftssystem zur Last zu legen und im Kollektivismus (Sozialismus) Erlösung zu suchen, ohne zu bedenken, daß sie sich damit einer Konfusion schuldig machen. Sie verwechseln das Prinzip hochgestaffelter Arbeitsteilung, das sowohl unser Wirtschaftssystem wie das kollektivistische gegenüber vorkapitalistischen Wirtschaftssystemen kennzeichnet, mit der bloßen Methode der Koordinierung, in der ein kollektivistisches Wirtschaftssystem sich von dem unsrigen unterscheiden würde. Sie haben gegen unser Wirtschaftssystem eine Abneigung wegen seiner Zentralisierung, seiner Spezialisierung, seiner Geschraubtheit und wegen seiner verwickelten Undurchsichtigkeit; da aber der Kollektivismus als das Gegenteil dieses Wirtschaftssystems erscheint, halten sie es für ausgemacht, daß er uns von diesen Übeln erlösen würde. Dabei bemerken sie nicht, daß in allen diesen aus weitgetriebener Differenzierung fließenden Übeln ein kollektivistisches Wirtschaftssystem sich mit dem unsrigen in derselben wirtschaftsgeschichtlichen Epoche befindet, und noch weniger, daß es uns höchstwahrscheinlich noch weiter von der idyllischen Stufe der Wirtschaftsgeschichte abführen würde, die die Welt hinter sich ließ, als sie zum «Kapitalismus» überging. So erreichen wir denn den Gipfel der Verwirrung, wenn dieselben Leute, die unermüdlich den rationalistischen, mechanistischen und geschraubten Charakter unseres Wirtschaftssystems mit seiner Industrialisierung, Proletarisierung und Verstädterung angreifen, das Heil in Planwirtschaft und zentralisierter Organisation suchen, d. h. in einer Wirtschaftsverfassung, die noch rationalistischer, noch mechanistischer, noch geschraubter und noch unnatürlicher als die gegenwärtige sein wird. Wer dächte dabei nicht an jene Unglücklichen, die, von einer Lawine verschüttet, den Ausweg aus den Schneemassen nach der falschen Richtung suchen, da sie den Sinn für oben und unten verloren haben? Ein erheblicher Teil der Menschheit scheint sich heute in dieser unglücklichen Lage zu befinden.

Wie diese Überlegungen zeigen, wird man immer zu einem schiefen Urteil über unser Wirtschaftssystem gelangen, wenn man sich nicht vergegenwärtigt, daß seine Ablösung durch ein kollektivistisches wohl die Form, nicht aber das Wesen vieler Erscheinungen ändern wird, wobei es mehr als fraglich ist, ob es eine Änderung zum Besseren sein würde. So wird etwa viel Wesens von den Handels- und Reklameunkosten gemacht, aber dabei nicht berücksichtigt, daß auch ein kollektivistisches Wirtschaftssystem mit entsprechenden Kosten für die Organisation der Warenverteilung (einschließlich der Propaganda) zu rechnen haben würde. Die Frage wäre allein, ob diese Kosten im kollektivistischen Wirtschaftssystem geringer als im heutigen sein würden, und es gibt genug Gründe für die Annahme, daß sie höher sein würden. Ein weiteres Beispiel für die falsche Adressierung der Beschwerden bietet der Großbetrieb mit seinen unerfreulichen Seiten, unter denen die Entpersönlichung der Arbeit und die Abhängigkeit der Arbeiter obenan stehen. Es ist aber klar, daß die großbetriebliche Form der Produktionstechnik sicherlich auch vom kollektivistischen Staate übernommen werden würde, wobei freilich die Abhängigkeit der Arbeiter noch weit größer würde, da sie nicht einmal mehr die Wahl zwischen verschiedenen Arbeitgebern hätten. Wie die russische Kollektivierung der Landwirtschaft zeigt, ist sogar noch eine Ausdehnung der großbetrieblichen Produktionsweise auf Gebiete zu erwarten, die in unserem Wirtschaftssystem mit Erfolg ihre kleinbetriebliche Form bewahren – eine Erwartung, die unter anderem deshalb berechtigt ist, weil jeder totalitäre Staat ein brennendes politisches Interesse an der Zusammenballung abhängiger, leicht zu fanatisierender und leicht zu überwachender Massen hat.

Was nun endlich Erscheinungen wie Kosten, Preis, Rentabilität, Zins und Grundrente angeht, so wissen wir aus früheren Kapiteln, daß sie keineswegs teuflische Erfindungen des «Kapitalismus» darstellen. Sie bilden vielmehr einen durchaus sinnreichen und kunstvollen Mechanismus und dienen der Erfüllung von Aufgaben, denen sich jedes wie immer geartete Wirtschaftssystem gegenübergestellt sieht. Aus ihnen setzt sich jener Apparat der volkswirtschaftlichen Gesamtabstimmung zusammen, für die der kollektivistische Staat ein Äquivalent finden müßte, ohne wahrscheinlich, wie wir früher sahen, dazu imstande zu sein.

Freilich scheinen manche, obwohl sie den Regulierungsmechanismus unseres Wirtschaftssystems verstanden haben, besondere Schwierigkeiten zu haben, die Beherrschung der Produktion durch das *Rentabilitätsprinzip* richtig einzuschätzen.

In berechtigter Entrüstung über alles, was nach gemeinschaftsfeindlichem Eigennutz, nach Geldgier und Halsabschneiderei aussieht, wittern sie hinter der Herrschaft des Rentabilitätsprinzips etwas moralisch Minderwertiges. In Wahrheit liegt die Sache weit verwickelter. Zwar sind die Menschen heute wie zu allen Zeiten bestrebt, ein Höchstmaß an Befriedigung ihrer Wünsche zu erreichen, aber diese Wünsche sind heute wie zu allen Zeiten sehr verschieden. Die einen suchen Ehre und Macht, die anderen ein behäbiges Gleichmaß des Glücks, noch andere fühlen sich am wohlsten im Dienst für die Allgemeinheit, und der Rest erstrebt ein Maximum an Befriedigung rein materieller Bedürfnisse. Alle aber fürchten Armut und Deklassierung. Daß der Gesichtspunkt der Rentabilität die Produktion beherrscht, beweist also nicht, daß die eigentlichen Motive heute weniger mannigfaltig sind als zu anderen Zeiten. Dieser Umstand beweist nur, daß wir in der Rentabilität einen zuverlässigen und unersetzlichen Maßstab dafür haben, ob sich ein Unternehmen in den volkswirtschaftlichen Gesamtzusammenhang einordnet oder nicht. Die Herrschaft der Rentabilität bewirkt, daß ein Unternehmer, der sich einfügt, vom Markte belohnt, und ein Unternehmer, der sich nicht einfügt, vom Markte bestraft wird. Die Belohnung ist ebenso hoch, wie die Bestrafung hart ist, aber gerade dadurch wird eine besonders wirksame Auslese der Leiter des Produktionsprozesses bewirkt. Da nun wahrscheinlich die Furcht vor Verlust immer größer ist als das Streben nach Gewinn, kann man sagen, daß unser Wirtschaftssystem letzten Endes durch den *Konkurs* reguliert wird. Der kollektivistische Staat hätte dafür ein Äquivalent zu schaffen: er hätte an die Stelle der Rentabilität einen anderen Maßstab des Erfolgs und ein anderes System der Auslese der Produktionsleiter zu setzen. Es ist sehr zweifelhaft, ob ein solches Äquivalent gefunden werden kann. Wie dem auch sei: daß diejenigen, die den Produktionsprozeß leiten (Unternehmer), den Nutzen des Erfolges genießen und den Schaden des Mißerfolges in voller Schwere persönlich tragen, ist eines der wichtigsten, wenn auch leider oft verfälschten

Prinzipien unserer Wirtschaftsverfassung, und es dürfte schwer sein, nachzuweisen, daß es unnatürlich und unzweckmäßig ist.

Das alles gilt jedoch nur unter einer Voraussetzung, deren Bedeutung man sich mit aller Kraft klarmachen muß, wenn man die Struktur unserer Wirtschaftsverfassung und den ganzen Umfang der heute eingetretenen *Verfälschung* verstehen will. Diese Voraussetzung besteht darin, daß der *Weg zur Rentabilität nur über eine äquivalente wirtschaftliche Leistung führt,* während gleichzeitig dafür gesorgt sein muß, daß eine Fehlleistung ihre unerbittliche Sühne in Verlusten und schließlich durch den Konkurs im Ausscheiden aus der Reihe der für die Produktion Verantwortlichen findet. Einkommenserschleichungen (ohne entsprechende Leistung) und ungesühnte Fehlleistungen (durch Abwälzung des Verlustes auf andere Schultern) müssen in gleicher Weise verhindert werden. Zur Erfüllung dieser Voraussetzung bedient sich unser Wirtschaftssystem einer doppelten Anordnung. Die *erste* besteht darin, daß Verantwortlichkeit und Risiko (Erfolgs- und Verlustchance) aufs engste miteinander verkoppelt werden. Hier liegt heute eine der ärgsten Verzerrungen unserer Wirtschaftsverfassung, da in der Tat die Entwicklung des Aktienwesens mit seinen vieldiskutierten, aber bisher leider wenig kurierten Mißständen, die zunehmende Übernahme des Risikos durch die Allgemeinheit («Sozialisierung der Verluste») und manches andere zu einer sehr bedenklichen Lockerung des *Kupplungsprinzips* geführt haben. Damit wird aber auch einer der Hauptansatzpunkte einer sachkundigen Wirtschaftsreform bloßgelegt. Nicht weniger arg steht es heute mit der *zweiten* Anordnung, die dem Leser unter dem Namen der *Konkurrenz* nun bereits vertraut genug geworden ist. Alle Härten, die sie mit sich bringt, und alle gewiß sehr ernst zu nehmenden Probleme, die sie umschließt, schaffen die Tatsache nicht aus der Welt, daß unser Wirtschaftssystem in der Tat mit der Konkurrenz steht und fällt, da nur sie den Wildbach des Privatinteresses zu bändigen und in eine wohltätige Kraft zu verwandeln vermag. Sie ist es, die dafür sorgt, daß nur der Weg äquivalenter Leistung zur Rentabilität führt (Leistungsprinzip). Einschränkung der Konkurrenz bedeutet also Gefährdung des Leistungsprinzips. Macht man sich das klar, so kann man sich nicht länger der Folgerung entziehen, daß die Entwicklung der Monopole eine außerordentlich ernste Entartungserscheinung unseres Wirtschaftssystems darstellt. Diese kann der Staat wirksam bekämpfen, wenn er Einschränkungen der Konkurrenz tatkräftig entgegentritt und es sorgsam vermeidet, durch seine Wirtschaftspolitik Monopolbildungen Vorschub zu leisten[2]. Dazu bedarf es allerdings eines *starken Staates,* der unparteiisch und machtvoll über dem wirtschaftlichen Interessenkampf steht, ganz im Gegensatz zu der verbreiteten Auffassung, daß dem «Kapitalismus» eine schwache Staatsgewalt entsprechen müsse. Der Staat muß aber nicht nur stark sein, sondern auch, unbeirrt durch Ideologien aller Art, seine Aufgabe klar erkennen: den «Kapitalismus» gegen die «Kapitalisten» zu verteidigen, sooft sie versuchen, sich einen bequemeren Weg als den durch das Leistungsprinzip vorgezeichneten zur Rentabilität zu bahnen und ihre Verluste auf die Allgemeinheit abzuwälzen.

Mit alledem klärt sich auch ein anderes weitverbreitetes Mißverständnis auf. Es handelt sich um die Vorstellung, daß unser Wirtschaftssystem eine bloße «Profitwirtschaft» sei, in der die Rentabilität darüber entscheide, was produziert würde, während das kollektivistische Wirtschaftssystem eine wahre «Bedarfsdeckungswirtschaft» sei, in der die Produktion an den Bedürfnissen der Menschen orientiert würde. Unsere bisherigen Überlegungen lassen aber keinen Zweifel, daß, soweit durch die Konkurrenz das Leistungsprinzip gewahrt wird, gerade unsere heutige Wirtschaftsordnung nichts anderes als eine Bedarfsdeckungswirtschaft ist, da ja über die Rentabilität die feine und unbestechliche Waage des Marktes entscheidet. Das heißt aber nichts anderes, als daß die *Herrschaft des Leistungsprinzips gleichbedeutend mit der Herrschaft des Konsumenten* ist. Kann man unser Wirtschaftssystem, in dem bei reiner

Durchführung seiner Prinzipien die Verbrauchswünsche der Konsumenten die Produzenten zur höchsten Leistung anspornen, anders als eine Bedarfsdeckungswirtschaft nennen? Und haben wir dazu nicht ein um so höheres Recht, als es uns nach reiflicherer Erwägung und nach den inzwischen gemachten Erfahrungen immer zweifelhafter geworden ist, ob eine kollektivistische Wirtschaft selbst dann, wenn ihre Leiter den ernsten Willen dazu hätten, am «Bedarf» der Bevölkerung orientiert werden könnte? Erscheint uns nicht, wenn wir die wahren Verhältnisse in den kollektivistischen Ländern, den schon zusammengebrochenen und den noch bestehenden, prüfen, die Bezeichnung des Kollektivismus als einer «Bedarfsdeckungswirtschaft» wie schneidender Hohn?

In dieser alten Frage hat sich der Standpunkt, von dem aus sie beantwortet werden muß, innerhalb der letzten Jahrzehnte völlig verschoben. Damals, als dieses Buch zum ersten Male geschrieben wurde, gab es ja noch in führenden Ländern eine recht und schlecht funktionierende Marktwirtschaft. So handelte es sich denn darum, dieser Wirtschaftsordnung einerseits ungeachtet ihrer vielen Mängel gerecht zu werden und die Möglichkeiten einer befriedigenden Reform der Marktwirtschaft zu zeigen, anderseits aber die Hoffnungen auf den Kollektivismus als trügerisch zu entlarven. Inzwischen ist der Kollektivismus nicht länger ein phantasievoll auszuschmükkendes Ideal, sondern die sehr harte und nüchterne Wirklichkeit des vorgerückten 20. Jahrhunderts. Wer ihn preist, spricht nicht länger von einer Utopie, die man als ein Paradies schildern kann, sondern von einem sehr gründlichen und unter den verschiedensten Umständen wiederholten Experiment, das sich als eine schwere Enttäuschung erwiesen hat. So ist es nicht länger der Vertreter der Marktwirtschaft, sondern der Kollektivist, der in die Verteidigung gedrängt wird. Er sieht sich gezwungen, den Kollektivismus von einer fünffachen Anklage zu reinigen: 1. daß er außerstande ist, das Problem der Ordnung und Ergiebigkeit der Wirtschaft befriedigend zu lösen, 2. daß er mit unseren elementaren Freiheits- und Rechtsidealen in Widerspruch gerät, 3. daß er, statt eine Lösung des Monopolproblems zu erreichen, uns in ein unentrinnbares und allumfassendes staatliches Supermonopol hineinführt, das schlimmer ist als alle Privatmonopole, 4. daß er mit den Erfordernissen einer internationalen Gemeinschaft unvereinbar ist und 5. daß er eine permanente Inflation unvermeidlich macht. Einerseits ist bisher noch kein ernsthafter Versuch gemacht worden, diese fünffache Anklage zu entkräften. Anderseits hat die Erfahrung bisher noch kein Beispiel des Kollektivismus als einer wirklichen Ordnung geliefert, die zugleich mit dem freiheitlichen Rechtsstaat und einer freien Gemeinschaft der Nationen vereinbar wäre[3].

2. Die kollektivistische Alternative

Da die kollektivistische Alternative einen großen Teil ihrer Anziehungskraft aus einem mangelnden Verständnis des Konkurrenzsystems und der in ihm liegenden Möglichkeiten bezieht, können wir uns jetzt kürzer fassen. So zeigte sich schon am Beispiel des Schlagworts von der «Bedarfsdeckungswirtschaft», daß manche Kennzeichnungen des Kollektivismus zwar vielversprechend, aber irreführend sind. Dasselbe gilt nun auch für die beliebte Gegenüberstellung der kollektivistischen «Planwirtschaft» mit der «kapitalistischen Anarchie».

Da heute alle Welt in recht unscharfer Weise von *Planwirtschaft* spricht, muß zunächst der Begriff geklärt werden. Vielfach wird nämlich der Ausdruck in einem so weiten Sinne gebraucht, daß darunter jede wirtschaftspolitische Aktivität des Staates fallen würde, der ja immer ein bestimmter «Plan» zugrunde liegt. Auch für die Einführung eines Schutzzolls ist der Plan bestimmend, den sich die Staatsleitung vom Produktionsaufbau des Landes macht. Straßen und Eisenbahnen sind immer und überall nach einem bestimmten, auf die Volkswirtschaft als Ganzes bezogenen Plan gebaut worden, so daß es unberechtigt ist, die öffentlichen Arbeiten, die heute in vielen Ländern zur Bekämpfung der Krise vorgeschlagen werden, als eine planwirtschaftliche Neuerung zu bezeichnen. Auch Städte

sind in der Regel von jeher nach einem bestimmten Plan gebaut worden, ohne daß wir hier von Planwirtschaft reden, und schließlich haben der Geld- und Kreditpolitik vieler Länder schon seit Jahrzehnten bestimmte volkswirtschaftliche Regulierungsabsichten zugrunde gelegen, die gleichfalls nichts mit planwirtschaftlichen Ideen zu tun haben. Wenn das alles Planwirtschaft sein soll, so verliert der Begriff jeglichen Inhalt. Dann hätten wir Planwirtschaft gehabt, soweit die Geschichte menschlicher Wirtschaft zurückreicht, denn immer stand das Wirtschaftsleben unter bestimmten Normen und Einflüssen, denen der Gedanke irgendeiner planmäßigen Lenkung zugrunde lag. In diesem Sinne ist natürlich die heutige Marktwirtschaft gleichfalls eine «Planwirtschaft», weil ja auch der rechtlich-institutionelle Rahmen dieses Wirtschaftssystems nicht zuletzt auf Grund systematischer, das Ganze der Volkswirtschaft erfassender Überlegungen geschaffen worden ist.
Aber selbst dann, wenn wir den Begriff der Planwirtschaft enger fassen und darunter eine zentral gesteuerte an Stelle einer ungeordneten Wirtschaft verstehen, können wir dem heutigen Wirtschaftssystem nicht den Charakter einer Planwirtschaft abstreiten, da wir ja aus früheren Ausführungen wissen, daß es, obwohl hier im Gegensatz zum kollektivistischen Wirtschaftssystem eine bewußte Zentralleitung fehlt, durch den Markt und die Preisbildung in einer bestimmten Weise gesteuert wird. Im unverfälschten Konkurrenzsystem wird der Produktionsplan von denjenigen aufgestellt, denen man die Berechtigung hierzu nicht gut absprechen kann, nämlich den Konsumenten, während der kollektivistische Staat vor dem Dilemma steht, entweder das Konkurrenzsystem schlecht und recht nachzuahmen und seinen Produktionsplan auf den wie immer ermittelten Verbrauchswünschen der Konsumenten zu basieren oder nach irgendwelchen anderen Gesichtspunkten einen Plan aufzustellen und ihn den Konsumenten aufzuzwingen. Im letzten Falle entscheiden dann die durchaus subjektiven Vorstellungen der kollektivistischen

Staatsleiter darüber, was produziert werden soll und was nicht; die Freiheit des Konsums hat ein Ende, und die Bevölkerung hat sich derjenigen Verwendung der Produktionskräfte zu unterwerfen, die die den Staat jeweils beherrschende Gruppe für gut befindet. Darauf wird nun, wie leicht gezeigt werden kann, jede kollektivistische Planwirtschaft in Wirklichkeit hinauslaufen. Sie ist eine vollendete ökonomische Diktatur, die ohne eine gleichzeitige politische Diktatur mitsamt ihren Zwangsmitteln überhaupt nicht vorstellbar ist. Mit kollektivistischer Planwirtschaft sind Freiheit und Persönlichkeitsentfaltung so wenig vereinbar, daß allein schon diese Feststellung zu der langen Liste todeswürdiger Verbrechen rechnen würde, die das Strafgesetzbuch des kollektivistischen Staates enthalten muß. Es gehört also schon ein hohes Maß geistiger Unordnung dazu, zugleich für Freiheit und Planwirtschaft kämpfen zu wollen.

Die kollektivistische Planwirtschaft unterscheidet sich aber vom «Plan» der Marktwirtschaft nicht nur dadurch, daß sie der Bevölkerung über ihren Kopf hinweg einen bestimmten und für lange Zeit feststehenden Plan aufzwingt, sondern auch durch die besondere Methode, mit der sie ihn durchführt. Beruht die Marktwirtschaft auf dem verwickelten Wechselspiel freier Entschließungen aller Marktparteien, so läuft die kollektivistische Planwirtschaft darauf hinaus, diesen spontanen Prozeß durch das Kommando von oben zu ersetzen und die Entscheidung über die Verwendung der volkswirtschaftlichen Produktivkräfte in das Bureau einer staatlichen Behörde zu verlegen. Die kollektivistische Planwirtschaft ersetzt also den spontanen Reaktionsmechanismus des Marktes durch behördliches Kommando und würde daher im Interesse der Klarheit besser als *Bureauwirtschaft* oder *Kommandowirtschaft* bezeichnet. Mit welchen ungeheuren, ja unlösbaren Schwierigkeiten sie zu kämpfen haben würde, braucht hier nicht nochmals auseinandergesetzt zu werden. Wir können alles Gesagte nunmehr in dem Satz zusammenfassen: Die unverfälschte Marktwirtschaft ist die funktionierende Planwirtschaft derjenigen, die es angeht, die kollektivistische Wirtschaft die nichtfunktionierende Planwirtschaft derjenigen, die es nicht angeht.

Daß die kollektivistische Wirtschaft in der Tat die nichtfunktionierende Planwirtschaft derjenigen ist, die es nicht angeht, und so materielle Minderleistung mit Knechtschaft verbindet, beweist der fortgesetzte Mißerfolg der Sowjetregierung, das Gegenteil durch Propaganda zu beweisen. Wenn wir uns durch diese Propaganda und durch die Urteile derjenigen, die sich in der freien Welt bewußt oder unbewußt zu ihren Werkzeugen machen, nicht verwirren lassen wollen, müssen wir folgende Betrachtungen anstellen:

Der Eiserne Vorhang mit seinen Drahtverhauen, verminten Geländestreifen, Maschinengewehren, Mauern und grausamen Strafen für jeden Versuch, aus dem Gefängnis auszubrechen, beweist, daß man mit äußerster Energie zwei Dinge zu verbergen trachtet: Auf der einen Seite will man den eigenen Untertanen die wahren Zustände der nichtkommunistischen Welt verheimlichen. Auf der andern Seite aber soll auch die nichtkommunistische Welt nur soviel von den Zuständen innerhalb des kommunistischen Weltkreises erfahren, wie man für erwünscht hält. In beiden Fällen wird die freie Prüfung der Wahrheit nach Möglichkeit verhindert.

Wer aber so ängstlich etwas zu verhehlen trachtet, gesteht damit seine eigene Schwäche ein. Wenn der kommunistische Staat stolz auf wirtschaftliche Leistungen hinweisen könnte wie die Vereinigten Staaten, Frankreich, Italien, die Schweiz oder Deutschland, so hätte er keinen Grund, das Licht zu scheuen wie eine Nachteule. Dieser Umstand allein macht es wahrscheinlich, daß es mit der kommunistischen Wirtschaft in der Tat nach wie vor so schlecht bestellt ist, wie die nationalökonomische Theorie es erwarten läßt – und wie es in jenem Teil des kommunistischen Imperiums, der zur Erbosung der Kommunisten noch immer nicht völlig gegen die Wahrheit abgedichtet ist, nämlich in Sowjetdeutschland, offen zutage tritt.

Nur diese Isolierung der kommunistischen Welt – im Verein mit Gedankenlosigkeit in der westlichen Welt – erklärt es, daß es der kommunistischen Propaganda neuerdings gelungen ist, die Meinung draußen zu verbreiten, als ob der Kommunismus im Begriff sei, wirtschaftliche Leistungen hervorzubringen, die den Vergleich mit denen der freien Länder, die freie Wirtschaft haben, nicht mehr zu scheuen hätten. Hier und dort wird sogar der Gedanke ernst genommen, daß das kommunistische Assyrerreich uns über den Kopf wachsen könnte. Diese geistige Verwirrung der freien Welt – von der sogar manche ergriffen sind, deren nationalökonomische Schulung sie davor hätte schützen sollen – ist um so eher gelungen, als die kommunistische Agitation auf solche technischen Wunderdinge wie den Sputnik hat hinweisen können. Wer begreift denn, daß solche ungeheuer kostspieligen Einzelleistungen zwar für manches andere – so für individuelle Begabung und rücksichtsloseste Konzentration der knappen Mittel –, aber keineswegs für eine wohlfunktionierende Wirtschaftsordnung zeugen, da sie in einem Lande, in dem es am Nötigsten fehlt, ja gerade der Gipfel der Unwirtschaftlichkeit sind? Wer denkt darüber nach, daß sie nicht nützlicher als die ägyptischen Pyramiden sind, die derselben Kombination von technischem Genie und unmenschlicher Kraftkonzentration zu verdanken sind, aber weit häßlicher und vergänglicher? Und was soll man schließlich von den eifrig nach Rußland geleiteten Strömen naiver Touristen halten, die uns mit dem Stolz eines Marco Polo berichten, daß sie keine Entbehrungen auf sich zu nehmen hatten?

Angesichts einer solchen Verwirrung in den Urteilen über die kommunistische Wirtschaft erscheint es dringend notwendig, eine Klärung vorzunehmen. Das Wichtigste, was hier zu sagen ist, läßt sich auf folgende Punkte reduzieren:[4]

Zum *ersten* sollte sich jeder klarmachen, daß ein solches Regime alles darauf anlegen wird, uns ein möglichst günstiges Bild von seinen wirtschaftlichen Leistungen zu geben, und daß es im Schminken der Tatsachen (dank dem Umstand, daß im Innern niemand widersprechen darf, und dank der äußeren Isolierung) weiter gehen kann, als sich manche Statistiker der freien Welt vorzustellen scheinen. Jede uns von dort zukommende Information muß bis zum Beweise des Gegenteils als propagandistisch gefärbt gelten, wenn nicht als reiner Schwindel. In der Deutung dieser Informationen gilt es eine wahre Detektivtechnik zu entwickeln, und es liegt auf der Hand, daß es schwer ist, aus einem so verschlagenen Zeugen die Wahrheit herauszubringen.

Aber es kommt eben – und das ist der *zweite* Punkt – genug an den Tag, was ein sehr ungünstiges Licht auf die kommunistische Wirtschaft wirft. Völlig unbestreitbar und auch von den kommunistischen Machthabern mehr oder weniger willig zugegeben ist das Versagen des Kommunismus in der Landwirtschaft, d. h. in demjenigen Produktionszweig, von dem die Versorgung der Bevölkerung mit den elementaren Gütern abhängig ist. Was dieses Versagen, das in Wahrheit einer Katastrophe gleichkommt, bedeutet, geht aus einigen Zahlen hervor, die vor einigen Jahren von der amerikanischen «Monthly Labor Review» aus amtlichen Sowjetquellen errechnet worden sind. Danach bildet die russische Bevölkerung eine Pyramide von Lohnempfängern, deren breite Basis, gleich zwei Dritteln aller Lohnempfänger, aus 40 Millionen elender Minimalverdiener besteht, die mit ihrem geringen Lohn (unter 600 Rubel im Monat) auch im Jahre 1960 kaum mehr als die notwendigsten Nahrungsmittel kaufen konnten. Für diese aber müssen sie heute länger arbeiten als im Jahre 1928 (18 Prozent länger für Brot, 153 Prozent länger für Milch und gar 190 Prozent länger für Eier). Alle Erfahrungen beweisen, daß die völlig unzureichenden Leistungen der kommunistischen Landwirtschaft Folge des kommunistischen Prinzips der Kollektivwirtschaften sind, das den Antrieb zur Leistung lähmt. Um so klüger hat Tito gehandelt, als er dieses kommunistische Prinzip preisgegeben und die bäuerliche Individualwirtschaft wiederzugelassen hat.

Was aber nun – und dies ist der *dritte* Punkt – die Industrie betrifft, so ist es unleugbar, daß in der kommunistischen Wirtschaft trotz aller statistischen Frisierkünste eine sehr eindrucksvolle Steigerung der Produktion an Stahl, Kohle, Zement, Erdöl und Elektrizität erzielt wurde. Diese Steigerung ist in den einzelnen Gütergattungen höchst ungleich, aber das ändert nichts daran, daß hier sich das ereignet hat, was man heute wirtschaftliches Wachstum nennt, und da Rußland dieses Wachstum von einem sehr niedrigen Niveau aus beginnen mußte, so ist es natürlich, daß sich, wenn man es in Prozentziffern ausdrückt, erstaunliche Relativgrößen ergeben. Freilich können sie nur den in Erstaunen setzen, der sich über die darin liegende statistische Täuschung nicht im klaren ist. Wenn, sagen wir, die Stromerzeugung in Rußland von 1957 bis 1965 um 123 Prozent, in den Vereinigten Staaten aber nur um 68 Prozent steigt, so heißt das, da die amerikanische Prozentzahl sich auf eine sehr viel höhere Ausgangsziffer bezieht, in Wahrheit, daß in den Vereinigten Staaten die absolute Zunahme um mehr als die Hälfte höher ist und dort im Jahre 1965 immer noch zweieinhalbmal soviel Strom wie in Rußland erzeugt worden ist. Dabei ist auch gebührend die außerordentliche Hilfe in Rechnung zu setzen, die die freie Welt dem unser Verderben vorbereitenden kommunistischen Imperium dadurch leistet, daß sie ihm fortgesetzt die wertvollsten Maschinen aller Art liefert. Daß westliche Unternehmer gewissenlos genug sind, unseren Todfeind dauernd zu stärken, und westliche Regierungen schwach genug, das zuzulassen, ist eines der schmachvollsten und unbegreiflichsten Zeichen unseres geistig-moralischen Unvermögens[5].

Aber selbst dann, wenn wir von den optischen Täuschungen der Statistik absehen, müssen wir beachten, daß das wirtschaftliche «Wachstum» ein sehr problematischer Begriff ist. Viele – darunter ein Mann wie der amerikanische Professor W. W. Rostow, der sehr zur Verwirrung der Geister beigetragen hat – stellen den Vorgang so dar, als ob es allein darauf ankomme, möglichst viel und rasch Kapital in der Industrie zu investieren, damit sich die Volkswirtschaft wie ein Flugzeug vom Boden erhebt und dann immer höher schraubt. Das ist eine rein technische Denkweise, in der das Problem der wirtschaftlichen Ordnung völlig übersehen wird. Es verriete wenig Überlegung und ökonomische Schulung, wenn man glauben wollte, daß sich aus der Addition einzelner Produktionsziffern das Bild eines funktionierenden wirtschaftlichen Ganzen ergäbe. Abgesehen davon, daß sie uns nichts über die Qualität der Produkte verraten (die in der kommunistischen Wirtschaft notorisch schlecht zu sein pflegt), handelt es sich hier um eine rein physische Produktivität. Damit ist aber die Frage nicht beantwortet, ob das Problem der wirtschaftlichen Ordnung befriedigend gelöst ist: ob die Produktivkräfte richtig verwendet sind, ob die richtigen Dinge in den richtigen Proportionen produziert werden, ob alle Produktionen richtig ineinandergreifen, ohne daß die bekannten «Flaschenhälse» entstehen, oder ob sich nicht fortgesetzt Verschwendungen und Fehlleitungen ergeben, die bewirken, daß die physischen Produktionssteigerungen sich nur nach einem ungewöhnlich hohen Abzug und mit qualvoller Langsamkeit in eine Besserung der allgemeinen Güterversorgung umsetzen.

Hier liegt nun – dies ist der *vierte* Punkt – der Grund dafür, daß die außerordentliche Steigerung der Produktion an wichtigen Grundstoffen sich nur zu einem kleinen Teil in einer Bereicherung der allgemeinen Lebenshaltung äußert. Empfindliche Lücken in der Versorgung mit allen erdenklichen Gütern und «Flaschenhälse» sind in der kommunistischen Wirtschaft an der Tagesordnung. Der ausländische Tourist pflegt davon nur einen sehr unzureichenden Eindruck zu empfangen, da er sich fortgesetzt in «Potemkinschen Dörfern» bewegt, während er nicht erfährt, was es in einem kommunistischen Lande heißt, einen Eimer zu kaufen oder eine zerbrochene Fensterscheibe zu ersetzen. Er weiß nicht, was es bedeutet, in einem solchen Land leben, wohnen und sich kleiden zu müssen und von allen möglichen Mängeln täglich geplagt zu sein. Noch weniger wird er wahrscheinlich davon erfahren, daß die kommunistische Wirtschaft mit mannigfachen Konzessionen an die Marktwirtschaft (freie Märkte mehr oder weniger legaler Art, freie Arbeiterkolonnen u. a.) und mit einem erheblichen Grade von Korruption arbeitet. Ohne diese Lücken der Planwirtschaft würde sie noch weit schlechter laufen.

Fünftens ist der Tourist wie mancher andere geneigt, an die Entwicklung der kommunistischen Wirtschaft einen falschen Maßstab anzulegen. Für den, der dazu verdammt ist, in jenen Ländern zu hausen, und das Unglück hat, von der übrigen Welt abgeschlossen zu sein, ist es nicht unnatürlich, den heutigen Stand der Güterversorgung in seinem Lande mit dem früheren zu vergleichen und dann einen merklichen Fortschritt festzustellen. Es wäre ja auch sehr verwunderlich, wenn Jahrzehnte der Anstrengungen und Entbehrungen zugunsten der Verbesserung des Produktionsapparates ohne ein gewisses Ergebnis bleiben würden. Irgend etwas muß ja schließlich «dabei herauskommen».

Wenn wir aber wissen wollen, ob die kommunistische Wirtschaftsordnung sich bewährt hat oder nicht, so müssen wir einen ganz anderen Maßstab anlegen. Wir müssen den heutigen Stand nicht mit dem früheren vergleichen, sondern fragen, was sich mit solchen Anstrengungen und Entbehrungen in einer freien Wirtschaftsordnung hätte erzielen lassen, oder mit wieviel weniger Anstrengungen und Entbehrungen sich der heutige Versorgungsstand in einer solchen freien Wirtschaftsordnung hätte erreichen lassen. Anders ausgedrückt: Die Verbesserung ist unbestreitbar, aber sie ist nicht nur höchst unvollkommen, sondern auch mit einem Aufwand erkauft, der in einer freien Wirtschaftsordnung unnötig gewesen wäre. Noch anders ausgedrückt: Die kommunistische Wirtschaft leidet unter einem ungeheuren Mißverhältnis zwischen Aufwand und Ertrag, weil sie mit immensen Verlusten, Unwirtschaftlichkeiten und Kosten belastet ist.

Damit kommen wir zum *letzten* und wichtigsten Punkt. Kein Vernünftiger hat je behaupten können, daß eine kommunistische Wirtschaft eine Unmöglichkeit sei, aber es hat immer unwiderlegliche Gründe dafür gegeben, daß sie eine Tragödie ist, nämlich als eine Wirtschaftsordnung, die der Versorgung der Massen dienen soll. Dem steht aber gegenüber, daß der Kommunismus gerade deshalb, weil er sich über das Glück der Menschen hinwegsetzen kann, imstande ist, mit Sklavenpeitschen das Äußerste aus ihnen herauszuholen, aus den Menschen als Arbeitern, die dem Kommando des Staates zu gehorchen haben, wie als Konsumenten, denen mit raffinierter Technik die Früchte ihrer Anstrengungen für die Zwecke der staatlichen Investitionen genommen werden.

Die Leistung des Kommunismus besteht darin, daß er die Wirtschaftskräfte jeweils dort konzentrieren kann, wo es ihm politisch zweckmäßig erscheint, sei es in spektakulären Wundern der Technik und Industriewerken, sei es in der Propaganda und Unterminierung der übrigen Welt, sei es vor allem in der militärischen Rüstung, mit der er diese Welt gleichzeitig immer offener bedroht. Ist die Bilanz der kommunistischen Wirtschaft passiv als die einer Wirtschaftsordnung im Dienste des Menschen und seiner Wohlfahrt, so ist sie ebenso aktiv in der beispiellosen Konzentration der wirtschaftlichen Anstrengungen im Dienste einer Politik, deren eingestandenes Ziel die Eroberung des Erdballes ist. «Das größte organisierte Unglück der größten Zahl», wie es vor einiger Zeit die Londoner «Times» in einer Parodie der bekannten Formel Benthams genannt hat, ist der Kommunismus aus demselben Grunde eine ungeheure und noch ständig wachsende Gefahr für die Welt als Ganzes.

Wir alle haben das Gefühl, daß es für ein rechtes Urteil über den Kommunismus darauf ankommt, sich sowohl vor Unterschätzung wie vor Überschätzung zu hüten. Viele neigen einerseits zur *Unterschätzung,* weil sie sich fürchten, die kommunistische Propaganda zu unterstützen, weil sie sich selbstzufrieden in der Überlegenheit der freien Welt sonnen oder weil ihnen Gründe willkommen sind, die uns davon dispensieren, wachsam zu sein und uns anzustrengen, um dem Rivalen wirtschaftlich-militärisch gewachsen zu sein. Viele neigen andererseits zur *Überschätzung,* weil sie sich vor Selbsttäuschungen scheuen, oder weil sie, ohne Kommunisten zu sein, doch so weit Kollektivisten sind, um über einen Beweis der wirtschaftlichen Leistungsfähigkeit des Kommunismus eine gewisse Genugtuung zu empfinden und darin einen Ansporn für ihre eigenen kollektivistischen Pläne zu sehen, andere, weil sie wissenschaftliche Snobs sind, und noch andere, weil sie einen neuen Grund für unser Nachlassen in Wachsamkeit und Anstrengung suchen, und zwar in der angeblichen Aussichtslosigkeit, einem solchen Koloß gewachsen zu sein.

Das ist eine höchst konfuse und gefährliche Lage, der ein Ende gemacht werden muß. Wir müssen uns hüten, den Kommunismus als Wirtschaftsordnung im Dienste des Menschen zu überschätzen. Aber ebensosehr ist davor zu warnen, ihn als System der äußersten Konzentration der wirtschaftlichen Kräfte im Dienste der Politik zu unterschätzen – im Dienste einer Politik, deren klares und nur noch von hoffnungslos Blinden zu leugnendes Ziel unser Verderben und unsere Versklavung ist. Zu unserem Unglück sind freilich die meisten, die sich in der freien Welt der Linken zurechnen, darauf eingeschworen, genau das Umgekehrte zu tun, indem sie den Kommunismus als Wirtschaftsordnung maßlos überschätzen, gleichzeitig aber die kommunistische Wirtschaft als Instrument einer Politik des Weltimperialismus bis zur völligen Blindheit unterschätzen und sich daher weigern, daraus die harten Folgerungen für die äußerste Entschlossenheit unserer Gegenwehr zu ziehen. Sich weder bluffen noch einlullen zu lassen – darauf kommt es an, wenn wir endlich lernen wollen, wie man mit dem Bolschewismus umzugehen hat.

3. Das deutsche Experiment in Marktwirtschaft und monetärer Disziplin und seine Lehren

Nun möchte man meinen, daß eines der wichtigsten Industrieländer der Erde sich entschlossen gehabt hätte, nacheinander experimentell zu beweisen, *erstens* daß der Kollektivismus nicht nur politische Unfreiheit voraussetzt, sondern auch wirtschaftliche Unordnung und Verschwendung und einen niedrigen Lebensstandard im Gefolge hat, und *zweitens* daß das entgegengesetzte Wirtschaftssystem, nämlich die Marktwirtschaft, nicht nur eine wesentliche Säule und Grundbedingung der politischen und kulturellen Freiheit ist, sondern zugleich der Weg zu wirtschaftlicher Ordnung und zu Massenwohlstand. Dieses Land ist Deutschland. Unter der Herrschaft des Nationalsozialismus hat es der Welt das Beispiel einer kollektivistischen Wirtschaftsordnung gegeben und bewiesen, daß sie notwendigerweise zunehmend inflationär wird und daß sie durch Planwirtschaft, Zwangswirtschaft, Preis-, Kapital- und Lohnlenkung und durch strengste Devisenzwangswirtschaft gekennzeichnet sein muß. Viele Jahre hindurch hat dieses Beispiel überall tiefen Eindruck gemacht und den Eifer geweckt, es nachzuahmen. Tatsächlich ist bis vor nicht langer Zeit in fast allen Ländern der bevorzugte Typus der Wirtschaftspolitik dem nationalsozialistischen Modell gefolgt, und in einer großen Gruppe von Staaten – nämlich in der Mehrheit der sogenannten «unterentwickelten Länder» – hält man weiterhin an der Mischung von Planwirtschaft und Inflation fest, die im Dritten Reich zuerst praktiziert worden war. Wohin es schließlich in Deutschland geführt hat, ist in einem früheren Kapitel gezeigt worden, wo von der «zurückgestauten Inflation» die Rede gewesen ist (Kap. 4, 4. Abschnitt).

Es ist der vollkommene Zusammenbruch dieses inflationären Kollektivismus gewesen, der dann den Weg für die darauffolgende weltbekannte Wirtschaftsreform im nichtkommunistischen Teile Deutschlands (Sommer 1948) freigelegt hat. Ihr Erfolg ist so außerordentlich und der Übergang von Armut und Hoffnungslosigkeit zu Blüte und fieberhafter Wirtschaftsaktivität so plötzlich gewesen, daß alle Welt vom «Deutschen Wirtschaftswunder» zu sprechen begann.

Aber in wirtschaftlicher Hinsicht war die Leistung des deutschen Wiederaufstiegs keineswegs ein Wunder, wenn das Wesen der Reform von 1948 recht verstanden wird. Ihr Erfolg war im Gegenteil genau das, was ihre Architekten erwartet hatten. Wenn von einem Wunder gesprochen werden kann, so lag es vielmehr allein darin, daß es in diesem bestimmten Lande, das vom Kriege buchstäblich zermalmt war, und in einer noch immer im Banne von Inflation und Kollektivismus stehenden Welt politisch und sozial möglich gewesen ist, zur wirtschaftlichen Vernunft der Marktwirtschaft und monetären Disziplin zurückkehren. Es war dann der spektakuläre Erfolg dieser Reform, der von Wahl zu Wahl die politische Grundlage der Marktwirtschaft, die zunächst sehr schmal gewesen war, verbreiterte und schließlich sogar die Sozialisten zwang, ihn anzuerkennen und sich von ihren eigentlich sozialistischen Dogmen der Planwirtschaft und der Sozialisierung mehr und mehr in den Augen der Wähler zu lösen. Natürlich hat es qualvoll lange gedauert, bis die Inflationisten und Kollektivisten der verschiedenen Arten und Grade sich der unwiderleglichen Beweiskraft der Tatsachen beugten und ihre ebenso zahlreichen wie wissenschaftlich unhaltbaren Versuche aufgaben, den beispiellosen und historisch einzigartigen Erfolg der deutschen Wirtschaftsreform zu verkleinern oder gar zu leugnen. Es scheint, als gäbe es sogar heute noch – wenigstens außerhalb Deutschlands – einige Unentwegte, die sich, sei es aus reiner Unkenntnis der Tatsachen und Zusammenhänge, sei es gegen ihr besseres Wissen, weigern, zuzugeben, daß wir es hier mit dem überzeugendsten Beweis zu tun haben, der je in der Geschichte gegen Inflationismus und Kollektivismus einerseits und für Marktwirtschaft und monetäre Disziplin anderseits geliefert worden ist.

Worin aber hat jene Reform bestanden? Darauf kann an dieser Stelle keine erschöpfende Antwort gegeben werden.[6] Für die Fragen aber, die in diesem Kapitel behandelt werden, genügt es, auf einen wichtigen Punkt hinzuweisen: Die deutsche Wirtschaftsreform war eine Therapie, die der zu kurierenden Krankheit entsprach. Bestand die Krankheit in jener Verbindung von Inflation und Kollektivismus, die wir als «zurückgestaute Inflation» bezeichnet haben, so mußte die Kur aus zwei Teilen bestehen: sie mußte auf der einen Seite den Inflationsdruck beseitigen und auf der anderen Seite den gesamten Apparat der Zurückstauung (Höchstpreise, Rationierung und alle anderen Elemente der Zwangswirtschaft) durch die Rückkehr zur Freiheit der Märkte, zu freien Preisen, zu freiem Wettbewerb, zur freien Konsumwahl und zur freien Unternehmerinitiative ersetzen. *Freiheit im Bereich der Güter und Leistungen, Disziplin im Bereich des Geldes* – das sind die beiden Grundsätze gewesen, auf denen der außerordentliche Wirtschaftsaufstieg Deutschlands nach der Reform von 1948 beruht hat. Trotz aller Zugeständnisse, die dem Interventionismus und dem Wohlfahrtsstaat gemacht worden sind, sind dies die beiden Grundsätze der deutschen Wirtschaftspolitik geblieben, und ein Land nach dem anderen ist darin Deutschland nach mehr oder weniger langem Zögern gefolgt.

Die deutsche Reform von 1948 bestand mithin aus zwei Teilen, der Beendigung der Inflation und der Beseitigung des zwangswirtschaftlichen Zurückstauungsapparates. Das erste hat die Währungsreform besorgt, das zweite die eigentliche Wirtschaftsreform, die in der Wiederherstellung der Marktwirtschaft bestand. So wurden aus dem Chaos und dem Marasmus der inflationären Planwirtschaft die beiden Säulen echter Wirtschaftsordnung aufgeführt: die Steuerungs- und Antriebskraft freier Preise und die Stabilität des Geldwertes. Beides zusammen hat es möglich gemacht, daß in wenigen Jahren ein vom Kriege verheerter Rumpfstaat, dessen Städte zur Hälfte und mehr zerstört waren und den außerdem Millionen von bettelarmen Flüchtlingen anfüllten, die Kraft aufbrachte, seine Währung zu einer der härtesten und gesuchtesten der Welt zu machen (die heute zu einer Hauptstütze der internationalen Leitwährungen, des Dollars und des englischen Pfundes, geworden ist) und zu einem finanziellen und wirtschaftlichen Zentrum der freien Welt zu werden. Der deutsche Außenhandel, der nach dem Kriege auf einen bescheidenen Rest zusammengeschrumpft war, hat sich innerhalb von kaum mehr als einem Jahrzehnt den zweiten Weltrang, unmittelbar nach den Vereinigten Staaten und vor Großbritannien, erobert. Es ist bemerkenswert, daß Japan nach einem dem deutschen ähnlichen Rezept gleichfalls aus der Tiefe der Niederlage und der Zerstörung zu einem der ersten Industrie- und Welthandelsländer aufgestiegen ist.

Damit ist das Bild des deutschen Beispiels nur in groben Umrissen gekennzeichnet. In Wirklichkeit ist die Entwicklung begreiflicherweise verwickelter gewesen. So ist es nicht immer leicht gewesen, den Kurs einer solchen nichtinflationären Marktwirtschaft ununterbrochen ohne mehr oder weniger erhebliche Abweichungen einzuhalten. Zeitweilig war die Versuchung groß, einem völlig unzeitgemäßen Keynesismus nachzugeben und einer hartnäckig hochbleibenden Arbeitslosigkeit, die vor allem dem Flüchtlingsstrom aus dem Osten zur Last zu legen war, mit einem inflationären Programm übermäßiger Investitionen zu begegnen, zumal Sachverständige der amerikanischen Besetzungsmacht in dieser Richtung einen starken Druck auf Regierung und Zentralbank Deutschlands ausübten. Glücklicherweise widerstanden sie im ganzen dieser Versuchung, womit Deutschland vor einem Rückfall in die nationalsozialistische Politik der zurückgestauten Inflation bewahrt wurde (1950–1951). Es wurde erkannt, daß die deutsche Arbeitslosigkeit nichts mit einem «Nachfragedefizit», wie die an ihren Formeln klebenden Keynesianer meinten, zu tun hatte, sondern struktureller Art war. Sie ist denn auch nicht nach dem Keynes'schen Rezept der Kaufkraftüberschwemmung, sondern gemäß ihrer strukturellen Natur durch eine geduldige Politik der Anpassung überwunden worden.

So ist es denn Deutschland gewesen, das – nicht ohne Einfluß durch das Beispiel der Schweiz, das nach dem Kriege in Europa sich als eine Insel der Marktwirtschaft und monetären Disziplin behauptet hatte – der Welt mit seiner «sozialen Marktwirtschaft» das Modell einer konstruktiven und international verantwortungsvollen Wirtschaftspolitik gab, nachdem dieses selbe Land vorher unter dem Nationalsozialismus das schlechte Beispiel einer wirtschaftlich zerstörenden und international desintegrierenden Wirtschaftspolitik gegeben hatte. Es war dies keine unedle Sühne für den Schaden, den es vordem durch das üble Beispiel angerichtet hatte. Aber es gereicht unserer Zeit kaum zur Ehre, daß sie vorher ebenso eifrig und hartnäckig dem schlechten Beispiel folgte, wie sie später zögerte, dem guten nachzueifern. Erst nachdem der Fall Deutschlands nach der Reform von 1948 eine zu deutliche Sprache gesprochen hatte, als daß seine Lehren länger mißdeutet werden konnten, ist ein Land nach dem anderen dem deutschen Vorbild gefolgt, mehr oder weniger getreu, mit mehr oder weniger Erfolg, aber unzweifelhaft in der Richtung der Marktwirtschaft als des dominierenden Prinzips der Wirtschaftsordnung und einer stärkeren monetären Disziplin. Unter den führenden Industrieländern des Westens ist es zuletzt Frankreich gewesen, das nach der Überwindung der politischen Unruhe der Vierten Republik imstande gewesen ist, durch Befolgung des deutschen Beispiels seine Wirtschaftskräfte in einer ungeahnten Weise zu entfesseln und dem kläglichen Zustand chronischer Defizite der Zahlungsbilanz ein Ende zu machen.

Wie wichtig dieser Triumph der Marktwirtschaft und der von ihr nicht zu trennenden monetären Disziplin ist, erkennen wir daran, daß die Wohlstandswelle, die von ihr ausgeht, nur so weit in der Welt reicht, wie dieses System der wirtschaftlichen Ordnung Anerkennung gefunden hat. Damit kommen wir auf den schweren Fehler jener Theorie des wirtschaftlichen Wachstums des amerikanischen Nationalökonomen W. W. Rostow zurück, die wir bereits an einer früheren Stelle (S. 347 f.) scharf zurückweisen mußten.[6] Sie will uns, wie gesagt, glauben machen, daß es die moderne Technik und ihre Verwirklichung durch entsprechend hohe Investitionen sind, die die wirtschaftliche Entwicklung eines Landes bestimmen, mag es sich nun um die Vereinigten Staaten in der Vergangenheit oder um die unentwickelten Länder und um Sowjetrußland heute handeln. Die Wirklichkeit aber widerspricht in krasser Weise dieser Theorie. Denn sie zeigt uns, daß von einer wirklichen Massenprosperität nur in einem scharf umgrenzten Bereich der Welt gesprochen werden kann, nämlich nur in den vollentfalteten Industrieländern der freien Welt, d. h. im nichtkommunistischen Europa, in Nordamerika, Japan, Südafrika, Australien, Neuseeland und einigen Gebieten Lateinamerikas, nicht aber in den kommunistischen Staaten und in den unentwickelten Ländern.

Das ist kein Spiel des Zufalls, sondern hat einen zwingenden Grund. In diesen «reichen» Ländern tritt nämlich zu der zwar notwendigen, aber nicht ausreichenden Bedingung der modernen Technik und der hohen Investitionsrate die weitere Bedingung einer bestimmten Wirtschaftsordnung und des ihr entsprechenden Geistes hinzu. Das grob Materielle der Maschinen und des Kapitals genügt also nicht. Nicht minder wichtig ist etwas Geistiges, nämlich der Entschluß, eine solche Wirtschaftsordnung zu verwirklichen, und eine Geistesverfassung, von der dieser Entschluß abhängig ist. Es ist kaum noch nötig, zu sagen, welches diese Wirtschaftsordnung ist. Es ist die Marktwirtschaft, verbunden mit monetärer Disziplin, die den Dämon der Inflation einigermaßen in Schranken hält. Es zählt zu den wichtigsten Grundlagen der modernen Welt, daß in ihr die unvergleichliche Überlegenheit der Marktwirtschaft über die kollektivistische Wirtschaft, der freien über die unfreie, weil auf staatlichem Zwang beruhende und alle anderen Freiheiten zynisch opfernde Wirtschaft, bewiesen worden ist und täglich weiter bewiesen wird, und zwar mit einer Überzeugungskraft, der sich kein Ehrlicher mehr entziehen kann.[7]

4. Wirtschaft im Dienste des Menschen

Wenn wir dieses Wirtschaftssystem nun noch etwas näher betrachten, so stellen wir fest, daß es zwar ein System von kompliziert durcheinanderlaufenden Vertragsbeziehungen von Millionen von Einzelwirtschaften ist, daß aber dank dem Mechanismus des Marktes sich diese Beziehungen zu einem geordneten Ganzen zusammenfügen. Es ist eine Kombination von Freiheit und Ordnung, die wahrscheinlich das Höchstmaß dessen darstellt, was von beiden zugleich erreicht werden kann, und diese Kombination hat der Menschheit noch, wie betont, den weiteren Gewinn einer ungeheuren Steigerung des Wohlstandes beschert. Freilich ist diese Kombination von Freiheit, Ordnung und Fortschritt weit davon entfernt, vollkommen zu sein. Oft geraten die drei Prinzipien miteinander in Widerstreit, so daß mancher Kompromiß zwischen ihnen, bald auf Kosten des einen, bald auf Kosten des anderen, geschlossen werden muß.

Es ist mit dem Zugeständnis zu beginnen, daß das Gleichgewicht unseres Wirtschaftssystems labil ist. Kleinere und teilweise Störungen werden durch den Steuerungsmechanismus des Marktes im allgemeinen leicht und kaum merklich überwunden, und den meisten Änderungen der wirtschaftlichen «Daten» (der Produktionsmethoden, der Bevölkerungszahl, der Konsumgewohnheiten usw.) vermag sich die Marktwirtschaft überraschend schnell und elastisch anzupassen. Aber von Zeit zu Zeit können sich jene Gleichgewichtsstörungen einstellen, von denen im vorigen Kapitel die Rede gewesen ist, und wir haben gesehen, wie man ihrer am besten Herr wird.

Dieses Zugeständnis, daß unser Wirtschaftssystem zweifellos den Keim zu vorübergehenden Rückschlägen in sich enthält, bedeutet jedoch nicht allzuviel. Zwei Umstände dürfen nämlich nicht übersehen werden. Einmal kann niemand bestreiten, daß die Störungen, denen das Wirtschaftsleben der meisten Länder in der großen Depression von 1929–33 ausgesetzt gewesen ist, Schwere und Umfang doch in allererster Linie den von außen kommenden Erschütterungen verdanken, die seit 1914 die Welt heimsuchten. Es ist ein wahres Wunder, daß unser Wirtschaftssystem darunter nicht völlig zusammengebrochen ist, und wir haben ein Recht, zu fragen, ob ein anders geartetes Wirtschaftssystem eine ähnliche Widerstandskraft besessen hätte. Man soll also unser Wirtschaftssystem nicht zum Prügelknaben für die Sünden der Politik machen. Zum andern aber war es ja in einem zunehmenden Maße durch Eingriffe und Entartungen der verschiedensten Art entstellt und dadurch immer funktionsunfähiger, unelastischer und manövrierunfähiger geworden. Es hatte dadurch an Anpassungsfähigkeit und Beweglichkeit gerade in einer Zeit eingebüßt, in der diese Eigenschaften dringender als je am Platze waren, da die Bedingungen der Wirtschaft sich schneller und gründlicher als je zuvor veränderten. In verhängnisvoller Wechselwirkung haben aber dann wiederum die Folgen dieses Mißverhältnisses zwischen der Notwendigkeit und der Fähigkeit der Anpassung zu Maßnahmen und Eingriffen geführt, die es im Endergebnis nur vergrößern konnten.

Es ist sehr unwahrscheinlich, daß sich eine so unglückliche Konstellation, wie sie vor über einem halben Jahrhundert zur Großen Depression geführt hatte, wiederholen wird. Außerdem sind die Lehren, die sie erteilt hat, gewiß nicht vergeblich geblieben, insbesondere die, daß die Regierungen dem Niedergangsprozeß der «sekundären Depression» (S. 289 und 296) in Zukunft nicht tatenlos zuschauen, sondern ihn rechtzeitig durch eine expansive Kreditpolitik bekämpfen sollten. Ist also in absehbarer Zeit schwerlich mit einer wirklichen Depression oder Krise zu rechnen, so heißt das freilich nicht, daß Perioden der wirtschaftlichen Stockung und des Rückgangs («recessions») ausgeschlossen werden können. Wenn wir diese verhältnismäßig günstige Voraussage wagen dürfen, so bleibt freilich die Frage offen, inwieweit die «schleichende» («säkuläre») Inflation unserer Zeit der hohe Preis ist, der dafür bezahlt wird.

Schon diese Überlegung deutet an, daß unser Wirtschaftssystem weit davon entfernt ist, befriedigend zu sein. Damit es dem Ideal einer Wirtschaftsordnung näherkommt, bedarf es aber nicht bloß einer Befreiung von systemfremden («nichtkonformen») Eingriffen des Staates. Mit einem solchen rein negativen Unterlassen – einer bloßen Politik des «Laissez-faire» – ist es nicht getan. Es hat sich vielmehr erwiesen, daß die Struktur der Marktwirtschaft bei weitem nicht so einfach ist, wie das früher ihre Freunde sowohl wie ihre Gegner behauptet haben. Ihr Funktionieren hängt, wie wir heute wissen, von einer Reihe von Voraussetzungen wirtschaftlicher, rechtlicher, sittlicher, psychologischer und politischer Art ab, die nicht von selbst gegeben sind und heute weitgehend neu und in zeitgemäßen Formen geschaffen werden müssen. Vor allem wird es sich darum handeln, den rechtlichen Rahmen unseres Wirtschaftssystems (Konkursrecht, Gesellschaftsrecht, Kreditrecht, Wettbewerbsrecht u. a.) unter diesem Gesichtspunkt Stück für Stück und mit wirtschaftlich geschultem Blick zu überprüfen.

Wie wir uns in dieser Aufgabe nicht durch weltanschauliche Verdächtigungen beirren lassen dürfen, so müssen wir uns auch davor hüten, uns durch den willensschwachen Fatalismus derjenigen lähmen zu lassen, die uns glauben machen wollen, daß die Auflösung unseres Wirtschaftssystems ein Schicksal sei, gegen das anzukämpfen eine Donquichotterie wäre. Dieser Glaube an unausweichliche Entwicklungsgesetze der Wirtschaft – einer jener zahlreichen *marxistischen Denkreste* unserer Zeit – ist heute nicht berechtigter als früher und steht am wenigsten einer Generation an, die an Mut und Tatkraft die frühere übertreffen möchte.

Es gibt in der heutigen Welt kaum eine dringlichere Aufgabe als die, den Weg zu finden, der aus dem unfruchtbar

gewordenen Streit zwischen den Vertretern einer «freien» Wirtschaft, wie man sie früher gekannt hat, und den anderen einer sozialistischen Wirtschaftsordnung, wie wir sie jetzt zu unserer grenzenlosen Enttäuschung kennengelernt haben, herausführt. Wenn auch gerade der Nationalökonom besonders geneigt sein wird, vor der Überschätzung des wirtschaftlichen Elements in der Geschichte zu warnen, so darf er doch die Behauptung wagen, daß sich unsere gesamte Kultur deshalb überall in unlösbar scheinende Probleme verstrickt, weil sie mit der elementaren Aufgabe einer wohlgeordneten und dem Menschen angemessenen Wirtschaftsverfassung nicht recht fertig wird. Wir dürfen hinzufügen, daß unsere Welt an dieser Aufgabe vor allem deshalb versagt, weil sie nicht einmal mehr klar begreift, worum es sich denn eigentlich handelt.
Unsere erste Aufgabe muß also darin bestehen, daß wir erfassen, welche Probleme es im einzelnen zu lösen gilt. In dieser Beziehung ist nun freilich die heutige Verwirrung kaum noch zu überbieten. Sie hat ihre Ursache in zwei Hauptfehlern. Erstens beachten wir nicht genügend, daß es *verschiedene* Probleme zu lösen gilt, die auseinandergehalten werden müssen. Damit hängt zweitens zusammen, daß wir meinen, alle diese verschiedenen Fragen auf einmal mit einer einzigen Lösung beantworten zu können, wobei die einen das Banner der freien und die anderen dasjenige der sozialistischen Wirtschaft schwenken. Beide Fehler müssen wir vermeiden.
Wenn wir nun den heutigen Zustand der westlichen Welt prüfen und uns fragen, wo wir mit Reformen unseres Wirtschafts- und Gesellschaftssystems einsetzen müssen, so treten uns im ganzen vier Hauptfragen entgegen, die alle voneinander verschieden sind und von denen jede ihre eigene Antwort fordert: 1. die Ordnungsfrage, 2. die Sozialfrage, 3. die politische Frage der Machtverteilung und 4. die moralischvitale Frage, wie wir es zunächst kurz nennen wollen.
Was die *Ordnungsfrage* betrifft, so weiß der Leser dieses Buches nunmehr zur Genüge, worum es sich handelt. Wie ein einzelner Landwirt sich sorgfältig überlegen muß, welchen Ge-

brauch er im einzelnen von seinem Boden, seinem Kapital und der ihm zur Verfügung stehenden Arbeitskraft machen soll, damit das Richtige produziert und dieses in richtigen Verhältnissen, so ja auch eine ganze Volkswirtschaft. Auch für die Gesellschaft als Ganzes lautet die Frage: Welchen Gebrauch sollen wir von den gegebenen Produktionsmöglichkeiten machen? Sollen wir lieber dies oder lieber jenes produzieren, und wieviel von diesem und wieviel von jenem? Von der ungeheuren Schwierigkeit und Verwickeltheit dieser Aufgabe braucht an dieser Stelle nicht mehr gesprochen zu werden. Zusammenfassend dürfen wir sagen: Eine geordnete Wirtschaft setzt voraus, daß in jedem Augenblick das Richtige in den richtigen Proportionen, zur richtigen Zeit, am richtigen Ort und mit der richtigen Produktionstechnik erzeugt wird. Zugleich erfordert sie, daß alle das Beste hergeben und so die richtigen Güter in größtmöglicher Menge in bestmöglicher Qualität produziert werden. Zugleich muß dafür gesorgt werden, daß die Menschen an die Zukunft denken, sparen und investieren.

Wir können uns das Gesagte an einem Bilde klarmachen. Wie eine Uhr nämlich nicht nur einer Unruhe, die ihren Gang reguliert, sondern auch einer Feder bedarf, die sie in Bewegung hält, so ist keine befriedigende Wirtschaft möglich ohne ein wohlfunktionierendes System von *Ordnungs- und Antriebskräften.* Der heutige Zustand vieler Länder ist noch immer dadurch gekennzeichnet, daß es an diesen Ordnungs- und Antriebskräften in erschreckendem Maße fehlt. Weil man das Problem der Wirtschaftsordnung, das früheren Generationen noch geläufig war, nicht mehr verstand, hat man ein bestehendes System von Ordnungs- und Antriebskräften zerstört, ohne imstande zu sein, es zu ersetzen, ja ohne das Zerstörungswerk zu erkennen. Man hat mit ungeschulten Fingern in das feine Getriebe der Uhr gegriffen und Feder und Unruhe verbogen. Soviel man die Uhr auch schüttelt: sie geht nicht mehr recht, solange Feder und Unruhe nicht wieder in Ordnung gebracht sind.

Ordnung und Ansporn der Wirtschaft – das also sind die beiden Kardinalprobleme, um die sich alles dreht, und sie müssen Minute für Minute, frei und geräuschlos gelöst werden. Für eine solche Lösung kommen aber, wenn wir der Sache auf den Grund gehen, *nur zwei Möglichkeiten* in Betracht, sofern wir es nicht mehr mit einer selbstgenügsamen Bauernwirtschaft zu tun haben. Die beiden Möglichkeiten, wir wissen es bereits, heißen Freiheit und Befehl. *Freiheit:* das heißt die strenge und mit erstaunlicher Regelmäßigkeit arbeitende Ordnung durch den freien Markt mit seinen frei beweglichen Preisen. *Befehl* aber bedeutet jene Wirtschaftsordnung, in der Ordnung und Antrieb in die Hand des bewußt ordnenden, planenden, antreibenden, befehlenden und seine Befehle erzwingenden Staates gelegt sind. Marktwirtschaft nennen wir das eine; Kommandowirtschaft, Planwirtschaft, Zentralverwaltungswirtschaft, kollektivistische (sozialistische) Wirtschaft das andere. Nun kann man sich nicht eindringlich genug vor Augen stellen, daß, wenn es sich um die Aufgabe der Ordnung des Wirtschaftslebens handelt, wir nur diese ausschließliche Wahl zwischen Marktwirtschaft und Kommandowirtschaft haben. Hier gibt es kein Ausweichen in irgendetwas Drittes, in Genossenschaften, Gewerkschaften, Gebilde von der Art der vielgenannten und vielverkannten Tennessee Valley Authority, Korporativismus, berufsständische Wirtschaft, Dezentralisierung oder irgendeine andere Form des «Ersatzsozialismus». Preis oder staatlicher Befehl, Markt oder Behörde, Wirtschaftsfreiheit oder Bürokratie – dazwischen haben wir zu wählen. Aber nachdem wir beide Systeme ausprobiert haben, wissen wir nur zu gut, daß wir im Grunde gar keine Wahl mehr haben. Es hat sich herausgestellt, daß wir Menschen des Abendlandes nicht die Freiheit haben, uns für ein kollektivistisches System zu entscheiden, da es kein funktionierendes Ordnungs- und Antriebssystem verbürgt, das mit Freiheit und internationaler Gemeinschaft vereinbar wäre. Es bleibt uns nur die Marktwirtschaft. Wer aber Marktwirtschaft sagt, sagt: freie Preisbildung, Konkurrenz, Verlustrisiko und Gewinnchance, Selbstverantwortung, freie Initiative, Privateigentum.

Diese Wahl – und damit kommen wir zum Kernpunkt zurück – bedeutet aber mitnichten das, was man sich früher unter «freier Wirtschaft» oder «Kapitalismus» vorgestellt hat. Die Neuorientierung der Wirtschaftspolitik – in einer Richtung, die vom Verfasser früher in mißverständlicher Weise als «Dritter Weg» bezeichnet worden ist – besteht gerade darin, daß der sozialistische Weg als ungangbar erkannt wird, ohne daß wir deshalb auf die alte ausgefahrene Straße des historischen «Kapitalismus» zurückkehren. Die neue Richtung, die uns zu einer *natürlichen Ordnung* führen soll, ist durch drei Punkte festgelegt. Zum ersten sind wir uns heute darüber einig, daß eine wohlgeordnete Marktwirtschaft, wie schon bemerkt, eines festen Rahmens bedarf, der dem Staate bedeutende Aufgaben stellt: eines gesunden Geldsystems und einer klugen Kreditpolitik, die zugleich eine wesentliche Quelle von Wirtschaftsstörungen verstopft; eines wohldurchdachten Rechtssystems, das den Mißbrauch der Marktfreiheit nach Möglichkeit ausschließt und dafür sorgt, daß man zum Erfolg nur durch das schmale Tor der Leistung eintreten kann; einer Fülle von Maßnahmen und Einrichtungen, die die zahlreichen Unvollkommenheiten der Marktwirtschaft tunlichst vermindern.

Das ist der eine Richtpunkt, der dem Staate bereits genug zu tun gibt. Der andere ergibt sich, wenn wir uns erinnern, daß es ja neben der Ordnungsfrage noch andere Aufgaben zu lösen gibt. Die Marktwirtschaft will aber an sich nur eine Antwort auf die Ordnungsfrage geben. Ob sie auch die anderen Fragen, wenigstens zum Teil, löst, bedarf genauer Untersuchung. Wir wollen ja nicht nur möglichst viel von den richtigen Dingen produzieren, wie es die Ordnung der Wirtschaft fordert, sondern, nachdem diese Aufgabe befriedigend gelöst ist, noch andere Ideale verwirklicht sehen. Damit kommen wir zu den übrigen drei Hauptfragen, von denen wir ausgegangen sind. Da ist einmal die *Sozialfrage*. Sie bedeutet, daß wir mit der Ordnung im großen noch nicht zufrieden gestellt sind, sondern uns auch eine gewisse Korrektur der durch die Marktwirtschaft bewirkten Verteilung, die Sicherheit und den Schutz der Schwachen angelegen sein lassen. Weder aber brauchen wir um der Sozialpolitik willen die Ordnung zu opfern noch die Sozialpolitik um der Ordnung willen. Da ist ferner die politische Frage der *Machtverteilung*. Auch sie ist von der Ordnungsfrage zu trennen, aber es ist zu beachten, daß es sich hier um eine Frage handelt, die die Marktwirtschaft bereits weitgehend löst, wenn sie als eine echte Wettbewerbswirtschaft organisiert wird, in der keine wirtschaftlichen und damit auch keine politischen Machtstellungen gedeihen können.

Da ist letztens die von uns genannte *moralisch-vitale Frage*. Damit ist folgendes gemeint: Es ist sehr wichtig, daß wir eine wohlgeordnete, eine ergiebige und eine gerechte Wirtschaft haben, aber es ist mindestens so wichtig, zu fragen, wie es dabei dem Menschen moralisch, geistig und in allen denjenigen Beziehungen geht, die den eigentlichen Sinn seines Lebens und die Voraussetzung seines Glücks ausmachen. Was wird aus ihm als einer zur Ehrfurcht vor dem Höchsten bestimmten Person, als einem zur Gemeinschaft drängenden Nachbarn und Bürger, als Familienglied, als tätig Wirkendem? Die materiellen Güter, die uns eine geordnete und höchstergiebige Wirtschaft liefert, sind unentbehrlich, aber sie sind nur ein Mittel. Zweck hingegen ist das volle, sinnerfüllte und der Menschennatur angemessene Leben, und dieses Leben ist heute durch die Mechanisierung, Entpersönlichung, Proletarisierung, Familienauflösung, Vermassung und alle anderen Passivposten unserer städtisch-technischen Zivilisation aufs äußerste bedroht. Wenn viele deswegen die Marktwirtschaft verwerfen, so tun sie es aus einem sehr achtbaren Motiv. Aber sie müssen bedenken, daß die Marktwirtschaft ja gar keine Antwort auf diese Frage erteilen will. Sie liefert nur den Rahmen, innerhalb dessen wir nach der Lösung auch dieser letzten und tiefsten Frage suchen müssen. Ohne die Marktwirtschaft ist

sie freilich unlösbar, denn nur sie kann uns eine Ordnung in Freiheit versprechen, ohne die alles andere umsonst ist.
Eine solche Wirtschaftspolitik, die sich vom «Götzendienst der großen Worte» frei macht, im einzelnen zu schildern, ist hier nicht mehr der Ort[8]. Ihr Umriß ist in erster Linie dadurch charakterisiert, daß sie, statt zu reglementieren und zu kommandieren und die Gesetze der Marktwirtschaft zu vergewaltigen, im Bunde mit ihnen ihr Ziel zu erreichen sucht: den Sinn der Konkurrenzwirtschaft wiederherzustellen und dabei für den Ausgleich von Reibungen, Härten und Schwierigkeiten zu sorgen. Bei allen Maßnahmen wird sie aufs strengste zwischen solchen unterscheiden, die unserem Wirtschaftssystem gemäß sind (konformen), und solchen, die seiner Struktur zuwiderlaufen (nichtkonformen), und die ersteren mit derselben Entschiedenheit bevorzugen, mit der wir Methylalkohol zugunsten des Äthylalkohols zurückweisen. Das bedeutet, daß sie möglichst den indirekten, organischen Weg der Beeinflussung, nicht den direkten der Dekretierung einschlagen wird, und das heißt, daß sie alle Maßnahmen der Wirtschaftspolitik nach Möglichkeit aus dem Felde der Preisbildung herausverlegen und sie entweder davor- oder dahinterschalten wird.
Diese Wirtschaftspolitik im Dienste des Menschen ist vor allem auch ein *Weg des Maßes und der Proportion.* Es gilt, unsere Gesellschaft mit allen Mitteln vom Rausch der großen Zahlen, vom Kult des Kolossalen, von Zentralisierung, Überorganisation und Standardisierung, vom Pseudo-Ideal des «Noch größer und noch besser», von Vermassung und Mammutgebilden zu befreien und wieder auf das Natürliche, Menschliche, Spontane, Ausgeglichene und Mannigfaltige zurückzuführen. Es gilt, eine Epoche abzuschließen, in der die Menschheit im Triumph der Technik und der Organisation und im Gefühl unendlichen Wachstums und ungehemmten Fortschritts den Menschen selbst mit seiner Seele, seinen Trieben, Nerven und Organen vergessen hatte, ungeachtet der jahrhundertealten Weisheit Montaignes (Essais, Buch III, Kap. 13), daß wir auf den höchsten Stelzen noch immer mit

unseren Beinen marschieren und auf dem höchsten Thron der Welt noch immer mit unserem Gesäß sitzen[9].

Eine derartige Politik bedeutet vor allem eine solche der Begünstigung des kleinen und mittleren Besitzes, der Förderung des Bauerntums, der Auflockerung der Industriestädte, der Wiederbelebung der Arbeitswürde und des Berufsgedankens, der menschlichen Verwurzelung. Die Aussichten einer solchen Politik wären schlechter, wenn nicht ein Nachlassen der Bevölkerungsvermehrung eine Hauptquelle des Proletariats verstopfen und wenn nicht alles dafür sprechen würde, daß die Vorteile des Groß- und Riesenbetriebes bisher von vielen stark überschätzt worden sind. Auf weitesten und wichtigsten Gebieten der Wirtschaft kann von einer unaufhaltsamen Entwicklung zum Großbetrieb überhaupt nicht gesprochen werden, so vor allem nicht in der Landwirtschaft, im Handwerk und im Kleingewerbe. Aber auch für die Industrie kann angenommen werden, daß das starke Anwachsen der durchschnittlichen Betriebsgröße in den letzten Jahrzehnten nicht nur technisch-wirtschaftlichen Vorteilen, sondern auch jener Großmannssucht zu verdanken ist, der sich die Welt viel zu kritiklos hingibt. Überall tritt zutage, daß die Dimensionen weit über das Optimum hinausgewachsen sind und nun in einem schmerzhaften, aber schließlich segensreichen Prozeß wieder auf ein vernünftiges Maß zurückgeführt werden müssen. Dabei ist auch der Umstand gebührend in Rechnung zu stellen, daß gerade die technische Entwicklung entgegen einer weitverbreiteten Meinung vielfach dahin gewirkt hat, die Lebensfähigkeit des kleineren Betriebes gegenüber dem Großbetrieb zu erhöhen.

Wie aber auch die Wirtschaftspolitik der Zukunft im einzelnen aussehen wird, so wird ihr in keinem Fall ein Erfolg beschieden sein, wenn sie nicht geleitet wird von sachkundigen Händen, die mit der Struktur und dem Mechanismus unseres Wirtschaftssystems auf das genaueste vertraut sind, und wenn sie nicht getragen wird von dem Verständnis, der Zustimmung und der Mithilfe der breiten Masse, die begreift, worum es sich handelt. Diese Voraussetzung zu erfüllen, ist die große praktische Aufgabe der Wissenschaft vom Wirtschaftsganzen, die wir Nationalökonomie nennen. Sie kann diese Aufgabe aber nur dann lösen, wenn sie nicht selbst in den Strudel der Kulturkrise der Gegenwart hinabgerissen wird und den verständnislosen Angriffen schließlich zum Opfer fällt, denen sie heute ausgesetzt ist[10]. Auch für sie gilt das Wort, das ein aufrechter Beamter einst Napoleon I. entgegengehalten hat: Man kann sich nur auf etwas stützen, das Widerstand leistet.

Anmerkungen zum neunten Kapitel

1. (S. 300) «Kapitalismus»:

Wenn im Text diese bis vor kurzem noch recht volkstümlich gewordene Bezeichnung unseres Wirtschaftssystems nur selten und auch dann in der Regel nur in Anführungsstrichen gebraucht wird, so hat das gute Gründe. Geprägt und allgemein verbreitet durch den Marxismus, hat sie bis auf den heutigen Tag so viel von ihrer ursprünglichen klassenkämpferischen und haßerfüllten Bedeutung bewahrt, daß ihre wissenschaftliche Verwendbarkeit sehr zweifelhaft ist. Außerdem gibt sie nur einen sehr unklaren Begriff vom eigentlichen Wesen unseres Wirtschaftssystems. Sie wirkt aufwühlend und vernebelnd, statt das Verständnis zu fördern. Um die Klärung des Begriffs des Wirtschaftssystems und damit auch des Kapitalismusbegriffs hat sich vor allem *Walter Eucken* (Die Grundlagen der Nationalökonomie, 8. Aufl., 1965) verdient gemacht. Vgl. dazu auch: *Alexander Rüstow,* Ortsbestimmung der Gegenwart, 3. Bd., Erlenbach-Zürich 1957, S. 159 ff.; *W. Röpke,* Civitas humana.

2. (S. 305) Konkurrenz als Problem der Wirtschaftspolitik:

Das Problem der Konkurrenz – ihrer Funktionen, ihrer Voraussetzungen, ihres institutionellen Rahmens und ihrer Entwicklungstendenzen – nimmt in der neuesten Literatur mit Recht einen immer größeren Raum ein, da in dieses Problem in der Tat alle Einzelprobleme der gegenwärtigen Systemkrise ausmünden. Dabei tritt immer stärker die Tendenz hervor, den Nebel, der über diese Kernfrage unseres Wirtschaftssystems von unklaren Köpfen und sehr klaren Gruppeninteressenten gebreitet worden war, kurzerhand beiseitezuschieben und – mit geringem Respekt vor vermeintlich unaufhaltsamen Entwicklungstendenzen – beherzt festzustellen, daß unser Wirtschaftssystem im Grunde nur als Konkurrenzsystem aufrechterhalten werden kann. Vgl.: *F. Böhm,* Wettbewerb und Monopolkampf, 1933, Neudruck 1964; *F. H. Knight,* The Ethics of Competition and other Essays, 2. Aufl., New York 1951; *C. J. Ratzlaff,* The Theory of Free Competition, Philadelphia 1936; *W. H. Hutt,* Economists and the Public, a Study of Competition and Opinion, London 1936; *L. Einaudi,* Economia di concorrenza e capitalismo storico. La terza via fra i secoli XVIII e XIX, Revista di Storia Economica, Turin, Juni 1942; *W. Eucken,* Wettbewerb als Grundprinzip der Wirtschaftsverfassung, München 1942; Monographien des Temporary National Economic Committee, Washington 1940/41; *J. M. Clark,* Alternative to Serfdom, New York 1948; *T. W. Arnold,* The Bottlenecks of Business, New York 1940; *C. v. Dietze,* Landwirtschaft und Wettbewerbsordnung, Schmollers Jahrbuch, 1942, Nr. 2, wieder abgedruckt in: *C. von Dietze,* Gedanken und Bekenntnisse eines Agrarpolitikers, Göttingen 1962; *W. Röpke,* Die Gesellschaftskrisis der Gegenwart; *W. Röpke,* Civitas humana; *Walter Lippmann,* a. a. O.; *L. Miksch,* Wettbewerb als Aufgabe, 2. Aufl., 1947; *Corwin D. Edwards,* Maintaining Competition, New York 1949; Ordo, Jahrbuch für die Ordnung von Wirtschaft und Gesellschaft, Godesberg seit 1948 (mit wichtigen Aufsätzen von *F. Böhm, W. Eucken* u. a.); *W. Röpke,* Art. «Wettbewerb-Konkurrenzsystem», Handwörterbuch der Sozialwissenschaften.

3. (S. 307) Die Krise des Kollektivismus und das Problem der Wirtschaftsordnung:

Die im Text angedeuteten Gedanken sind vom Verfasser weiter ausgeführt in seinen Schriften «Die Krise des Kollektivismus» (1947) und «The Problem of Economic Order» (Cairo 1951) sowie in seinem Buch «Maß und Mitte», 1950. Vgl. zum Ordnungsproblem noch: *L. Robbins,* The Economic Problem in Peace and War, London 1947; *J. M. Clark,* Alternative to Serfdom, New York 1948; Ordo, Jahrbuch für die Ordnung von Wirtschaft und Gesellschaft, Godesberg seit 1948; *A. Müller-Armack,* a. a. O.; *J. Jewkes,* a. a. O.; Henry *C. Simons,* Economic Policy for a Free Society, Chicago 1948.

4. (S. 311) Die Wirtschaft Sowjetrußlands:

Mit Illusion und Wirklichkeit der kommunistischen Wirtschaft befassen sich in kritischer Gründlichkeit: *G. Warren Nutter,* The Growth of Industrial Production in the Soviet Union, Princeton 1962; *Colin Clark,* The Real Productivity of Soviet Russia, Internal Security Subcomittee, Committee of the Judiciary, U.S. Senate, Washington 1961; *Lucien Laurat,* Bilan de Vingt-Cinq Ans de Plans Quinquennaux, Paris 1955; *N. Jasny,* Soviet Industrialization 1928–52, Chicago 1962. Wie sehr die Natur der kommunistischen Wirtschaftsordnung auch eine wirkliche internationale Wirtschaftsintegration ausschließt, zeigt eine kritische Studie der

Wirtschaftsbeziehungen der kommunistischen Staaten untereinander: *I. Agoston,* Le Marché Commun Communiste, principes et pratique du Comecon, Genf 1964.

5. (S. 313) Der sogenannte «Osthandel»:

Worum es sich in Wahrheit dabei handelt, habe ich selber in meiner Studie «Außenhandel im Dienst der Politik», Ordo, Jahrbuch für die Ordnung von Wirtschaft und Gesellschaft, Bd. 8, 1956, klarzustellen gesucht. Vgl. dazu auch meinen Essay «Umgang mit dem Bolschewismus» *(Wilhelm Röpke,* Wort und Wirkung, Ludwigsburg 1964, S. 91 ff.)

6. (S. 323) Irrlehren des Wirtschaftswachstums:

Bei der im Text kritisierten Schrift handelt es sich um: *W. W. Rostow,* The Stages of Economic Growth, Cambridge (Mass.) 1960. Ihr auch politisch verhängnisvoller Einfluß ist von mir in meiner Studie «Die Nationalökonomie des ‹New Frontier›», Ordo, Bd. 14, 1963, S. 103 ff., behandelt. Sie bietet ein besonders populär gewordenes Beispiel für die vielen Irrlehren, die heute über das sogenannte Wirtschaftswachstum verbreitet sind. Darüber: *Colin Clark,* Growthmanship, Institute of Economic Affairs, London 1961.

7. (S. 324) Soziale Marktwirtschaft:

Aus der reichen Literatur seien genannt: *A. Müller-Armack,* Art. «Soziale Marktwirtschaft», Handwörterbuch der Sozialwissenschaften, wo weitere Literatur genannt ist; *Ludwig Erhard,* Deutsche Wirtschaftspolitik, 1962; Wirtschaftsfragen der freien Welt (Erhard-Festschrift), 1957; *Wilhelm Röpke,* Das deutsche Wirtschaftsexperiment – Beispiel und Lehre, in «Vollbeschäftigung, Inflation und Planwirtschaft», herausgegeben von *A. Hunold,* Erlenbach-Zürich 1951; Wirtschaft ohne Wunder, herausgegeben von *A. Hunold,* ebenda 1953; *Wilhelm Röpke,* Ist die deutsche Wirtschaftspolitik richtig?, 1950; *David McCord Wright,* Post-War West German and United Kingdom Recovery, American Enterprise Association, Washington 1957; *Wilhelm Röpke,* Ein Jahrzehnt sozialer Marktwirtschaft in Deutschland und seine Lehren, Köln 1958; *Wilhelm Röpke,* Die Laufbahn der sozialen Marktwirtschaft, «Wirtschaft, Gesellschaft und Kultur» (Festgabe für Alfred Müller-Armack), Berlin 1961. Auch auf die in meinen Sammelschriften

«Gegen die Brandung» (2. Aufl., Erlenbach-Zürich und Stuttgart 1959), «Wirrnis und Wahrheit» (ebenda 1962) und «Wort und Wirkung» (Ludwigsburg 1964) abgedruckten Essays meine ich hinweisen zu sollen.

8. (S. 332) Wissenschaftliche Richtlinien der Wirtschaftspolitik:

Hinsichtlich des im Text Ausgeführten ist der Verfasser seinen Darlegungen im Artikel «Staatsinterventionismus» (Handwörterbuch der Staatswissenschaften, 4. Aufl., Ergänzungsband, 1929) treu geblieben. Dort ist auch der Versuch einer ökonomischen Theorie der Wirtschaftspolitik zu finden. Vgl. auch: *A. C. Pigou,* The Economics of Welfare, 4. Aufl., London 1932, Neudruck 1960; *M. St. Braun,* Theorie der staatlichen Wirtschaftspolitik, 1929; *L. Mises,* Kritik des Interventionismus, 1929; *O. Morgenstern,* Die Grenzen der Wirtschaftspolitik, 1934; *S. Helander,* Rationale Grundlagen der Wirtschaftspolitik, 1933; *H. Laufenburger,* L'intervention de l'état en matière économique, Paris 1939; *C. Bresciani-Turroni,* Einführung in die Wirtschaftspolitik, 1948; *Th. Pütz,* Theorie der allgemeinen Wirtschaftspolitik und Wirtschaftslenkung, 1948; *William A. Orton,* The Economic Role of the State, Chicago 1950; *W. Eucken,* Grundsätze der Wirtschaftspolitik, 1952; *Herbert Giersch,* Allgemeine Wirtschaftspolitik, I. Bd., 1960.

9. (S. 333) Neue Wirtschaftspolitik:

Das über das Wirtschaftliche weit hinausreichende Gesamtprogramm entwickelt bei: *W. Röpke,* Die Gesellschaftskrisis der Gegenwart; *W. Röpke,* Civitas humana; *W. Röpke,* Internationale Ordnung – heute; *W. Röpke,* Maß und Mitte; *W. Röpke,* Jenseits von Angebot und Nachfrage.

10. (S. 334) Wesen und Methode der Nationalökonomie:

Statt die Nationalökonomie im einzelnen gegen die Angriffe in Schutz zu nehmen, die von jeher gegen sie gerichtet worden sind, hat der Verfasser es vorgezogen, in diesem Buche die Nationalökonomie selbst sprechen zu lassen und dem Leser so Gelegenheit zu geben, sich sein eigenes Urteil darüber zu bilden, ob diese Wissenschaft wirklich so unpraktisch, unmodern, reaktionär, gemeinschaftsfeindlich oder rationalistisch ist, wie ihre Verächter unermüdlich betonen. Der Nationalökonom muß lernen, sich durch solche Angriffe nicht von seiner eigentlichen Arbeit abziehen zu lassen und sich damit abzufinden, daß er bei allen Interessenten und bei allen Fanatikern unbeliebt ist, weil er ihnen unbequem ist. Über Methodenfragen vgl.: *W. Eucken,* Was leistet die nationalökonomische Theorie?, in «Kapitaltheoretische Untersuchungen», 2. Aufl., 1954; *W. Eucken,* Die Grundlagen der Nationalökonomie, 8. Aufl. 1965; *L. Robbins,* An Essay on the Nature and Significance of Economic Science. 2. Aufl., London 1935; *O. Morgenstern,* Die Grenzen der Wirtschaftspolitik, 1934; *L. Mises,* Grundprobleme der Nationalökonomie, 1933; *A. Rüstow,* Zu den Grundlagen der Wirtschaftswissenschaft, Revue de la Faculté des Sciences Economiques de l'Université d'Istanbul, 1941, Nr. 2; *L. Mises,* Nationalökonomie. Theorie des Handelns und Wirtschaftens, Genf 1940; *W. Röpke,* Der wissenschaftliche Ort der Nationalökonomie, Studium Generale, Juli 1953; *W. Röpke,* Jenseits von Angebot und Nachfrage, 4. Aufl., 1966.

Zehntes Kapitel
Wilhelm Röpke – Leben und Werk

von
E. Tuchtfeldt und H. Willgerodt

I. Das Maß der Wirtschaft

«Das Maß der Wirtschaft ist der Mensch. Das Maß des Menschen ist sein Verhältnis zu Gott.» Als 1962 in Nürnberg *Wilhelm Röpke* mit der Willibald-Pirkheimer-Medaille ausgezeichnet wurde, bildeten diese Sätze den Anfang der Laudatio.[1] Den ersten Satz zu unterschreiben, dürfte kaum einem Ökonomen schwerfallen. Beim zweiten Satz werden viele stocken.
Kaum eine Formulierung scheint aber besser geeignet als diese beiden Anfangssätze aus der Nürnberger Laudatio, um nicht nur das Gesamtwerk *Wilhelm Röpkes* zu charakterisieren, sondern vor allem auch den «inneren Kompaß», der hinter seinem Schaffen stand.[2] Denn «im Laufe seines Lebens und Wirkens interessierten ihn über die Wirtschaft hinaus, über deren instrumentellen Charakter er sich ständig im klaren war, jene umfassenden Zusammenhänge immer stärker, die neben und über der Wirtschaft verantwortlich dafür sind, ob die Ideen und Ziele, denen er sich verschrieben hatte, verwirklicht werden konnten. Je weiter die Jahre fortschritten, je umfassender sein Werk wurde, um so stärker tritt im Grunde das Problem der Wirtschaft in den Hintergrund, und um so mehr fordern von ihm seine ungeteilte Aufmerksamkeit die Elemente des Huma-

1 Der vollständige Text der Laudatio ist abgedruckt bei *M. Hoch* (Hrsg.), Wilhelm Röpke – Wort und Wirkung. 16 Reden aus den Jahren 1947 bis 1964, Ludwigsburg 1964, S. 355 f.

2 Das ebenso schöne wie treffende Wort vom «inneren Kompaß» entstammt dem Vorwort von Frau *Eva Röpke,* das sie der von ihr edierten Briefsammlung ihres Mannes vorangestellt hat. Vgl. *E. Röpke* (Hrsg.), Wilhelm Röpke. Briefe 1934–1966. Der innere Kompaß, Erlenbach-Zürich 1976, S. 8.

nen, des Geistigen, des Moralischen, Größen also, die sich ein auf die Quantifizierbarkeit aller Werte versessener Gegenwartsgeist schwerlich in ihrem ganzen Gewicht vorstellen kann».[3]
Röpke war es dank der Überzeugungskraft und Intensität seines Wirkens – auf den Grundlagen einer humanistischen Bildung, eines profunden Fachwissens und einer brillanten Feder – vor allem in den beiden letzten Jahrzehnten seines Lebens vergönnt, einige «Fäden am Webstuhl der Zeit» zu knüpfen. Daß diese Bedeutung trotz aller Anfeindungen, denen er wegen seines konsequenten Eintretens für eine freiheitliche Ordnung und gegen den Totalitarismus jedweder Färbung ausgesetzt war, durchaus erkannt wurde, zeigen die zahlreichen Ehrungen, die ihm zuteil geworden sind. Sicherlich wären ihnen noch manche weitere gefolgt.[4]
Am 10. Oktober 1979 hätte *Wilhelm Röpke* seinen 80. Geburtstag feiern können, wenn ihn sein Geschick nicht schon vorzeitig am 12. Februar 1966 von dieser Welt abberufen hätte. Dabei entbehrt es nicht einer tragischen Symbolik, daß *Röpke* im gleichen Jahre starb, in welchem *Ludwig Erhard* als deutscher Bundeskanzler gestürzt wurde. Begann damit doch an die Stelle der Sozialen Marktwirtschaft, deren Schaffung und Festi-

3 *H. O. Wesemann*, Das Erbe Wilhelm Röpkes (Schriftenreihe der Hermann-Lindrath-Gesellschaft e. V.), Hannover 1969, S. 1.

4 *Wilhelm Röpke* war dreifacher Ehrendoktor, und zwar
1954 Columbia University New York,
1960 Universität Genf,
1964 Technische Hochschule München.
Weitere Auszeichnungen waren
1952 der italienische Literaturpreis Premio Cremisini (Rom) für ihn als ersten Nichtitaliener,
1953 Großes Verdienstkreuz des Verdienstordens der Bundesrepublik Deutschland,
1959 Korrespondierendes Mitglied der Académie des Sciences morales et politiques (Institut de France),
1960 Hugo-Grotius-Medaille (München),
1962 Willibald-Pirkheimer-Medaille (Nürnberg),
1964 Großes Verdienstkreuz mit Stern des Verdienstordens der Bundesrepublik Deutschland.
Angaben nach *E. Röpke* (Hrsg.), Wilhelm Röpke, Briefe 1934–1966, a. a. O., S. 11 f.

gung ohne das Wirken *Wilhelm Röpkes* nur schwer vorstellbar ist, das Experiment «Neue Wirtschaftspolitik» zu treten, das alle jene Eigenschaften aufwies, vor denen *Röpke* seit Jahrzehnten gewarnt hatte (Zentrismus, Szientismus, Rechnung ohne den Menschen in Form quantifizierter Ziele, Wohlfahrtsstaat mit seiner inhärenten Inflationsneigung, Entwicklungshilfe für den roten Totalitarismus, getarnt unter dem harmlos klingenden Namen «Osthandel» usw.). Wenn die Folgen dieser «Irrwege des Rationalismus»[5] – Arbeitslosigkeit, Inflation, riesenhafte Staatsverschuldung, wuchernde Bürokratie, Staatsverdrossenheit, Krise der Institutionen und dgl. – einmal an den Wurzeln kuriert werden sollen (und können), dann wird man in *Wilhelm Röpkes* Werken hierzu nützliche und klare Hinweise finden. Denn das heute gern zitierte Wort von der «Tendenzwende» meint im Grund nichts anderes als die Abkehr von der Inhumanität der konstruktivistischen «Gesellschaftsreformer», denen wir die Unwirtlichkeit unserer Städte ebenso verdanken wie die innere Zerstörung von Schulen und Universitäten, und statt dessen die Hinwendung zu einer Civitas Humana, zu einer menschengerechten Ordnung, wie sie *Wilhelm Röpke* in seinen Werken zur Wirtschafts- und Gesellschaftsreform vorschwebte. Die nachfolgenden Darlegungen, die der Einführung in die vom Verlag Paul Haupt, Bern, Stuttgart und Wien veranstaltete Neuauflage der «Lehre von der Wirtschaft» *Wilhelm Röpkes* dienen sollen, bringen zunächst einen Abriß über Leben und Werk, soweit dies zum besseren Verständnis dieser Ausgabe förderlich ist. Damit soll der Verkürzung der Perspektive bei manchen Kritikern entgegengewirkt werden, die in *Röpke* nur den Moralisten sehen, der für eine bessere Ordnung eintritt, und nicht den kompetenten Ökonomen, der hinter aller Kritik an den vorhandenen Verhältnissen und Tendenzen und hinter allen Vorschlägen für eine Civitas Humana steht. – Im weiteren wird versucht, das Werk *Wilhelm Röpkes* in die größeren Zusammen-

5 So nannte *Röpke* schon 1944 die Hybris der Technokraten; vgl. *W. Röpke*, Civitas Humana, Erlenbach-Zürich 1944, S. 103 ff. (zitiert nach der 3. Aufl. 1949).

hänge hineinzustellen, aus denen heraus es entstanden ist. Gemeint ist damit jene geistige Haltung, die vereinfachend gewöhnlich als Neoliberalismus bezeichnet wird – eine Benennung, die übrigens weder *Röpke* noch andere Vertreter der damit gemeinten Geistesrichtung je geschätzt haben.[6] Die Entwicklung des Neoliberalismus, um dieses mehr schlechte als rechte Etikett hier zu gebrauchen, ist oft verzerrt dargestellt worden. Seine Anfänge und Richtungen sowie vor allem der Standort *Wilhelm Röpkes* innerhalb des Neoliberalismus bilden daher eine wichtige Voraussetzung zum Verständnis seiner Werke.

II. Der Werdegang Wilhelm Röpkes

Röpkes Lebensgang ist schon verschiedentlich geschildert worden. Dabei ist vor allem an die umfangreiche Würdigung durch *Eva Röpke* und *F. Böhm* zu denken (1977), weiter an den Abriß, den *A. Hunold* (1964) gegeben hat, sowie an einige der zahlreichen Nachrufe und Gedächtnisreden.[7] Auch die 1976 erschienene Auswahl der Briefe *Wilhelm Röpkes* vermittelt in ihrer Gesamtheit ein recht eindrückliches Bild seines Lebens und

6 Noch 1957 schrieb *Röpke* in einem Brief von dem «Kreis, in dem das, *was man heute so häßlich und mißverständlich als Neoliberalismus bezeichnet,* durchdacht wurde»; vgl. *E. Röpke* (Hrsg.), Wilhelm Röpke. Briefe 1934–1966, a. a. O., S. 152 (im Original nicht kursiv).

7 Vgl. *E. Röpke* und *F. Böhm,* Wilhelm Röpke (1899–1966). In. *J. Schnack* (Hrsg.), Marburger Gelehrte in der ersten Hälfte des 20. Jahrhunderts (Veröffentlichuugen der Historischen Kommission für Hessen, Bd. 35, 1), Marburg 1977, S. 419–440, *A. Hunold,* Ein Leben im Kampf um Würde und Freiheit des Menschen. In: *M. Hoch* (Hrsg.), Wilhelm Röpke – Wort und Wirkung, a. a. O., S. 329–354, *A. Müller-Armack,* Wilhelm Röpke in memoriam. In: Kyklos, Vol. 19 (1966), S. 379–384, und *H. O. Wesemann,* Zur Erinnerung an Wilhelm Röpke. In: Ordo, Bd. 16 (1966), S. 1–6. Von den späteren Gedächtnisreden vgl. *E. Hoppmann* und *L. Erhard,* In Memoriam Wilhelm Röpke, Marburg 1968 (mit einem Verzeichnis der Veröffentlichungen *Wilhelm Röpkes*), *H. O. Wesemann,* Das Erbe Wilhelm Röpkes, a. a. O., und *L. Erhard,* Zum Gedächtnis an Wilhelm Röpke. In: Wirtschaftspolitische Chronik des Instituts für Wirtschaftspolitik an der Universität zu Köln, Jg. 19 (1970), S. 7–15.

Strebens.[8] An dieser Stelle mag daher eine kurze Skizze genügen, die das Schwergewicht auf seinen wissenschaftlichen Werdegang legt.

Wilhelm Röpke wurde am 10. Oktober 1899 in Schwarmstedt, einem Dorf am Südrand der Lüneburger Heide, als Sohn eines Landarztes geboren. Auch sein Großvater und Urgroßvater waren Landärzte gewesen. Wer will, mag schon hier eine Wurzel für *Röpkes* späteres Anliegen sehen, die Grundlagen einer «gesunden» Gesellschaft zu formulieren. Zeitlebens ist er seinem Heimatdorf, in welchem er die ersten vierzehn Lebensjahre verbrachte und in das er auch später oft zurückkehrte, eng verbunden geblieben. Dasselbe gilt für die Kleinstadt Stade am Unterlauf der Elbe, wo er 1913–1917 das Humanistische Gymnasium besuchte. Gerade in seinen letzten Lebensjahren hat er in verschiedenen Aufsätzen in liebevollen Rückblicken die Welt seiner Jugend behandelt.[9] Seine Vorliebe für kleine, überschaubare Räume, für die bäuerliche und handwerkliche Lebensweise, für eine klein- und mittelbetriebliche Wirtschaftsstruktur wird von Kritikern oft auf seine helvetischen Eindrücke zurückgeführt. Sicherlich haben die Schweizer Erfahrungen *Röpkes* Auffassungen beeinflußt.[10] Blickt man tiefer, zeigt sich aber, daß

8 Vgl. *E. Röpke* (Hrsg.), Wilhelm Röpke. Briefe 1934–1966, a. a. O., passim.

9 Da diese Aufsätze, die für das tiefere Verständnis von *Röpkes* Gesamtwerk wertvolle Aufschlüsse bringen, praktisch unbekannt sind, seien sie hier aufgeführt:
Cicero auf dem Dorfe. In: Heimatkalender für die Lüneburger Heide, Jg. 1960.
Jugendjahre auf dem Dorfe. In: Heimatkalender für die Lüneburger Heide, Jg. 1961.
Wunderliche Geschichten zwischen Stade, Schwarmstedt und dem Genfer See. In: Stader Jahrbuch, Jg. 1961.
Erinnerungen an das Stader Gymnasium. In: Stader Jahrbuch, Jg. 1962.
In der Bibliothek meines Urahnen. In: Stader Jahrbuch, Jg. 1963.
Verwurzelung. In: Stader Jahrbuch, Jg. 1964.
Heimat, Nation und Welt. In: Stader Jahrbuch, Jg. 1965.

10 Nicht umsonst exemplifiziert er seine Vorstellungen von einer dezentralen Strukturpolitik am Beispiel der Schweiz. Die betreffende Stelle in seinem Werk «Civitas Humana» lautet: «. . . darf ich mich an dieser Stelle einfach damit begnügen, den soziologischen Querschnitt eines gewerbereichen

sie die bereits in der Jugend empfangenen Prägungen nur bestätigt haben.[11]

Im Sommersemester 1917 begann *Röpke* in Göttingen das Studium der Jurisprudenz. Im Herbst 1917 zur Infanterie eingezogen, wurde er bereits im März 1918 in der Somme-Schlacht bei Arras verwundert. Anschließend setzte er 1918–1922 sein Studium in Göttingen, dann in Tübingen und später in Marburg fort, wobei er nach einigen Semestern zur Nationalökonomie überwechselte. In seinem anfänglichen Rechtsstudium darf man wohl den Ursprung seiner Sensibilität für die rechtlichen Rahmenbedingungen des menschlichen Zusammenlebens vermuten.

An der Universität Marburg begann auch seine ungewöhnlich rasche wissenschaftliche Karriere. 1921 wurde er zum

schweizerischen Dorfes zu schildern, in dessen 500 Jahre alten vorzüglichen Gasthaus ich einige Sommertage verbracht habe. Es liegt irgendwo im Berner Mittelland und beherbergt mit seinen 3000 Einwohnern neben den Bauernhöfen folgende Kleinindustrien, Gewerbe und Berufe: eine ganz im Dorfmilieu versteckte Maschinenfabrik von 100 Arbeitern mit weitem Ruf für landwirtschaftliche Spezialmaschinen, eine Leinenweberei und Leinenbleicherei, eine moderne Buchdruckerei, eine Brauerei, eine Stuhlfabrik, eine Obstmosterei, eine Verzinkerei, eine Leinengarn- und Halbgutfabrik, eine Käserei, eine Handelsmühle, eine Möbelfabrik, eine Käseexportfirma, Holzhandlungen und Sägereien, Maurergeschäfte, eine Seilerei und eine lange Reihe von offenbar wohlgedeihenden Handwerkern . . . Das kulturelle Niveau dieses kleinen Ortes wird gekennzeichnet durch eine ansehnliche und auf anspruchsvollen Geschmack eingerichtete Buchhandlung, durch eine Musikinstrumentenhandlung und durch eine Sekundarschule. Füge ich noch hinzu, daß alles von Sauberkeit und Schönheitssinn strahlt, daß die Menschen durchweg in Häusern wohnen, um die man sie beneiden könnte, daß jeder Garten liebevoll und sachkundig gepflegt ist, daß das Alte wohlbewahrt und das ganze Dorf, das von einem alten Schloß gekrönt wird, inmitten der lieblichsten Landschaft liegt, so habe ich eine menschliche Siedlung gekennzeichnet, wie sie nicht erfreulicher gedacht werden kann. *Das ist unser Ideal, in eine höchst konkrete Wirklichkeit übersetzt.» (W. Röpke,* Civitas Humana, 3. Aufl., Erlenbach-Zürich 1948, S. 80 f., im Original nicht kursiv.)

11 In einem (bisher unveröffentlichten) Brief an seinen Stader Freund *Dr. Hans Wohltmann* schrieb *Röpke:* «Wir gehören zu denen, die auf dem Lande geboren und aufgewachsen sind. Das ist ein außergewöhnlicher Vorzug. Nicht ein Kind des Landes zu sein, das ist ein Geburtsfehler, der sich nicht mehr gutmachen läßt.»

Dr. rer. pol. promoviert. Nach kurzer Assistentenzeit bei seinem Doktorvater Prof. Dr. *Walter Troeltsch* erfolgte bereits 1922 seine Habilitation für Nationalökonomie mit einer Arbeit über «Die Konjunktur. Ein systematischer Versuch zur Morphologie der Verkehrswirtschaft» (Jena 1922). Damit war der Grundstein gelegt für eines seiner späteren Hauptarbeitsgebiete, nämlich Konjunkturtheorie und -politik.

Der junge Privatdozent wartete nicht brav auf seine erste Berufung, sondern ließ sich für ein Jahr nach Berlin beurlauben, um im Auswärtigen Amt als Experte für Reparationsfragen tätig zu sein. Damit hatte er zugleich ein zweites seiner späteren Hauptarbeitsgebiete, die internationalen Wirtschaftsbeziehungen, in Angriff genommen. Die literarische Verarbeitung erfolgte prompt, so daß *Röpkes* Name in der Fachwelt schon bald einen guten Klang hatte.

Bereits 1924 wurde er im Alter von erst 24 Jahren außerordentlicher Professor an der Universität Jena, damals der jüngste Professor im deutschen Sprachgebiet. Offenbar war die alte Ordinarienuniversität keineswegs eine so verkrustete und verabscheuungswürdige Institution, als die sie heute von den Anhängern der neomarxistischen Kulturrevolution (welche die intakte Universität mit ihren vielfältigen Lehrer-Schüler-Beziehungen gar nicht mehr kennen) so gerne hingestellt wird.[12]

In Jena wirkte *Wilhelm Röpke* bis 1928, wobei diese Zeit noch durch einen halbjährigen Studienaufenthalt als Visiting Professor der Rockefeller Foundation in den USA unterbrochen wurde (Wintersemester 1926/27). Dort untersuchte er amerikanische Agrarprobleme.

Sein erstes Ordinariat erhielt er 1928 in Graz. Hier blieb er allerdings nur während des Wintersemesters 1928/29, um dann 1929 einem Ruf nach Marburg zu folgen und damit an die Stätte zurückzukehren, an der er seine wissenschaftliche Laufbahn begonnen hatte.

Röpkes bedeutende Leistungen als Konjunkturforscher wur-

12 Auch *Röpke* ist mit manchen seiner Studenten aus der Jenaer und Marburger Zeit bis an sein Lebensende in Kontakt geblieben.

den nicht nur dadurch dokumentiert, daß seine Habilitationsschrift aus dem Jahre 1922 in russischer Übersetzung 1927 in Moskau herauskam, sondern vor allem 1930 durch seine Berufung in die Reichskommission für Krisenbekämpfung, nach ihrem Vorsitzenden auch «Brauns-Kommission» genannt. Diese von der Regierung *Brüning* eingesetzte gemischte Kommission, der nur zwei Fachökonomen angehörten (außer *Wilhelm Röpke* noch der Hamburger Ordinarius *Eduard Heimann*), erstellte drei Gutachten zur Bekämpfung der Arbeitslosigkeit. Der konjunkturpolitische Kern der Vorschläge – Kreditexpansion im Inland und ein öffentliches Investitionsprogramm, um eine konjunkturelle Initialzündung zu bewirken – hat grundlegende Ideen von *Keynes* vorweggenommen. Die Regierung *Brüning* konnte die zwingende Logik dieser Vorschläge nicht begreifen und betrieb statt dessen mittels Notverordnungen eine deflationistische Politik, die den Konjunkturrückgang mit allen politischen Folgen noch weiter beschleunigte.[13]

1933 wurde *Wilhelm Röpke* von den Nationalsozialisten, vor denen er vorher jahrelang in Wort und Schrift gewarnt hatte,

13 Vgl. hierzu die ausführliche Darstellung bei *W. Röpke,* Praktische Konjunkturpolitik. Die Arbeit der Brauns-Kommission. In: Weltwirtschaftliches Archiv, Bd. 34 (1931), S. 423 ff. *Röpke* verstand dieses Programm nur im Sinne des von ihm geprägten Begriffes «Initialzündung», um die private Investitionsneigung zu fördern. Keineswegs meinte er damit die massiven Holzhammermethoden der später als «keynesianisch» bezeichneten Politik. Wie scharfsichtig er bereits die politische Überlagerung des Investitionsverhaltens gesehen hat, zeigen folgende Ausführungen, die heute so aktuell sind wie damals. «Daß die innerpolitische Lage eine wesentliche Ursache dieser hochgradig pessimistischen Massenstimmung ist, braucht demjenigen, der sich die prekäre Situation des gegenwärtigen Reichskabinetts . . . vergegenwärtigt, kaum noch gesagt werden. Ebenso bedarf es keiner Ausführung, daß die Unternehmer nicht gerade zu neuen Investitionen ermuntert werden, wenn auf allen Seiten – sehr verfrüht, wie mir scheint – die Totenglocken des Kapitalismus gezogen werden.» (a. a. O., S. 445). Ebenso hat er es in den folgenden Jahren an scharfer Kritik sowohl der deutschen wie der amerikanischen expansionistischen Konjunkturpolitik nicht fehlen lassen. Vgl. hierzu vor allem *W. Röpke,* Streifzüge durch die neuere konjunkturtheoretische Literatur. In: Zeitschrift für schweizerische Statistik und Volkswirtschaft, Jg. 76 (1940), S. 38 ff.

aus «politischen Gründen» zunächst beurlaubt und dann zwangsweise in den Ruhestand versetzt. Sein Wirken in Deutschland war beendet.[14]

Im ersten Jahrzehnt seiner akademischen Tätigkeit hat sich *Wilhelm Röpke* auf den vier Linien als akademischer Lehrer und Forscher, als wissenschaftlicher Berater der Politik und als leidenschaftlich engagierter Publizist in einer Weise entfaltet, die kaum glaublich wäre, lägen nicht die Zeugnisse seines Wirkens schwarz auf weiß dokumentiert vor. Sein Publikationsverzeichnis umfaßt schon bis 1933 insgesamt 88 Titel. Buch erschien nach Buch, Aufsatz nach Aufsatz, Zeitungsartikel nach Zeitungsartikel.[15]

Im Herbst 1933 folgte *Röpke* (wie über hundert andere deutsche Wissenschaftler aller Fachrichtungen) einem Ruf in die Türkei. Als Begründer und Direktor des Sozialwissenschaftlichen Instituts an der Universität Istanbul half er tatkräftig mit am Aufbau des türkischen Hochschulwesens. Unter äußerlich schwierigen Bedingungen lehrte und forschte er in Istanbul bis 1937.[16] Neben den beiden Büchern «German Commercial Policy» (London 1934) und «Crises and Cycles» (London 1936) sowie einer leider nur in türkischer Sprache erschienenen «Geschichte der volkswirtschaftlichen Theorien» (Istanbul 1936) entstand damals seine «Lehre von der Wirtschaft» (Wien 1937), die im Hinblick auf die Auflagenhöhe und die Übersetzungen in andere Sprachen sein erfolgreichstes Werk werden und die theoretische Grundlage der späteren wirtschafts- und gesellschaftspolitischen Publikationen bilden sollte. Nachdem *Röpke*

14 Über die Marburger Zeit liegt ein Bericht aus *Röpkes* eigener Feder vor; vgl. *W. Röpke,* Marburger Dozenten- und Professorenjahre 1922 bis 1933. In. Alma Mater Philippina, Wintersemester 1965/66.

15 Vgl. hierzu die von *W. Röpke* und *E. Röpke* zusammengestellte Bibliographie. In: *E. Hoppmann* und *L. Erhard,* In Memoriam Wilhelm Röpke, a. a. O., S. 22 ff.

16 Vgl. die Schilderungen der Istanbuler Verhältnisse bei *E. Röpke* und *F. Böhm,* Wilhelm Röpke (1899–1966) a. a. O., S. 421 ff., und in *Röpkes* Briefen aus Istanbul; vgl. *E. Röpke* (Hrsg.), Wilhelm Röpke. Briefe 1934–1966, a. a. O., S. 15 ff.

in Deutschland persona non grata war, verlagerte sich seine literarische Tätigkeit vor allem auf österreichische, schweizerische, englische und amerikanische Fachzeitschriften.
Zum Wintersemester 1937/38 wanderte *Röpke* weiter nach Genf, wo er am Institut Universitaire de Hautes Etudes Internationales bis zu seinem Tode 1966 als Professor für internationale Wirtschaftsfragen wirkte. Mit einer nur dreistündigen Lehrverpflichtung hatte er an dieser Lehr- und Forschungsstätte für Postgraduierte einen Standort gefunden, der in beinahe idealer Weise seinen wissenschaftlichen Intentionen entgegenkam.[17]
Am Anfang seiner Genfer Tätigkeit stand ein internationales Forschungsprogramm über die Strukturwandlungen in der Weltwirtschaft, das von der Rockefeller Foundation finanziert wurde. *Röpke* war daran als Rapporteur International beteiligt.[18] Infolge des Zweiten Weltkrieges konnte das Projekt, an dem deutscherseits auch das Kieler Institut für Weltwirtschaft mitarbeitete, nicht zu Ende geführt werden. Eine im September 1939 in Genf vorgesehene Tagung mußte ausfallen. *Röpke* veröffentlichte seinen eigenen Bericht mit einiger kriegsbedingter Verzögerung unter dem Titel «International Economic Disintegration» (London 1942). Bis 1950 erschienen hiervon drei Auflagen. Die intensive Beschäftigung mit den Ursachen und Folgen der ökonomischen Desintegration legte wiederum den Grundstein für *Röpkes* spätere, vielfach mißverstandene Kritik an der supranationalen Lösung der europäischen Integration – eine Kritik, die sich im nachherein als nur allzu berechtigt erwies.

17 Daß die Kriegsjahre auch hier manche Probleme boten, zeigen einige Beispiele aus dieser Zeit, so insbesondere der Brief an *Alexander Rüstow* vom 3. Februar 1941 und die beiden Briefe an *Willy Bretscher,* den Chefredakteur der Neuen Zürcher Zeitung, vom 3. und 21. Oktober 1942; vgl. *E. Röpke* (Hrsg.), Wilhelm Röpke. Briefe 1934–1966, a. a. O., S. 39 f. und S. 63 f.

18 Vgl. hierzu den Brief *Wilhelm Röpkes* an seinen Freund *Dr. Gustav Heinemann,* den späteren deutschen Bundespräsidenten, vom 24. März 1937, in *E. Röpke* (Hrsg.), Wilhelm Röpke. Briefe 1934–1966, a. a. O., S. 27 f.

Als nächstes entstand noch während des Zweiten Weltkrieges die Trilogie zu den Grundfragen der Wirtschafts-, Gesellschafts- und Staatsordnung, bestehend aus den drei Werken «Die Gesellschaftskrisis der Gegenwart» (1942), «Civitas Humana» (1944) und «Internationale Ordnung» (1945, in der Neuauflage unter dem Titel «Internationale Ordnung – heute», 1954). Mit diesen drei Werken, die in zahlreiche Sprachen übersetzt wurden, erregte *Röpke* weltweites Aufsehen. Als Ergänzung folgte 1950 die Aufsatzsammlung «Maß und Mitte» – schon vom Titel her die wirtschaftshumanistischen Intentionen ihres Autors widerspiegelnd. Im ersten Jahrzehnt nach dem Zweiten Weltkrieg gehörte *Röpke* auf dem Gebiet der Wirtschafts- und Gesellschaftsgestaltung international zu den meistgelesenen und -diskutierten Autoren. Als «Thema mit Variationen», wie er es selbst nannte, hat er dann in den letzten beiden Jahrzehnten seines Lebens die verschiedenen Aspekte seines liberal-konservativen Programms bis in kleine und kleinste Verästelungen hinein abgehandelt und vertieft. Gewissermaßen als Summe seiner Bemühungen und Erfahrungen erschien 1958 als letztes großes Buch «Jenseits von Angebot und Nachfrage». Hier ging es ihm darum, die in der Trilogie ausgebreitete Diagnose und Therapie im Lichte der Nachkriegserfahrungen noch einmal kritisch zu überprüfen und die feinen «Scheidelinien der Sozialphilosophie und der Wirtschaftspolitik», wie er es einmal genannt hat, klarer herauszuarbeiten, die einen liberal-konservativen Rechtsstaat von einem liberal-sozialistischen Wohlfahrtsstaat trennen. Daß er dem Buch zwei Zitate von *Edmund Burke* vorangestellt hat, markiert seine Position noch deutlicher als früher. Viele halten es für sein stärkstes Werk.[19]

19 In der Tat rückte *Wilhelm Röpke* im gleichen Maße, wie sich die liberal nennenden Parteien des Westens der zentralistisch-jakobinischen Massendemokratie verschrieben, weiter nach rechts. Eine charakteristische Stelle dazu lautet: «So öffnet sich der Weg zu politischen Auffassungen, die in der Hochschätzung des Naturrechts, der Tradition, der ‹corps intermédiaires›, des Föderalismus und der sonstigen Dämme gegen die moderne Massendemokratie das konservative Element eines solchen Denkens klar hervortreten lassen. Wir sollten uns keinen Illusionen darüber hingeben, daß der

Auf «Jenseits von Angebot und Nachfrage» folgten in wenigen Jahren noch rund 250 Veröffentlichungen, darunter die Aufsatzsammlungen «Gegen die Brandung» (1959, Festschrift zum 60. Geburtstag) und «Wirrnis und Wahrheit» (1962). Zahlreiche Vortragsreisen führten *Wilhelm Röpke* in die meisten Länder Europas und in andere Kontinente. Mit einer beinahe vulkanischen Energie verbreitete er seine Auffassungen von einer menschengerechten Ordnung. Nachdem er im Januar 1966 noch einmal Schwarmstedt und Stade, die Stätten seiner Kindheit und Jugend, aufgesucht hatte, erlosch sein Leben am 12. Februar 1966 in Genf. Sein Herz konnte den Anstrengungen nicht mehr standhalten.

Heute ist es müßig, darüber zu spekulieren, wie die Entwicklung an den deutschen Hochschulen verlaufen wäre, wenn nach dem Kriege die vom braunen Totalitarismus vertriebenen Wissenschaftler in größerer Zahl wieder zurückgekehrt wären. Allzu wenige fanden den Weg zurück.

Wilhelm Röpke nahm die Beziehungen zu Deutschland, die längere Zeit nur brieflicher Natur gewesen waren, bald nach Kriegsende wieder auf. 1946 reiste er nach Freiburg/Brsg. und betrat damit nach dreizehn Jahren erstmalig wieder deutschen Boden.[20] Berufungen nach Tübingen und München lehnte er ab mit der Mentalreservation, bei späteren Möglichkeiten zuzustimmen.[21] 1947 besuchte er auf einer längeren Reise auch seine alte Wirkungsstätte Marburg und hielt dort einen Vortrag an

verhängnisvolle Weg klar überschaubar ist, der vom Jakobinismus der Französischen Revolution zum modernen Totalitarismus führt» *(W. Röpke,* Jenseits von Angebot und Nachfrage, 4. Aufl., Erlenbach-Zürich und Stuttgart 1966, S. 24).

20 Vgl. die Schilderung dieser Reise in seinem Brief an *G. Willgerodt* vom 29. September 1946 in *E. Röpke* (Hrsg.), Wilhelm Röpke. Briefe 1934 bis 1966, a. a. O., S. 89 f. Aus den in Freiburg mit *Walter Eucken* und seinem Kreis geführten Gesprächen entstand die Anregung für den von *Röpke* geprägten Begriff der «zurückgestauten Inflation» (repressed inflation), der bald darauf als terminus technicus in die nationalökonomische Fachsprache übernommen wurde.

21 Über die Gründe dieser Zurückhaltung vgl. den in Fußnote 20 erwähnten Brief.

seiner früheren Fakultät. Wohl mögen in ihm Hoffnungen auf eine Rückkehr gekeimt haben, doch erlebte er nun die Mühlen der Bürokratie, die er selbst so oft angeprangert hatte, in ihrer ganzen Gründlichkeit. «Die Wiedergutmachungsgesetzgebung kam nur langsam in Gang, und das folgende Wiedergutmachungsverfahren zog sich über 6 Jahre hin. Erst 11 Jahre nach Kriegsschluß wurde ihm die Wiedereinsetzung in die vollen Rechte ausgesprochen. Wilhelm Röpke mochte jedoch nun seinen Wirkungskreis in Genf, wo er inzwischen mit seiner Familie Wurzeln geschlagen hatte, nicht mehr aufgeben. Gleichwohl hätte er gerne zugleich wieder ein gewisses Maß an Lehrtätigkeit in Deutschland ausgeübt. Eine derartige Kombination betrachtete er als ideal. Die Lösung dieses Problems blieb ihm versagt.»[22]

III. Das wissenschaftliche Werk Wilhelm Röpkes

Persönlicher Werdegang und wissenschaftliches Werk *Wilhelm Röpkes* bilden eine Einheit. So kann es hier nur darum gehen, die Hauptgebiete seines Schaffens noch einmal besonders herauszustellen.

Als erstes ist dabei wohl die Erforschung der volkswirtschaftlichen Dynamik in Form der *Konjunkturschwankungen* zu nennen. Zu ihrer theoretischen Erklärung und vor allem politischen Gestaltung hat *Röpke* schon am Anfang seiner Laufbahn wesentliche Beiträge geleistet. Seine Habilitationsschrift, mit der er auf diesem Gebiet zu publizieren begann, ist nicht nur durch die oben erwähnte Übersetzung ins Russische erwähnenswert.[23] Wichtiger sind die Berücksichtigung der psychischen Kompo-

22 *E. Hoppmann,* Ansprache des Dekans. In: *E. Hoppmann* und *L. Erhard,* In Memoriam Wilhelm Röpke, a. a. O., S. 7.

23 Die vorangegangene Dissertation über «Die Arbeitsleistung im deutschen Kalibergbau unter besonderer Berücksichtigung des hannoverschen Kalibergbaus» (Berlin 1922) behandelt ein Gebiet, das er später nicht wieder aufgenommen hat.

nenten des Konjunkturgeschehens und die Selbstverständlichkeit, mit der *Röpke* bereits 1922 von staatlicher Konjunkturpolitik sprach, als es in der Praxis bestenfalls eine Krisenpolitik gab. Man darf ihn füglich zu den Mitbegründern der wissenschaftlichen Konjunkturpolitik rechnen.[24]
Der Habilitationsschrift folgten zahlreiche kleinere und größere Publikationen zu konjunkturellen Fragen. Als wichtigste seien hier erwähnt:[25]

Kredit und Konjunktur (Aufsatz, 1926)

Auslandskredite und Konjunktur (Aufsatz, 1928)

Die Theorie der Kapitalbildung (Broschüre, 1929)

Die Quellen der deutschen Kapitalbildung 1908–1913
und 1924–1929 (Aufsatz, 1931)

Praktische Konjunkturpolitik.
Die Arbeit der Brauns-Kommission (Aufsatz, 1931)

What's Wrong with the World? (Buch, 1932)

Krise und Konjunktur
(Lehrbuch, 1932, schwedische Übersetzung 1934)

Die säkulare Bedeutung der Weltkrisis (Aufsatz, 1933)

Trends in German Business Cycle Policy (Aufsatz, 1933)

Die säkulare Krise und ihre Überwindung (Aufsatz, 1933)

24 Wissenschaftsgeschichtlich ist es auffallend, wie viele Vertreter des späteren «Neoliberalismus» *schon vor der Weltwirtschaftskrise* über Konjunkturprobleme gearbeitet haben. Neben *Röpke* gehören hierzu vor allem *A. Müller-Armack* («Das Krisenproblem in der theoretischen Sozialökonomik», Köln 1923, und «Ökonomische Theorie der Konjunkturpolitik», Leipzig 1926), *L. von Mises* («Geldwertstabilisierung und Konjunkturpolitik», Jena 1928) und *F. A. von Hayek* («Geldtheorie und Konjunkturtheorie», Wien 1929).

25 Aufgeführt werden nur Bücher und Broschüren sowie Aufsätze in wissenschaftlichen Sammelwerken und Fachzeitschriften. Die Zahl der diesbezüglichen weiteren Veröffentlichungen in Tages- und Wochenzeitungen, Halbmonats- und Monatszeitschriften ist beträchtlich.

Die Nationalökonomie des «New Deal» (Aufsatz, 1934)

Fascist Economics (Aufsatz, 1935)

Socialism, Planning, and the Business Cycle (Aufsatz, 1936)

Crises and Cycles
(Lehrbuch, 1936, türkische Übersetzung 1947)

Streifzüge durch die neuere konjunkturtheoretische Literatur
(Aufsatz, 1940)

Die wirtschaftlichen Aussichten nach dem Kriege
(Aufsatz, 1942)[26]

Offene und zurückgestaute Inflation (Aufsatz, 1947)

Repressed Inflation (Aufsatz, 1947)

Das Kernproblem der «Vollbeschäftigung» (Aufsatz, 1951)

The Economics of Full Employment (Broschüre, 1952)

Europäische Investitionsplanung.
Das Beispiel der Montanunion (Aufsatz, 1955)

The Economics of Full Employment (Aufsatz, 1960)

Der Kampf gegen die Inflation unserer Zeit (Aufsatz, 1963)

Les problèmes du régionalisme économique (Aufsatz, 1963)

European Prosperity and its Lessons (Aufsatz, 1964)

26 In diesem Aufsatz, in der führenden Schweizer Fachzeitschrift erschienen, wandte sich *Röpke* gegen die damals international verbreitete Auffassung, nach Kriegsende sei mit einer weltweiten Depression zu rechnen. Er vertrat die gegenteilige Ansicht – und behielt recht. Überhaupt zeichnete sich *Röpke* durch die bemerkenswerte Fähigkeit aus, richtige Prognosen stellen zu können, auch wenn die Entwicklungstendenzen scheinbar ganz anders aussahen. So hatte er bereits 1938 in verschlüsselter Form (Die Friedenswarte, Jg. 1938, S. 1–7) die militärische Niederlage Deutschlands vorausgesagt, obwohl der Zweite Weltkrieg noch gar nicht begonnen hatte. Nach dem Kriege wandte er sich ebenso gegen die These von der chronischen Dollarknappheit wie gegen die Auffassung von der Unmöglichkeit des westdeutschen Wiederaufbaus ohne die mittel- und ostdeutschen Gebiete. 1950 sagte er bereits die Gläubigerposition der Bundesrepublik Deutschland voraus. Diese und manche andere Prognosen zeigen sein eminentes Gespür für die wirtschaftliche und politische Großwetterlage.

Diese Liste der wissenschaftlich wichtigsten Publikationen spiegelt nicht nur die lebenslange Beschäftigung mit dem Konjunkturproblem wider, sondern auch die im Laufe der Zeit sich wandelnden Fragestellungen auf diesem Gebiet. Daß *Röpke* (und mit ihm andere geistesverwandte Ökonomen) lange vor *Keynes* ein klares konjunkturpolitisches Konzept vertreten hat, später aber ein scharfer Kritiker keynesianischer Konjunkturpolitik gewesen ist, hat ihm manche Ablehnung in der Fachwelt eingetragen. *Röpke* war schon in den zwanziger Jahren der begründeten Auffassung, daß nur eine Glättung der konjunkturellen Schwankungen möglich ist, aber nicht mehr. Einer à tout prix expansionistischen Politik stand er – je länger um so schärfer – ablehnend gegenüber. Die Erfahrungen der expansionistischen Experimente haben seine kritische Haltung glänzend gerechtfertigt.
Das zweite Hauptarbeitsgebiet waren die vielfältigen Probleme der *internationalen Wirtschaftsbeziehungen*. Von den Reparationen über die mannigfachen Fragen staatlicher Eingriffe in den Handels- und Kapitalverkehr bis zur europäischen Integration und zur Entwicklungshilfe hat er immer neue Beiträge zur wissenschaftlichen Diskussion geliefert. Als wichtigste sind zu nennen:[27]

Die internationale Handelspolitik nach dem Kriege (Buch, 1923)

Deutschlands Leistungsfähigkeit (Aufsatz, 1923)

Zum Reparationsproblem (Aufsatz, 1924)

Geld und Außenhandel (Lehrbuch, 1925)

Die neue Wirtschaftsstruktur Deutschlands als Grundlage seiner künftigen Handelspolitik (Aufsatz, 1925)

Boykott (Aufsatz, 1926)[28]

27 Auch hierzu gilt das in Fußnote 25 Gesagte.
28 Dieser Beitrag zum «Handwörterbuch der Staatswissenschaften» umfaßt auch den Boykott auf dem Arbeitsmarkt!

Schutzsystem (Aufsatz, 1926)

Hemmungen von Umverteilung und Transfer in den internationalen Handelsbeziehungen (Aufsatz, 1929)

Neuere Literatur zur Theorie und Politik des Außenhandels (Aufsatz, 1929)

Zum Transferproblem bei internationalen Kapitalbewegungen (Aufsatz, 1930)

Neuere Literatur zum Reparationsproblem (Aufsatz, 1930)

Der Staatseingriff im internationalen Kapitalverkehr (Aufsatz, 1931)

Weltwirtschaft und Außenhandelspolitik (Lehrbuch, 1931)

Liberale Handelspolitik (Aufsatz, 1932)

Weltwirtschaft – eine Notwendigkeit der deutschen Wirtschaft (Broschüre, 1932)

German Commercial Policy (Buch, 1934)

Kapitalismus und Imperialismus (Aufsatz, 1934)

Die entscheidenden Probleme des weltwirtschaftlichen Verfalls (Aufsatz, 1938)

International Economic Disintegration (Buch, 1942)

Internationale Ordnung (Buch 1945, italienische Übersetzung 1946, französische Übersetzung 1947, Neuauflage unter dem Titel «Internationale Ordnung – heute», 1954, davon spanische Übersetzung 1959)

Barriers to Immigration (Aufsatz, 1949)

Devisenzwangswirtschaft: das Kardinalproblem der internationalen Wirtschaft (Aufsatz, 1950)

Wirtschaftssystem und internationale Ordnung (Aufsatz, 1951)

Unentwickelte Länder (Aufsatz, 1953)

Wege zur Konvertibilität (Aufsatz, 1954)

Economic Order and International Law (Aufsatz, 1955)

Außenhandel im Dienst der Politik (Aufsatz, 1956)

Europa als wirtschaftliche Aufgabe (Aufsatz, 1957)

Integration und Desintegration der internationalen Wirtschaft (Aufsatz, 1957)

Gemeinsamer Markt und Freihandelszone (Aufsatz, 1958)

La position internationale de l'économie suisse (Aufsatz, 1959)

International Order and Economic Integration (Buch, 1959)

Zwischenbilanz der europäischen Wirtschaftsintegration (Aufsatz, 1959)

Die unentwickelten Länder als wirtschaftliches, soziales und gesellschaftliches Problem (Aufsatz, 1961)

Die Weltwirtschaft im 19. und 20. Jahrhundert (Aufsatz, 1961)

Europa in der Welt von heute (Broschüre, 1962)

Die Krise der Europäischen Wirtschaftsintegration (Broschüre, 1963)

Le Zollverein et le Marché commun européen (Aufsatz, 1963)

Südafrika in der Weltwirtschaft und Weltpolitik (Aufsatz, 1965)

Nation und Weltwirtschaft (Aufsatz, 1966)

Auch dieses zweite Gebiet hat *Wilhelm Röpke* vom Anfang bis zum Ende seiner wissenschaftlichen Aktivität bearbeitet. Im übrigen ist die Zahl der nicht erwähnten kleineren Publikationen hier ebenfalls dreistellig.

Die Beschäftigung mit Konjunkturfragen und Problemen der Außenwirtschaft lenkte seinen Blick notwendigerweise auf das Thema *Wirtschaftsordnung und Wirtschaftspolitik*, das dritte große Gebiet seiner wissenschaftlichen Aktivität. Erkannte er doch, daß konjunkturelle und außenwirtschaftliche Störungen letztlich auf die Richtungslosigkeit des punktuellen Staatsinterventionismus zurückzuführen sind. Wieweit kann und soll man die Entwicklung den Marktkräften überlassen? Nach welchen Kriterien sollen Staatseingriffe erfolgen? Wer in *Röpke* nur den «Apologeten» einer neoliberalen Politik sieht, verkennt völlig, daß seine Publikationen zu Fragen der Wirtschafts-, Gesellschafts- und Staatsordnung nicht zuletzt eine Reflexion der außerordentlich intensiven Beschäftigung mit konjunkturellen und außenwirtschaftlichen Problemen darstellen. Die wichtigsten Veröffentlichungen hierzu sind im wesentlichen folgende:[29]

Sozialisierung (Aufsatz, 1926)

Staatsinterventionismus (Aufsatz, 1929)[30]

Kapitalismus und Konkurrenzsystem (Aufsatz, 1936)

Grundlagen rationeller Wirtschaftspolitik (Aufsatz, 1941)

Die Gesellschaftskrisis der Gegenwart
(Buch, 1942, mit zahlreichen Übersetzungen)

Civitas Humana (Buch, 1944, und zahlreiche Übersetzungen)

Das Kulturideal des Liberalismus (Broschüre, 1947)

Die Krise des Kollektivismus
(Broschüre, 1947, mit zahlreichen Übersetzungen)

Klein- und Mittelbetriebe in der Volkswirtschaft
(Aufsatz, 1948)

Die natürliche Ordnung – die neue Phase
der wirtschaftspolitischen Diskussion (Aufsatz, 1948)

29 Zu dieser Auswahl gilt ebenfalls das in Fußnote 25 Gesagte.

30 Mit diesem Beitrag zum Ergänzungsband des «Handwörterbuchs der Staatswissenschaften» qualifizierte sich *Wilhelm Röpke* zu einem «Klassiker» der Theorie der Wirtschaftspolitik. Die hier erstmals dargelegten «Maximen rationeller Intervention» sind in den späteren Publikationen kontinuierlich weiterentwickelt worden. Gegenüber Kritikern hat *Röpke* auf diese Kontinuität seit 1929 hingewiesen. Vgl. beispielsweise *W. Röpke,* Grundfragen rationeller Wirtschaftspolitik. In: Zeitschrift für Schweizerische Statistik und Volkswirtschaft, Jg. 77 (1941), S. 106.

Die Ordnung der Wirtschaft (Broschüre, 1949)

Zur Theorie des Kollektivismus (Aufsatz, 1949)

Ist die deutsche Wirtschaftspolitik richtig? (Buch, 1950)

Maß und Mitte (Aufsatzsammlung, 1950)

Zentralisierung und Dezentralisierung als Leitlinien der Wirtschaftspolitik (Aufsatz, 1952)

Gegenhaltung und Gegengesinnung der freien Welt (Aufsatz, 1955)

Wirtschaftsethik heute (Buch, 1956)

Die Massengesellschaft und ihre Probleme (Aufsatz, 1957)

Welfare, Freedom, and Inflation (Buch, 1957)

Marktwirtschaft ist nicht genug (Aufsatz, 1957)

Jenseits von Angebot und Nachfrage (Buch, 1958, mit zahlreichen Übersetzungen)

Ein Jahrzehnt sozialer Marktwirtschaft in Deutschland und seine Lehren (Broschüre, 1958)

Gegen die Brandung (Aufsatzsammlung, 1959, Festschrift zum 60. Geburtstag)

Die politische Dimension der Wirtschaftspolitik (Aufsatz, 1960)

Wirtschaft und Moral (Aufsatz 1960)

The Free West (Aufsatz, 1961)

Die Laufbahn der sozialen Marktwirtschaft (Aufsatz, 1961)

Marktwirtschaft und Wettbewerbsordnung (Aufsatz, 1961)

Wirrnis und Wahrheit (Aufsatzsammlung, 1962)

Die Nationalökonomie des «New Frontier» (Aufsatz, 1963)

Die Erziehung zur wirtschaftlichen Freiheit und die großen Entscheidungen der Gegenwart (Aufsatz, 1964)

Wort und Wirkung (Redensammlung, 1964)

Wettbewerb. Ideengeschichte und ordnungspolitische Stellung
(Aufsatz, 1965)

Fronten der Freiheit
(Aufsatzsammlung aus dem Gesamtwerk, 1965)

Wird der Raum der Freiheit enger? (Aufsatz, 1965)

Gefährdungen der freien Welt (Aufsatz, 1965)

Während die beiden ersten Gebiete *Wilhelm Röpke* permanent beschäftigt haben, läßt sich beim dritten Gebiet ein schwergewichtiges Interesse in den letzten Jahrzehnten feststellen. Je länger je mehr reifte in ihm die Erkenntnis für die ordnungspolitischen Rahmenbedingungen und deren gesellschaftliche und moralische Grundlagen, die schon in seinem wissenschaftlichen Hauptwerk «Die Lehre von der Wirtschaft» (1937) angeklungen waren.
Daneben hat sich *Röpke* noch mit einer Reihe anderer Gebiete beschäftigt, die jedoch im Rahmen des Gesamtwerks nicht als Interessenschwerpunkte bezeichnet werden können. Fragen des Bank- und Versicherungswesens, der Agrarpolitik oder der Bevölkerungslehre wären hier zu nennen, ebenso wie Rezensionen und biographische Artikel. Hervorgehoben sei noch das Kurzlehrbuch «Finanzwissenschaft» (Berlin 1929), das aus Vorlesungen entstanden ist. Seit der «Trilogie» wächst *Röpkes* Sensibilität für wirtschafts- und sozialethische Fragen – ein Interesse, das ebenfalls zu einer Anzahl Publikationen geführt hat, so etwa zur katholischen Soziallehre. Diese Arbeiten dürften aber eher der Vertiefung des dritten Schwerpunktgebietes zuzurechnen sein, insofern *Röpke* in zunehmendem Maße die ethisch-moralischen Voraussetzungen der Marktwirtschaft in den Vordergrund gerückt hat, eben das «Jenseits von Angebot und Nachfrage».[31]

31 Daß der Neoliberalismus von sozialistischer Seite stets hart attackiert wurde, nimmt kaum wunder. Nicht minder scharf waren aber auch einige Angriffe von seiten der katholischen Soziallehre. Soweit ihre Vertreter die ver-

IV. Das politisch-publizistische Werk

Hochschullehrer sein bedeutet Dienst an Lehre und Forschung. Nur wenige greifen über diese beiden Aufgaben hinaus. Zu ihnen gehörte in hervorragendem Maße auch *Wilhelm Röpke.* Als «politischen Ökonomen» im besten Sinne des Wortes drängte es ihn zu einer breiteren Wirksamkeit, vor allem in der Presse und in zahllosen Vorträgen. Über die Hälfte seiner rund 800 Publikationen entfällt auf Zeitungsartikel, ein beträchtlicher Teil auf Halbmonats- und Monatszeitschriften, die sich an ein interessiertes Publikum außerhalb der nationalökonomischen Fachwelt wenden.

Was diese Dimension seines Wirkens bedeutet, läßt sich nur an der traditionellen Haltung der meisten Hochschullehrer gegenüber dem Journalismus ermessen. Sie sehen es als unter ihrer Würde an und wären meist auch nicht imstande, in die Gefilde «banaler Verständlichkeit» hinabzusteigen. Nicht so

schiedenen Richtungen des neoliberalen Denkens gründlicher studierten, beschränkten sie sich meist auf den Ordo-Liberalismus, also den von *W. Eucken, F. Böhm* und ihren Schülern gebildeten Kreis bzw. deren Veröffentlichungen. Vertreter anderer Varianten des Neoliberalismus, so *W. Röpke, A. Rüstow* oder *A. Müller-Armack* (und seine Schüler), stehen der katholischen Soziallehre sogar besonders aufgeschlossen gegenüber, ohne daß zwischen ihnen und dem Ordo-Liberalismus sehr gravierende Unterschiede festzustellen wären. Sie würden beispielsweise folgende Sätze von *A. F. Utz* ohne weiteres akzeptieren. «Man kann wohl den wirtschaftlichen Automatismus studieren, ohne zuuächst an die Ethik zu denken. Man kann aber kein Ordnungssystem für die Wirklichkeit ersinnen, ohne ein Menschenbild zugrunde zu legen»; vgl. *A. F. Utz,* Die Marktwirtschaft im katholischen Denken. In: Die neue Ordnung, Bd. 9 (1955), S. 360. – Übrigens hat auch *F. A. von Hayek* wiederholt auf die fundamentalen Unterschiede im Menschenbild aufmerksam gemacht, die zwischen «wahrem» und «falschem» Individualismus bzw. Liberalismus bestehen. Dem «wahren» Individualismus ordnet er das eher skeptische Menschenbild der angloschottischen Moralphilosophie zu, «die antirationalistische Einstellung, die den Menschen nicht als ein höchst rationales und intelligentes, sondern als ein sehr irrationales und fehlbares Wesen betrachtet *(F. A. von Hayek,* Individualismus und wirtschaftliche Ordnung, Erlenbach-Zürich 1952, S. 18). Der «falsche» Individualismus basiert demgegenüber auf dem optimistischen Vernunftsglauben, wie er seit *Descartes* entwickelt worden ist.

Wilhelm Röpke: Er ist von Anfang an ein eminent politischer Mensch gewesen, der seine Überzeugungen in Wort und Schrift mannhaft vertreten hat.
Schon seine erste Publikation, die er noch als fortgeschrittener Student verfaßte, hatte die staatsbürgerliche Erziehung an den deutschen Universitäten zum Gegenstand.[32] Dieser Gedanke der Erziehung zum Staatsbürger in einer freiheitlichen Gesellschaft hat als Grundton *Röpkes* Wirken als politischer Publizist weitgehend bestimmt.
Berühmt geworden ist sein mutiger Kampf gegen den braunen Totalitarismus. Wenige Tage vor der Reichstagswahl vom 14. September 1930 erließ er einen Aufruf «Nationalsozialisten als Feinde der Bauern. Ein Sohn Niedersachsens an das Landvolk», in welchem er mit geradezu prophetischer Sehergabe schrieb. «In einem Augenblick der schwersten Erschütterung des deutschen Wirtschaftslebens schreitet das deutsche Volk zur Wahlurne, um sein eigenes ferneres Schicksal zu entscheiden. . . Viele meinen, schlimmer könne es nicht kommen. Warum sollten sie es nicht diesmal mit dem nationalsozialistischen Experiment versuchen? Sie irren. Es kann noch sehr viel schlimmer kommen . . . Das wird man sehen, wenn zur Wirtschaftskrise die Staatskrise hinzutritt . . . Kein Einsichtiger ist darüber im Zweifel, daß uns das alles bevorsteht, wenn Nationalsozialisten und Kommunisten – die sich in ihrem Ziel und in ihren Methoden kaum noch unterscheiden – zur Herrschaft gelangen. Niemand, der am 14. September nationalsozialistisch wählt, soll später sagen können, er habe nicht gewußt, was daraus entstehen könnte. Er soll wissen, daß er Chaos statt Ordnung, Zerstörung statt Aufbau wählt. Er soll wissen, daß er für den Krieg nach innen und nach außen, für sinnlose Zerstörung stimmt . . . Wählen Sie! Aber wählen Sie so, daß Sie sich nicht mitschuldig fühlen können an dem Unheil, das möglicherweise über uns her-

32 Vgl. *W. Röpke* und *D. Bornhausen*, Staatsbürgerliche Erziehung an den deutschen Universitäten (Schriften der Deutschen Studentenschaft, Heft 4), Marburg 1920.

einbricht. Mitschuldig werden Sie, wenn Sie nationalsozialistisch oder auch eine Partei wählen, die keine Bedenken hat, mit den Nationalsozialisten eine Regierung zu bilden.»[33]

Röpkes Aufruf zur Reichstagswahl 1930 folgen 1931 das Buch «Der Weg des Unheils» (Berlin 1931) und ein scharfer Angriff auf die «Kapitalismus-Kritik» des «Tat-Kreises». Seine diesbezüglichen Ausführungen sind für die heutige «Kapitalismus-Kritik» so gültig wie für die damalige. So schrieb er von der beispiellosen «Verantwortungslosigkeit, aus der Kritik am gegenwärtigen Wirtschaftssystem ein Todesurteil für dieses zu folgern, solange nicht wenigstens eine Wahrscheinlichkeit besteht, daß dasjenige Wirtschaftssystem, das man an seine Stelle setzen will, befriedigendere Ergebnisse erzielen wird. Der Umstand, daß das gegenwärtige Wirtschaftssystem Unvollkommenheiten besitzt, die kein Klarblickender leugnet, ist noch kein hinreichender Beweis dafür, daß es ein besseres Wirtschaftssystem gibt. Das Wirtschaftssystem aber, das an die Stelle des jetzigen treten soll, existiert einstweilen nur erst in der mehr oder weniger ausschweifenden Phantasie gläubiger und begeisterter Zeitgenossen».[34]

Nichts beweist den persönlichen Mut *Wilhelm Röpkes* mehr als die beiden Reden, die er noch im Februar 1933 hielt, als der braune Totalitarismus bereits an die Macht gekommen war. In einem Vortrag zum Thema «Epochenwende?» sprach er vom «Aufstand gegen die abendländische Kultur» und kennzeichnete die damalige Situation mit folgenden Worten. «Dem liberalen Grundsatz ‚Leben und Lebenlassen' tritt der illiberale gegenüber ‚Sterben und Sterbenlassen'. Wir sollten darüber nicht fruchtlos jammern, sondern die nüchterne Feststellung treffen,

33 Wiederabgedruckt in: Gegen die Brandung, Erlenbach-Zürich und Stuttgart 1959, S. 84–86.

34 Der von *Röpke* unter dem Pseudonym *Ulrich Unfried* in der «Frankfurter Zeitung» im September 1931 veröffentlichte Artikel ist wiederabgedruckt in: Gegen die Brandung, a. a. O., S. 87 ff. Das erwähnte Pseudonym zielt auf *Ferdinand Fried,* den Wirtschaftsexperten des «Tat-Kreises».

daß eine Nation, die sich diesem Brutalismus hingibt, sich damit außerhalb der abendländischen Kulturgemeinschaft stellt.»[35] Und weiter: «Die Möglichkeit besteht, daß sich das alte traurige Schauspiel des Unterganges einer blühenden Kultur mit uns wiederholt, aber diese Möglichkeit sollte nicht die Kräfte des Widerstandes lähmen, sondern zu unüberwindlicher Stärke entfesseln. Möge sich später, wenn diese Möglichkeit allen Erwartungen zum Trotz doch Wirklichkeit werden sollte, niemand den Vorwurf zu machen brauchen, daß er in der Stunde der äußersten Gefahr lau, bequem, feige und ein umnebelter Anbeter des kindischen Tagesgeschwätzes gewesen sei!»[36] Die Grabrede für seinen akademischen Lehrer und Kollegen *Walter Troeltsch* am 27. Februar 1933 schloß er dann mit dem Satz. «. . . paßte er wohl nicht mehr in die Gegenwart – in die Gegenwart, die sich anschickt, den Garten der Kultur wiederaufzuforsten und in den alten Urwald zurückzuverwandeln.»[37] So war es kein Wunder, daß *Röpke* nicht mehr länger in Deutschland bleiben konnte.

In wie starkem Maße *Röpke* während des Zweiten Weltkrieges und in den ersten Nachkriegsjahren in Wort und Schrift für das bessere Deutschland, wie er es vor Augen hatte, politisch gewirkt hat, ist verschiedentlich hervorgehoben worden.[38] Sein Buch «Die deutsche Frage», das 1945 noch vor dem deutschen Zusammenbruch erschien, erlebte bis 1948 drei Auflagen und sechs Übersetzungen. *Röpkes* Grundgedanke, daß die deutschen Probleme nur mit den Deutschen, aber nicht gegen sie zu lösen

35 Der Vortrag konnte in Deutschland damals nicht mehr publiziert werden. Er ist abgedruckt in der Aufsatzsammlung von *W. Röpke,* Wirrnis und Wahrheit, Erlenbach-Zürich und Stuttgart 1962, S. 105 ff.; die zitierte Stelle findet sich auf S. 122.

36 *W. Röpke,* Wirrnis und Wahrheit, a. a. O., S. 107.

37 Zitiert nach *E. Röpke* und *F. Böhm,* Wilhelm Röpke (1899–1966), a. a. O., S. 421.

38 Vgl. hierzu vor allem *E. Röpke* und *F. Böhm,* Wilhelm Röpke (1899 bis 1966), a. a. O., S, 423 ff., sowie die Bemerkungen bei *A. Hunold,* Ein Leben im Kampf um Freiheit und Würde des Menschen, a. a. O., S. 346 f.

sind, hat auf die internationale Meinungsbildung in kritischer Zeit nachhaltig gewirkt.[39]

Die publizistische Produktivität *Röpkes* in den letzten beiden Jahrzehnten seines Lebens dokumentiert seine ungewöhnliche Schaffenskraft. Entfallen doch von den über 800 Titeln seiner Bibliographie rund 450 auf diese Zeit. «In dieser ungeheuren Leistung offenbart sich uns zugleich der Mensch Wilhelm Röpke. Das Zentrum seiner Person muß im Engagement und in der Verkündigung gesehen werden. Er war eine vulkanische Natur und entfaltete eine geistige Ausstrahlung, die auf seine Zeitgenossen entscheidend eingewirkt hat.»[40].

Im Sommersemester 1950 hatte *Röpke* eine Gastprofessur an der Universität Frankfurt inne. Während dieser Zeit schrieb er im Auftrage der Deutschen Bundesregierung das Gutachten «Ist die deutsche Wirtschaftspolitik richtig?», das im gleichen Jahr mit einem Vorwort von *Konrad Adenauer* im Druck erschien.[41] Dieses Gutachten hatte maßgeblichen Einfluß darauf, daß der politisch verursachte Korea-Boom in der Bundesrepublik Deutschland den Marktkräften überlassen wurde und deshalb Mitte 1951 in sich zusammenfiel. In manchen anderen Staaten griff man statt dessen auf das Repertoire des Dirigismus zurück und lähmte so die Marktkräfte. Wie sehr auch in der Folgezeit *Röpke* die Wirtschaftspolitik *Ludwig Erhards* in Wort und Schrift unterstützt und gefestigt hat, zeigen nicht nur die beiden Gedächtnisreden, die *Erhard* für *Röpke* gehalten hat, sondern ebenso manche Briefe an *Adenauer, Erhard* und andere deutsche Poli-

39 Vgl. *W. Röpke,* Die deutsche Frage, Erlenbach-Zürich 1945, 2. Aufl. 1945, 3. Aufl. 1948. Übersetzungen erschienen in Französisch (1945), Englisch und Italienisch (1946), Dänisch und Amerikanisch (1947) sowie Schwedisch (1948). Die internatnnale Resonanz dieses politischen Werkes, dessen Inhalt dem damaligen Zeitgeist keineswegs entsprach, darf wohl nicht zuletzt auch auf das Ansehen zurückgeführt werden, das sich *Röpke* durch seine Fachkompetenz als Wirtschafts- und Sozialwissenschaftler weltweit erworben hatte.

40 *E. Hoppmann,* Ansprache des Dekans. In: *E. Hoppmann* und *L. Erhard,* In Memoriam Wilhelm Röpke, a. a. O., S. 7.

41 *W. Röpke,* Ist die deutsche Wirtschaftspolitik richtig?, Stuttgart und Köln 1950.

ker.[42] «Wilhelm Röpke war es gegeben, als einzelner eine Kraft im geistigen Leben Europas zu sein und eine Stellung einzunehmen, die er einzig aus der Stärke seines Herzens, seines Geistes, seines Mutes und seines nie versagenden Fleißes, nicht durch Amt und Ausweis, sondern als Person errang.»[43]

V. Wilhelm Röpkes Stellung im Neoliberalismus

Wer nach dem Bleibenden von *Röpkes* Schaffen fragt, stößt auf seine Stellung innerhalb der neoliberalen Wirtschafts- und Sozialphilosophie. *Röpke* selbst hat dieses Etikett wohl oder übel benutzt, nachdem es sich weitgehend eingebürgert hatte.[44] Das Vordringen neoliberaler Ideen in einigen europäischen Ländern, so vor allem in der Bundesrepublik Deutschland, wird von Kritikern gern als Reaktion auf die Zwangswirtschaft des Krieges und der ersten Nachkriegsjahre interpretiert. Diese Deutung, so plausibel sie auf den ersten Blick vielleicht klingen mag, geht an der Realität vorbei. Der Neoliberalismus war vielmehr das Ergebnis einer langen gedanklichen Auseinandersetzung mit den Problemen sowohl des Laissez-faire wie des punktuellen Staatsinterventionismus. Die daraus resultierenden Fehlentwicklungen – ob nun die soziale Frage, die Konjunkturschwankungen, die Vermachtung der Märkte oder die «Interventionsspirale» der punktuellen Politik – sind ebenso erkannt worden wie die Gefahren des Kollektivismus. Schon in der zweiten Hälfte des 19. Jahrhunderts wurden die Anfänge der Sozialpolitik viel-

42 Vgl. *L. Erhard,* Gedenkrede. In: *E. Hoppmann* und *L. Erhard,* In Memoriam Wilhelm Röpke, a. a. O., S. 9 ff., und *ders.,* Zum Gedächtnis an Wilhelm Röpke, a. a. O., S. 7 ff., sowie *E. Röpke* (Hrsg.), Wilhelm Röpke. Briefe 1934–1966, a. o. O., passim.

43 *A. Müller-Armack,* Wilhelm Röpke in memoriam, a. a. O., S. 379.

44 «. . . habe auch ich hin und wieder den Ausdruck ‚Neo-Liberalismus' verwendet, aber mit erheblichem Unbehagen, da es sich ja um weit mehr als um eine bloße Umwandlung alten Gedankenguts in zeitgemäßere Formen handelt» *(W. Röpke,* Maß und Mitte, Erlenbach-Zürich 1950, S. 151).

fach als «neue» Form des Liberalismus gesehen. Diese Entwicklung setzte sich im ersten Drittel des 20. Jahrhunderts fort. *H. Herkner* sprach beispielsweise 1925 in seinem Beitrag zur *Brentano*-Festschrift vom «modernen» und vom «neueren» im Gegensatz zum älteren Liberalismus und sogar schon von «Antinomien zwischen älterem und neuerem Liberalismus».[45]
Wer sich die Mühe macht, kann ohne Schwierigkeiten eine kontinuierliche Entwicklung vom «alten» zum «neuen» Liberalismus feststellen, auch wenn es – vielleicht aus Gründen geistiger Bequemlichkeit – in der Literatur weitgehend üblich geworden ist, den Beginn des Neoliberalismus auf das Jahr 1932 zu datieren. Auf einer Tagung des Vereins für Sozialpolitik prägte damals *A. Rüstow,* der lebenslange Mitstreiter *Wilhelm Röpkes,* den Begriff des «liberalen Interventionismus» als Gegensatz zur punktualistischen Systemlosigkeit der damaligen wirtschaftspolitischen Praxis.[46] Er verstand darunter das «Eingreifen ... nicht entgegen der Richtung der Marktgesetze, sondern in Richtung der Marktgesetze, nicht zur Aufrechterhaltung des neuen Zustandes, nicht zur Verzögerung, sondern zur Beschleunigung des natürlichen Ablaufs».[47] Mit derselben Berechtigung könnte man aber auch *Wilhelm Röpkes* «Maximen rationeller Intervention» aus dem Jahre 1929 als Beginn des modernen Liberalismus nennen, wenn man eine solche Datierung überhaupt vornehmen will. Hat doch *Röpke* später expressis verbis bei seinem 1929 erschienenen Beitrag über «Staatsinterventionismus» angeknüpft, als er 1937 in der «Lehre von der Wirtschaft» die Unterscheidung von konformen und nicht-

45 Vgl. *H. Herkner,* Sozialpolitischer Liberalismus. In: *M. J. Bonn* und *M. Palyi* (Hrsg.), Die Wirtschaftswissenschaft nach dem Kriege (Festgabe für Lujo Brentano), Bd. I, München und Leipzig 1925, S. 31 ff., insbesondere S. 47 ff. – Vgl. im selben Band auch den Beitrag von *L. von Wiese,* Gibt es noch Liberalismus?, a. a. O., S. 13 ff. (mit dem bezeichnenden Satz «Ein Liberalismus, der an der Not des Proletariats teilnahmslos vorbeigeht, ist ebenso unecht wie ein schutzzöllnerischer Auchliberalismus», a. a. O., S. 29).

46 Vgl. *A. Rüstow,* Diskussionsbeitrag. In: Schriften des Vereins für Sozialpolitik, Bd. 187 (1932), S. 62 ff.

47 *A. Rüstow,* Diskussionsbeitrag, a. a. O., S. 64 f.

konformen Maßnahmen sowie von Anpassungs- und Erhaltungsinterventionen einführte.[48]
Richtiger erscheint es, die Geschichte des Neoliberalismus bei jenen drei Gruppen zu beginnen, welche die liberale Tradition schon im ersten Drittel des 20. Jahrhunderts fortentwickelt haben.[49] Die älteste Gruppe waren *E. Cannan* und seine Schüler an der London School of Economics *(Th. Gregory, L. Robbins, F. C. Benham, W. H. Hutt, F. W. Paish)*.[50] *Cannan,* der ursprünglich Historiker war, sich dann aber als eminenter Kenner der klassischen Nationalökonomie und durch brillante Essays zu wirtschaftspolitischen Fragen internationales Ansehen erwarb, lehrte in London 1907–1926. Sein Schüler *L. Robbins* wurde sein Nachfolger.
Die zweite Gruppe wird durch den Kreis um *L. von Mises* in Wien gebildet. *Mises,* aus der Tradition der Österreichischen Schule herkommend, hat bereits 1919 mit seinem Buch «Nation, Staat und Wirtschaft» begonnen, ein geschlossenes liberales Gedankengebäude zu errichten. In den zwanziger und dreißiger Jahren folgen eine ganze Reihe ungewöhnlich origineller und aufsehenerregender Publikationen, die *Mises* später in Genf (ebenfalls am Institut Universitaire de Hautes Etudes Internationales) und dann in New York fortsetzte.[51] Aus den berühm-

48 Vgl. *W. Röpke,* Staatsinterventionismus. In: Handwörterbuch der Staatswissenschaften, 4. Aufl., Ergänzungsband, Jena 1929. S. 186 ff.

49 Vgl. hierzu und zu den folgenden Ausführungen den instruktiven Aufsatz von *F. A. von Hayek,* Die Überlieferung der Ideale der Wirtschaftsfreiheit. In: Schweizer Monatshefte, Jg. 31 (1951), S. 333 ff.

50 Vgl. hierzu nähere Einzelheiten bei *F. A. von Hayek,* Edwin Cannan †. In: Zeitschrift für Nationalökonomie, Bd. 6 (1935) S. 246 ff., *ders.,* The London School of Economics 1895–1945. In: Economica, New Series, Vol. 13 (1946), S. 1 ff., und die ausführliche Monographie von *H.-E. Apel,* Edwin Cannan und seine Schüler. Die Neuliberalen an der London School of Economics, Diss. Hamburg 1960 (gedruckt: Kiel 1961).

51 Näheres hierzu bei *L. von Mises,* Erinnerungen, Stuttgart und New York 1978. – Das Hauptwerk von *Mises* ist das unter dem Titel «Nationalökonomie. Theorie des Handelns und Wirtschaftens» 1940 in Genf erschienene Lehrbuch, das später in erweiterter Fassung in den USA unter dem Titel «Human Action» herauskam und zurzeit eine Art Renaissance erlebt. Vgl. *L. von Mises,* Human Action. A Treatise on Economics, 3. Aufl., Chicago 1966.

ten *Mises*-Seminaren in Wien kommen *M. St. Braun, G. Haberler, F. A. von Hayek, F. Machlup, O. Morgenstern, R. Strigl* und manche andere. Auch in den USA verstand es *Mises,* wiederum einen Kreis bedeutender Schüler um sich zu scharen. Aufgrund der logischen Stringenz seines Denkens hat er nicht nur die Londoner Gruppe stark beeinflußt, sondern auch die dritte Gruppe in Chicago.
Der führende Kopf der Chicagoer Gruppe war *F. H. Knight,* der neben seinem theoretischen Hauptwerk «Risk, Uncertainty, and Profit» (1921) durch wirtschaftspolitische und sozialphilosophische Aufsatzsammlungen hervorgetreten ist; am bekanntesten wurde der Band «The Ethics of Competition and Other Essays» (1935). Unter seinen Schülern sind vor allem *M. Friedman, H. C. Simons* und *G. Stigler* zu nennen. Mannigfache Beziehungen und auch Ortswechsel haben zu vielen Querverbindungen zwischen den drei Gruppen geführt.
In Deutschland sind ebenfalls mindestens drei Gruppen zu unterscheiden, darunter als älteste *W. Röpke* und *A. Rüstow.*[52] Beide haben bereits in den zwanziger Jahren in engem Kontakt gestanden und waren dann in Istanbul an der gleichen Fakultät. Der Einfluß von *L. von Mises* ist auch hier deutlich. *Röpke* hat diesen Tatbestand verschiedentlich zum Ausdruck gebracht.[53] Die zweite deutsche Gruppe scharte sich in Freiburg/Brsg. um *W. Eucken* und *F. Böhm.* Im Gegensatz zu *Röpke* und *Rüstow,* die eher als «Einzelkämpfer» wirkten, haben *Eucken* und *Böhm* eine große Zahl jüngerer Leute angezogen. Dieser Kreis ist gemeint, wenn von Ordo-Liberalismus oder, auf den ursprünglichen Ort bezogen, von der Freiburger Schule des Neoliberalismus die Rede ist.

52 *Röpkes* früheste Publikation auf ordnungspolitischem Gebiet datiert bereits aus dem Jahre 1923. Vgl. *W. Röpke,* Wirtschaftlicher Liberalismus und Staatsgedanke. In: Hamburger Fremdenblatt vom 13. November 1923; wiederabgedruckt in: Gegen die Brandung, a. o. O., S. 42 ff.

53 So schrieb er 1945 «Ich empfinde es trotz aller Differenzen als eine Ehrenpflicht, mit Dankbarkeit zum Ausdruck zu bringen, daß ich von diesem mutigen und unentwegten Kämpfer für den Liberalismus die wertvollsten Anregungen empfangen habe» *(W. Röpke,* Internationale Ordnung, a. o. O., S. 68).

Die dritte deutsche Gruppe wird durch *A. Müller-Armack* und seinen Schülerkreis repräsentiert und oft als Kölner Schule des Neoliberalismus bezeichnet. Während *Röpkes* und *Rüstows* Beschäftigung mit ordnungspolitischen Grundproblemen bis in die zwanziger Jahre zurückreicht und die Freiburger Schule Anfang der dreißiger Jahre beginnt[54], hat *A. Müller-Armack* nach eigener Aussage seit 1945 am Konzept Soziale Marktwirtschaft gearbeitet.[55]
Die Zeitverschiebungen zwischen den drei Gruppen sind mehr vordergründiger Natur, zumal gegenseitige Beeinflussung im Sinne eines ständigen Gebens und Nehmens erfolgten. *Röpkes* Briefwechsel gibt hierzu interessante Einblicke. Wichtiger sind die Unterschiede in der Haltung zu den übergreifenden ethischen Fragen, in staats- und gesellschaftspolitischer Hinsicht, im Stellenwert der Wettbewerbspolitik, hinsichtlich Umfang und Gestaltung der Ausnahmebereiche in einer Marktwirtschaft und in manchen anderen Aspekten, auf die hier aus Platzgründen nur hingewiesen werden kann.[56]
Die Kritiker des Neoliberalismus, aus welchem Lager auch

54 Vgl. *W. Eucken,* Staatliche Strukturwandlungen und die Krise des Kapitalismus. In: Weltwirtschaftliches Archiv, Bd. 36 (1932), S. 297 ff., und *F. Böhm,* Wettbewerb und Monopolkampf, Berlin 1933.

55 Vgl. *A. Müller-Armack,* Genealogie der Sozialen Marktwirtschaft. Frühschriften und weiterführende Konzepte, Bern und Stuttgart 1974, S. 7 f., und *ders.,* Wirtschaftsordnung und Wirtschaftspolitik, 2. Aufl., Bern und Stuttgart 1976. – In den zwanziger Jahren hatte *Müller-Armack* mit *Röpke* das Schwerpunktinteresse an Konjunkturtheorie und -politik gemeinsam; später wandte sich *Müller-Armack* dann den kultur- und religionssoziologischen Fragen zu, von denen man einige durchaus schon dem ordnungspolitischen Gebiet zurechnen kann, so etwa sein viel zu wenig gewürdigtes Werk «Entwicklungsgesetze des Kapitalismus» (Berlin 1932) und das Buch «Genealogie der Wirtschaftsstile» (Stuttgart 1944).

56 Erwähnt sei ferner noch, daß es neben den genannten Gruppen weitere neoliberale Kreise im französisch-belgischen Raum *(J. Rueff, A. Aron, A. Piatier, P. Mantoux, R. Marjolin, L. Rougier, M. van Zeeland, L. Baudin* u. a.), in Spanien und in einigen weiteren Staaten gegeben hat bzw. gibt. Ein gemeinsames Forum bildet die Mont-Pèlerin-Society, zu deren Mitbegründern *Röpke* 1947 gehörte und deren Präsident er 1960–1962 war.

immer sie kommen, haben stets vor einem unlösbaren Problem gestanden, nämlich vor der Frage nach authentischen Lehrtexten oder einfach nach dem Programm des Neoliberalismus. Wer nur seine vorgefaßten Meinungen bestätigt wissen will, macht es sich leicht, indem er sich aus Zitaten verschiedener Autoren das gewünschte «Feindbild» zusammensetzt. Wer dagegen mühsam nach Verständnis sucht, wird bald zur Einsicht gelangen, daß es solche Lehrtexte oder Programme nicht gibt und auch nicht geben kann. Was ein dem neoliberalen Lager zugeordneter Autor geschrieben hat, gilt im Prinzip nur für ihn und wird auch von anderen Vertretern dieser Richtung nur als Anregung aufgefaßt. Denn Liberalismus bedeutet nicht zuletzt Individualismus. Wenn daher *Wilhelm Röpkes* schon längst «klassisches» Lehrbuch hier erneut vorgelegt wird, so geschieht dies aus der Überzeugung, daß er für die Diskussion der vielfältigen und schwierigen Probleme unserer Zeit manche konstruktiven Anregungen bietet.

Personenregister

Sachregister

Dr. Jürgen Pätzold

Stabilisierungspolitik

Grundlagen der nachfrage- und angebotsorientierten Wirtschaftspolitik

5., vollständig überarbeitete Auflage, 414 Seiten, 52 Abbildungen, 10 Tabellen, 33 Übersichten
Uni-Taschenbücher 1353, kartoniert DM 29.80

Gegenstand des Buches ist die Frage, mittels welcher wirtschaftspolitischen Strategie die Ziele Preisniveaustabilität, Vollbeschäftigung und angemessenes Wirtschaftswachstum realisiert werden können.

Ausgehend von den Ursachen von Inflation, Arbeitslosigkeit und Wachstumsschwäche werden unterschiedliche wirtschaftspolitische Strategien dargestellt und kritisch beleuchtet. Behandelt werden insbesondere:

- die keynesianische Geld- und Fiskalpolitik
- das Konzept der neoklassischen bzw. angebotsorientierten Wirtschaftspolitik
- die Lohn- und Einkommenspolitik
- die Struktur- und Arbeitsmarktpolitik
- die Politik der Arbeitszeitverkürzung

Gebührender Raum wird auch den Problemen gewidmet, die sich aus der Vereinigung der beiden deutschen Staaten ergeben.